探求の詩《うた》

OSHOが語る神秘家詩人・ゴラク

OSHO

市民出版社

Originally English title: Die O Yogi Die
Talks on the Great Tantra Master Gorakh by Osho

この本の内容は、OSHOのヒンディー講話シリーズ Maro Hejogi Maro からのものです。
本として出版されたOSHOの講話はすべて、音源としても存在しています。
音源と完全なテキスト・アーカイヴは、www.osho.comの
オンラインOSHO Libraryで見ることができます。

探求の詩

目　次

CONTENTS

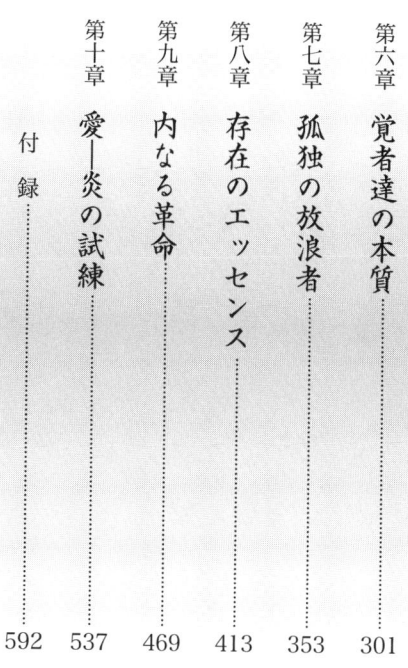

第1章

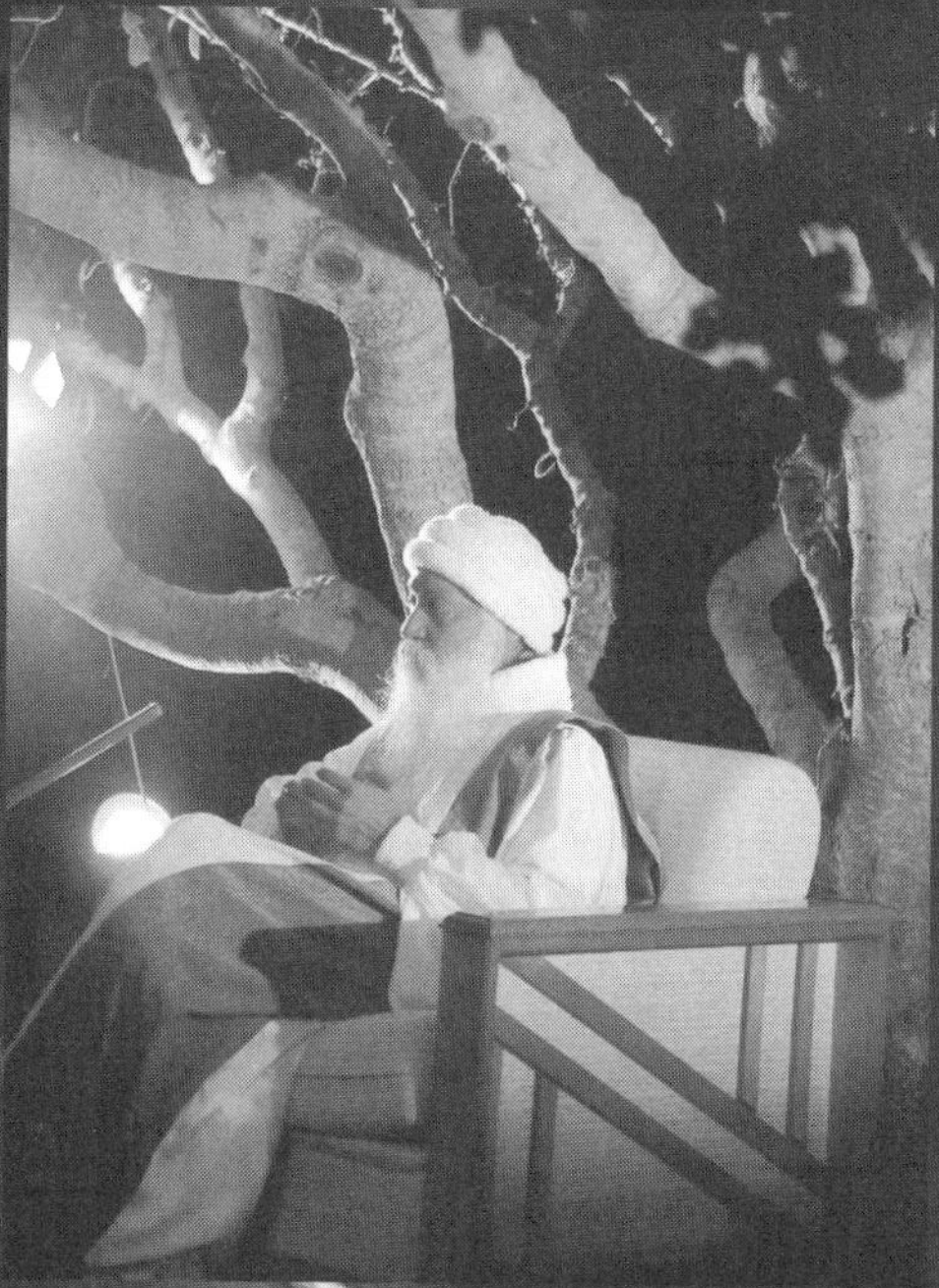

ゴラク：ダイヤの原石

Gorakh: The Foundation Stone

空でもなく充足でもない
いるのでもなく　いないのでもない
どこまでも計り知れず　感覚を超えている
頭頂のチャクラの内なる空で聞こえるのは
子供の無邪気な声　その子を何と名付けよう

笑うこと　陽気でいること　瞑想のこつ
昼夜　天与の知識を共にしている
覚者は笑い　遊び　心の乱れがない
こうしたゆるぎなき者は　常に神と共に在る

昼夜　マインドを無心《ノーマインド》に溶かし
計れるものを捨て　計り知れないものを語る

希望を捨て　望みのないままに
「私は汝の僕だ」と創造神ブラフマ

下へ流れるものを上に向け
ヨギは自分の性を焼き尽くす

抱擁を解き　幻想を打ち砕き
維持神ヴィシュヌはヨギの足を洗う

死ね　ヨギよ死ね！　死ね　死は極楽だ
ゴラクが受け入れ　覚醒した死に方で　死ね

インドの偉大な詩人、スミトラナンダン・パントにこう聞かれたことがある。

「広大なインドの宗教の空に輝く十二人は、誰だとお考えですか」

私は次の名前をリストに挙げた。クリシュナ、パタンジャリ、仏陀、マハヴィーラ、ナーガールジュナ、シャンカラ、ゴラク、カビール、ナナク、ミーラ、ラーマクリシュナ、クリシュナムルティ。

スミトラナンダン・パントは目を閉じて黙って考えた。

リストを作るのは容易ではない。インドの空は無数の星でいっぱいだ。誰を除き、誰を入れるかなど……スミトラナンダンは心の優しい人だった。物腰がとてもやわらかく、とても優しい、女性的な人だった。スミトラナンダンの顔には、年をとっても若々しさが、ふさわしい若さがあった。スミトラナンダンは、さらに美しくなった。

私は彼の顔が変化するのに気づいた。スミトラナンダンにとっても、それは難しいことだった。当然リストに入るべきはずの名前がない。ラーマの名前がリストになく、彼は目を開けて私に言った。

「ラーマが抜けてるじゃありませんか！」

私は言った。

「十二人しか選ばせてもらえないんなら、たくさんの名前が漏れるのはしようがない。だから独自に貢献した十二人を選んだんだ。ラーマには独自の貢献はない。クリシュナにはある。『クリシュナは完全な化身だが、ラーマは違う』とヒンドゥー教徒が言うのは、ラーマに独自の貢献がないからだ」

スミトラナンダンは、さらに質問を続けた。

「じゃあ、七人だったら」

質問はもっと難しくなった。私は七人の名前を挙げた。

「クリシュナ、パタンジャリ、仏陀、マハヴィーラ、シャンカラ、ゴラク、カビール」

彼は言った。「五人を削った根拠は？」

「ナーガールジュナは仏陀に含まれる。仏陀にあった種はナーガールジュナに現れた。ナーガールジュナなら除いても問題ない。木は省けても種は省けない。種はまた木になるからね。種からは新しい木が生える。仏陀が生まれれば、何百ものナーガールジュナがじきに生まれる。だがナーガールジュナからは仏陀は生まれない。仏陀はガンジスの源流だ。ナーガールジュナは、ガンジスの水路に沿ってできた美しい一巡礼地だから捨てがたい。だが、何かを切るなら巡礼地なら切っても無難だ。しかしガンジスの源は切れない」

「同じように、クリシュナムルティも、仏陀に含まれる。クリシュナムルティは仏陀の最新版だ。まだ世に出たばかりで現代の言葉で書かれているが、言葉が違うだけだ。クリシュナムルティは仏陀が最後に語ったスートラ、『自らを照らす光となれ』を詳しく述べたものに過ぎない。このスートラの注釈は深く、深遠できわめて広く、とても意味深い。だがクリシュナムルティは『自らを照らす光となれ』の詳細に過ぎない。これは、仏陀がこの世で語った最後の言葉だ。肉体を離れる前に、仏陀はこの極めて重要なスートラを語った……まるで仏陀の生涯の宝物が、仏陀の人生経験が丸々この短いスートラに凝縮されているかのようだ。

「ラーマクリシュナをクリシュナに入れるのは簡単だ」

「ミーラとナナクは溶ければカビールになる。二人はカビールの枝のようなものだ。まるでカビールの中で合わさった半分がナナクに現れ、もう半分がミーラに現れたかのようだ。ナナクにはカビールの男性的な面が現れた。だからシーク教が戦士の宗教、軍人の宗教となったのは驚くことじゃない。ミーラにはカビールの女性的な面が表れた。だからミーラの足首についている鈴からは、カビールの完全なやさしさ、完全な香り、完全な音楽が鳴り響く。カビールの中の女性がミーラのエクターラの弦で歌い、ナナクの中ではカビールの中の男性が話した。二人はカビールに含まれている。七人はこうしてリストアップした」

すると、彼の好奇心は一層高まった。スミトラナンダンは言った。

「それなら五人挙げるとしたら?」

私は言った。「五人となるともっと大変だ」

私は次の五人を挙げた。

「クリシュナ、パタンジャリ、仏陀、マハヴィーラ、ゴラク……カビールはゴラクに吸収される。ゴラクは根だから省けない。シャンカラは難なくクリシュナに吸収される。シャンカラはクリシュナの一部の表れ、クリシュナの単なる一面の哲学的な解釈だ」

すると彼は言った。「なら四人だけ残すとしたら」

私は次の名前を挙げた。「クリシュナ、パタンジャリ、仏陀、ゴラクだ……マハヴィーラは仏陀と大差がないからね。違いは微々たるものだし、違いといっても単に表現上のことだから、マハヴィーラの偉大さは仏陀の偉大さで一つにしてもいい」

彼はこう言い出した。「じゃあもう一人削って三人選んでください」

私は言った。「三人は無理だ。この四人は誰も削れないよ」

私はこう続けた。「この四人の個人的な特徴は四つの方向のようなもの、この四つの次元は時空の四次元のようなもの、この四つの腕は四つの腕を持った神の概念のようなものだ。実際、神は一人だが、腕は四本ある。誰かを省くことは腕を一本切り落とすようなことだから、それはできない。今までは話に乗ってきたけど、数を減らしてこれたのは、除外しなかったのが今までは服だったからだ。これ以上となったら腕を折らないといけない。私に腕は折れない。そういう手荒なことは勘弁してくれ」

スミトラナンダンは言った。

「ちょっと疑問に思ったのですが、マハヴィーラが削れても、ゴラクは削れないのですか」

ゴラクが削れないのは、彼がこの国にとっての新たな始まりだったからだ。マハヴィーラからは新しい始まりはなかった。マハヴィーラは稀な人だったが、彼が語ったことは既に初代二十三人のティルタンカラ達が過去に語っていたものだ。マハヴィーラは新しい旅の始まりではない。新しい鎖の始まりの輪ではない。むしろマハヴィーラは鎖の最後の輪だ。

ゴラクは鎖の最初の輪であり、ゴラクを通じて新たなタイプの宗教が誕生した。ゴラクなくしてカビールはない。ナナクもダドゥーもワジドもファリッドもミーラも、ゴラクがいなければ誰もあり得ない。こうした人たちの基本の基本はみなゴラクにある。だから高々と寺院が建てられてきたのだ。黄金のたくさんの尖塔がこの寺院に建てられたが、土台の石は土台の石だ。金の尖塔は遠くからは見えても、土台の石よりも重要になることはあり得ない。土台の石は誰にも見えないが、この土台の石の上に全構造物が立っている。壁という壁が、尖った高い塔やドームがすべて立っている……人々は塔やドームを崇拝し、土台の石のことをすっかり忘れてしまっている。同じようにゴラクも忘れられてきた。

だがインドの覚者の伝統は、数限りない愛の献身者は、一人残らずゴラクの恩恵を受けている。パタンジャリがいなければインドにヨガはあり得ないように、仏陀がいなければ瞑想の土台の石は剥奪されていたように、クリシュナがいなければ愛の道が世に表れなかったように、ゴラクがいなければ究極の真実を達成するための精神修養、サーダナのテクニックやメソッドを見つけようとする探求も、始まらなかっただろう。

ゴラクは、内なる探求に役立つ数多くの発見をした。そのテクニックの数は誰よりも多い。ゴラクはたくさんのメソッドを作り出した。その点においてゴラクは大発明家だ。実存の最深部に入って行くための数多くのドアを、ゴラクは押し開けた。無数の道を作ったために、人々は困ってしまった。それゆえに、ある言葉が残っている。ゴラクは忘れられてしまったが、ゴラクダンダという言葉は忘れられていない。迷路を意味するこの言葉は、今も使われている。人々はたくさんのメソッドを教えられて混乱してしまった。どのメソッドが良くてどれが悪くて、どれをしたらいいか、どれをカットしたらいいか、あまりにも道を広げすぎて人々は混乱した。ゴラクダンダ、迷路、混乱とは、こうしたところから来ている。何かに混乱している人がいると、私達は「何のゴラクダンダに、はまっているんだ?」と言う。

ゴラクはアインシュタインのように、類稀な個性の持ち主だ。アインシュタインは、宇宙の真理の研究への鋭い洞察に富んだ方法を開発した。彼以前に、これだけのメソッドを開発したものはいない。確かに今は、さらにこのメソッドを発展させることが可能だ。今ではもっと、彼のメソッドを精細なものにできる。だが、最初にメソッドを作ったのはアインシュタインで、アインシュタインに続くものはその二番手だ。一番手にはなれない。先駆者はアインシュタインだ。この道をより良くしようとして、沢山の人がやって来るだろう。道を改修する人、一里塚を置く人、道をきれいにし、快適にする人、多くの人々がやって来るだろう。しかし誰も、アインシュタインの代わりにはなれない。内的な世界でも、ゴラクは同様なのだ。

だが、なぜ人々はゴラクを忘れてしまったのだろう? 人々は一里塚は憶えていても、開拓者を忘れてしまう。道を装飾した人は憶えていても、最初に道を切り開いた人は忘れられる。忘れられる理由は、後から来た人は道を装飾する余裕があるからだ。だが先駆者は忘れられる。ゴラクは採掘されたばかりのダイヤモンドのようなものだ。もしゴラクとカビールが一緒に座っていたら、ゴラクではなくカビールに惹かれるだろう。ゴラクは採掘したてのダイヤモンドだが、カビールには宝石商が手をかけ、丹念にのみを入れ、研磨に研磨を重ねてきたからだ。

コイヌール（世界最大のダイヤモンド）が初めて発見された時、発見者はそれがコイヌールだとは知らなかった。実際のところコイヌールの発見者は、それをきれいな色をした石だと思って、子供に遊び道具として与えた。彼は貧乏人で、自分の畑の小川の中でコイヌールを見つけた。コイヌールは何ヶ月も家の中に転がっていて、ずっと子供達の遊び道具となっていた。コイヌールは投げ出されて家の隅々を転々とした挙句に、中庭に転がっていた……。それがコイヌールとは、誰にもわからなかっただろう。コイヌールの元の重さは、今の三倍あった。角付けされ、研磨され、カットされ、ファセットが刻まれて今の重さはたったの三分の一だ。だがコイヌールの価値は何百万倍にもなった。重さは減ったが、価値は増した。それは、コイヌールが洗練され続けたからだ——さらに磨きがかかったためだ。

カビールとゴラクが一緒に座っていたら、ゴラクはゴラクとすらわからないだろう。なぜかと言うと、ゴラクはゴルコンダ鉱山から採取されたばかりのダイヤモンドだからだ。カビールには沢山のカットが施され、多くの宝石商の手がかかっている……カビールはカビールだとわかるだろう。こうした理由から、ゴラクは忘れられてきた。土台の石は忘れられている。

ゴラクの言葉を聞いた人は、とても驚くだろう。仕上げがちょっと必要だ。ゴラクの言葉はカットされていない。ここで私がしているのは、このゴラクの言葉を研ぐことだ。ゴラクが少しずつわかるにつれて、あなたは驚くだろう。ゴラクは最も最も本質的なことを語った。最も価値あることを語った。

だから「ゴラクは削れない。四人以下にはできない」とスミトラナンダンに言ったのだ。

当然ながらスミトラナンダンは、私がゴラクを削ってマハヴィーラを残すと思った。マハヴィーラはコイヌールであって、採掘されたばかりの未加工のダイヤモンドではない。二十三人のティルタンカラの全伝統があって、何千年もの間に仕上げられ、研ぎ澄まされて輝くようになった。わかるかね？

マハヴィーラは二十四番めのティルタンカラだ。残りの二十三人の名前は忘れられている。ジャイナ教徒でない人は、この二十三人の名前すら知らないし、ジャイナ教徒は二十三人を順番どおりに数えられない。誰かを抜かしたり忘れたりする。マハヴィーラは最後のティルタンカラ、寺院の尖塔だ。寺院の尖塔は人々の記憶にある。今なお私達はマハヴィーラについて議論する。誰も、土台の石について議論するものはいない。

今日は、こうした土台の石のひとつを話すとしよう。インドの聖人文学の大宮殿が、ゴラクの上に立っている。すべてはこの一個人に基づいている。ゴラクの語ったすべてが、ゆっくりゆっくりと、途方もない美と多彩な輝きを帯びていく。人々はこれを基に、修行《サーダナ》や瞑想を何世紀も行なうことだろう。それなのに、ゴラクを通してどれだけの光明を得た人間が誕生したのかは、誰にもわからない。

死ね　ヨギよ死ね

これはすばらしい言葉だ！　死んで消えて完全に跡形もなくなれ、とゴラクは言う。

死ね　ヨギよ死ね！　死ね　死は極楽だ

なぜなら、この宇宙には死より甘美なものはない。

ゴラクが受け入れ　覚醒した死に方で　死ね

ゴラクが光明を得た死に方で死になさい。同じように死に、覚醒しなさい。私達がすでによく知っている死とは、肉体の死だ。しかし、エゴとマインドは生き続ける。この同じエゴは新たな子宮を見つける。この同じエゴは新たな欲望に苦しめられ、再び新たな旅をはじめる。肉体を離れる前にさえ、エゴはもう別な肉体を熱望している。この死は本当の死ではない。

こんな話を聞いたことがある。ある男がゴラクに、自分は自殺を考えていると言った。そこでゴラクは「自殺したらいい。だがもし死んでも、とんだ期待はずれになるぞ」と言った。

男はこう言った。「自殺すればいいですって？　それは意外だ。自殺などしていいのですか。他のサドゥーのところに行ったら、『自殺はいけない、自殺は大罪だ』と皆、そう言ったのに」

ゴラクは言った。

「論外だ。自殺できる者なんかいないし、死ねる者だっていない。死ぬのは不可能だ。言っておくが自殺をしても期待を大きく裏切られるだけだ。自殺した後になって『身体から離れたのに、自分は全く同じままだ！』ということになる。本当の自殺をしたいなら、私といなさい。無意味なゲームをしたいというなら、それはあなた次第だ……山から飛び降りるなり、首を吊るなりすればいい。だが、本当に死にたいのだったら私のそばにいなさい。大往生をもたらす技法を教えよう。そうすれば、輪廻の可能性は二度となくなる」

だがあなたにとっては、大往生は私達の知る死の別名でしかない。
ゴラクが死を甘美だと言うのはそのためだ。

死ね　ヨギよ死ね！
ゴラクが受け入れ　覚醒した死に方で　死ね

「私が死を教えよう。私が体験し、覚醒した死を教えよう」……こうゴラクは言う。それは「眠りの死」であって、「自分の死」ではなかった。エゴは死んだが、私は死ななかった。二元性は死んだが、私は死ななかった。二元性が死んで非二元性が生まれた。時間が死んで、私は永遠と出会った。小さくて窮屈な生が壊れ、滴は海となった。確かに滴が海に落ちることは、ある意味で死ぬことだ。それは滴として死を迎えるが、別な意味では、大いなる生を初めて獲得する——滴は海として生き続ける。
詩人ラヒームはこう言った。

滴が海と一緒だなんて奇跡だ！　いったい誰に言おう？
探求者ラヒームは　我が身を見て仰天した

滴が海と等しいなんて何とも奇跡だと、ラヒームは言う。誰に言おう、誰がそのことを信じよう？
こんな不思議なことを、滴が海と等しく、滴が海だなんて誰が受け入れるだろう？　全実在が一原子に身を置いている。ここには小さいものは何一つない、あらゆるものが全体を含んでいる。滴が海と一緒だなんて奇跡だ！　いったい誰に言おう？

こんな不思議なことはない。誰に言っても信じてもらえないだろう。これは摩訶不思議なことだ。自分でそのことをはじめて知った時は、信じたくないと思った。

探求者ラヒームは仰天した……

私も初めてそれを見た時は、ずっと呆気にとられていた。

探求者ラヒームは　我が身を見て仰天した

ラヒームは自分を見て仰天した。なぜかと言うと、自分はいつも小さくて、抑えられていると思っていたからだ。だが、人は限りあるものの境界を破る時、小さいものを超える時、自らの広大さを体験する。エゴとしてのあなたは、何も得たためしがない。失うのみだった。エゴを作り上げて受け取ったものは何もない。あなたはあらゆるものを失った。あなたは滴のままであり、極々小さい滴だった。横柄になればなるほど、人は小さくなっていく。自負心はエゴをますます強固にしていく。人は溶けるほどに大きくなっていく。溶解するほどに、大いなるものになっていく。完全に消滅すれば、完全に蒸発すれば、この空《そら》は丸々あなたのものだ。海に落ちれば海になり、蒸発し空に上っていけば、空になる。あなたの実存は存在とひとつだ。「滴が海と一緒だなんて奇跡だ！　いったい誰に言おう？」。だが、あなたもそれを初めて体験したら驚いて口がきけなくなり、甘いものを食べた唖のようになるだろう。そこに体験が生じ、味が生じ、甘露《ネクター》が内側に降り注ぐ。だがそれを伝える言葉は、あなたにはない。

……奇跡だ！　いったい誰に言おう？

それは言葉にできない驚異的なできごとだ。

そもそも「アハム・ブラフマスミ――自分は究極だ」と果敢に宣言した人達が、世間の人に受け入れられたと思うかね？　マンスールは「アナル・ハク――自分は真実だ」と言って、人々に殺された。イエスは「私と天父は一つだ。天父と御子は別々ではない」と言ったために磔にされた。ユダヤ人はイエスを許せなかった。自らの神を敬う気持ちを表明する人は、誰も許されなかった。覚者の末路とはそういうものだ。

「……奇跡だ！　いったい誰に言おう？」。それを誰に言うべきか？　誰かに話せば、それを聞いた人々は皆、否定し始めるだろう。

昨日、グルクル・カングリ大学の元副総長のサティヤブラットがここを訪問し、マ・ダルシャンが彼を連れて案内した。サティヤブラットは、ウパニシャッドに関する本を書いたヴェーダ学者で、彼ほど深い理解を持つヴェーダ学者は、この国には珍しい。私はその本を、彼がどういう考えを持っているかを、読んだことがある。だがサティヤブラットはダルシャンに、他の誰かと同様に「なぜ、師を『バグワン』(神）と呼ぶのか」と質問した。彼もまた同様だ……。学者と無知な人との違いは、全く何もない。ダルシャンは良い答えを返した。彼女はこう言った。

「教授もバグワン（神）です。でも、教授はそれを思い出していません。師はそれを思い出した人です」

これは的確な答え、明快な答えだ。アシュラムに学者が来たら、はっきりこう答えるといい。

サティヤブラットはウパニシャッドについての本を書いた。ということは「アハム・ブラフマスミ」という言葉に出会ったはずだ——この言葉に出会わない者は絶対にいない。彼は間違いなく「タットバマシ　シュベッケトゥ——ああシュベッケトゥ、汝は其れなり」という至高の言葉に思いをめぐらせ、思索したに違いない。それを説明したことがあるはずだ。その講義をしたことがあるはずだ。だがそれは、表面上で止まってしまった。素朴で平凡なダルシャンに、その言葉は深く入っていったが、サティヤブラットの中ではガラクタのように、単に学術的で空虚な言葉のままだ。それには価値がない。何の値打ちもない。

「汝は其れなり」「我はブラフマン、究極なり」とウパニシャッドは言う……だがいまだ、なぜバグワンと呼ばれる人がいるのかという質問が絶えない。では聞くが、バグワンと呼んではいけない人などいるのだろうか。

ラーマクリシュナは「神はどこにいるのか」と聞かれ、「どこにいるかと聞くのではなく、どこにいないかと聞きなさい」と答えた。

カーバ神殿の聖職者は、ナナクにこう言った。

「カーバに足が向かないよう、向きを変えなさい。恥ずかしくないのか——聖者が神殿のほうに足を伸ばしたままでいるなんて」

ナナクは言った。

「それなら、アラーのいない方向に足をどけなさい。どうしろと言うんだ、どこに足を置いたらいいと言うんだ。どこに向けたらいい？　私はどこかに足を向けねばならない。アラーはあらゆる所にいて、あらゆる方向に広がっている。だが私は心配していない。アラーは内側に在り、外側に在る。カーバの石はアラーのものだし、この足もアラーのものだ。私にはどうしようもない。間に割って入る権利などない」

ダルシャンの言ったことは的確だった。

「覚醒を得たら、存在するのはバグワン（神）だけだとわかるでしょう」

賢者と呼ばれる人が……こうした彼と同じ賢者が人を導いているのには驚きだ。盲人が盲人を引き、両者が井戸に落ちる。「サティヤブラット　シッダンタランカール」──「原理を知る者」とはご大層な称号だ。光明なくして原理を知っている者は、誰もいない。経典を読んでわかる原理などない──それは内側に入ることで理解するものだ。

滴が海と一緒だなんて奇跡だ！　いったい誰に言おう？
探求者ラヒームは　我が身を見て仰天した

「自分の内側を見て、自分もびっくり仰天し言葉を失った」とラヒームは言う。自分でも信じられない、まさか自分が神だなんて。内側から生じてくる声、内側のアナル・ハクの音、内側のアハム・ブラフマスミのこだま、内側のこのオムカール、覚醒の音なき音──自分が、ラヒームが、私が、平凡で取るに足りない私のような者が……私が神だなんて信じられない。

「滴が海と一緒だなんて……」

自分自身が信頼し難いと思っていることを、誰に話したらいいのだろう？

だとしたらいったい、誰に話したらいいのか。

私がここに座っているのは、あなたにその信頼をもたらすためだ。この信頼が生じたら、それがサットサング、マスターと共に座ることだ。私の側に座る者はシッダンタランカールではなく、シッダ、満たされし者となる。シッダ以下では何の足しにもならない。シッダ以下では価値がない。

死の技法を学びなさい。

死ね　ヨギよ死ね！

滴として死ねば海となる。死の技法とは、絶対の生を得るための技法だ。

空でもなく充足でもない
いるのでもなく　いないのでもない
どこまでも計り知れず　感覚を超えている
頭頂のチャクラの内なる空で聞こえるのは
子供の無邪気な声　その子を何と名付けよう

あるのでもなく、ないのでもない……神はいるとは言えないし、いないとも言えない。考えてごらん、じっくりと。神はあってないものだ。両方が一つとなっているがゆえに、神はどちらも超えている。

有神論者も無神論者も神を知らないし、有神論者も無神論者も宗教的ではない。無神論者が宗教的になれないのは当然だが、有神論者と呼ばれる人も宗教的ではない。有神論者も無神論者も、同じコインの二つの側面だ。信じる者は「いる」と言い、無神論者は「いない」と言う。両者とも半分しか選んでいない。神はいるとも言えるし、いないとも言える。神は両方であり、そのどちらも共に一緒に、同時に存在している。その存在の在り方は非存在の在り方であり、神の充足は空で満ちている。神の存在はまるで不在のようだ。神にはあらゆる矛盾が含まれる。いるかいないかという、これは最も根本的な矛盾だ。いると言えば半分に過ぎない。それなら物がない時は、どこにあるのだろう。ない時も、どこかにあるに違いない。なくても、どこかに存在し続けているはずだ。

たとえば木がある。大きな木があり、種ができる。木が枯れてその種を植えると、種は再び木になる。では種とは何だったのだろう。種は木の非存在だった、木の形をしていない木だった。種を割って開いても、木は見つからない。どんなに探しても種の中に木は見つからない。木はどこに行ったのか。だが、ある意味では木は種に隠れている。今は不在として隠れている。以前に木があり姿があったが、今は隠れている。土壌に種を植え適切な世話をすれば、種は再び木となる。

だがいいかね、木が生えれば種は消える。木と種は共存できない。木がなくなれば種になる。種がなくなれば、種は木になる。

これは同じコインの両面だ。両面を一度に見ることはできない。できると思う人はやってみたらいい。コインは小さなものだし、手で持てるものだ。両面を全部いっぺんに見られるか試してごらん。両面を見るのは困難だ。片方を見ればもう片方が見えない。もう片方を見れば、最初の片方は消えてしまう。だが最初に見た面が消えたからといって、それがないと言う人はいない。

創造は神の一形態であり、消滅は神の別の形態だ。その形態の一つは存在であり、もう一つの形態は不在だ。ヴィーナの弦をはじくと音楽が生まれるが、音楽はどこにあったのだろう。一瞬前はどこにあったのだろう。音楽は虚空にあった。音楽は確かに存在した。もし存在していなかったら音楽は生まれない。音楽は深い洞窟に隠れて存在していた。弦に触れ、音楽を引き出した。あなたは弦に触れ、インスピレーションを与えた。歌は眠っていた。歌は目を覚ました。音楽家は音を生みだすのではなく、ただ目覚めさせるだけだ――眠っている者を起こす。音を生み出すのは誰か？　音を創る方法はない。

この宇宙で創造できるものは何もないし、壊せるものも何もない。科学もこれに同意している。小さな砂粒一つでさえ、作ることも壊すこともできない。宇宙には何一つ加えられないし、何も取り除けない。宇宙は今と同じままだ。とはいえ物事は今も現れては消えていく。これはちょうど、幕の後ろに消えて再び登場する舞台俳優に似ている。単なる幕の上がり下がりだ。木が消えれば、それは幕が下りているということだ。木が幕の後ろに消え、種となった。幕が上がれば種は再び木となる。

死にゆく人を見る時、実際に何を見るのだろうか。それは無形の神だ。今あって、今はない。あったものがないものとなり、ないものが再びあるものとなる。有神論者は半分を選び、無神論者もまた半分を選ぶ。その二つに違いはない。各自が選んだものは片方の天秤皿だけで、どちらも天秤を壊してしまっている。天秤には両方の皿がいる。天秤とは二つの皿を兼ね備えたもの、それプラス・アルファだ。存在とは、あるものとないものの合計と、さらにあるものを足したものだ。

有神論者は恐れている。無神論者もまた恐れている。有神論者の恐れと無神論者の恐れを理解する者は、極めて驚くべきことを知ることになる。両者の間には何の違いもない。両者の根底にあるものは恐れだ。有神論者の恐れはこうだ。

「死後に何が起こるかなどわからないし、生前に何があったかも知らない。自分にはわからない。一人ぼっちになってしまうのだろうか？　妻もいなくなり、友人もいなくなり、父親とも母親とも家族ともみんな離れ離れになってしまう。準備してきたことも一切、この世に残して行くことになる。一人ぼっちで寂しい旅をすることになる。仲間も旅の道連れもいない。だが神を信じれば、信仰がそばにいてくれる。少なくとも信仰が私といてくれる」

有神論者は恐れから神を信じる。

寺院やモスクで跪いて祈る人の祈りは、恐れから生じる。そして恐れから生じる祈りは、きまって汚れている。しかも、その祈りのために寺院までもが汚れ、祈りの汚れから寺院は政治の中心に変わってしまった。ここでも言い争いや喧嘩、暴力や敵意、競争がある。寺院やモスクで行なわれているのは、喧嘩だけだ。

有神論者には恐れがある。無神論者にも恐れがある。こう言うとちょっと驚くかもしれないが、無神論者に恐れがあれば神を信じるだろうと、通常の人は考える。人々は、無神論者を怖がらせることはできなかった。無心論者に、地獄への恐れを作り出すことはできなかった。有神論者は地獄の光景、全景を非常に綿密に描き、完全な地獄絵図を無神論者に突きつける。火が燃え盛り、煮えたぎる大釜がある。残忍な悪魔があなたにひどい苦痛を与え、びしびし叩き、燃え盛る炎に投げ入れる。「地獄は怖いぞ」と散々脅しても、無神論者は神を信じない。そこで、ひょっとすると無神論者は怖いもの知らずなのではと、有神論者は考える。それは誤解だ。

マインドを深いところまで見れば、無神論者もまた、神を恐れるあまり神を否定しているとわかる。その否定もまた恐れからだ。神は存在するかもしれないと思って、恐れている。神が存在すれば、天国と地獄が生じることになる。罪と徳が生じることになる。神が存在すれば、いつかは神に答えなくてはならない。神がいるということは、自分達は見られているということだ。誰かに調べられ、私達の人生の報告書がどこかにしまわれており、私達にはその監視人に釈明の義務がある。私達は逃げられない。

神がいたら、自分自身を変容しなくてはならない。神の前で胸を張れる生き方をせざるを得ない。また万一、神が存在するとなれば、無神論者は別な恐れにかられる。

「神がいたら神を求めずにはいられない。人生が危機にさらされる。生半可な人生は送れない。神がいなければそのほうが楽だ。いないほうが自由だ」

神から自由であれば、天国と地獄からも自由になる。地獄への恐れもなければ、天国に行けなかったらという恐れもないし、寺院で礼拝している人々が天国行きになるという心配もない。天国は存在しない。天国に行った者など、いまだかつて誰もいない。誰も天国に行く者はいないし天国などない。死を免れる人はいない。徳も罪も関係ない。

東洋の無神論の源であるチャルバカ派には、こう書かれてある。

「心配ない。お金を借りることになっても、バターを楽しんで食べなさい」と。返済は心配ない。誰が借り、誰が返すというのか。人は死ねば、あらゆるものを残して去っていく――自分のものも人のものも。死後には何も残らない。何も残らないなら、恐れることはナンセンスだ。罪を犯したければ犯しなさい。悪いことをしたければしなさい。やりたいように自由に生きなさい。たった二日の命だ。心配事は一切捨てて豪勢に暮らしなさい。人が傷つこうが、危害が及ぼうが心配することはない。暴力がどうした、何が傷つくというんだ。そうしたものは皆、聖職者があなたを怖がらせようとして作り出したみせかけだ。

だが、チャルバカ派を信奉する人のマインドに入っていくと、同じ恐れがある。彼らは恐れから神を否定している。

多くの人が幽霊の存在を、単なる恐れから否定していることに、気づいたことはないかね？　あなたは「いや、いや、幽霊は存在しない」と、このように言う人を知っているはずだ。

だが「いない……」と言う時の彼らの顔を、注意して見てごらん。

ある日のこと、私の家に一人の女性客がいた。その人は神を信じなかった。とにもかくにも神はいない、これが彼女の口癖だった。

私は言った。「じゃあ神は脇に置いて、幽霊は信じますか?」

彼女は言った。「とんでもない。幽霊なんて全くのナンセンスです」

私は言った。「まあ、そう言わずに。この家には、今夜はあなたと私の二人しかいない。神との面会の準備はできないが、幽霊だったらできるよ」

「馬鹿なことは言わないで。幽霊なんてものはいません」

だが、彼女がそわそわしているのが私にはわかった。彼女はきょろきょろし始めた。

夜が更けていき、私はこう言った。「そう言うならわかった、すべてを話しましょう」

彼女は言った。「とにかく幽霊は信じてません。何を話すっていうの? 幽霊なんて全く信じてませんし」。私は言った。

「これは信じる、信じないの問題じゃない。昔、この家が建っていた全く同じ場所に洗濯屋が住んでてね、第一次大戦中だった当時、その洗濯屋は結婚したばかりで、愛妻と住むようになった。その嫁さんは、たった一つのことを除けば申し分のない美人だった。その人は目が一つしかなかった。色白でスタイルもよかったんだが、目が片方しかなかったんだ」

私は彼女の姿を、まざまざとイメージさせた。

「洗濯屋は、徴兵されて戦争に行くことになった。『すぐ戻る』と書かれた手紙が、何度も嫁さんの元に届いた。もうすぐ戻ると……。洗濯屋の妻は首を長くして待ち続けた。だが彼は、二度と戻って来なかった。戦死したんだ。奥さんは夫を待ちながら死んで、幽霊となった。彼女は夫が帰るのを待って、まだこの家に住んでいる。目は一つしかなく、色白で長い黒髪で赤いサリーを着ている」

彼女は幽霊を信じていないと言い張ったが、あちこちを神経質そうに見ているのがわかった。

私は言った。「こうした話をしているのは、あなたが今夜、ここに初めて泊まるからなんだよ。新しい客がこの家で泊まる度、その最初の夜、真夜中に洗濯屋の奥さんがやって来て、夫が帰ってきたかと毛布を剥いで見ようとするんだ」

そう言った瞬間、彼女の顔は青ざめていった。彼女は言った。

「いったい何の話なの、あなたみたいな教養ある人が、幽霊やらこんなことを信じるなんて」

私は言った。「これは信じるどうこうの問題じゃないんだ。でも警告しとかないと、ひどく怯えるだろうから言ったまでだ。もし、片目で赤いサリーを着た色白の女が毛布を剥ぎ取っても、怖がらないようにね。誰にも危害は加えはしない。ただ毛布を剥ぎ取って、地団太踏んで去っていくだけだから」

「それと、もう一つ彼女の特徴を言っておくと……」

当時私が住んでいた家の大家は、夜に歯軋《はぎし》りをする癖があった。その大家は夜、何度か歯軋りをする。そこで私はこう言った。

「もう一つその幽霊の癖を言っておくと、部屋に入って来る時は歯軋りをしている。当然ながら……彼女は夫を何年も待ち、長い年月が過ぎた。彼女は夫を愛していた。だから入って来る時は怒っている。夫は自分をだました、行ったきり戻って来なかった。だから歯軋りをするから、最初はおそらく、ぎしぎしと音が聞こえると思うよ」

彼女は言った。「いい加減にしてください！　私はとにかく幽霊なんて信じていません。もうお願い、この話はよして。意味もなく私を怖がらせようとするなんて」

私は言った。「幽霊を信じていないなら、怖がることはないでしょう」

この調子で私達は十二時まで話し続けた。私は言った。「もう寝たほうがいい」

彼女は部屋に行って、横になるなり、大家の歯軋りが始まった。大家は隣の部屋で寝ていた。私には、大家が絶対歯軋りをする確信があった。夜間、大家は少なくとも十回は歯軋りをする。大家は時々、歯軋りをする。

彼女は部屋に行き、ベッドに横たわって明かりを消すと、大家は歯軋りをした。彼女は悲鳴を上げた。私は彼女の部屋に駆け込んで行って、明かりを付けた。すると彼女は部屋の隅を指差しながら、ショックでほとんど身動きができずにいた。「見て、あそこに幽霊が立ってる!」

私は様々な方法で、幽霊は存在しないことを説明しようとした。彼女は言った。

「信じられないわ、確かに幽霊は……すぐそこに立っているじゃないの! 片目で色白で黒髪で赤いサリーを着て歯軋りをしてる、あなたが説明したのと全く同じよ!」

彼女は眠ろうとせず、また私を眠らせなかったために、私は一晩中、眠さに耐えねばならなかった。もう眠れないと彼女は言っていた。彼女は私が眠ると再びやって来て「幽霊が毛布を剥ぎ取るって言ったけど、そんなに近くまで来るの?」と言った。

私は「幽霊なんてどこにも存在していない。全部ただの想像だ。単にそれを明らかにしようとして、話しただけだ……」と言い続けた。

夜に彼女は熱を出し、私は医者を呼ぶはめになった。一緒に住んでいた大家は「余計な問題を作って……」と言った。

彼女は翌朝、私の家を発ち、二度と戻ってはこなかった。たまには顔を見せに来るようにと彼女に何度かメッセージを送ったが、その家には二度と入れないと言った。幽霊は存在しないと説明したが「私を馬鹿にするつもりなの？　もう幽霊の話はなしよ、幽霊はもう体験済みです」と言った。

いいかね、人は大抵、自分が恐れているものを否定し始める。恐怖心を思い出さないようにと否定する。恐れているものが存在しなければ、恐れるものなど何もない。

有神論者と無神論者には何の違いもない。一方は積極的に恐れ、もう一方は消極的に恐れている、それだけだ。積極的か消極的かの違いでしかない。だがどちらにせよ、恐れていることにはかわりない。恐れから、無神論者は神は存在しないと言う。一度神を信じたら、信じるべきものがさらにたくさん出てくる。それがあなたをおののかせる。有神論者は神は存在すると言う。有神論者はいい意味で恐れている。「神は存在する。もし神を信じなければ、もし神をたたえなければ、神に祈らなければ、神を説得しなければ、拷問を受けることになる」と有神論者は述べている。

真に宗教的な人は、神は両方だと言う。神は有神論者と無神論者の、両者の概念と信念を超えている。

……いるのでもなく　いないのでもない……

神はいるとも、いないともいえない。

空でもなく充足でもない……

神は空だとも言えないし、満ちているとも言えない。

……どこまでも計り知れず　感覚を超えている

神は限りなく計り知れないものだ。私達の言葉では神を計れない。私達の言葉は小さなティースプーンのようなもの、神は海のようなものだ！　このティースプーンに海は入りきらないし、量も測れない。私達の物差しは、みなとても小さい。私達の手は非常に小さい。私達のキャパシティーは非常に小さい。神の広がりは無限だ。神に限界はない……どこまでも計り知れず、感覚を超えている。

ラヒームは言った
計り知れないものに関する言葉は
言葉にできないし聞こえない
知る人は語らず　語る人は知らない

「計り知れないものに関する言葉……」。神は全く計り知れない！　この「計り知れない」という言葉の意味を、理解しようとしてごらん。計り知れないとは、測定できない深みをもったもの——理解の及ばないものを意味する。あらん限りの方法を尽くしても、神は理解できない。神は底知れぬほど深いからだ。そして神の深みを測ろうと足を運んだ者達は、ゆっくり、ゆっくりと神の中へ溶解していった。

昔、塩でできた二つの人形が、海の深さを調べに行ったという話がある。二人は海に飛び込んだ。海辺には人だかりができていた。海辺は祭りの真っ最中で、皆、祭りにやって来ていた。人々は何日も二人を待ち続けた。が、祭りもついには終わり、塩の人形達は二度と海面には戻ってこなかった。塩の人形達は、海の深さを測れなかっただけではなく、自らが溶解してしまった。

「探し、探し求めて、友よ、カビールは消えてしまった」

彼らは探求しに行き、消滅した。塩の人形が海を探りに行って、いくらも生き延びられるわけがない。二人は溶解してしまったに違いない。二人は海の一部だった。だからその深みを測ろうと思ったのだ。私達もまた塩の人形であり、神は海だ。私達は神を捜しに出かけ、溶解するだろう。

計り知れない *"unfathomable"* は、単に未知 *"the unknown"* という意味ではない。未知はいつか知ることができるという意味だ。今日知られていることは、かつて知られていなかった。かつては月の上を人間が歩いたことなどなかったが、月面歩行はすでに為され、それまで知られざるものだった月が、今日では知られている。私達は原子の神秘を知らなかったが、今は知っている。

神は単に知られていないだけではない。ここに宗教と科学の違いがある。

宗教は、宇宙に三タイプのものがあると言う。「知られているもの」――すでに知られているもの」と「知られていないもの」――将来知られるものと知ることができないもの」――「知られていないし、決して知られないもの」があると。科学では、宇宙には二つのカテゴリーしかないと言う。「知られているもの」と「知られざるもの」の二つだけだと。科学は宇宙を「知られているもの」と「知られるようになるもの」、この二つのカテゴリーに分ける。知られざるもの *"The unknowable"*……この一語に、宗教の真髄が丸々秘められている。今まで全く知られたことがなく、また今後も決して知られないものがある。そのあまりの神秘ゆえ、知られざるものを求める人は、その中へ消えていく。

計り知れないものに関する言葉は言葉にできないし聞こえない

探求者自身が溶解してしまったら、何を話し、どのように言うかを決める人はいない。言葉はみな極めて小さく、非常に底が浅い。これはあなたも人生で経験することだ。早朝目が覚めて、庭に日が射し、木々が目を覚ます。新鮮な土のにおいがする——おそらく雨上がりだ。草葉の上の朝露が、真珠のように光っている。鳥がさえずり始める。孔雀が跳ね回り、カッコーが鳴く。花が咲き、蓮が花びらを広げる。あなたはこうしたすべてを見る。それは感覚を超えたものではない。それは理解の及ぶ範囲内にある。あなたにとってそれは未知ではなく、知られているものだ。こうしたあらゆる美を体験し、誰かが一言でそれを表すように言ったら、何と言うだろう。美しかったとか、とてもきれいだったとか、そんな言葉しかない。だが、これが何かを表しているのだろうか？　この「とても美しい」という言葉には何もない——日の光もなければ、新鮮な土の香りや花咲く蓮、鳥のさえずり、真珠のような朝露も木々の緑も、広々とした空もない。言葉の中には何もない。この「とても美しい」の中に、何があるのかといったら全く何もない。いくつかのアルファベットの文字に過ぎない。

それは「ランプ」という言葉を書いて、壁にかけるようなものだ。それで夜が明るくなるかといったら、夜は暗いし部屋は暗いままだ。ランプについての話をしても、明るくはならない。

ある女性がピカソにこう言った。

「昨日友人の家で、あなたの自画像を見ました。とっても素晴らしくて、あまりにも素敵だったので、たまらずキスしてしまいましたわ」

ピカソは言った。「それで？　絵はあなたにキスを返したんですか？」

その女性は言った。「何をおっしゃるの？　そんなばかな！」

ピカソは言った。「だったら、それは私の肖像ではありませんね」


ムラ・ナスルディンの隣人が、ムラにこう言った。

「ちゃんと息子を教育しろよ。もう女に嫌がらせを始めてるぞ……昨日、あんたの息子がわしの妻に石を投げたんだ」

ムラは言った。「当たったのか？」

隣人は言った。「いや」

ムラは言った。

「なら、きっと他のガキだ。うちの息子は的をはずさん。きっと別なやつだ、そりゃ誤解だよ」


同様にピカソはこう言った。

「私の肖像画ではあり得ない。それは私じゃない。キスを返さなかったなんて、もったいないことを。それは私じゃない。私だったらお返しするよ」

だが絵は答えない。絵は本物には及ばない。歌も言葉も経典も、本物には及ばない。私達が経験する世俗的なことですら、表現できない……。

母親が子供を愛する。その愛をどうやって言葉にする？　愛という言葉に何がある？　猫も杓子も愛、愛と言うが、息子をとても愛している、妻をとても愛していると言う時、それはどういう意味なのだろう。ここにもアイスクリームが好きだと言ったり、自分の車をとても愛していると言う人がいるが、愛がアイスクリームや車にも使われるなら、愛には何の意味も残されていない。妻をとても愛していると言う時、あなたが愛している妻とアイスクリームは同じなのかね、そういう愛に、どんな意味があるのだろうか。

私達の言葉は小さい。こうした小さな言葉が様々に使われる。言葉には限界がある。世俗的な体験ですら、言葉にすることはできない。絶対の体験、究極の体験では――あらゆる思考が静かになり平穏になる時、体験者が言葉を超える時――論理の複雑さがすべて遠のき、無思考状態が行き渡る場所では――誰が体験しようと、それは表現できない。

知る人は語らず……

知るに至った者達には語れない。いまだそれを語れた者はいない。私が毎日あなた方に話しているから、いつも話せているじゃないかと思ったら、それは間違いだ。他のことならどうにか言えても、計り知れないものは計り知れないままだ。それについて、その周囲のものについては多く語れても、言葉の矢が的に当たったことはない。他はすべて言葉にできても、すべての言葉はそれを表示する以外の何ものでもない。

私の言葉にしがみついてはならない。私の言葉は単なる一里塚だ。一里塚には矢印があり、デリーは百マイル先だと指し示している。それをデリーに着いたと思って腰を下ろし、一里塚に固執してはならない。私の言うことは月を指差すようなものだ。指を崇め始めないように。経典はすべて、月を指す指だ。月自体を明白に示す指はない。だが知性ある者達には、その指し示すものがわかる。知性がある者にはヒントで充分だ。

一人の男が仏陀を訪れ、こう言った。

「私は語り得ないものを聞きにやって来ました」

仏陀は目を閉じ、それを見て男は座って目を閉じた。仏陀に付き添い、常時同伴していたアーナンダは仏陀の側に座っていた。アーナンダはハッとした――何かが起こっている。きっとアーナンダはそれまで転寝《ごろね》をしていたに違いない――まったく、いつまで座っているんだと思って、あくびをしていたに違いない。その男に何かが起こっていることがわかった。この男は語り得ないものを聞きにやって来たと言い、仏陀は目を閉じて沈黙した。この男も座って目を閉じた。どちらもエクスタシーに入っていた。二人はまるで、内側のどこか遠いところで、無言で出会っているかのようだ。

アーナンダは傍観していた。アーナンダは感じた、明らかに何かが起こっていると。だがどちらの側からも言葉は発していない。言葉は口から出てもいなければ、耳にも届いていない。だが、確かに何かが起こっている。アーナンダは目に見えない「存在」を感じた。両者が、まるで一つのエネルギー・フィールドに没しているかのようだ。そして男は半時間後、腰を上げた。男の目からは涙が流れ、仏陀の足元に額づき、会釈をしてこう言った。「ありがたい限りです。まさにあなたのような、語らずして語れる人を探していたんです。あなたはとても美しく語ってくれました。帰ります。心底満足しました」

男は至福に満ち、涙を流しながら仏陀のもとを去って行った。

男が帰るとアーナンダは早速、仏陀に尋ねた。

「何だったんです、何があったんです。あなたは何も言わなかったし、あの男も何も聞いていない。そして帰り際に男はあなたの足に触れ、あなたは男の頭の上に手を置いて、びっくりするくらい完全な祝福をお与えになりました。あなたはそんな祝福を滅多にしない。何があったんですか。彼は何者なんです？」

仏陀は言った。

「アーナンダ、お前が若かった頃、お前も私も若かった頃……」

二人はいとこだった。仏陀とアーナンダは同じ王宮で育ち、共に成長した。

「お前は馬がとても好きだった。叩いても動かない馬がいることはよく知っての通りだ。鞭で打ち続けても、全く動かない非常に頑固な馬がいる。それとは別に、ちょっと鞭で打てば動く馬がいて、また鞭を打たなくてもいい馬がいる。ピシッという音だけで、鞭で打たなくても音を鳴らすだけで駆け足で走り始める馬がいる。さらにお前もよく知っての通り、鞭の音さえ侮辱のように思う馬がいる。そういう馬は、鞭の影だけで駆け足をする。この男は最後に言った類の一人だ。鞭の影だけで、私は何も言わなかった。ただ無の中に飛び込んだだけで、あの男は私の影を一瞥して、コミュニオン（霊的交合）が、サットサングが起こった。これがサットサングだ」

仏陀は話さないわけではない。仏陀は話を理解できる者にしか話さない。徐々に言葉なきものを理解し始めている者には話さない。話は沈黙のための準備に過ぎない。

サットサングには二つの形がある。一つはマスターが話すサットサングだ。なぜならあなたはまだ、話すことでしか理解できない。理解さえ難しすぎる。話す必然性がなければ……師が座り、師の側であなたがただ座っている時、ある瞬間が、究極の瞬間が訪れる。古代ではこの瞬間をウパニシャッドと呼んでいた。それは師の側で座るという意味だ。経典『ウパニシャッド』はこの、側に座ることから生まれた。側に座るという意味のウパニシャッドが、経典の名前となった。師の側に座り、空の中で聞こえた音楽が集められ、それがウパニシャッドとなった。ウパニシャッドとは側に座るという意味、ウパニシャッドの意味はサットサングだ。
「知る人は語らず　語る人は知らず」——だからもし、神を経験できるよう手を貸そうと言う者がどこかにいたら、気を付けなさい。あなたはだまされるだろう。そういう者は口だけだ。自分は神を経験したというその主張は、やがて致命傷になる。神は絶対に知られざるものだ。神を知る者は神となる。知る者と知られる側の仕切りはもうなく、生きた知恵（*the knowing*）がある。知る側と知られる側は分離したままではない。知る者は知られるものの中に溶解し、知られるものは知る者の中に溶解する。だから、神は計り知れないと言われるのだ。神の深さが測れないのは、測る人が消えてしまうからだ。
「探し、探し求めて、友よ、カビールは消えてしまった」

空でもなく充足でもない
いるのでもなく　いないのでもない
どこまでも計り知れず　感覚を超えている
頭頂のチャクラの内なる空で聞こえるのは
子供の無邪気な声　その子を何と名付けよう

この計り知れないものに耐える用意ができた時、計り知れないものに飛び込む勇気に気づいた時、その勇気とは次のように定義される。

死ね　ヨギよ死ね！　死ね　死は極楽だ
ゴラクが受け入れ　覚醒した死に方で　死ね

消滅し、死になさい。そうすれば神を体験し、神に出会う。消滅すれば探求は全うされる。このような者には、頭の中から新たな表現が起こる。

頭頂のチャクラの内なる空で聞こえるのは
子供の無邪気な声……

千の花びらを持つ蓮の花が咲く頭頂に、頭の中に静寂が生まれる。あらゆる思考がなくなり、エゴが消える。自分がいるという感覚すらもはやなく、静寂と平安と無だけがある時、この状態をサマーディーと呼ぶ。その時、サマーディーが実現する。その時、人は目覚める。だが、マインドに思考の流れはない。思考の跡は静まる。静止し、旅する人の行き来はない――マインドに思考がない。マインドには思考の対象がない。人は純粋な鏡となる。もう影ができることも、何かが映し出されることもない。この状態にある時、内なる蓮の花が開花し、頭の中に静寂が生み出される。そこには頭を満たすものは何もなく、人は中空の神聖な無として存在するのみとなる。

頭頂のチャクラの内なる空で聞こえるのは
子供の無邪気な声……

すると子供の無邪気な声が聞こえてくる――それは小さな子供のうれしそうな声、生まれたばかりの赤ん坊のような声だ。全く新しい、フレッシュな、産湯につかったばかりの――新たに産湯につかったばかりの、子供の清らかな声が聞こえる。今度こそ自分自身の声を体験する。
マホメットはこの状態の時、コーランを聞いた。これと同じ状態の時、見者達はヴェーダを聞いた。この世の主な経典はすべて、同じ状態の下で生まれた。みな人間を超えたものだ。人間が作り出したものではない。人の手は関わっていない。神が通って流れている。人間は通路を作っただけだ。

頭頂のチャクラの内なる空で聞こえるのは
子供の無邪気な声
その子を何と名付けよう

内側に生じた無邪気な音に付けられる名前はない。その音に名前はない。またいかなる属性も付加できない。なぜなら属性はすべて限界を作り出すからだ。それには限りがなく無限だ。滴は海になった。滴は蒸発し、空となっている。もう話そうにも誰もいない。何も言葉にできない。
そこから戻った者は何も話せなくなる。完全に唖になる。覚者は多くのことを話す。他の事なら何でも話す。そこにたどり着くにはどうしたらいいか、どの道を行ったらいいか、どのテクニックを使えばたどり着くかは話す。しかしそこで起こった事、これについては覚者は完全に黙ったままだ。覚者は言う、「自分で行って自分で確かめなさい。どうしたら窓が開くか、その方法を教えよう。錠を開くのにどの鍵を試せばいいのかを話そう。だが何を体験するかは、自分で行かない限りわからない。誰もそのダルシャンを、そのビジョンを人に貸すことはできない」

笑うこと　陽気でいること　瞑想のこつ……

だが、こうした体験をした人の生をよく見てみると二、三のことがわかる。これはとても美しい詩だ、非常に深い言葉だ。

笑うこと　陽気でいること　瞑想のこつ……

覚者が笑い、遊ぶのをあなたは目にするだろう。こうした人にとっての生は、ただの芝居にほかならない。こうした人でシリアスな人はいない。これが師の判断基準だ。深刻な覚者や悲しそうな覚者はどこにもいない。笑っている覚者は見つかる。

笑うこと　陽気でいること　瞑想のこつ……

覚者にとっては、すべてが笑いと遊びだ——すべては神のいたずらだ。それゆえにクリシュナは完全な化身と呼ばれる。ラーマはシリアスだ。ほんの些細なことをチェックする。ラーマは倫理に従って生きている。非常に礼儀正しいが、クリシュナは礼儀正しくない。行動規範のないクリシュナにとっての生は、神のいたずらだ。

生はゲームだ。ゲーム以上に考えてはならない。ゲーム以上のものとすれば、たちまち大変なことになる。生をドラマ、演技として理解しなさい。演技なら苦痛はない。ドラマの役をもらったら、楽しんでやるまでだ。たとえラーマ劇の大悪党ラーバナを演じなくてはならなくても、少しも苦しむ必要はない。「ラーバナの役とは、なんてついてないんだ」と言って嘆いてまわる人はいない。

幕が下りればたちまち、ラーマとラーバナは等しくなる。舞台の上では、今にもお互い殺さんばかりだったのに、舞台裏に行って見れば、二人はお茶を飲みながら座って話している。シーターは二人の間に座っている——誘拐の心配も、助ける心配もない。人生はドラマだ。だがそれをドラマとして十二分に理解できるのは、空に達した者だけだ。

笑うこと　陽気でいること　瞑想のこつ……

瞑想もまたほかでもなく、遊びであり笑いだ。

人は言う——この私のアシュラムはどうかしていると。ここにいる人は笑って踊って、陽気にはしゃいでいると。しかし、アシュラムは他にどんなありようもない。

笑うこと　陽気でいること　瞑想のこつ
昼夜　天与の知識を共にしている……

そうしたら、昼も夜も、すべて語られる言葉は天与の霊感《インスピレーション》だ。覚者の歩き方、話し方——黙ったままでも、その沈黙には天与の霊感がある。何かを語るなら、その言葉は霊感を受けているし、踊るなら霊感によって踊っている。また穏やかに座っているなら、覚者は天与の霊感を受けて穏やかに座る。覚者の全実存は神にゆだねられ、全体にゆだねられている。覚者はもう分離していない。覚者はなぜ笑い、なぜ遊ぶのか、これがその理由だ。覚者は神の遊戯の一部となっている。

覚者は笑い　遊び　心の乱れがない

ただ笑い、遊び、悲しまず悩まず、無用にマインドを深刻にさせないこと。悲嘆にくれてはならない。だが見てみると、ある人はこの世的な意味で多くの悩みを抱え、ある人は宗教的な意味で多くの悩みを抱えている。どちらもひどく不幸だ。ある者はお金を追い求めている――お金を追い求めるマインドは動揺している。他の者はお金を恐れ、お金から逃げた――お金を恐れる者のマインドは動揺している。ある者はもっと沢山の女性をものにできれば、もっと良くなると言う。ある者は女を視界に入れるな、でないとすべてが目茶苦茶になると言う。だが両者ともかき乱されている。両者とも笑い遊ぶことを学んでいない。遊びのアートを学んでいない。どちらもあまりにも深刻だ、ウルトラ・シリアスだ！

こうした深刻さが彼らの病気だ。

笑うこと　陽気でいること　瞑想のこつ
昼夜　天与の知識を共にしている
覚者は笑い　遊び　心の乱れがない

それゆえ、笑い、遊び、マインドを動揺させるなと覚者は言う。

こうしたゆるぎなき者は　常に神と共に在る

そうしたらこの笑いと遊び、この歓喜に浸りなさい。この遊びの元気に浸りなさい。あなたはいつも神と一緒だ。

こうしたゆるぎなき者は　常に神と共に在る

すると毎秒、あなたと神は共に在り続ける。一緒にと言うのはおそらく不適当だろう。あなたは神と一つになった。これが「こうしたゆるぎなき者は　常に神と共に在る」の意味だ。一瞬たりとも、あなたは離れていない。一体感は持続的なものとなる。

昼夜マインドを無心《ノーマインド》に溶かし……

瞬間、瞬間、動いていても座っていても、目覚めていても眠っていても、一つのものだけが残っている。

……マインドを無心《ノーマインド》に溶かし……

マインドを無心に変えなさい――人を人でないものに。禅師達もまたそれを無心と呼ぶ。マインドが空っぽになるのに任せなさい。マインドとは何か？　過去への思考、未来の予定、これがマインドだ。すでに起こった事を騒ぎ立てたり、起こるべき事への期待、これがマインドだ。過去も未来も残っていない。残るものは何かといったら、それは現在だ。

笑うこと　陽気でいること　瞑想のこつ

残るのはこの純粋な現在だけだ。それには思考の影さえない。だがあなたは存在しない過去に、まだ起こっていない未来に巻き込まれている。ある人達は過去志向で、目が後ろ向きに据えられている。また ある人達は未来志向で、前方に目が据えられていて、どちらも現に在るものが奪われている——そして今あるもの、まさに今この瞬間が、神の現れだ。

現在に生きなさい。瞬間から瞬間に生きなさい。そうしたら、どこにも悲しみなどあり得ない。現在はいつもみずみずしく、いつも至福に満ちている。このことに注意を払ったことはないだろうか。

いつでも悲しくなったら、その悲しみを見てごらん。それは過去か未来への反応だ。心配事や苦痛は、過去にしたくてできなかったこと、または将来やりたいと思っているが、できるかどうかわからない、このどちらかによって作り出される。

気づいたことはないだろうか？　現在に苦しみはなく、心配事はないというこの小さな真実に、目を向けたことはないだろうか。それゆえ、現在はマインドの平穏を妨げることがない。マインドの平穏を妨げるものは不安だ。現在に苦痛はない。現在は苦しみとは無縁だ。現在の瞬間は短すぎて、苦しみは収まりきらない。現在に収まるのは天国だけで、地獄は収まらない。地獄は大き過ぎる。現在は平穏にしか、幸福にしか、サマーディーにしかなり得ない。

昼夜マインドを無心《ノーマインド》に溶かし……

だからマインドを無心に変え、マインドをきれいに拭きなさい。きれいに拭くというのは、過去と未来のことを考えるなということだ。ここにあるこの瞬間をたった今、少し味わいなさい。今、この瞬間……遠くで列車が通り過ぎるこの音、人々が私の話を聞きながら愛に浸り、深い静寂の中に座っている。皆、瞬きもせず私を見ている。木漏れ日が注ぎ、強い風が吹いている——どこに不幸がある？　どうしてあり得るだろう。この瞬間にあるすべてが幸福だ。この幸せの中に深く入っていきなさい。この幸せを飲み干しなさい。これは注ぐ価値のあるワインだ。要は、この居酒屋の一部になることだ。

決して、一瞬より多くを得る者はいない。二つの瞬間は、決して一緒にはやって来ない。一瞬を生きるだけで充分だ。

イエスは「野に咲くゆりが見えるか？」と弟子に聞いた。ゆりの美しさとは何か？　その美しさの秘密は何なのか？　けなげなゆりの花、その美しさの秘密は何なのか？　その香りはどこから来るのか？　あなた方に言おう、イエスは「栄華を極めたソロモン王ですら、この野に咲くゆりほど美しくはなかった」と言った。

その美の秘密は何なのか？　その秘密は一つだけだ。過ぎ去ったものは過ぎ去り、まだ来ていないものは来ていない。ゆりは昨日の心配も、明日の心配もない。ゆりはただ、ここにある。故に「明日を思い煩うなかれ」とイエスは弟子に言った。あらゆる心配事は明日に向けられている。この瞬間に、何一つ心配はない。心配や考え事、不安のないところに無心がある。そして無心があるところには神がいる。マインドの死にこそ、神の体験がある。

死ね　ヨギよ死ね！
希望を捨て　望みのないままに……

マインドは望むことから生じる。もっと欲しいという要求、それがマインドだ。もっと、もっととマインドは言う……何を与えても、少なすぎる、もっとくれと言う。この「もっと」という病気は大昔からのものだ。だからどんなに与えようと、マインドは大昔からの癖で、もっとと言い続ける。千のものがあれば万を求め、万与えれば億くれと言う。マインドは求め続ける。マインドが「もういい！」に達する瞬間はない。

足ることは決してなく、終わりは決して来ない。ゆえにマインドは走り続ける。マインドはアレキサンダー大王のような人を、走り続けさせもする。皆、走りに走り続け……まだ走っている最中に死ぬ。人は一生涯、この野心の競争をする以外に何もしていない。この競争の成果は何か？　何かを達成した者など、いまだかつていない。

希望を捨て　望みのないままに……

「望みのない(*hopeless*)」という言葉に、今日与えられている意味はない。この違いを理解してみなさい。私達は、悲しい顔をして落胆して座っている人を、絶望した人と呼び始めた。「望みのない」という意味を、私達はゆがめてしまった。「望みのない」という言葉は、あらゆる希望を捨てた人を意味する。あらゆる希望を捨てた人は、今日的な意味の「望みのない」ではない。そうした意味の *hopeless* は、かなわぬ希望を持った人のことだ。すると失望と絶望がやってくる。

この今日の「望みのない」という言葉の現代的な意味を、正しく理解してごらん。現代の「望みのない」の意味は何かを望み、その望みが叶わなかったことを意味する――だから絶望し、それゆえ絶望した人は悲しい顔をして座っている。あなたは宝くじを当てたかったが、当たらなかった。

ある日のこと、ムラ・ナスルディンはがっかりした顔をして座っていた。近所の人がムラに言った。

「随分しけこんだ面じゃないか。何だって不幸なんだ。先週おじさんが死んで、五万ドルの遺産が入ったそうじゃないか。喜べよ」

ナスルディンは言った。

「うれしかったけどな、今はうれしくない。先週はおじが死んで五万ドルの遺産が入った。その前の週は、別のおじが死んで十万ドルの遺産が入ったってのに、今週はもうじき終わっちまう。なのに誰も死んでいない……もうお先真っ暗だ。今週も、もう少しで終わり、今日はもう土曜、明日は日曜だってのにまだ誰も死んでやしない……」


——笑わないように。マインドはこのように機能する。与えれば与えるほど、マインドは乞食になっていく。何かを得れば得るほど、マインドは貧しくなる。偉大な皇帝達はいつまでも、もっともっと手を伸ばしている。

「望みのない」という言葉の昔の意味はとても深遠で、とても深く、非常に重要だ。それは希望がなくなり、絶望もなくなってしまうことを意味する。希望も絶望も残らない、この状態を*hopeless*と呼んだ。*hope-less*、希望がない。希望と一緒に絶望も消えてしまった。成功しようとする野心のない者は、失敗しようがない。希望がない人は失望しようがない。

老子は「誰も私を負かせないのは、私のマインドには勝とうとする欲がないからだ。誰かが来て私に勝っても、私には勝利への欲がないから、誰も負かすことはできない」と言った。

もし老子を襲ったら、老子は自ら横になってこう言うだろう。

「さあ来い。私の上に乗って、勝ったぞと言って、ちょっと楽しんだら帰るんだ。私には勝ちたいという欲などこれっぽっちもない。だから負かしようがないぞ」
人は勝利を望む人しか負かせられない。そして絶望するのは、希望でいっぱいの人だけだ。
「望みのない」の元の意味には、大変な価値がある。希望と絶望の両方がなく、隙間がある時、それが *hopeless* と呼ばれる。*hopeless* とはこうあるべきだ。もしあなた方の言う *hopeless* の意味が含まれていたら、次のスートラに意味はない。

笑うこと　陽気でいること　瞑想のこつ
……覚者は笑い　遊び　心の乱れがない

この *hopeless* ではおかしい。*hopeless* の意味はこうだ。
「自分はあらゆる希望を捨てた。自分はもう求めない、もう乞食じゃない、もう未来に何も期待しない。起こることは起こるし、起こらないことは起こらない。何が起ころうと自分は歓喜に満たされている」

笑うこと　陽気でいること　瞑想のこつ

あるものすべてに自分は満足している。そのままでいい、髪の毛一本、動かしたいと思わない。神はいつも与えてきたし、これからも与え続けるだろう。自分は毎瞬、毎瞬を幸せに生きてきている。面白いことに人は、幸せに生きれば生きるほど、もっと幸せになる。不幸な生き方をすればするほど、もっと不幸になる。それは、私達が自分の存在の中に作り出すものは、どんなものも自分自身に引き付けられるからだ。私達は磁石となる。

イエスが言った有名な言葉に「ある者にはさらに与えられ、ない者にはあるものすら取り上げられる」というのがある。これは非常に酷な言葉だ。ある者にはさらに与えられ、ない者はそれすら取り上げられてしまう――それは非常に不公平であるかのようだが、不公平ではない。イエスの言うことに全く不公平はない。これは単純な、直接的な生の法則だ。これが事の現状だ。至福で満たされている人は、それ以上に至福で満たされる。笑える人は、その笑いはもっと多次元的なものになる。踊れる人は、もっともっとリズミカルな踊りになる。歌える人は大空がその人と共に歌い、山脈が共に歌い、月や星が共に歌うだろう。だが泣き始めると、心の乱れを感じ始めると、不安は四方八方から寄って来る。

人は自分と同じものを引き付ける。これは生の絶対的な法則だ。どんな人にも同じものがやって来る。だから、幸せな人はさらに幸せになっていく。穏やかな人はもっと穏やかになっていくし、心が乱れている人はもっと乱れていく。惨めな人はもっと惨めになっていく。つまり熟練していくわけだ。惨めな人は惨めになる練習をしている。

ムラ・ナスルディンはある朝、咳でぜいぜいしながら、いつもの医者のところに行った。
「どうしたナスルディン、咳が良くなったんじゃないか?」
ナスルディンは言った、「当然でしょう! 三週間練習したんだから良くなって当然ですよ。夜通し練習して、今はもっとリズムが良くなってますしね、のどの調子はばっちりです――良くならないわけがない」

つまり、人は自分を惨めにする達人となる。私は知っているが、無数の人が自分を不幸にする熟練者となっている。みんな惨めさを作り出す芸術家だ。何もない時でも不幸を作り出す。その技はたいしたものだ。その専門技術はあまりにも優れている。だから、たとえ棘がなくとも、どうにかして自分で自分に棘を指す。花さえも棘となる。

このアシュラムは歓喜あふれる世界だが、人々はここに来ても不幸になる。他の人が歓喜あふれている様子を見て、惨めな気持ちになる。何なんだここは？　どういう宗教なんだこれは？　彼らの宗教が意味するものは、墓穴の中で座っている人――棺おけに片足を突っ込み、片手に数珠を持ち、死んでいる人だ。切り株、丸裸の木……この切り株に、花もなくさえずる鳥もいないと彼らは「そうだ、これが宗教だ。この聖人は意識の頂点に達したんだ」と言う。

あなたは惨めになってしまった。惨めな世界の言葉しかわからない。認識できるのは惨めさだけだ。惨めになることに非常に長けているために、哀れな人としか関係が持てない。聖人が自分を苦しめれば苦しめるほど、大衆が聖人に魅力を感じるのはこのためだ。

人々によく言われるのだが、なぜ私のところに来るインド人はこんなに少ないのか。それには訳がある。インド人は不幸の達人になってしまった。インド人は何千年もかけて、自分を苦しめる高度な技術を習得した。針のベッドで寝る人々は、まるで針がなくては眠れないと言わんばかりだ。すでに火のように暑いのに、炎に身をつつんで座る人もいる。体はもう灰になりかけているのに、体中に灰をこすりつける人もいる。この国の人は、いやというほど自分を苦しめる練習をしてきた。

私のメッセージは幸せのメッセージだ。

だから私のメッセージは彼らの心には訴えず、ひどく不快に思う。踊りと瞑想に関係があることや、音楽は瞑想に関連があることが、単純に受け入れられない。彼らにはわからない。すると決まって、彼らは私にひどく腹を立てる。この特異な場所への憎しみと敵意だけが、彼らのマインドに募っていく。彼らは自分の惨めさをがっちりつかんで、手放そうとしない。この国の人が惨めになる癖を直すまで、祝福の瞬間は来ないだろう。

皆に言っておくが、宗教は苦悩しなさいとは言っていない。宗教とは至福を探すことだ。だからこそ私達は神を「サット・チット・アナンド」（「真実、意識、至福」）と呼んだ。宗教とは、究極の至福と宇宙のあらゆる喜びを探すことだ。小さな幸せの数々が、寺院への踏み段へと変容する。この世の喜びを捨てることで「サット・チット・アナンド」の境地に至ると考えているなら、それは間違いだ。この世の歓喜ですら受け入れる準備がないなら、神を敬う心を受け入れる勇気など出せるわけがない。小さな喜びを楽しめない者が、究極の喜びに耐えられるわけがない。コップいっぱいの水も飲めない者が、実存に流れ込む海を、どうしたら飲めるというのだろう。それは不可能だ。そういう人は溺れて死んでしまう。

私に言わせれば、この世とは学びの場所だ。ここで私達はちょっとした授業を受けている。花を見て花のように咲き、虹を見て自分の生を虹色に染めなさい。音楽を聞いて音楽になりなさい。あなたの歌も咲かせてあげなさい。

苦行者のように振舞う鳥を見たことがあるだろうか。苦行のために焚いた火の側に座り、体を灰で覆い、悲鳴をあげ、三叉の槍を地面に刺し断食する鳥を……聖者と呼ばれる木を見た人はいるだろうか。木は地の中に根を張り、大地から力を得ている。木は花を付け、星と小声で話をしているだろうか。人間世界以外で、聖者がいたためしがあるだろうか。人類以外のどこかで惨めなものを見たことがあるだろうか。
ちょっと考えてごらん、自然は人間から遠く離れているが、動物や鳥や植物はあなたよりも幸せだ。いったいどうしたというのか。何に苦しんでいるのだろう。病的な人々が、マインドをコントロールしてきた。狂った人達が、マインドの支配を確立した。幸せになれない者は、不幸の賛歌を歌ってきた。幸せになる術を知らない凡庸な人々は、不幸の賛歌を歌っている。彼らは「惨めでいれば神に愛されるぞ」と言って、この考えをマインドに教え込んできた。
ゴラクが言うのは、これとは別だ。私が言うのもこれとは別だ。

笑うこと　陽気でいること　瞑想のこつ
昼夜　天与の知識を共にしている

すると、歩くこと、座ること、話すこと、息をすること、あらゆることは天与の霊感の表現となる。

覚者は笑い　遊び　心の乱れがない
こうしたゆるぎなき者は　常に神と共に在る

するとサットサングが起こる。そうなれば、もう神はあなたと一つだ。神はあなたと共に在る。
そうなったら区別はない。

希望を捨て　望みのないままに

「私は汝の僕だ」と創造神ブラフマ

人間はおろか、ブラフマ神でさえ「私はあなたの僕《しもべ》です」と言って訪れ、至福に満ちた生に額づく。神でさえ、至福に至ったものを褒め称える。神ですら至福に至った人を羨む。

あなたの現状は、地獄の住人も哀れむほど悲惨だ。

地獄の住人達は言っているかもしれない。「地球に生まれなくてもいいように――特にインドの聖地では生まれなくてもいいように、大罪を犯さないようにしようぜ」

地獄では今、こうしたうわさが立っている。

次のような物語が書かれた時があった。仏陀が光明を得ると、天から神々が仏陀の足元に額づこうと降りて来た。またマハヴィーラが悟りを得ると、天から花の雨が降って、神々がマハヴィーラの話を聞こうとやって来た。

誰かが究極の至福を得ると、神でさえもそれを羨む。それは、神がまだ究極に達していないからだ。神々は徳の報いを享受している。明日、その喜びが終わってしまえば、神は再び地球に下りていかざるを得ない。その幸せはいくら続いても一時的なものだ。永遠に神の仲間に入った者だけが、永遠の幸福を知る。神々はまだ、その普遍の友の中にいない。

下へ流れるものを上に向け
ヨギは自分の性を焼き尽くす

非常に重要なスートラだ。

下へ流れるものを上に向け
ヨギは自分の性を焼き尽くす

探求者が、至福を下に向かわせるのではなく上に向かわせる時、その性《セックス》は燃える。

下へ流れるものを上に向け

ヨギは本来下に流れるそのエネルギーを、上に向け始める。

三つ理解しなくてはならない言葉がある。一つは性《セックス》だ。セックスは快楽、下へ向かうものだ。

二つ目は愛。愛は喜びであり、下に行くのでも上に行くのでもなく、真ん中で留まる。

三つ目は祈りだ。祈りは喜びであり、上へ向かう。これらのエネルギーは同じものだ。セックスの時は同じエネルギーが下降し、愛の時は同じエネルギーは中間で静止し、祈りの時は同じエネルギーが翼を広げ、空を飛び始める。私がセックスとサマーディーはつながっていると言うのは、こうした理由からだ。それは同じエネルギー、同じ梯子だ。降りればセックス、上ればサマーディー。そしてこの二つの真ん中が愛であり、愛が扉、この両方に通じる扉だ。愛はセックスへの扉だ。エネルギーが下降しているなら、愛はセックスへの扉となるし、上昇しているのであれば愛はサマーディーへの扉となる。愛には不思議な力がある。愛は橋だ。真ん中にあるが故に橋だ。


下へ流れるものを上に向け……

性的な関心事へ下降していたエネルギーが、徐々に目を覚ましつつある。この同じエネルギーを上に向けることだ。この上に向けるべきエネルギーと戦ってはならない。戦ってしまったら、戦っているもののとの接触は例外なく断たれてしまう。人は、戦う対象を何でも恐れるようになる。戦う対象を何でも抑圧する——抑えられたものが上昇する可能性は皆無だ。

だからゴラクと、ゴラクに続いたマスターのナトゥスは、セックスを抑圧しなさいとは言わず、性エネルギーの上昇を説いたのだ。この違いを理解しなさい。いわゆる宗教を教える人は性の抑圧を説く。抑圧しろの一点張りだ。だが、抑圧ではどうにもならない。性エネルギーは純化するものであり、抑圧するものではない。性エネルギーは泥の中にあるダイヤモンドだ。泥は洗い落とすものだが、ダイヤモンドは捨てるものではない。泥が付いているからといって、ダイヤモンドを捨ててはならない。でないと後で後悔することになる。これが世の中の聖者の現状だ。彼らの状況はあなた方の状況よりも悪い。

あなた方がダイヤモンドを発見していないのは、ダイヤモンドが泥の中に埋まっているからだ。しかし聖者は泥を落とし、一緒にダイヤモンドも落としてしまった。聖人達は洗濯屋のロバのようになってしまった。家にも属さなければ、川辺の洗濯場にも属さない。マインドが分裂すると、どちらも失われる。幻想も現実も、どちらも得ていない。サマーディーの「サ」もなく、セックスから得た些細な一瞥や幸せの一条の光さえも、一切消えてしまう。だから聖人のマインドはいつも病んでいる。聖人達の根はどこにもない。彼らは根を地面から引き抜いたが、根を空に根付かせる奥義を学ばなかった。ダイヤモンドは磨き、汚れを払い、泥を洗い落とすもの、この事実の中に秘密がある。泥は蓮に変わる。だから泥を恐れないように。

だから蓮の呼び名の一つに「パンカジ」がある。パンカジとはパンク、すなわち「肥やしから生じたもの」という意味だ。泥は蓮に変わる――非常に価値の高い、非常に愛らしい、非常に美しいものが出現する。セックスの泥には、サマーディーの蓮が隠されている。カーマの泥、セックスの泥にはラーマの蓮が秘められている。

下へ流れるものを上に向け……

だから目を覚まし、理解し、性エネルギーに馴染み、性エネルギーの目撃者になりなさい。それと戦ってはだめだ。敵ではなく友人にしなさい。友人なら上昇するよう説得できる。性エネルギーと共に協力して歩けば、徐々に愛へと変わっていく。まずはセックスを愛に変容し、次に愛を祈りに変容することだ。この三段階を完了できたら、あなたの中に千の花びらを付けた蓮が咲き、頭頂の空から、その子供が生まれるだろう。

いいかね、セックスからは子供が生まれるが、サマーディーからも子供は生まれる。その子はあなたの内的存在だ。その子はあなたの昇華した姿、神の姿だ。あなたの中に、まるで神の意識があなたの内側に生まれるかのように、この神の意識の誕生日が来たかのように、その子供の意識があなたの中に生まれる。

頭頂のチャクラの内なる空で聞こえるのは
子供の無邪気な声　その子を何と名付けよう
下へ流れるものを上に向け

ヨギは自分の性を焼き尽くす

下降するエネルギーを上に向ける探求者だけが、自らのセックスを燃やし灰にできる。それは戦うことがどうこうではない。

抱擁を解き　幻想を打ち砕き……

ゆっくりゆっくりと、些細な事や低次なもの、あなたの外側にあるものを抱えている手を放しなさい。「そうしたものに意味がある」という考えを、徐々に落としていきなさい。そうしたものに意味はない。意味はあなたの中に潜んでいる。

抱擁を解き　幻想を打ち砕き……

徐々に、執着や心を酔わせるもの、強欲を落としなさい。なぜなら、あなたがしがみついて放さない外側の一切は、死が持ち去ってしまうからだ。それを死に取り去られる前に自ら手放した人は、多大な報いを受け、祝福される。死がやって来る前にすべてを手放した人に、死が再びやって来ることはない。そういう人には、死が持っていけるものは何もない。もう自分で何もかも捨ててしまっている。これがサニヤス、放棄と呼ぶものだ。

捨てることは逃げることではない。逃避する人は依然すがり付いている。これが逃避の理由だ。それ以外に、逃避する理由はない。自分の妻を捨てて森へ走るのは、妻に執着しているからで、それ以外の意味はない。でなければ、恐れるものも怖がるものも何もない。
私は弟子達《サニヤシン》に言っている――諸々のものは今その場で落とせると。逃避しようという考えは誤った考えだ。逃避をするのは臆病だ。逃避をしても自分を解き放つことにはならない。開放は目覚めを通じて起こる。ただ気づきを持って見ること、ゆっくりゆっくり目覚めていくことだ。そうすれば気づきの光の中で、価値なきものが価値なく見えることに気づくだろう。価値がないと目に映ったら、人は手の中にしまってはおけなくなる。そうすれば抱擁は解き放たれる。

抱擁を解き　幻想を打ち砕き……
維持神ヴィシュヌはヨギの足を洗う

偉大なヴィシュヌ神がヨギの足を揉みに来るとは、大胆な発言だ！　こうした言葉は、紛れもなく勇気ある人のものだ。だから私にはゴラクは削れない――ゴラクは確かに、インドの四大マスターに入る。ヴィシュヌに人の足を揉ませる人には、大胆さが、勇気がある。ゴラクは凡人ではない。

死ね　ヨギよ死ね！　死ね　死は極楽だ
ゴラクが受け入れ　覚醒した死に方で　死ね

人は愛の中で死ななくてはならない。愛は死だ。そして死ぬ者は永遠を、不滅を得る。

ラヒームは　愛の駆け引きを称賛しない

生を勝つか負けるかの危機にさらしなさい

勝っても負けても、生を危険にさらさなくてはならない。その時初めて……この愛は、駆け引きの問題ではない。これはビジネスではない。すべてを賭けなさい。生はギャンブルだ。

ラヒーム曰く　蝋《ろう》の馬に乗って火の中を行くくらい
愛の道は険しい　誰もが成功するわけではない

「蝋の馬に乗って……」とラヒームは言う。それは蝋の馬を作り、それに乗って火の中を通っていくようなものだ。「蝋の馬に乗って火の中を行くくらい……」とラヒームは言う。それは蝋の馬に乗って火の中をくぐって行くくらい難しい。まずは蝋で馬を作り、それから火の中へ……どこにも逃げようがない。どうにも逃げようがない。馬は溶けてなくなってしまう。

ラヒーム曰く　蝋の馬に乗って火の中を行くくらい
愛の道は険しい　誰もが成功するわけではない

愛の道とはそういうものだ。なぜそれだけ険しいのかというと、死の用意がある者にしか、愛への入り口は見つからないからだ。

死ね　ヨギよ死ね！　死ね　死は極楽だ

だが、死には身もとろける甘美さがある。およそ瞑想的な死を遂げることほど、不死の甘さに満ちた体験はない。この死を遂げる時にしか、このことはわからない。

「死んでしまったものは自分なんかじゃない。死んで残ったもの、これが自分だ。本質は存続し、非本質は燃えて灰になる」——私も死を教える。

死ね　ヨギよ死ね！　死ね　死は極楽だ
ゴラクが受け入れ　覚醒した死に方で　死ね

自分は死によって不死を目覚めさせたと、ゴラクは言う。

あなたも死ぬ。あなたも消える。この死の技法を学びなさい。消える者は、不死を獲得できる。死ぬ者は到達する。それより安く不死を手に入れたいと思っている人は、自分をだましているにすぎない。

今日私達は、例えようもない旅に出たところだ。ゴラクの言ったことは人類史の中でも、数少ない稀な言葉だ。よく味わい、理解し、把握し、吸収し、それを生き……このスートラをずっと鳴り響かせなさい。

笑うこと　陽気でいること　瞑想のこつ
昼夜　天与の知識を共にしている
覚者は笑い　遊び　心の乱れがない
こうしたゆるぎなき者は　常に神と共に在る

死ね　ヨギよ死ね！　死ね　死は極楽だ
ゴラクが受け入れ　覚醒した死に方で　死ね

今日はこのくらいにしておこう。

第2章

未知の招待

The Unknown is calling

最初の質問

OSHO、ここに来るたび、自分はサニヤスを取らずに帰ります。サニヤスを取りたいという気持ちは何度も起こるのですが、勇気が出ません。「自分はこの道を楽しく歩けるんだろうか、それとも道の途中で戻ることになるのだろうか」と考えると、恐くなります。ですが、このサニヤスを取るという考えを脇に置くと、今まで生きてきたこの世にいても意味がないという気がしてきます。どうしたらいいのでしょう、どうかお導きを。

新しいものは常に恐く見える。見慣れたものは、たとえ苦痛そうでも、それでも見慣れているから恐くはない。既知のものは、たとえこの上なく幸せそうではなくても安全を感じる。あなたはそれをよく知っている。未知に入っていく前、見慣れないものへ入っていく前に恐怖を感じることは、全く自然なことだ。だから、恐れから問題を作り出さないようにしなさい。

新しい道を前に進む時、躊躇は必ず付きものだ。しかし新しい道を前に進むことでしか、生の成長はない。古い型の中で回り続けている人は、穀物工場にいる雄牛のようになる。

「自分は幸せに満ちているだろうか、私の生き方はどうだろうか」と考えることは常に価値がある。もしそうでないなら、危険を冒すことだ。新たな道、新たなライフスタイル、新たな探求をはじめるといい。あなたが失うものは何もない、ということくらいは、はっきりしている。古いライフスタイルからは、至福は見つからなかった。もし見つかったのであれば、新たなライフスタイルの必要はない。古いものは無価値になったというくらいは、明確だ。新たなものは意味あるものになるかもしれないし、またしても無意味なものになるかもしれない。だが、少なくとも新しいものは、意味あるものになる可能性がある。あなたは古い生き方の結果、理解した。何の収穫もなく生きてきた。古い生き方は圧搾機のようなものだった。まるで、砂から油を搾り取るようなものだった。砂から油を絞ろうとしたところで、どれだけの知恵を絞れるというのだろう。

私は、新しい道が確実に至福を与えるとは言わない。なぜなら至福の体験は、道よりも道を旅する人によって決まるからだ。だから本当の変化は道にあるのではなく、真の変化は旅人にある。だが、道を変えることは始まりだ。今のあなたは外側だから、外側から変容が始まらなくてはならない。が、外側を変える勇気を出せば、内側を変える勇気をも強くなる。そして至福の滴がぽたぽたと落ちてくるようになれば、喜びと熱意とともに、新たなるものへの探求が始まる。

一つ確かなことは、あなたに失うものは何もないということだ。だから無用な心配はしてはならない。古いものにしがみついて何を得ただろう。あなたは何も失ったりはしない。失うものがないなら、何を恐れる？　何かを得るか……最悪、新しいものから、またしても何も得られないかもしれない。そうしたら、また探すことだ。

「今日までの生き方や考え方で、何かを得たかどうか」――常にこういう観点で見なさい。よく考えなさい。将来の利益、不利益を考えてはならない――未来は未知だ。

サニヤスはなじみのないものだ。それは実験に入っていくことでしかわからない。経験しない限りわからない。何かを食べる前に、美味しいかどうかをどうやって判断する？　それには誰かを、それを食べた人を信頼しなければならない。

ここをよく訪れるなら、私はサニヤスを味わったからあなたに言おう。前に進み出し、前進しなさい。ここには恍惚とした人が、消えつつある人がたくさんいる。そのエクスタシー、その消えつつある様子を見て、あなたのハートの中にもサニヤスへの思いが沸き起こる――でなければ、サニヤスを欲する気持ちが起こるはずがない。あなたのハートは、もうすでにワクワクしている。邪魔になっているのはあなたのマインドだけだ。

マインドは常に伝統的だ。ハートはいつも、新しいものと歩いて行きたがる。そして頭はいつも、古いものに縛られたままでいるのを厭わない。マインドは過去以外の何ものでもない。マインドはただの記憶の宝物だ。マインドに未来はない。過去になったものだけが、マインドの一部となる。何かを経験すればマインドの一部となる。マインドは、過去に死んだものの中で生きる。だから、マインドは未来へ入るのを恐れるのだ。だがハートには、常にジャンプする用意がある。

ハートは歓喜で溢れている。ハートは一歩を踏み出したい。だが、抜け目のないのがマインドだ。マインドはこう言う。「待て、考えろ。新しい道を歩んで、それでも何にも得られなかったらどうする。まず考えろ。戻る羽目になったらどうする？　生き方を変えたらどうなる、散々苦労して見返りに合わなかったらどうする。ちょっと考えて予想して計算しろ」。だがマインドの声に耳を貸したら、決して一歩を踏み出すことはない。

まだ子宮にいる、誕生間近い子供のことを考えてごらん。もしその子にマインドがあったら、すでに知性があったらこう言うだろう。「どこに行くんだ？　この生き方は、子宮の中の生活はとても快適なのに。面倒も心配も責任もなく、一日二十四時間寝てればいいのに、どこに行こうとしてるんだ？　外が何なのか、どんな困難が起こるか、どんな試練が起こるかわかったもんじゃないぞ」

もし子供がちょっとでも想像したら、ちょっとでも論理的だったら、絶対に一人の子供も子宮から生まれてこないだろう。だが計算はなく、計算は後に来る——幸いにも。論理は後だ。新しいものを、胸を高鳴らせるものを熱望するハートしか、子供にはない。

もし私達が理知に従ったら、地球は大変なことになるだろう。それがこの国に起こっていることだ。人々は必要以上に知的でなければと、自分を縛り付けてきた。そのために、この国は老化してしまった。この国は若さを失った。マインドは廃墟の中で生きている。過去しか賞賛せず、新しいものへの意欲がない。黄色い落ち葉を賞賛し、新しく出た芽には背を向ける。気の抜けた石を、過去の足跡を崇拝する。マインドは、目の見えない信奉者になっている。あらゆるマインドが、このようになっている。

勇気を出しなさい。一言言っておくが、新しいものの中で負けたとしても、それは勝利なのだ。が、古いものの中で一緒に勝ったとしても、それは敗北だ。たとえ古いものと共に幸せを手に入れても、それは単にその幸せが都合がいいからだ。たとえ新しいものと共に苦しんでも、それは成長をもたらす。この新たなものと一緒に受け取った苦しみ、それだけが苦行だ。これが私の言う苦行だ。身体に灰を塗りつけて座ったり、釘のベッドの上で横たわったり断食をしたり——こうしたもの一切を、私は苦行とは言わない。こうしたものはすべて、私に言わせれば病んだマインドの愚かさだ。

苦行とは一つしかない。新しいものと歩いていく勇気、知られざるものに飛び込むガッツ、それは、小さな赤ん坊が母親の子宮を離れるようなものだ。

つい二日前のことだ。近くの木の上で、鳥が雛を育てていた。雛たちは日増しに大きくなり、二日前はじめて巣から出てきた。雛たちが出て来た時、私は近くに立っていた。

どちらも枝の上に止まり、あっけに取られて、前に行こうかどうしようかと考えながら、翼を試していた。雛たちは一度も巣から出たことがなかった。そして親鳥は離れた木の上に止まって、雛たちを呼んでいた。大きな声で呼んでいた。このように親は子供を呼ぶ……親鳥は呼び続ける。その声を聞いて、雛たちは羽をパタパタと動かす。だが巣への、安全への執着が……雛たちはこれまで一度も、翼を広げたことがない。「翼を広げようか、どうしようか。飛べるだろうか、飛べないだろうか」

雛たちのジレンマを見て、私は新しくサニヤスを取る人たちのジレンマを思い出した。彼らも同じように翼を試し、じっくり考え緊張し、後ろを向く……だが、どれだけそうしていられよう？

母鳥は呼び続けた。雛鳥たちを何度も呼んで、挑発し続けた。

およそ三十分かかったが、ゆっくりゆっくり翼をはためかせ、雛鳥たちは巣から少し先に離れ、同じ木にある別の枝の上に止まった。少し自信が付いてきて、宙に少し飛んでは戻った。そして自信が増したその時、雛鳥たちは飛び立った。それ以来、雛鳥たちの姿は見ていない。二日間、雛鳥たちを探したが、戻ってこなかった。どうして戻るなんてことがあるだろう？　巣が残っていた——巣の中には二つの卵の殻が、ばらばらになって残っていた。

これまで一度も飛んだことのなかった鳥が、空へ飛ぶ勇気を出せた。そして私達人間は、まだ勇気を出せないでいる。私は毎日、あなた方を呼んでいる。離れた木から声高にあなた方を——これは毎日続いている。

あなたはこう言う。「ここに来るたび、自分はサニヤスを取らずに帰ります。サニヤスを取りたいという気持ちは何度も起こるのですが、勇気が出ないのです」

少し羽ばたきをしてみなさい。新しいものへのスリルで満たされなさい。勇気を少し出しなさい——あなたには翼がある。私は空からあなたを呼んでいる。彼方への招待状を送っている。それはあなたに翼がないからではない。あなたにも私と同じような翼がある。それは単に自信がないからだ。では、どうしたら自信を持てるようになれるか？　飛びなさい。そうすれば自信がつく。

新しいものとなら、苦しみさえも楽しい――私に言えるのはこれだけだ。少々の苦しみは新しいものに付きものだ。あなたはこの巣立っていった若鳥たちが、何の痛みも経験しなかったと思うかね？　若鳥たちは突風を経験するだろう。夜、雨を経験するだろう。その若鳥たちは今、巣もなく新しい別な木の上に降り立った。翼は濡れるだろう。若鳥たちは寒くて震えたことがあるに違いない。こう思ったことすらあるかもしれない。「巣のほうが良かった、大変なことになってしまった」と。

だがそれでも、空を飛ぶ喜びは計り知れないものだ。これらの苦労は全部報われる。苦労をすることだ。その犠牲を払った者こそが獲得するのだ。

香ぐわしい　そよ風
いまだに　うわついた足どり
これはどういう季節だろう
痛みさえも温かい

未知なる歌のメロディーが　魔法をかける
放り投げられた花の畑が　冬の雲の影になる
今日の　私の心は手に負えない
空は歌でびっしょり濡れている

私の存在に魔法をかけたのは誰？
今は痛みさえも温かい

ああ　さすらいの悲しみの光は何を語っているのか？
霧を貫き　なぜ目的のかけらもなく咲いているのか？

愛の言葉には
愛の成就は愛の約束とあり
目の中で目覚めた夢
痛みさえも温かい

たそがれの声は野原を抜け　若さでみなぎる
笛の音のごとく　私の寂しそうな声だけがある

孤独が手招きをしている
体と心を突き刺している
これはどういう季節だろう
痛みさえも温かい

新しいものとなら、痛みでさえもとても心地よい。古いものとなら、便利なものや快適なものでさえ、穏やかな自殺行為以外の何者でもない。そこに何を残してあるというのだろう。何を失うのだろう。何ひとつ手に入れたことがないのに、何かがなくなるというのかね？

探しなさい、求めなさい！　そして見つかるまで探し続けなさい。その時まで足を止めてはならない。翼を閉じてはならない。どんなに恐くても、翼を試してみることだ。空を飛んでみるべきだ。このチャレンジは、すでにあなたの中で目覚めている。それをいったい、いつまで否定できる？　いつまで尻込みしていられるというのだろう。

この尻込みを習慣にしてはならない。この尻込みをパターンにしてはならない。それが習慣になる前に、行動を起こしなさい。少し目を覚まし、勇気を出しなさい。

この荒れ狂う大洋を横断したいなら
生を手中に収め　波に飛び込みなさい

この波は遠いところから来ている
新しい世界から新たにメッセージを運んでいる
頭を抱えながら
ヴィーナの声が　向こう岸からあなたをやさしく呼ぶ一方で
あとどれだけこの岸に座っているのだろう

新しい生　新たな青春　新たなハートを望むなら
今日こそ　大きく波打つ海を抱きしめなくてはならない

今日こそ　新たな自信を持って公言しなさい
上を向き　新たな歴史を作りなさい
古い空はずっと遠くに置いていきなさい
新たな空で今日　あなたの世界を飾りなさい
新たな創造物の声が　あなたの存在に鳴り響いたら
細かなものもすべて　新たに飾ることだ

この全滅の痛みは　新たな創造の甘歌となる
この夜の闇は　太陽の祝福となる
積年のこの古びた　ぼろぼろの神の像を崩しなさい
手に乗せた岩はどれも神となる
あなたはヒマラヤと親類だ
海の深さも関係はない
今日こそあなたは無限の空を　翼に込めなくてはならない

……この荒れ狂う大洋を横断したいなら
生を手中に収め　波に飛び込みなさい！

飛び込みなさい！　たとえ溺れるのが恐くても、飛び込みなさい！　泳ぎを習う初心者はみな、溺れるのを恐いと思うものだ。この、溺れるのが恐いからという理由で岸に留まる者は、決して泳ぐこと、浮かぶことの喜びを知ることはできない。向こう岸は遠く離れている——向こう岸だけが目的地だ。人は渡らなくてはならない……その時はじめて、神との出会いがある。

サニヤスとは、向こう岸に渡るための小さな船だ。それ以外の何物でもない。確かに向こう岸は見えず霧に隠れている。だからこそ、それが見える目のある人と、心を通い合わせる必要がある。だから、目のある人と一緒にいなくてはならない。そうすれば、あなたの中でぐっすり眠っているメロディーも目覚める。あなたのヴィーナの弦もまた弾かれるのだ。

あなたがここに来続ける理由はこれだ。あなたがこうしてやって来ても、このジュースの中で溺れない限り意味はない。でないと湖に行っても、常に渇きを癒さずに帰ってくる人のようになる。湖に行っただけでは渇きは癒えない。腰を低くし、両手を椀の形に丸め、それを水で満たして飲まねばならない。その時はじめて、存在は満足する。

サニヤスとは腰をかがめ、両手を椀の形に丸めるプロセスだ。

第二の質問

なぜ人々は、タントラやヴァンマルガや、アゴールパントやナスパントといった名前を、恐れるのでしょう？　正しい分析とこうした道の正しい実践を通じて、非難も、かたくなに反対する姿勢も取ることなく、新たな視点でこれらを理解できるような可能性はないのでしょうか？

これはタルーの質問だ。タルーは一つだけではなく、十四の質問をした。私は質問を数えなくてはならなかった。タルーがこんなにたくさんの質問をしたことは一度もない。何かゴラクとの関連があるに違いない……眠っていた記憶が目を覚まし、何かの流れが噴出した。

みな、新しくここに来た者はいない。誰もが古《いにしえ》の人だ。みな様々な道を歩いてきたし、みな様々な師と共にいた。あなたが私のところに来たのは偶然ではない。あなたは旅をしてきて、探求してきて、同じ探求があなたをここに連れてきた。私と一度も旅したことのない人、一度も探求したことのない人との接触は、大きな困難と共に起こる出来事だ。たとえここに来ようと、そうした人々は道に迷う。彼らがここに来たのは偶然だ。ここに来るのを支えている土台はない。だが、来た後も私から離れない人達、私の周りにとどまる人達、タルーもここに来てとどまったが、これは彼らの存在の中の深い渇きが、ここで満たされたことを意味している。非常にたくさんの扉をくぐり、探して見つからなかったもの、その一瞥を彼らはつかみ始めた。今、彼らは目的地に近づいている。

タルー、あなたはゴラクと一緒だったに違いない。何かのつながりがあったに違いない。突然これらの質問が、タルーから飛び出した。古代の眠っていた歌のように、湧き出てきた。これらはみんな意味ある質問だ。どれも一つとして知的な質問はない。質問のためになされた質問ではない、内側から生じた質問だ。単に考え付いた質問ではない。なぜなら、人は質問しなくてはならない。タルーは質問を抑えられなかった。タルーはきっと恐くなったに違いない。タルーは十四の質問をしたからだ。だから最後は私に、許してくださいと言った。怒らないでくださいと——。とてもたくさんの質問……どうしようもないと言わんばかりに、ただただ質問せざるを得なかった。十四の質問をせずにはいられなかった。

「なぜ人々は、タントラやヴァンマルガや、アゴールパントやナスパントといった名前を恐れるのでしょう？」。これは十四の質問の一つだ。

まず、こうした名前は全部、タントラの別名だ。ヴァンマルガはその名前の一つだ。ヴァンマルガとは左手の道を意味する。人間には手が二つある、右手と左手だ。この二つは単なる二つの手ではない。その背後には大いなる謎がある。人間の右手は、左脳と交差するように繋がっている。人間の左手は右脳と繋がっている。脳は二つに分けられている。科学はこれに関する様々な調査を行ない、沢山の重大な謎が明らかになった。

左手と繋がっている右脳は、詩や体験の源、感情や芸術、知性、至福、歓喜、ダンス、音楽、セレブレーション、想像力の源だ。甘美なもの、女性的なもの、美しいもの、こうしたものの誕生は全部、右脳にある。左手は脳の右側を示す。

右手は左脳と繋がっていて、左脳には道理が生じる。計算、活動、効率、狡猾さ、駆け引き、外交関係、世界、散文、科学、会計、有用性、マーケット――こうしたものはすべて左脳と繋がっている。

世間は常に、右手を重視してきた。なぜなら右手には有用性、便宜、計算、道理、マーケット、店、実用性があるからだ。左手は危険だと思われてきた。いつも危険に思われてきた。詩人など信頼できたものじゃない、と。数学家は信頼できても、ダンサーは信頼しようがない。科学者は信頼できるし科学は有用だが、ダンスが何の役に立つ？　ダンスは自己充足だ。

左手は内的な自己充足の象徴だ。自己充足にゴールはなく目標はない。自己充足はどこにもいかない。それは今、この瞬間を幸せに満ち、胸を時めかせて恍惚として生きる術だ。

詩の価値とは何か？　飯の種にはならないし、寒さしのぎはできないし、雨もしのげない。だから私達は詩人をほとんど尊敬していない――ある限度までしか。まるで装飾であって本質ではないと言わんばかりだ。社会では、詩人一人くらいは大目に見られても、集団となったら大目に見てもらえない。なぜなら、詩人は何の役にも立たないと思われているからだ。詩人にどんな有用性があるんだ、と。

ある人がピカソにこう尋ねた。「あなたの絵は何の役に立つんですか」

ピカソはおでこを叩き、こう言った。「君は花に、何の役に立っているのかと聞くのか？　カッコーが鳴いていたら、何の役に立っているのかと聞くのか？　満天の星空に、何の役に立っているかと誰も聞いたりしない。なぜ私にだけ、そんな事を聞くんだ？」

詩人や画家、彫刻家や音楽家は有用性がないと言われてきた。だが有用なものだけが生ではない。イエスの「人はパンのみで生きるにあらず」という言葉を覚えておきなさい。人にはもっと何かが必要だ。パン以上のものが必要だ。パンは必要だが、パンで足りるわけではない。パンがなければ詩はあり得ないのは確かだが、詩がなくてパンだけだったら、生きるも生きないもほとんど同じだ。毎日腹を満たして生活し、最後は死ぬ。もし、生きていても詩が目覚めなかったら、何の歌も生まれなかったら、ヴィーナが奏でられなかったら、あなたの笛に音楽の開花が一度もなかったら、人生に何の意味があるだろう。

神に向けた創造は、内なる自己充足となる。この内なる喜びで満たされた人とは、最高、最愛の人への愛で満たされた人のことだ。

これが、左手が常に危険のサインだった理由だ。これが、私達が恐れるヴァンマルギを「左翼」と呼ぶ訳だ。私を左翼と呼ぶ人は無数にいる。いかにも私は、内なる自己充足を得る術を教えているのだから左翼だ。

数学がすべてではない。数学を超えた世界はある。その世界は充足感をもたらす。その世界には充実感があり、その世界には光がある。

必要な物事をケアしなくてはならないのは確かだが、それ以外に……何がある？　生活に必要なものを満たしたら何をする？　これが現代の西洋で起こった問題だ。こうしたニーズは全部満たされ、外的な必要は全部備わった。この問題を理解しようとしてごらん。左手に繋がっている右脳は、基本的ニーズを満たすのには使われなかった——西洋は宗教を否定し、詩を否定し、音楽を否定して神秘の次元をすべて否定した。西洋は数学、科学だけで生きている——物質、目で確認できる物で。三百年間、右手を働かせ続ける事で、西洋は裕福になった。お金があり富があり、住居、きれいな道、おいしくて豊かな食事——あらゆるもの、必要以上のものがある。西洋で豊かな時代が始まったが、それは三百年間、内なる自己充足の源を否定し続けて、実現したことだ。

こうして西洋は裕福になったが……今はどうか？　彼らは幸せをただ楽しむ術を失い、西洋は唖然としている。今の彼らはどこに行ったらいいか、何をしたらいいのかわからない。仕事の世界で成し得たことは、既に全部完結した。今は大きな不安がある。西洋人は日曜日を休暇に取ることさえできない。休暇を取る習慣そのものが、忘れられている。働いて働いてさらに働いて……仕事が過剰に重要視され、仕事は神となり、遊びのアートが忘れられてしまった……座って噂話をして笑ったり、ヴィーナの弦を弾いたり、庭いじりをしたり、恍惚として星空の下で横になったり、ボートで出かけたり……こうしたものには全然意味がない。三百年に渡って幼稚園から大学まで、繰り返し仕事の価値だけが教えられてきた。

だから現代では、星空の下でボートを浮かべて寝そべっている人は、罪を犯しているかのように感じるのだ。仕事は美徳だ、だから自分は罪を犯していると。罪悪感が幸せの瞬間と深く結びついてしまったために、幸せになると必ず、何か悪いことをしているかのように思ってしまう。鼻歌など歌って、何をしているんだと。歌は喉元で抑圧すべきだと感じてしまう。鼻歌から何が得られるというのか？　理屈が生じ、計算が生じる。鼻歌が何かためになるのか？　何の利益がある？　なぜ笛を吹いている？　働かなきゃだめじゃないか！

私のところへやって来て、こう言う人達がいる。

「あなたは瞑想などを教えているんですか？　瞑想で何が得られるというんです？　労働を教えなくてはだめですよ」

仕事は役に立つ。仕事をやめろ、などとは言わない。思うに仕事の価値とは、仕事をしていない時にこの上なく幸せになるためだ。仕事の価値とは、仕事から自由になるためだ。市場で六日間汗水流して働くのは、七日目にくつろいで足を伸ばし、太陽の下で横になり、木陰で座ったり花と話したり、月や星と噂話をしたり、うっとりするような美しい歌を歌ったり、足に鈴をつけて踊ったりするためだ。もし五日で充分なら、五日だけ働いて二日は踊ればいい。四日で充分なら三日……という具合に減らしていけばいい。仕事は減らすことだ。余暇は増えていくべきだ。目指すは余暇だ。

休みを取らず、瞑想しない人の生には、狂気が忍び寄ってくる。仕事が終わると彼らは何をしていいか分からない。この先、西洋で多くの人が発狂するとしたら、その理由は仕事の時代が終わり、職務が完了したからだ。彼らは仕事が生だと思っていた。だが今は、仕事以外にどんな生があるかわからない。

同じ理由で多くの人が自殺をする——もはや、生きることに何の意味があるのか？　一円、また一円と財を成していったところで、いったいどれだけ蓄えられるだろう。富を蓄える人は、何のために富を蓄えていたかを忘れてさえいる。それはいつか何の心配もせず、のんびり座れるようにと、そのためにしてきたことだ。なのにそれを忘れてしまったのは、この蓄積に脳の片側しか使わなかったからだ。機能していたのは半分だけで、使われていなかったもう半分は、徐々にゴミでいっぱいになっていった。

「ヴァンマルガ」とは、人生の目的は労働ではなく、休息だという意味だ。人生の目標はお金ではなく瞑想だ。人生のゴールは数学ではなく詩だ。生の最高峰は科学で獲得するものではなく、宗教で獲得するものだ。

「ヴァンマルガ」は常に、非難の言葉として使われてきた。そうした非難がかつては自然なことだったのには理由がある。時代をさかのぼり、世界が貧しく資源が乏しければ、そうした貧困の時代に人々が仕事に大きな意味と価値を置いたことは、極めて当然だ。また社会が、仕事の変わりに余暇に大きな価値を置いた人々に反対したことも、全く驚くことではない。だが、この古来の習慣が私達のマインドに、コンプレックスのように残ってしまった——今なお私達は恐れている。

数学的で計算高いマインドは、あなたを幸せにするあらゆるものに反対する。計算高いマインドは味覚に反対する——だからあなたに、アスワッドの誓いを果たすよう、味わわずにものを食べるように求める。計算高いマインドは美に逆らう——醜いものを崇高なものにする。計算高いマインドは、健康に逆らいさえする。健康は肉体上の喜びだからだ。

有名なドイツの哲学者、カウント・カイザーリングはインドを旅行した後、日記にこう書いた。

「インドに行って自分は、病気が崇高で、健康が霊的でないことを経験した」

健康が霊的でないのは、健康が肉体に属するからだ。

いわゆる霊的な人は、良好な健康を楽しむようにはならない——スピリチュアルな人は、身体に敵対する。これが、世界が愛に敵対している理由だ。なぜなら愛は大きな喜びだからだ。私達は、こうしたあらゆるものに敵対する訓練をしてきた。

ヴァンマルガ、左手の道は、逆のメッセージを伝えてきた。ヴァンマルガは愛は祈りであり、愛は神だと言う。そしてヴァンマルガは、何も捨てるべきものはないと言う。なぜなら神が与えたものは、何でも役に立つからだ。与えたものを使って、一歩踏み出しなさい。それを変容して神の寺院に近づくのだ。それを道の上にある石と見てはならない。障害物だと取ってはならない。それを踏み段にして登りなさい。それがセックスであっても、踏み段にしなさい。どちらにも敵対してはならない。

ヴァンマルガの驚くべきメッセージに「知性のある人なら、毒でも薬となるような使い方ができ、愚か者は薬でさえ毒に変えてしまう」というのがある。知性のある人は、毒ですら薬に変えられる――これがヴァンマルガの基本となる鍵だ。これが知性だ。現実逃避主義者は臆病だ。彼らに知性はない。ヴァンマルガは、現実逃避主義者ではない。

今まで現実逃避主義者は、この世でとても尊敬されてきた。現実逃避主義者に目を向けると、自分よりも特別に思えてくる。これが尊敬されてきた理由だ。あなたはお金の亡者なのに、この人はお金に知らん顔をしてジャングルへ入った――あなたは即座に感心する。奇特な人だ、この人はお金を放棄したと。それは、あなたがどうしようもないくらいお金に夢中だからだ。だから人は光明を得たジャナカ王より、マハヴィーラに感心する。ジャナカの名前は稀にしか聞かない。人はジャナカよりもブッダに感心する。ブッダは王宮を放棄したからだ。クリシュナを賛美する人は、小声で少し怯えて少し不安げに賛美する。

クリシュナを賛美する人々でさえ、賛美するのはギータのクリシュナだ。クリシュナを丸々受け入れる勇気のある人は、非常に少ない。なぜならクリシュナは、正にあなたのような人だというよりは、あなたよりちょっと悪い人に思われているからだ。あなたは何とか自分にこう説明する――クリシュナは問題ない、クリシュナは神の化身なんだからと。クリシュナはきっとこんなことをしたんだろう。ものすごくたくさんのガールフレンドと踊ったんだろうが、こんなことを人間がするのは間違っていると。もしかするとクリシュナを神の化身だと言うことで、あなたは自分の行為を正当化したいのかもしれない。あなたは口実を探している。マインドは悩まされるようになる。あなたは不安に思い始める。

十年か十二年前、私はあるヒンドゥー教一家のところに、客として来ていた。彼らはれっきとした高貴な家系の出だった。たまたま私の本『セックスから超意識へ』が出版されたばかりの時で、家の主人はひどく気を悪くしてこう言った。

「せめて別な題名を付ければ良かったのに。本を読めば中身が分かるが、この題名は危険すぎる。別な名前を付けないと」

しかも初版のカバーには、カジュラホ寺院の、恍惚の表情を浮かべるタントラ像の写真があった。彼は言った。

「なんでこんな写真を？　これをタイトルにするなら、せめて瞑想中のブッダの写真でも、カバーにしたほうが良かったんじゃないか、その方が無難だったろうに……何でまたカジュラホの彫像なんかを？　最初にこれが表紙にバーンとあったら、見た人は怒るぞ。怒りが冷めてからじゃなきゃ、読めないぞ」

リビングに座っていた私は、彼にリビングの壁を見るように言った。クリシュナが、川で水浴びをしている裸の女の服を盗んで、木の上に座っている大きな絵が掛けてあった。私は言った。

「この絵はずっとリビングにあるのかい？」

彼は絵を見上げて、一瞬固唾を呑んだ。おそらく彼は、この絵をそんな風に見たことが一度もなかったに違いない。彼は言った。

「確かに、この絵は父親の代から掛けてある。たまに恥ずかしく思うことがあるが、なんせクリシュナは神の化身だ。だから正しいことをしているはずだと思って、誰もこの絵を気に留めたりしない。皆、この絵のことは認めてるよ」

だがその次に彼の家に行った時には、その絵は外されていた。

私は彼に言った。「絵はどうしたんだい?」

彼は言った。「いや、君がこの絵を指摘した日から気付いてしまってね。すごく腹が立ってきて、絵は外した方がいいと思って、処分したんだ」

クリシュナを受け入れることさえ、あなた方の場合は部分的だ。クリシュナには、選んで編集したいと思う事柄がたくさんあり、あなたは始終クリシュナの改訂版を作ろうとしている。皆、好みに合ったクリシュナを信じ、信じられるだけ信じて残りは排除する。何が問題なのだろう? それはこうだ。マハヴィーラは明らかに、自分と逆の動き方をしているように見える。だからマハヴィーラは尊敬できる。あなたは自分の強欲を知っている――自分の性欲、怒り、劣情を。マハヴィーラは、こうしたものを全部放棄した。マハヴィーラは特別だ。それ以上の証拠は要らない。だがクリシュナはどうか? クリシュナは、あなたがいる全く同じ世界に立っている。

クリシュナを神だと認めるには、非常に鋭い目が必要だ。マハヴィーラを認めることは、盲人でも可能だ。マハヴィーラだったら問題ない。盲人でも認めることができる。マハヴィーラはあらゆるものを放棄した。だがクリシュナを認めるのは、内なる目が開くまで難しい。なぜならクリシュナは、世界の正にこの場所に立っているからだ。二人の間に違いがあるようには思えない。外側には違いはない。だが内側には違いがある。内側から見る力がない限り、クリシュナは理解できない。

クリシュナはヴァンマルギ、左派の人だ。これが、ジャイナ教徒がクリシュナを地獄に投げ込んだ理由だ。ジャイナ教の経典に、クリシュナを地獄に投げ込んだとある。クリシュナはヴァンマルギだ。クリシュナ以外のヴァンマルギはあり得ない。クリシュナは、生をありのままに受け入れている。前向きに受け入れ、喜んで受け入れている。クリシュナには生を余すことなく、勇敢に生きる力がある……。

生に悪いものは一切ない。棘があったら、棘は花を守ろうとして存在しているのだ。生に存在するものはみな美しい。もし美しく見えないものがあったら、それは自分達の落ち度、自分達のミスだ。神が美しくないものを作るなど、あり得ない。神はあらゆる姿で現れる。神はセックスにも潜んでいる。だが、そういう勇気を出せる人はごく少ない。彼らにはこうした広い見方がない。

タルー、これがタントラやヴァンマルガ、アゴールパントやナスパントといった名前を、人々が恐れるわけだ。こうしたものは、古い因習を粉々にするからだ。こうした美しい言葉は、汚い言葉になってしまった。お前はヴァンマルギだと言われたら、それで事は終わりだ。誰それはヴァンマルギだというのは、その人は完全に放棄された、もう話し合いの必要はないという意味だ。もう詳しい説明はいらない。その人の言ったことについて、なぜそう言ったか話し合う必要はない。ヴァンマルギとレッテルを貼られてしまったら、その人は終わりだ。

アゴールパント、アゴールのような美しい言葉が、罵り言葉になってしまった！　アゴールパンティと言われた人は戦闘モードになる。人を侮辱したい時、人はアゴーリと言う。

アゴールの本当の意味が何だか知っているかね？　アゴールとは簡単、シンプル、率直なという意味だ。誰かに向かって「ゴーリ」と言ったら、それは侮辱になりかねない。ゴールとは複雑な、とても不快な、鈍感なという意味だ。本当にひどい戦争があると、人はそれをゴール ガマサン、激烈と言う。ゴールとは込み入った、複雑な、混乱したという意味だ。アゴールとは単純、子供のように純真なという意味だ。だが、アゴーリは侮辱の時に使われる。人がモラルジ・デサイをアゴーリと言うのは、モラルジが臭く汚い自分の小便を飲むからだ。それは侮辱されているということだ。

アゴールは少数の覚者にしか適用できない。ゴータマ・ブッダはアゴーリだ。クリシュナはアゴーリだし、キリストはアゴーリだし、老子はアゴーリだ。こういう人にしか使えない言葉だ。ゴラクはアゴーリだ。単純、無垢で単刀直入だ。ゴラクの生に計算は一切存在しない。それくらい単純だ。打算という考えそのものが消えている。

宗教家と呼ばれる人もまた、計算している。自分は天国に行けるくらい、断食しただろうか。天国に行けるだけの、充分な苦行をしただろうか。天国に行けるくらい、充分な施しをしたかどうかに、宗教家は注意を向ける。これは計算だ。こうした慈善は市場の一部だ。こういう慈善はビジネス、取引だ。徳の中には罪が潜んでいる。アゴーリの意味は単純、率直なという意味だ――打算が終わった人、子供が生きるように生きている人のことだ。アゴールは最高の状態、パラマハンサの状態だ。だが不幸にも、こうした言葉は人を非難する言葉となってしまった。

ナスパントだが、ゴラクナートとその師のマッチンドラナートのために、このタントラの分派はナスパントと呼ばれるようになった。このナスパントの背後にある考えは、実にユニークだ。

ナスの意味は師、神、スーフィーの言うヤ・マリックだ。すべては存在のもの、すべては師のもの、神のものという意味だ。神の望みに従って生き、神が生かしてくれているように生き、自分の願望を押し付けず、努力で生きず、川の流れに流れるものとして流れていく。自分は泳がないという意味だ。

これがナスの概念だ。神がいる限り、神との間に自分の願望を持ち込むのはナンセンスだ。自分達の願望と共にエゴが生じる。エゴが生じるとたちまち、自分はなくなってしまう。だから神が望むように、エゴを持たずに生きて行こう……風に舞う枯葉のように。東に行こうと西に行こうと、北に行こうと南に行こうと、どこに運ばれようと関心はない。枯葉は戦わず抵抗しない――西に行こうともがき、自分は東には行かないぞ、なぜ東に連れて行くんだなどと言ったりはしない。葉に一切意志はない。これが起こった人、それがナスパンティだ。このようにゴラクは、物事をシンプルに受け入れて生きた。ゴラクはこの単純さに生きた。


だが人々はエゴで生きている。この世のほとんどの人の生の言語は、エゴの言語だ。当然、エゴはこういうシンプルな人々を容認できない。こういう人は、とても危険な人と見なされるようになる。「人という人がこんなに単純に生きるようになったら、道徳はどうなる？　不道徳ばかりになってしまう」。まるで今の世の中に、いくばかの道徳があるかのように思っている！

こういう全く奇妙な考えがある。人はあたかも、今の世に道徳があるかのように、これからこの不道徳が広がるかのように思って話す。どこにこうした道徳がある？　これはどういう類の道徳なのだろう？　これは道徳の名を借りた偽善だ！　人は虚偽を隠す仮面を、虚ろな仮面をかぶっている。この道徳がどこにあるというのだろうか。

だが人々は、誰もがシンプルに生きるようになったら、誰もが自発的に自然に生きるようになって、これは神の意志だと言うようになったら、道徳は崩れてしまうと思っている。

実際はその逆だ。人々は自分の意志で生き続けて、不道徳になったのだ。この世で人間以上に不道徳な存在はない。この世で人間よりも凶暴な存在はない。この世に人間以上の殺し屋はいない。少なくとも、鳥や動物は同類の動物を殺したり食べたりはしない。ライオンはライオンを殺して食べたりはしない。鷹は鷹を攻撃したりしない。人間はこの地球上で唯一、同種の人間を殺す動物だ。それも殺すのは一人や二人ではない。何千、何百万もの人を殺す。人殺しに大きな関心がある！ しかも不思議なことに、この人殺しも道徳の衣を纏っている。人々はそれを聖戦と呼ぶ——これはジハードだ、改革運動だ、だから殺せと。殺したところで害はない、殺せば殺すほどいい。殺せば殺すほど、天国行きは確実になる、と。

人間は何世紀にも渡って、ジハードや改革運動をして戦ってきた。彼らは神の名において、お互いに虐殺を続けている。人殺しをしたいだけだから、名目は何でもかまわない——政治の名において殺しもすれば、宗教の名において殺すことも、教義の名における時も、経典の名における時もある。こうしたものは全部口実だ。目的は殺すことだ。殺さないとマインドは気がすまない。私達が生み出した人類は、いったいどういう人類なのだろうか？ 何という病んだ人を生み出してしまったのだろうか？

人々は性欲でウズウズしている。彼らの内側にはセックス以外に何もない。彼らは性欲を抑圧して、ブラブラと過ごす。だから誰かに「セックスを自然のものとして受け入れなさい。セックスも神のプレゼントだ」と言われると、必ず内側に大きな不安を抱く。セックスを自然なものとして受け入れれば、何もかもが乱れてしまうのを知っているからだ。セックスを抑圧しすぎて、内側では火山が噴火しようとしている。これを、自然なものとして受け入れるのは無理だ。

こう考えてみるといい、それは断食を一生自分に強いた人のようなものだ。飢えで自分を死ぬほど苦しめてきた人に「さあ、飢えをありのままに受け入れるんだ。腹が減ったら食べるんだ」と言ったら、その人は完全に気が変になるだろう。その人はこう言うだろう。

「飢えをありのままに受け入れたら、自分は絶対に台所から出なくなる。間違いない、自分はいつも、食べ物のことを考えているのだから」

自分に断食を強いている人は、食べ物のことを二十四時間考えている。

「だから台所から出られなくなってしまう。入り浸りになってしまう」

この人の言葉を聞いたら、ビックリするだろう。食べ物を楽しむ人は、二十四時間台所になどいない。だが、この人が言うことを理解しようとしてごらん。不幸にもこの人も正しいのだ。この人は、食べ物のことを二十四時間考えている。断食をする人が考えるのは、食べ物のことだけだ。


だから、私のような人間が自然に生きることについて話すと、彼らの中に大きな恐れが生じる。時々、抑圧するタイプの人がここに来て恐怖を感じるのは、私が正しければ、内側で抑圧された病気が即、明らかになってしまうとわかるからだ。長い間抑圧してきた病気が即、表れることをだ。彼らは発狂するだろう。それに耐えられないだろう。この苦境から自分を救うために、彼らは私に反対する。私に対抗する。

私に対抗する理由はある。私が言う真実は、彼らにしたら非常に危険なものに見える……なぜ危険に見えるかと言うと、それは真実が危険だからではない。それが危険に見えるのは、自分は今日まで嘘にまみれて生きてきた。だから虚偽を捨てることは、絶対的に困難だと思っているためだ。そして虚偽を落とせば、生涯保持してきたものが崩壊することになる。

彼らの生は自分を律するものではない。それは自己修練への、誤ったこだわりでしかない。本当に自分を律している人、覚醒し、セックスを経てセックスを超越した人にとって、それは大したことではない。私の言うことで、好ましくないと思うようなものは何もない。私の言うことを嫌う人は、自分のマインドが病んでいることを表しているだけだ。だが彼らは、自分達の言うことは私とぶつかっていると思っている。

世界中でフロイトへの大きな反対運動があったが、フロイトの言うことは単純、率直な生の真実だった。フロイトはヴァンマルギ、左派の人だ。フロイトは抑圧された衝動を、もう一度自由にするよう提案した。だが、フロイトは世界中で反対にあった。あらゆる宗教がフロイトに反対した。あなたが反対するのは、足元で地滑りを起こしていたからだ——フロイトが正しかったら、あなたは全部間違いになってしまうからだ。だから自分は正しいと信じる方が、あなたにとってはやさしい。そうすれば大勢の人が自分のものになる。だから群集は、虚偽があれば幸せなのだ。群集は長い間、虚偽をパートナーにしてきた。そからある。だから群集は、虚偽があれば幸せなのだ。群集は長い間、虚偽をパートナーにしてきた。そして群集の既得権は、すべて虚偽と連鎖してきた。真実があると、人は突然、完全にパニック状態になり恐れを抱く。真実を恐れ、精神錯乱になって敵対し始める。だが、真実はこんな負け方をしない。真実は何度でも戻ってくる。

ヴァンマルガは何度でも戻ってくる。タントラは、人間が自然になるまで何度も主張してくる。人間が自然になる日、それがタントラがいらなくなる日だ。タントラこそが唯一の治療法であり、ヴァンマルガ、左手の道こそ、間違った方向に行った人を正しい軌道に戻す唯一の手段だ。その道上に来たら、あなたは右でも左の人でもなくなる。その時は右も左も、両方あなたのものとなる——あなたはどちらにも属していない。その状態が超越の状態、両者を超えた状態だ。

「なぜ人々はタントラやヴァンマルガや、アゴールパントやナスパントといった名前を恐れるのでしょう?」という質問だが、彼らの恐れには理由がある。あなたの内側には大量の火薬がある。だから、ちょっとでも真実の火花が入れば、あなたは爆発する。そうした火花を恐れずにいることは不可能だ。その火薬を落とす覚悟をすれば、それ以上火花の心配はない。人が恐れるのは、内側を不安にさせるものだけだ。真実は、あなたをものすごく不安にさせる。虚偽といつまでもつながりを持ち続ければ、虚偽と結婚すれば、真実はあなたを大いに動揺させることになるだろう。

ムラ・ナスルディンが結婚した。イスラム教の風習で、花嫁はハネムーンの時、ムラの前でベールを取った。ムラが花嫁を見たのはその時が初めてで、以前に花嫁を見たことはなかった。ムラは完全に失望した。生まれてこの方、これ以上ひどい顔をした女性を見たことがなかった。花嫁は慣習に従ってこう言った。「私がベールを取ってもいいのは、誰の前でですか?」

ムラはこう答えた。「誰の前で取ってもいいがな、絶対俺の前では取らないでくれ。世界中の誰の前でも取ってもいい、取りたい人の前で取ればいい。だがな、俺の前では絶対取るな。ベールは下げたままにしておいた方が無難だ」

人は内なる醜さを恐れている。人は自分で覆ったベールを取ろうとしない。あなたのベールを取って、あなたの醜さを指摘する人には、誰であろうと腹を立てる。誰だろうと、内側にあるゴミを指摘する人にあなたは腹を立てる。

師は内なるゴミを、あなたに気づかせなくてはならない。ゴミが見えなければ、ゴミからは絶対自由になれない。あなたがためてきた内なるゴミから、自分の浮き輪だと思っているものから解放されなければ、それが元であなたは溺れ死ぬだろう。その中で溺れ死ぬだろう。そのゴミが溺れる原因となる。

自分の胸にかけた岩を取り去ることだ。それがどんなに高価な石だと思っていても、あなたを溺れさせる原因なのだ。

新たに真実が公表されるたびに、不安の波は、虚偽が張った網の全方向に伝わっていく。真実の喉をかき切ろう、真実に毒を盛ろう、真実の声を封じようと、様々な試みがなされている。そうしたことに一切腹を立てるようなことはない。それは全く自然なことだ。それは慈悲に関わる、親切に関わることでしかない。

ブッダは弟子達にこう言った。

「あなたが足を運んで教えている人々こそが、あなたに害をもたらす人だ。慈悲から真実を伝えに行けば、彼らはあなたに石を投げるだろう。が、怒ってはならない。彼らにはどうすることもできない。それ以外に何もできない。あなたは、長年にわたって真実だと信じてきたものを、壊しに来た人だ。あなたは彼らの家を揺さぶり始めた。彼らはその家が、自分の安全だと思っていた。その壁をあなたは壊し始めた。彼らのベールを取り去り、彼らの醜さを指摘し始めた。彼らは憤慨する」

ブッダの弟子プルナが、ブッダのメッセージを広めようと旅立とうとしていた。

ブッダはプルナに言った。「どこへ行くのか」

ビハール州の一部に、スカと呼ばれる場所があった。プルナは言った。

「あなたの比丘で、スカにいった者はまだいません。ですから私がスカに行きます」

ブッダは言った。「スカには行かない方がいい。スカに誰も行ったことがないのは、あの地域の人が危険だからだ。彼らに侮辱されたらどうする?」

プルナはこう答えた。

「侮辱されたら、彼らは手を上げずに侮辱しかしなかったのだから、幸運だと思うでしょう」

ブッダは言った。「なら、もし彼らがお前に手を上げたらどうする？」

プルナは答えた。「殴るだけで殺さなかったのだから、自分は幸運だと思うでしょう」

ブッダは言った。「もう一つ聞くが、彼らがお前を殺したら、死んでいく時どうする？」

プルナは言った。「死ぬ以外に仕方ありません。この人達は素晴らしい、この身体に宿る生から自分を解放してくれたと、私は思うでしょう。この身体で、自分は将来罪を犯したかもしれない、と。もう間違いが起こる可能性はありません。自分の足は間違った道に踏み入ったかもしれない。彼らはそうした自分の足のある、この身体に宿る生から、自分を解放してくれるでしょう。何があってもおかしくありません。私は道に迷うかもしれません。彼らはこの身体から自分を解放してくれるでしょう。彼らへの親愛の情に満ちて、感謝に満ちて私は死ぬでしょう」

ブッダは言った。「それなら行くがいい。どこへでも行くがいい。お前なら、どこに行っても友達が見つかるだろう。もう誰も敵には見えまい」

敵は、敵を見ないことでいなくなるのではない。もう誰を見ても敵に見えない、という人だけが、真実を宣言できる。敵は生じる。敵は即座に生じる。真実の敵は常に生じる。真実に耐えられるだけの理解が、どこにもない。真実に「さあ、入って来て、内なるゲストになるがいい」と言えるだけの、寛大なハートがどこにもない。真実の主人となり、真実を客にする価値がどこにもない。これが、こうしたことの起こり続ける理由だ。人々は侮辱を続け、非難や敵対を続ける。だが真実は、何度でも名乗りを上げ続ける。

そしてあなた方に言っておこう。真実は脳の右半分からやって来る。その半分は左手とつながっている。計算は脳の左半分からやって来る。その半分は右手とつながっている。打算的な人は、決して詩を受け入れない。お金や富が重要だと思う人は、瞑想の価値を理解しない。商売や市場がすべてだという人は、寺院の人にはなれない。そういう人が寺院に行っても、その人がいることで寺院は腐敗する。

第三の質問

OSHO、光明を得た初めての体験はどういうものでしたか?

それは起こらない限り、わからない。光明の体験は言葉では言えない。だが、若干示唆することはできる。それは、暗闇の中で突然灯った明かりのようなものだ。または病気で瀕死だった人が、突然薬が効いて……瀕死だった人が薬が効いて、突然生の波紋が、生のスリルが広がっていく……まさにこのようなものだ。死人が息を吹き返したようなものだ。光明で初めて体験するのは、こうしたものだ。

それは止めど溢れる霊酒《ネクター》の体験、究極の音楽の体験だ。

だがそれは、起こる時にしか起こらない――それは起こらない限り、理解できない。私の言うことからは理解できない。それは恋愛のようなものだ――誰も他の人には説明できない。どんなに何とかしようと頑張っても、愛したことのない人、愛を知らない人にどんなに説明しようとしても「わからない。もう少し説明してくれないか」と、全部話を聞いても言うだろう。

それは、盲目の人に光を説明しようとするようなものだ。もしくは耳の聞こえない人に、音の説明をしようとするようなものだ——彼らが理解することはない。鼻孔に障害がある人に、何の臭いもわからない人に、どうやって香りの体験を説明する？　体験は決して言葉にできない。だが、若干の示唆を与えることは可能だ。

私の存在の中で歌が目覚めたが　感情の中へ飛んでいった
なかなか消えないハートの痛み
無私の愛により滋養が与えられ　自分の想像によって育まれる
それは自分にとって見慣れぬ道だった
それまでこの愛の細道を　歩いたことはなかった
なのに私の足は突然前に進み　ハートも前へ進んだ
伝統と社会の幻想はすべて　大きな音を立て一瞬で壊れた
私の存在の中で歌が目覚めたが　感情の中へ飛んでいった

その素敵な時間には　待望と素敵な類似がある
私は恐縮し　驚嘆した
それがハートにとっての勝利だったのか
敗北だったのかはわからないが　それは優しさのある苦悩だった
その声はもの言わぬままだったが　ハートの秘密は明かされた
その目は　私が言いたくなかったことをすべて明らかにした
私の存在の中で歌が目覚めたが　感情の中へ飛んでいった

私が想像に抱いていたものは　目の前で見つかった
その時は来た
独特な美がハートを圧倒した
マインドは魅了され　気後れして目を向けられなかった
私は言葉を言うことすらできなかった
私は私の中に没した
私の存在はまだ完全に圧倒されたまま
私の存在の中で歌が目覚めたが　感情の中へ飛んでいった

それは、突然ハートの中で目覚めた歌のようなものだ。
それは突然、理由もなく、内側で生命力が爆発し、自然に噴き出すようなものだ。

……それは自分にとって　見慣れぬ道だった
それまでこの愛の細道を　歩いたことはなかった

突然の愛の目覚め……光明の最初の体験はこのようなものだ。まるで、秋が突然春になったかのような――不毛の地に生えていた、乾燥した木が突然青くなり、葉をつけ、木いっぱいの花をつけるかのような――光明の最初の体験はこのようなものだ。

……なのに私の足は突然前に進み

愛が目覚め、光が生じ、音なき音が聞こえると、あなたの足は不意に前に出る。あなたはもう恐れの虜ではない。愛が目覚める時、人はあらゆる恐れと決別する。これが、数学的な人が、打算的な人が「愛は盲目だ」という理由だ。なぜなら愛の人は、目のある人が恐れていかないところへ行く。「注意しろ、気をつけろ。身を守れ。トラブルに巻き込まれるな」と目のある人が言うところへ行く。その場所に、愛の人は踊り、歌いながら入って行く。

これが、賢明な人が「愛は盲目だ」という理由だ。現実はその全く正反対だ。盲目なのは賢明な人たちだけだ。彼ら以外に盲人はいない。目があるのは愛の人だけだ。愛が盲目だったら、それ以外の可能性はあり得ない。

それは自分にとって見慣れぬ道だった
それまでこの愛の細道を　歩いたことはなかった
なのに私の足は突然前に進み　ハートも前へ進んだ
伝統と社会の幻想はすべて　大きな音を立て一瞬で壊れた

光明の最初の体験はこのようなものだ。これまで信じてきたあらゆること、信念、これまでのあらゆる教義や経典は流れ去る。氾濫した川のように、最初の大雨で岸辺に残ったあらゆるゴミをさらっていく。

その素敵な時間には　待望と素敵な類似がある
私は恐縮し　驚嘆した

いかにも、人は驚いて立ち尽くす。何が起こっているのか把握できない。思考は止まる。ものを考えるスペースはない、思考を超えた何かが起こっている。

その素敵な時間には　待望と素敵な類似がある
私は恐縮し　驚嘆した
それがハートにとっての勝利だったのか
敗北だったのかはわからないが

誰が勝者か……誰が敗者か、それを言うのは難しい。二元性はない、だからどちらも正しい。勝利と言っても、敗北と言っても、どちらも正しい。その人は消えていなくなってしまったのだから、ある意味では敗北だが、その人が全体になったという意味では勝利だ。滴は消えてしまったのだから、ある意味で滴は戦いに敗れたわけだが、海になったという意味では、滴は勝利者だ。

それがハートにとっての勝利だったのか
敗北だったのかはわからないが　それは優しさのある苦悩だった

だが、その痛みがとても素敵な、とても魅惑的な痛みだったということくらいは確かだ。ゴラクは……この死は極楽だと言ってはいないかね？　ゴラクが悟り、目覚めたこの死に方で死ねと。それはとても甘美で魅惑的だ。死はとても甘美で魅惑的だ。

私が想像に抱いていたものは　目の前で見つかった

真実を目の前にした時、心に思い描いた真実は、みな予想外れのものとなる。これまで求めてきた以上のものが、手に入る。それが来る時は、屋根を突き破ってやって来る。あらゆる限界を壊し、破ってやって来る。

その時は来た

あなたはその時が来るとは信じられなかった。だがその時は来た。

その時は来た
独特な美が　ハートを圧倒した
マインドは魅了され　気後れして目を向けられなかった

それは信じられない出来事だ。自分がふさわしいなんて――自分が愛しい人に出会うなんて、愛しい人と一つになれるなんて、あり得ない。

私は言葉を言うことすらできなかった……

私はどうにも、一言も言えなかった。歓迎の言葉すら言えなかった。

……私は私の中に没した
私の存在はまだ完全に圧倒されたまま

光明を得た最初の体験は、何かに完全に打ちのめされた時のような、まるで何もかも奪われたかのような体験だ……。自分が負けたのか、勝ったのかはわからなくても、限界が壊れたこと、境界が壊れたことだけは確かにわかる。空が丸ごと下りてきたかのような――。カビールは「海は滴の中に消えた……」と言った。無限が限界に入り、未知が既知に入った。不可視なものが、すでに可視だったものの中にある。

光明を得た最初の体験は、この宇宙で最も価値ある体験だ……そしてその後も体験は続く。次々に蓮が咲き続ける。すると限りなく、次から次に途絶えることなく、蓮は咲き続ける。こうなったら光明の体験は絶対衰えない。光明の体験はひたすら増え続ける。これが、神が「無限」と称される理由だ。その体験は決して枯れることはない。

洗礼者ヨハネがイエスにバプテスマを施す場面が、新約聖書に書かれている。ヨハネもまた、並外れた人だった。ヨハネはイエスのマスターだった――ヨハネはイエスに洗礼を施すために、水中で行なう儀式のために、ヨルダン川に連れて行った。「私が洗礼をするために待っていた人が来る。その人はもうすぐ来る、近々来る。もうすぐそこだ」とヨハネは言ってきたために、おびただしい数の人が集まった。大勢の人が、この男を見にやって来た。イエスが来るとヨハネは言った。

「私が洗礼をするために待っていた人が来た。これで私の役目は終わった。これからはこの男に任せる。自分はもう年老いた……」

ヨハネがヨルダン川で洗礼を施した時の話は、こう続く。それにはとても美しい、象徴的なことが語られている。白い鳩が突然空から降りてきて、イエスの中に入った……これは象徴だ。白い鳩は平和の象徴だ。本物の鳩が空から降りて来て、イエスの中に入ったわけではない。だが、確実に多くの人が、純白なものが突然、稲妻のように空から降って来る、そんな体験を感じたに違いない。かすかでもビジョンを見た人なら……間違いなくビジョンを見た人だけが、そこに集まったに違いない。それ以外の人はわざわざ来たりしない。ヨハネがイエスをヨルダン川で洗礼していようと、知ったことではない。渇きのある人だけが集まったに違いない。そこには、すでに至福の滴を味わった人々しか、いなかったに違いない。色の少し付いた人、ヨハネの、祝祭のエネルギーに触れたことのある人々が集まったに違いない。

彼らはきっと空から降ってきた、たくさんの光のようなものが、イエスに入って行くのを見たに違いない。そしてヨハネはすぐにこう言った。

「私の役目は終わった。待っていた人は来た。さあこれで帰れる」

これがイエスにとっての、最初の光明の体験だ。光明の体験が初めて起こると、その波動は周囲全体に広がる。人はその、かすかな反響を感じる。ブッダが初めて光明を得た時は、その季節には咲かない花が咲いたと言われている。これもまた鳩と同様、ひとつの象徴だ。鳩は平和を象徴するユダヤ的なシンボル、咲いている花はインド的なシンボル……突然咲いた季節外れの花だ。

誰かが光明に達した時は、必ず季節はずれの花が咲く。光明が開花するための季節や環境が、この地球上のどこにあるだろう。光明がこの地球上で開花しなくても、それは全く自然なことだ。光明が起こったらそれは異常だ。この地球は砂漠だ。ここにはどこにも緑はない。どこにも、みずみずしいものなどない。だからいつ起こったかを問わず、季節はずれの咲かないはずの花が咲くのだ。あるべきことではなかったが、それは起こった。それは奇跡だ。光明は奇跡だ。

光明は体験しない限りわからない。またはそれを体験した人の側にいれば、いつか白い鳩を目にするか、もしくは突然花が咲くのを目にするかもしれない。

私の中庭の白い鳩
白い鳩が高い城壁から　私の中庭に飛んできた

優美な夏のたそがれが　中庭をちょっと覗き込む
まるで良い香りのするパンダーヌスの滴が　新婦の体と心に滴るように
まるで虹のスカーフが　乙女の滑らかな　ほっそりした体になびくように
白い鳩が高い城壁から　私の中庭に飛んできた

私の手はヘナで赤く染まる
ハートよ　花狂い咲く春の庭
耳に残る笛の調べ

待望の客が家に来た
わが存在のときめき　わが目の輝きは　甘く甘くなっていく
白い鳩が高い城壁から　私の中庭に飛んできた

美しいきらびやかな夢は　膝の上の月のよう
眠たげにさまよう歌のよう
わが息とぶつかり　跳ね返るジャスミンが
ハートと魂を芳香で満たすよう
白い鳩が高い城壁から　私の中庭に飛んできた

私は喜んでうわついた歌を大声で歌う
家から中庭から　入り口で　戸口で
夕闇が訪れ　ランプが灯される
わが魂に響く　ウエディング・ソングを奏でる笛
みずみずしい花のようなメロディーが　マンゴー畑に広がる
白い鳩が高い城壁から　私の中庭に飛んできた

光明を初めて体験すると、白い鳩が下りて来る。至るところに花が咲く。笛の音が鳴り響き、内側で笛の音が鳴り始める。あらゆる波動、あらゆる調べが目を覚ます。

耳に残る笛の調べ

待望の客が家に来た

待望の客がやって来た――アティティ、予告なしに来る客。インドでは、何の予告もなく来る客をアティティと呼ぶ。アティティは日時を決めずやって来る。

今でも消えずにいるアティティだけが神だ。アティティ以外の客はみな、来る前に日取りを決め、前もってこれから到着するとメッセージを送る。彼らは突然家に押しかけるのが良いと思っていない。「これから参ります。だから準備をよろしく」と予告する。近頃は、お客を見て喜ぶ人がいないからだ。最初に来ると知らせが入れば、準備ができる。客が到着する前に、気持ちの収まりが付く。妻に言うべきことが言える。夫に言うべきことが言える。客が到着するまでには、礼儀正しさが戻っている。

知人が不意に訪れると、本音が出るかもしれない。「ようこそ、会えて本当に嬉しいよ」と言っても、これは内側にあるわけではなく、内側とは別だ。人々が、最初に訪問を告げる西洋の習慣を良しとするのは、準備ができ、ハートを防御できるからだ。

今も残っている、何の予告もなく来る客だけが神だ――アティティは日時を定めないから、事前にいつ来るか予想できない。誰も、光明の最初の体験はいつ起こるとは言えない。それは自発的に……季節を問わず……実際、光明はあなたが全く光明を待っていない時、全く期待していない時に起こる。

光明を待っている限り、あなたは緊張状態にある。マインドには緊張が残っている。道を見ている間は完全になれない。道を見ることも思考だ。思考は障害だ。考え事を続ける限り――「今に神は来る、光明はまだ起こっていない」と思っている人はまだ、不安に取り囲まれている。雲はまだある。これでは太陽も出るに出られない。それは突然、自然にやって来る。ただ座って……何もしていない時に、瞑想すらしていない時――こういう時、光明の最初の体験が起こる。瞑想をしている時ですら、欲望はマインドのどこかに残っている。「ひょっとすると今起こるかもしれない、いや、今起こるに違いない。光明はまだ起こっていない。延び延びになっている」。不満は生じ続ける。

瞑想を続けていれば、いつか、ただ座っている時、瞑想すらしていない時、ある瞬間が起こる――穏やかで健全そのもので静かに……それはやって来る。

耳に残る笛の調べ
待望の客が家に来た
わが存在のときめき　わが目の輝きは　甘く甘くなっていく

私は喜んでうわついた歌を大声で歌う
家から中庭から　入り口で　戸口で
夕闇が訪れ　ランプが灯される
わが魂に響く　ウエディング・ソングを奏でる笛
みずみずしい花のようなメロディーが　マンゴー畑に広がる

それは起こる。定義を求めるのではなく、道を求めなさい。どのように起こるかと問いなさい。何が起こるのかと尋ねてはならない。それは言葉では語れず、話しようもない。語れるようなものではなく知るものなのだ。

だがその方法は伝達可能だ。示唆を与えることは可能だ――こっちに行きなさい、あっちに気をつけなさいと……マインドに思考がなく、穏やかで期待がなく、欲望と切望から自由な時……まさにその瞬間……。

こうした春の瞬間が内側であなたを飾る時、突然、内なる笛の調べが聞こえ始める。季節外れの花が咲く。空からの一筋の光が、あなたを永遠に変える。あなたを別人にする。あなたは、もう二度と同じ人にはなれない。

光明の最初の体験は、あらゆるゴミを洗い流す――あらゆる信念、あらゆる思考の罠は過去のものとなる。

あなたは幼子になる。

「それは内側に生まれた新たな生のようなものだ」とゴラクは言っていなかったかね？　その内なる静寂の中で産声が上がり、新たな生が生じる。

光明の中であなたの死が起こる――死ね、ヨギよ、死ね――エゴは死ぬ。あなたは壊れ、神が宿りに来る。

四番目の質問

ＯＳＨＯ、山のような質問があるのに、回答がありません。棘の手入れをすべき人は誰なのでしょうか？　庭は静か、庭師も無言、質問そのものも黙ったまま。昼は静か、夜はいつも静か――真っ黒な雲が生じ、真っ暗な闇を感じさせます。マスター、この状態を一掃していただけませんか？

質問がある限り、どの質問の答えも無言のままだ。答えがものを言わないのは質問のせいだ。答えは質問から来るのではない。答えは、あらゆる質問がなくなり、マインドが質問から解放されて初めてやって来る。答えが見えないのは、それがたくさんの質問の中にあるからだ。

「山のような質問があるのに、回答はありません」

あなたの言うとおりだ。それでは答えは無言のままだ。質問がそんなに大騒ぎをしていたら、答えだってしゃべりようがない。質問はたくさんある。だが答えは一つだ。このことを忘れてはならない。質問は複数ある。大勢いる。答えは一つだけだ。病気がたくさんあるのと全く同じだ。だが健康は一つだ。健康は何種類もない。

誰かに自分は健康だと言ったとする。彼らはあなたに、それはどんな健康かとは訊かない。どんなタイプの健全さなのかとは訊かない。だが自分は病気だと言えば、すぐにどんな病気かと訊かれる。病気はたくさんあるが、健康は一つだ。質問はたくさんあるが、答えは一つだ。そしてその一つの答えが漠然ともつかめないのは、たくさんの質問があるためだ。あなたの言うとおり、たくさんの質問がある。質問につぐ質問が四方八方にある……質問から質問が浮かび上がり、生まれては消え、新たな質問が浮上する……。確かにあなたは質問に囲まれている。だがそれこそが、何の回答もない理由だ。

「山のような質問があるのに、回答はありません」とあなたは言っているが、答えは口をつぐんでなどいない。答えは声になっている。だが答えは一つで、質問はたくさんある。それはバンドが練習しているスタジオの中で鳴く、鳥の声のようにかき消されてしまう。それは市場の喧騒の中で小声で歌う人のように、かき消されてしまう。

答えを見つけることは可能だ。答えは遠く離れてはいない。それはすぐ近くにある。答えはあなただ。答えはあなたの中心にある。質問を少し手放してみなさい。質問に重点を置いてはならない、質問を重視しすぎてはならない。徐々に関心を落としていきなさい。質問に希望を与えないように、歓迎しないようにしなさい――質問を無視しなさい。関心を持たずにいなさい。質問を始める者は、哲学のジャングルに迷い込む。質問に行き来させなさい。道行く人達を見るように、たくさんの質問を見なさい――関心を持たず、離れていなさい。距離を置いていなさい。質問との距離は取れば取るほどいい。なぜなら答えはそのギャップの中に生じるからだ。

ブッダは質問をしに来た人がいると、こう言った。

「待ちなさい、二年間ここにいなさい。二年間、黙って私の側にいなさい。それからならいい」

ある時、一人の名高い哲学者がブッダのところに来た。マウリンガプッタという著名な哲学者だった。彼は山のような質問を抱えてきた。ブッダはマウリンガプッタの質問を聞き、こう言った。

「マウリンガプッタ、本当に答えが欲しいのか？　もし本当に答えが欲しいなら、そのための代価を払う覚悟はあるか？」

マウリンガプッタは言った。「私の人生も、もうじき終わりです。自分は生まれてこの方、ずっと同じ質問をしてきました。たくさんの答えを得ましたが、どれも本当の答えを証明するものではありません。みな、私が得た答えからは新しい疑問が生じます。どの答えも解答を含んでいません。どんな代価を払えとおっしゃるのですか？　犠牲を払う覚悟はできています。自分は問題を解決したい、これらの問題を解決してからこの世を去りたいのです」

ブッダは言った。

「それならいいだろう。みな答えを求めても、代価を払う覚悟がない。『覚悟があるか』と言ったのはそれゆえだ。私と二年間、黙って座りなさい、これがその代価だ。二年間、何も言わず私の側で座っていなさい。二年経ったら言おう、『マウリンガプッタ、さあ質問するがいい』と。その時、質問しなければならないものがあったら何でも聞くがいい。その時、私はすべてに答える。あらゆる疑いを一掃することを約束する。だが二年間は完全に動かずに、沈黙していなくてはならない。二年間は問題を持ち出してはならない」

マウリンガプッタは、どう返事をしたらいいか、考えていた——二年の月日は長い、それにこの男は信頼できるのだろうか。二年後、答えをくれるのかどうか、と。マウリンガプッタはブッダに言った。

「二年後、絶対に答えをくれると保障してくれますか?」

ブッダは言った。「絶対に保障する。質問をしたら答える。だが質問をしなければ、答えは誰にも言いようがない」

その時、その側にあった木の下で一人の弟子、比丘が座って瞑想をしていた。その比丘が大笑いし始めた。マウリンガプッタは言った。「なぜこの比丘は笑っているんです?」

ブッダは言った。「自分で訊ねたらいい」

比丘は言った。「質問したいなら今のうちだ。自分もそう言って騙されて、馬鹿にされたんだ。だがブッダが二年後、質問をしたら答えると言っているのは本当だ……だが二年後にはもう質問者はいない。二年間静かに座った自分に、ブッダは『さあ、質問をしろ』と催促してくるが、二年も沈黙したままでいたら、もう質問することなど残っていない。そして答えが出る。質問したいなら今、することだ。でないと二年後には、質問することが何もなくなるぞ」

そしてまさに、こうしたことが起こった。マウリンガプッタは二年間とどまった。そして二年過ぎてもブッダは忘れなかった、その日を正確に憶えていた。マウリンガプッタは、その二年が終わるとその日を忘れていた。徐々に思考が静かになると、人は時間の意識を失う。時間の経過を追おうにも、何も残っていない。何曜日か、何年かを意識しようにも何も残っていない。時間の意識は全部なくなっている。全部流れて去っていた。そんな必要はなかった。マウリンガプッタは、毎日ブッダと共に座った。金曜も土曜も、日曜も月曜も、全部同じだった。六月も七月も、夏も冬も、彼にとっては全部同じだった。内側には一つの波動、穏やかな、静かな波動しかなかった。

二年が過ぎ、ブッダは言った。

「マウリンガプッタ、立ちなさい」

マウリンガプッタが立ち上がると、ブッダは言った。

「さあ、質問するがいい。私は約束を破らない。何か質問はあるか?」

マウリンガプッタは、声を上げて笑い始めた。そして彼はこう言った。

「あの比丘の言うとおりだった。もう質問することがない。答えはやって来た。あなたの恩恵によって答えが届いた」

答えは与えられなかったが、それはやって来ていた。その答えは外側からはやって来ない。答えは内側からやって来る。井戸掘りのようなものだと思ったらいい。まず岩や砂利を取り除く。ごみを取り除き、乾いた土を取り除く。そうしたら湿った土、それから泥、そうすると湧き水が出てくる……。湧き水はそこに眠っている。その下で抑えられている。

いくつも集まった質問の層が、その下に流れる泉を抑えている。掘って、それらの質問を脇へ押しやりなさい。質問を押しやる方法は一つしかない。観照者として質問の流れを見続けなさい。この流れをひたすら見続けなさい。何もしてはならない。ただ毎日一、二時間座って、流れが流れるままにしなさい。初日からその流れを焦って止めてはならない。ブッダが二年と言ったのはこのためだ。三ヶ月を過ぎた辺りから静寂の初体験がはじまり、二年経つ頃にはその体験は成熟する。それ以外のことは——毎日何もせず、二時間ただ座る。充分この訓練ができさえすれば……その技法はすべてこの、何もしないことに隠されている。

「ブッダの最初の光明は、どのようにして起こったのか」と人々が質問する。ブッダは木の下に座っていて、何もしていなかった。そうしたら光明は起こった。六年間、ブッダはあらゆることをしてきた——血もにじむような苦行をし、ヨガの稽古をし、呼吸をコントロールしたり……ありとあらゆる考えられる限りのことをした。だが、ブッダはすること為すことに疲れきった。その夜ブッダは、眠りにつく前にこう心に決めた。

「もう何もしたくない。もうたくさんだ。これだけ何でもしたのに、何も起こっていない」

その夜、ブッダはしていることを一切止めた。その夜ブッダは全く何もしていない状態、完全な無の状態で眠りについた。朝、目が開くと光明は戸口に立っていた。ブッダの待っていた客が訪れた。暁の最期の星が消え、内側では同時にブッダの最後の思考が消えた。外側では空の、最後の星がなくなり、内側では最後の思考がなくなった。光明が訪れ、答えが訪れた。これが光明を「サマーディー」と呼ぶ理由だ。「サマーディー」と呼ばれるのは解答、「サマダン」が内側にあるからだ。

夕暮れが来た　天と地は静かだった
夜に舞う　塵《ちり》の雲が　目の中で揺れ動き　その重さで瞬きした目が濡れる
なぜ悲しいのかと夕暮れが尋ねた
私に答えはない

夜が来て　闇が広まっていき　濃い闇の中で　マインドの扉が開いた
火の中で　火の粉が笑い出した
こうして燃えているのはなぜだと夜が尋ねた
私に答えはない

眠りが訪れた　意識はひっそりと静かだ
疲れた体は眠りについたが　実存は魔法でいっぱいの　夢の道を見つけた
こうした欺瞞があるのはなぜだと眠りが尋ねた
私に答えはない

問いは四方八方に散り散りになる
私に答えはない

質問にしがみついてはならない。でないと答えは見つからない。質問を使って答えを見つけた人は誰もいない。質問を生じさせなさい。これは単なるマインドの痒みだ。痒みというのはぴったりの言葉だ。

人は時々痒みを覚えて、痒いところを掻く——同じように、質問はマインドの痒みだ。掻いても何も解決しない。だが掻かなければ、それも不快になる。掻けば一瞬、少しは痒みから解放される。人の答えも同じだ。答えにしがみつき、少しの間解放されても、この答えからもすぐに質問が生じ、安心感は消える。するとまた、答え探しが始まる。

「山のような質問があるのに、回答がありません。棘の手入れをすべき人は誰なのでしょうか？　庭は静か、庭師も無言、質問そのものも黙ったまま。昼は静か、夜はいつも静か——真っ黒な雲が生じ、真っ暗な闇を感じさせます」

あなたの言うとおりだ。

「山のような質問があるのに、回答はありません」

答えは黙ったままだ。答え自体は話をしない。話をするのを止めれば、答えはすぐにわかる。あなたの騒音が止めば、その時内側で無の語ったことが、内側で静寂の語ったことがわかる。突然その静寂の中に解答が、あらゆる質問に対する答えがある。それは、その静寂の中に安らぎが、幸せが、無上の至福があるからだ。

質問が苦しみから生じることに、気づいたことはあるかね？　苦しみは質問を生む。頭が痛いと、どうして頭が痛いのかと疑問に思う。頭痛がないと、なぜ頭痛がしないのかとは思わない。病気の時は医者に行き、自分はなぜ病気なのか、原因は何なのかを医者に問う。だが健康な時は医者に行って、自分はなぜ健康なのか、その理由は何なのかとは訊ねない。健康の時には質問は生じない。質問は病気の時にしか生じない。質問は不幸から生じる。幸せな時には、質問は消散する。

内側が穏やかになると、すぐに小さな幸せがちらりと見える——すると質問が消えているのを知ってあなたは驚くだろう。そうしたら質問する人もいないし、質問の目的もない。もう痛みがなければ、この痛みから生まれる質問も生き残れなくなる。質問はひとりでに死ぬ。

最後の質問

OSHO、祈りとは何ですか?

祈りとは感謝の状態だ。祈りとは感謝の気持ちだ。神はとてもたくさんのものを、与えてくれた。最低でも、私達は感謝を捧げられる。
祈りとは神を歓迎する準備のことだ。いつかその客はやって来る。客は来るに違いない。家を花と枝で飾りなさい。花環を作りなさい。祝福の灯火を準備しなさい。祈りとは客を歓迎する準備の、一方法だ。誰もその客がいつ到着するかはわからない。だから準備ができていなくてはならない。

あなたが訪ねてくるとお聞きしたので
毎日　家を新しい花環で飾っています
愛しき人よ
見てください　私は戸口　敷居　中庭を掃きました

あなたをもてなそうと家中を掃きました
傷つきやすい足をしていらっしゃるので
通路はすべて花びらで飾ってあります
中庭に来るとお聞きしたので
曼荼羅を書き　儀式用の水差しを　いっぱいにしてあります
あなたが訪ねてくるとお聞きして以来
毎日　家を新しい花環で飾っています

私は生を荒廃したものだと思っていました
ここには自分の歌はないと思っていました
私に自然と口をついて出るような　そのような歌はありません
私の歌をお歌いになるとお聞きして以来
私は毎日　新しい歌や詩を作り　お持ちしています
あなたが訪ねてくるとお聞きして以来
毎日　家を新しい花環で飾っています

私の目には　新たな夢の祝祭があります
この虹色の切望は　ハートの中で微笑んでいます
美しい空想の翼は　とても切ることができません
ハートの金の鳥はそわそわしています

あなたが私の生を圧倒するとお聞きして以来
私は毎日　魅惑的な夢を作り出しています
あなたが訪ねてくるとお聞きして以来
毎日　家を新しい花環で飾っています

私は岐路に立っています
考える人には　あなたがどの道から来るのかわかりません
自分は愛に狂ったと世間は言います

愛しき人よ　この狂気を抱擁してください
あなたが知られざる道を通ると聞いて以来
私は毎日　すべての道に明かりを灯しています
あなたが訪ねてくるとお聞きして以来
毎日　家を新しい花環で飾っています

客の来る可能性はいつか、どの道から来るか、どの扉から来るかは誰にもわからない。祈りとは来客のための準備だ。

祈りとは内側で、歓迎している状態だ。

それを改まった祈りと取り違えてはならない。祈りを自発的なものにしなさい。直接ハートから生じさせなさい。その時初めて、祈りは意味あるものとなる。経典の文句を引用する必要はないが、それは心からの祈りでなくてはならない。そうしたら、たとえ言葉にならない幼児の言葉であっても……。

そうした小さな子供の言葉を、とても愛らしく思ったことが誰でもあるはずだ。乳児期の子供が意味のない音声を発し始める。後にちゃんと話し始めると、誰も気に留めなくなる。まだ子供は、はっきりした言葉を何も発していない。だが母親は、そうしたまだ言葉にならない言葉をとても愛らしく思い、大いに喜んで、周りにいる人達を呼んでその声を聞かせる。だがいったん子供が話をするようになると、みな無関心になる。

最初のうちは、祈りは幼児の、まだ言葉にならない言葉のようなものだ。こうした祈りだけが神に届くということを、憶えておきなさい。だがそれは、心からのものでなくてはならない、自発的な、自分のものでなくてはならない。

今日は誰と友達になったらいいのですか?
空に大きくうねる黒い雲
孔雀のように踊る空想
内側で感情が私を惹きつける
誰と流れたらいいのか　教えてください

今日　わが唇には渇望がある
ハートは座り込み　ものも言わず　悲しみ　動揺のため息をつく
死に瀕していても　苦しんでいればいいのですか?

その目の言葉は未知の言葉
私の歌は鳥のように飛んでいる
ハートには大変な困難が
無力さの呵責に耐えればいいのですか？

夜　このもどかしさを抱える中
そよ風が踊り　円を描いている
息の詰まるような痛みが生じる
このもだえんばかりの苦しみを誰に言おう？

今日は誰と友達になったらいいのですか？
誰と流れたらいいのか　教えてください

祈りとは、こうした捧げものだ。愛とは空に話をするようなものだ……相手からの答えはない。だから、答えを待つ人の祈りはすぐに終わってしまうのだ。答えを待っていてはならない。捧げ物を献上し続けなさい。神が答えようと答えまいと、あなたの声が届こうと届くまいと心配することはない。そういったことを気にすることはない。祈りで神を変えようとする努力さえしなくていい。自分の祈りが深くなっているかどうかだけ、心配しなさい。祈りに涙が染み込んでいるか、至福が染み込んでいるか？祈りに笑顔の証があるか？　祈りに魂のサインがあるか？　そのことだけ気にしていればいい。いつか突然、あなたの祈りは神に届く。あなたの言葉にならない言葉が、神の耳に届く。まさにその時、静寂の寺院の中で、その子供が生まれる。その無垢な意識は入った。白い鳩が下りて来た——光明の最初の一瞥が起こった。それは起こる、確実に起こる。

「自分に起こったことが、あなたに起こり得る」とイエスは言った。

同じことをあなたに言おう、私に起こったことは、あなたに起こり得る。一人の人間に起こったことは、あらゆる人が生まれながら持つ権利だ。

今日はこのくらいにしよう。

第３章

自然に生きなさい

Live Naturally

急いで話してはならない
反り返って歩かず　注意して足を置きなさい
王ゴラクは言う　エゴイストになってはならない　自然に生きなさい

水いっぱいの水瓶は音がしない
半分の瓶は　水のはねる音がする
アヴァダットよ
準備のある探求者に　師《マスター》は実り豊かな話をする
ゴラクは言う　尊厳を保て　議論にこだわるな
この世界は棘の園だ
気をつけなさい　一歩一歩　注意して足を置きなさい
道なき道の歩み　火のない炎
空気を求めて縛られる
よくわかっているとゴラクは言う
学識あるものよ　これを理解せよ

スワミよ　森へ行けば飢えが生じ　町へ行けば幻覚が生じる
満腹になると　性欲が起こる

情熱から生まれるこの身体を　なぜ浪費する？

食物を非難してはならない　飢え死にしてはならない
日夜ブラフマンの神秘を感じなさい
働き過ぎてはならない　怠惰ではいけない　ゴラク神はかく語りし

食べ過ぎは感覚を刺激し　意識を破壊し
心をセックスで満たす
無感覚が支配し　死が迫る
こうした人のハートはいつも騒がしい

牛乳を飲む僧侶の心は　他人の牛にあり
裸の僧侶には常に薪が要る
無言の僧侶は仲間を欲す
師なくして　自然さと信頼はあり得ない

死ね　ヨギよ死ね！
死ね　死は極楽だ
ゴラクが受け入れ　覚醒した死に方で　死ね

人はエゴの中で生きている。エゴはただの仮面だ。それはあなたの実存ではない。エゴはあなたの現実ではなく、あなたの演技だ。エゴはあなたの真実ではなく、思い込みだ。芝居でラーマの役を割り当てられた人がラーマにならないのと同じように、あなたはここで何かの役を割り当てられているが、それはあなたではない。ここでは大規模なドラマが演じられている。

生まれた時、名前はついていない。名前が付けられ、あなたはその名前になった。誰も生まれた時は知識を持っていなかった。あなたは教育され、勉強するよう仕向けられて学校に行き、大学に行った。そこで沢山の考えが、あなたの脳に注がれた。この知識によって作られた鋳型にはめられ、「これは自分の知識だ」と考えるようになった。

こうした一切はあなたのものではない。全部は借り物、全部腐りかけた残り物だ。あなたの名前はあなたのものではない。あなたの知識はあなたのものではない。あなたが自分に抱くイメージは、あなたのものではない――それもあなた以外の人によって、作り上げられたものだ。誰かにとてもきれいだと言われれば、あなたはそれを受け入れた。実に類稀だと言われれば、それを受け入れた。誰かに褒められれば、それをくるんで大事にしまってきた。誰かに侮辱されればあなたは傷ついた。

人格は他人の意見から作られる。それは他人の手で作られたものだ。あなたは他の人が持ってきた筆で描かれた。これを自分の実存として受け入れたら、絶対に自分を知ることはできない。

「死ね　ヨギよ死ね!」とゴラクは言う。あなたの真の姿を体験できるように、この偽りの姿を葬り去りなさい。あなたの仮面を落としなさい。この衣服が燃えて灰になれば、あなたのありのままの真実が自然に現れる。エゴが消えてなくなるまで、実存の体験はない。自分の実存、魂の体験すらない者が、宇宙の魂の意識に気づくことは断じてあり得ない。

魂は滴であり、存在は海だ。滴を体験すれば、海も体験するようになる。それは、海が滴に隠されているからだ。海は滴の集まり以外の何ものでもない。

あなたは光のようなもので、偏在する自己 *"universal self"* は太陽だ。そして太陽とは、結合した光線以外の何ものでもない。偏在する自己は私達全員が結合したもので、偏在する自己は私達全員の総計だ。人は偏在する自己を探しに出かけても、まだエゴを破壊していない。まだこの一光線でさえ光だとわからないのに、太陽を探しに行っても見つかるわけがない。あなたは散々さまよい歩くだろう……今のあなたは偽物だ。何を見つけようと、それもまた偽物となる。偽物は真実には届かない。偽りには、より大きな嘘しか見出せない。

エゴは虚偽、ドラマだ。ドラマが演じられている間、あなたの行為はすべて幻となる。誓いを立てて苦行し、コントロールして断食し、家を捨ててジャングルに行っても、何にもならない。こうしたあらゆることから、エゴは新しい装飾品を手に入れる。それはもっと美しくなり、さらに良い飾りが付けられる。ゆえにエゴは死なない。エゴはさらに生き生きとし、さらに栄養を得る。エゴが死ぬまで、実存の体験はない。実存を体験するには、エゴの消滅は不可欠だ。

死ね　ヨギよ死ね！
死ね　死は極楽だ

私の言う死は、実に甘美なものだとゴラクは言う。こんな死に方をしたら、生はただただ甘美だ。真実を体験した時、それはとても甘美だ。真実は蜜の味がする。真実は身体とハートに広がる。あなたは真実で満たされ、真実であふれている。真実を受け取った者は、間違いなく満たされる。だが、充足感の滴は側にいる者にも落ちてくる。それは真実を受け取った者の、その加護の内に座る者にも、やさしく降り注ぐ。だが、そのためには死ななくてはならない——これが条件だ。

偽物が死ねば、真実が生まれる。真実は内側にあるが、嘘の壁に閉じ込められている。嘘の雲が真実の太陽を隠している。真実は破壊されていない。真実を破壊できる嘘などあり得ない。それは見失われてもいない、忘れられているのだ。それは顔を覆ったベールのようなものだ。顔は損なわれているのではなく、ベールで覆われている。ただ見えないだけだ。

エゴのベールの下に、私達は実存を隠した。人は偏在する自己の神秘を覆うベールがあると思っているが、それは間違いだ。そのベールはあなたの目にかかっている。ベールがあなたを覆っているのであって、存在にはベールは全くかかっていない。偏在する自己に全くベールはかかっていない。完全にむき出しになっている。偏在する自己はいたるところにある。だがあなたには、それを見る目が必要だ。

今日の経文《スートラ》は、この甘美な死がどのように起こるかを語ったものだ。それはどんなプロセスか？ その体験に不可欠な修行とは何か？ こうしたことを語ったスートラだ。どうしたら死ねるか？ ゴラクの死とはどんなものか？ その死に方で、とは何か……。

誰もが死ぬが、死のプロセスには違いがある。あなたも死ぬし、仏陀も死ぬ。だがあなたと仏陀の死のプロセスには、違いがある。あなたは身体として死ぬだけだ。エゴを守り、エゴを連れて死んでいく——それは宝物のようにマインドを飾る。エゴは新しい子宮に入る。あなたは死ぬが、マインドは死なない。そしてマインドが死ぬまでは、何も変わらない。仮面が変わり、家が変わってもその旅は同じだ。

製粉所にいる老いた雄牛のように、ぐるぐる回っているだけだ。あなたは何度も死んできた。そして何度も生まれ変わった。死んだらすぐ、あなたは生まれ変わり始める。

あなたのあらゆる病気を内に隠したエゴは、新たな子宮に入り、新たな身体を作りはじめる。エゴの欲望は古い。その病気は昔からのもの、その苦痛は昔からのものであり、エゴは十年一日のごとくだ。前に進んではまた疲れ、また倒れてまた死ぬ。これが何度も起こってきた。仏陀も死ぬが、仏陀の死とあなたの死には違いがある。あなたのエゴは死なない。身体を捨てるだけだ。仏陀はエゴを溶かし、焼き尽くす。身体を捨てる前にエゴを捨てる。死ぬ前に死ぬ人は、究極の生を体験する。そうしたら、もう戻る必要はない。その人を引き戻してきた糸そのものが切れたからだ。

実存には生も死もない。生まれ、そして死ねるのはエゴだけだ。エゴから解放された人は永遠だ。永遠となった人は死なないし、二度と生まれない。すると永遠の、時間を越えた生がある。永遠となった人は空と同じくらい大きい。これがあなたの本質だ!

ゴラクが受け入れ　覚醒した死に方で　死ね

これが「普通の死について、語っていると思ってはならない」とゴラクが言う理由だ。皆、ありきたりな死に方をする。鳥や動物は死ぬ。植物は死に、山は死ぬ。ゴラクは、こうした死について語っているのではない。ゴラクが語るのは、光明に消え入り、瞑想に消え入るという特別な死についてだ。エゴを手放し、溶けて瞑想になりなさい。エゴが存在する限り、人は溶けて瞑想になることはできない。

エゴが生存する秘密とは何か？　これが理解されれば、死の技法もまた理解されるようになる。エゴは極端の中で生きている。極端はエゴの生命力だ。おそらくそれについて、あなたは一度としてよく考えたことはないだろう。それについて考え、気づきを持って見たことはないだろう。極端はエゴの住処《すみか》だということを。もっと、もっと、もっと……これがエゴの生き方だ。一万ルピーは十万ルピーにならなくてはならない。十万ルピーは百万ルピーにならなくてはならない。もっと、もっと、もっと……エゴはこうした狂気の中で生きている。エゴは極端の中で生きている。どんな極端でもいい。お金でも知識でも権力でも放棄でも――だが、それはもっと必要なのだ。

三十日断食した者は、次は四十日断食しようと思う。四十日断食した者は、次は五十日断食しようと思う。このどこに違いがある？　四千万ルピーある者は、五千万ルピーにならなくてはと考える。このどこに違いがある？　一日三食取る代わりに二食取るようになった者は、いつから一食だけにしようかと考える。一食しか食べない者は、その一回すら終わりにできる方法はないかと考える。

私のところに、ある若者が連れて来られた。その若者は、どうしたら水だけで生きられるを知りたがっていた。他のものは取りたくない、水以外は耽溺だと青年は考えていた。どうしたら水だけで生きられるか？　青年は衰弱していた。彼は水だけで生きる秘密を教えてくれる人を探しに、アメリカからインドにやってきた。私は青年に「水だけで生きるための極意を教えたら、満足するのか？　目を閉じて考えてごらん」と言った。

その青年は思慮深かった。青年は約半時間ほど座り続けてから、こう言った。「いいえ、どうしたら空気だけで生きられるかと尋ねると思います。こんな水を飲むのも煩わしい、空気だけで生きたいと」

より多くを望むこと――マインドの欲望、エゴの活動とはこうしたものだ。どっちの方向に走っても違いはない。エゴは極端の中で生きている――お金の極端か放棄の極端か、耽溺の極端かヨガの極端かは大した問題ではない。中間で止まればエゴは死ぬ。こうした理由で、仏陀は自らの道をマッジーム・

ニカヤ、中道、きっかり真ん中だと言う。

仏陀は一人の若者、シュロナ王子を弟子にした。都の人々には信じられなかった。誰もシュロナが比丘に、僧侶になるとは思いもしなかった。仏陀の僧侶達にも信じられなかった。シュロナが来て、仏陀の足元に額づき「教えを伝授してください、比丘にしてください」と、言ったのを聞いた僧侶達は仰天した。

シュロナは皇帝だった。とても有名な皇帝で、放蕩者で有名だった。王宮には、その時代の最も美しい女性達がいた。宮廷には、全国津々浦々から集められた極上のワインがあり、宴は一晩中催され、シュロナは一日中眠っていた。シュロナはどっぷり放蕩にふけっていた。だから誰も、シュロナがサニヤシンになるとは思いもしなかった。シュロナが王宮の階段を登る時は……階段には手すりがなく、代わりにシュロナは裸の女性を立たせ、その肩を借りて階段を上った。シュロナは王宮を天国にした。王宮は天の神も羨むほど華やかだった。

僧侶達は仏陀に言った。「信じられません、シュロナが入門しに来ているんですか?」

仏陀は言った。

「まさかと思うかもしれないが、私にはシュロナがサニヤスを取るとわかっていた。正直言って今日、都に来たのはシュロナのためだ。一つの極端に走ったものは、その反対の極端にも走る。耽溺は一つの極端だ。シュロナは耽溺を極めた。もう動きようがない。もうその方向でエゴは満たせない。シュロナは、この世で手に入れられるものすべてを持っている。だがエゴは壁を前にして、もうどこにも行きようがない。エゴは常にもっともっとと要求するが、もうそれ以上のものはない。だからエゴは戻らざるを得ない。反対方向に戻らなくてはならない。目いっぱい右に動いた時計の振り子は、左に戻らなくてはならない。左に目いっぱい動いた振り子は、また右に戻らなくてはならない。時計の振り子が左に動くと、それは右に行くはずみをつけている。これを憶えておきなさい。振り子が右に動く時は左に行くはずみをつけている。耽溺の極みに入った者は、いつか極端な苦行に入っていく――鋭い洞察を持った者なら、このことがわかるだろう」

仏陀は言った。「何日か待てば、私の言った真実がわかる」

やがて僧侶達に明らかとなった。他の比丘達がきれいに舗装された道を歩く一方、シュロナは刺だらけのやぶの中を歩いたために、足は血だらけになった。太陽が照りつけて暑い時、他の比丘達は木陰に座り、シュロナは日差しの中で立っていた。他の比丘達が服を着るのに対し、シュロナは腰布しか身に着けなかった。しかも、腰布も取りたがっているかのように見えた。そしてある時、シュロナはその腰布も取ってしまった。他の比丘達が一日一食食べるのに対し、シュロナは二日に一食しか食べなかった。他の比丘達が座って食べるのに、シュロナは立って食べた。他の比丘達が托鉢椀を持っていたのに、シュロナは托鉢の椀さえ捨て、手だけで……手に収まる分の食べ物しか食べなかった。シュロナの美しかった体にはしわが寄った。以前はシュロナの姿を見ようと、はるか遠くから人々がやって来ていた。シュロナの顔はとても魅力的で大変美しかった。が、比丘となって三ヶ月経ったシュロナを見て、誰もそれがかつての皇帝シュロナだと、思い出す者はいなかった。足にはまめができ、体は黒くなり、骨と皮だけになった。それでもシュロナは、自分の身を律し続けた。

仏陀は言った。「比丘よ、一つの極端に走った者が、その反対の極端に走るといった意味が、わかっただろう。真ん中で止まるのが難しいのは、真ん中がエゴの死だからだ」

それからシュロナは食を断ち、次いで水を断った。シュロナは正反対の行動を取り続けた。シュロナはこの地球にあと二、三日しかいられず、その後は死んでしまう訪問客のようだった。

この時仏陀は、シュロナが木の下に建てた小屋の戸口に行った。シュロナは横になっていた。仏陀は言った。

「シュロナ、ちょっと聞きたいことがあって来た。お前が皇帝だった頃、お前はヴィーナの演奏に凝っていて高度な技術があり、ヴィーナに非常に関心があったと聞いた。そこで質問したいのだが、ヴィーナの弦がゆるみきっていたら、音楽が生まれるかね?」

シュロナは言った。

「何をおっしゃいます? 弦がゆるかったら音楽は生まれません。ビーンと鳴らすことさえ無理です。それは良くご存知でしょう」

仏陀は言った。

「それなら聞くが、弦が張り過ぎていたら、音楽は生まれるかね?」

シュロナは言った。

「張り過ぎていたら、弦は切れてしまいます。音楽は生まれません。弦が切れる音がするだけです。楽器が壊れる音から、音楽が生まれるはずがありません」

すると仏陀は言った。

「私がやって来たのは、お前に思い出させるためだ。お前がヴィーナを体験したように、私は生のヴィーナの体験者だ。言っておくが、張り過ぎた生の弦からは音楽は生じないし、ゆるみきった生の弦からも音楽は生じない。シュロナよ、弦は張り過ぎでもなく緩み過ぎでもなく、中間でなくてはならない。最高の技術を持った演奏家は、弦の張りをちょうど中間にしている。これが調弦というものだ」

こうした理由から、インドの古典音楽では、半時間、一時間とかけて楽器の調弦をする。楽器の調弦は高度な技術だ。弦の張りを、緩み過ぎとも、張り過ぎとも言えない中間に持ってくるには、優れた技術と非常に敏感な耳がいる。調弦ができるのは音楽の玄人だけだ。

「生のヴィーナも全く同じだ」

仏陀は言った。

「シュロナ、もういい、目を覚ましなさい。お前が極端に走るのを私は待っていた。最初は弦が緩みすぎていた。だが、今はきつく張りすぎだ。それでは音楽は生まれなかったし、今も生まれていない。それで光明を体験しているのか？　何をしている？　お前は以前、腹いっぱい食べていたのに、今は死ぬほど断食している。前は一度も裸足で歩かなかった。どこかに行く時は、道にはビロードが敷かれた。だが今は、道がきれいだと、お前はきれいな道を行かず、藪の中や刺の上を、でこぼこの険しい道を行く。おそらく以前はワインばかりで水を飲んだことのないお前は、水さえ飲むのを恐れ、水も避けたがっている。以前、家では極上の肉料理が用意されていたのに、今では乾パンを食べる気さえない。自分がどのように、極端から極端に走ったかわかるだろうか。かつての極端も音楽的ではないし、今の極端も音楽的ではない。さあ、中間に来るなら今だ」

シュロナの目から涙が伝い始めた。シュロナは目覚め、自分の状況を知った。

今日の経文《スートラ》はヴィーナの弦を調弦するための、真ん中にするためのスートラだ。人が真ん中に来るとすぐエゴは死ぬ――エゴは生きられない。エゴは病気だ。エゴは、マインドが病気の時にしか存在できない。エゴの存在は病気に依存している。そして、極端こそが病気の秘密だ。

私も弟子達《サニヤシン》に言う。生のヴィーナの調弦法――中間にいるには、どうしたらいいかを教えよう。世界にいないかのように、世界にいなさい。世界に飲まれてはならない。また世界を放棄したり逃げたりする必要もない。放埒にならず、厳格にもならず、中間にとどまりなさい。富を追い求めず、お金を捨てて逃げるのでもなく、真ん中で、極端のないきっかり真ん中で止まりなさい。そこであなたは、音楽が鳴り響いているのに気づくだろう。そこでヴィーナは生き返り、音なき音がこだまし始める。

急いで話してはならない
反り返って歩かず　注意して足を置きなさい

急いで話してはならない……このスートラに解説や注釈を書いた者は皆、「何も考えずに話すな」という意味を付ける。この意味は私には正しいとは思えない。言語学的にはこの意味で正しい。すぐに話してはならない、何かを言われたら、ぶっきらぼうに答えてはならない。よく考えてから、答えることだ。言語学的にはこの意味で正しい。しかし存在的には、この意味は正しくない。考えてから返答するというのは、その答えが自然発生的でないことを、それが考え抜かれた答えであることを意味する。次のくだりで、ゴラクはこう述べている。

王ゴラクは言う　固くならず　自然に生きなさい

彼らの解釈では「自然に生きる」には合わない。これでは、生が自然でないものになる。あなたが返す答えは考え抜かれ、事前に決められたものに、全く不自然なものになってしまう。
自然発生的な答え、自然発生的なスピーチとは、これとは全く異なる。それは考えることとは無関係だ。

何かを熟考すると、その答えは自然発生的なものにはならない。誰かに何かを聞かれると、あなたは答える前に、あらゆることを分析する。言うべきこと、言うべきでないこと、何が印象を良くし、何が印象を悪くするか、誰がそれから利益を得、誰がそれによって傷つくか。こうしたことをよく考え、全部計算した後に話をすると、表現の自然さはすでに失われている。それは偽りの表現となる。自然な表現は無思考から生じる。急いで話してはならない……。

多くの人が、これは「よく考えて（*thoughtfully*）話せ」という意味だと言うが、私のは「無思考から話しなさい」という意味だ。口早にまくし立てるのは、無意識の表れだ。内側で油断なく在りなさい。油断なく話しなさい。気づきの明かりを灯し続け、用心深く覚醒していることだ。よく考えて話をするのではなく、無思考から話しなさい。

ここで気をつけなくてはならないのは、「無思慮に話す」と「無思考から話す」という、この二つの表現だ。「無思慮に話す」とは、口に上ってくるものを何でもしゃべって、後で後悔するという意味だ。

私はある晩、友人の家に招待された。マハトマ・ガンジーの古い弟子であったアナンド・スワミも、その家の招待客だった。私とアナンドは、その晩同じ部屋となった。家にいた人全員が集まり、話が始まった。アナンド・スワミは生涯をガンジーに捧げた人だった。そこで私は、マハトマ・ガンジーのことで何が強く印象に残っているかを、アナンドに尋ねた。アナンドはこう言った。

「私に与えた印象といえばまず、ガンジーがアフリカからインドに来た時のことです。ガンジーはアーメダバードで記者会見を行ないました。私は新聞記者として、ジャーナリストとして働いていました。イギリス人を非難する発言をしている時、ガンジーは多少、汚い言葉を使いました。私はガンジーの発言から卑語を抜き出したので、新聞記事に卑語は全くありませんでした。翌日、ガンジーは私を呼び出し、私の背中をたたいて『よくやった。報道はこうでなきゃならん。卑語を削ったのは大正解だ』」と言いました。こうして私の背中をたたくことで……」

アナンド・スワミは私に言った。

「ガンジーは、私を味方につけたんです」

私は言った。「君のすべきことは全く逆だ！　別な実験はしなかったのかね？　ガンジーが卑語を使わなかったら、発言に卑語を加えればよかったのに。それでも君の肩を叩いて褒めたんだったら、それはすごいことだ！　だが実際は、ガンジーは慌てて話をしていたってことだ」

私は言った。

「急いで話してはならない……それは慌てて、興奮して、熱くなって出た言葉だ。それは話の流れで出た言葉だ。話した後で、ガンジーはしまったと思ったに違いない。ガンジーは振り返って、言ってはならない卑語、汚い言葉を使ってしまったと思ったに違いない。そうした言葉は、偉大な聖者には適切ではないと、ガンジーは後悔したはずだ。こうした発言の後に、あなたは下品さをカットし、ガンジーのエゴを守った。だから君を褒めたんだ。『ガンジーが私の記事を賞して、背中を叩いてくれた。自分は立派なジャーナリストだ』と思って、あなたのエゴは満たされた。実際とは違う声明が、発表されたにも関わらず……。ガンジーが真実を愛する人なら、ガンジーは『私の言ったことを、言った通り正確に発表するように』と君に言うべきだった。『私が言ったことを、発表前になぜ変える？』と。ガンジーは真実には興味がなかった。この言動で、ガンジーの真実の話に価値はなくなった。ガンジーは嘘のパトロンとなった。言わなかったことが発表され、言ったことは発表されなかった。こうした行為は嘘を保護するものだ。あなたはガンジーのエゴを守り、ガンジーはあなたのエゴを褒めた。こうして君たちは支えあっているんだ」

私はアナンド・スワミに言った。

「私の話に汚い言葉があっても、言ったことは言ったことだから、発表されるべきだ。もし後で『それは言いたくなかった』と思ったとしたら、話していた時、自分が正気ではなく無意識だったということだ」

話をすることには、それ自体に中毒性がある。人は何度も、言いたくなかったことを言う。しかし、それは言いたかったかどうかの問題ではない。あなたは、言いたくなかったことを言った。それは無意識のどこかに存在していた。

「アナンド、あなたが発表した声明は……」。私は言った。「嘘を隠蔽した。これで何世紀も、ガンジーは罵らなかったと言われるだろう。その責任を負うのは君だ。君の務めは、自分が書きとめたものを、ガンジーが言ったことを、そのまま発表することだった。だが、ガンジーの変容を助けるのが君の務めなら、発言を修正する必要はない。ガンジーは覚醒した状態で話すべきだ。自覚を持って話すべきだ。ガンジーはよく考えずに話した。言ったことを理解したのはその後だ。『何てことを言ってしまったんだ』と思ったに違いない。ガンジーはきっと、振り返ったはずだ。これはまずい結果になると思ったはずだ。どうにか、これらの言葉が撤回できればいいんだが、と」

これは毎日起こっていることだ。ある時、何かを言った政治指導者は、次の日それを否定する。「いや、あれは自分の発言ではない」とか「そう言ったつもりはない」とか「意味を曲解している」、または「発言が歪められている」と言って発言を取り消す。これは毎日起こっている。誰もが新聞で毎日そうした記事を目にする。これは驚くべきことだ。政治家は、言った事を後になって思い出す。そのプラス面とマイナス面を考え、発言の効果を測って「あれは言わなかったほうが良かった。ああ言ったら云々の結果になる」と気づく。

発言中その人は、どういう結果になるかを考察する機会がないほど、急いで話していた。それは急いで軽率に発せられた。その後、彼は静かに座り、結果をあれこれ考え理解した。その発言から推定可能な意味や、どれだけの投票者が支持し、どれだけの投票者が反対するか、どういう政治的結果になるかといったことを。こまは進められた。これから、このチェスの勝負結果はどうなるのか？　立ち止まってこうしたことを考えると、修正しようという考えが起こる——そこで政治家は修正する。しかしこうした修正は、不注意に話したことを示す以外の何物でもない。

こんな話を聞いたことがある。

イギリスである学生が、医科大学で面接試験を受けていた。学科試験はすべて通り、面接試験が最後だった。これに通ればその学生には、英国医学界で最も高い学位が与えられる。三人の医者が、この学生の試験を行なった。医者達は彼に尋ねた。

「しかじかの病気にかかった患者がいて、もしこれらの薬を与えるとしたら、君はどれだけの量を投与するかね」

学生はその量を即座に答えると、三人の医者は皆、笑って言った。

「ご苦労さん。試験は終わりだ」

ちょうどドアから出ようとした時、その学生は気づいた。

「これは毒だ、この量では命に関わる」。学生は戻ってこう言った。

「すいません、患者には先ほど言った半分の量を与えます」

だが、医者達はこう言った。

「患者は死んだよ、誰のところに戻って言ってるんだね？　何を言おうと後の祭りだ。これはただの試験ではない。本当に患者がいて、君がこの量を投与したら患者は死んでるよ。そうしたら誰に頭を下げるんだね？　来年来なさい、しっかり準備をして。そういうふうにただ戻ってきて、言ったことを訂正するというのは認められない。それを変えたら不正になってしまう――患者はすでに死んだんだ」

軽率に"*thoughtlessly*"話してはならない――この意味は、自分の考えから話しなさいということではない。私に言わせればその意味は、考えることではない――無心のスペースだ。思考があれば間違いが生じる。思考がない所では、マインドは鏡のように完全に無口だ。静かで空っぽだ。瞑想が目覚めるところに一切間違いはない。後ろを振り返って見る必要は全くない。後悔は一切ない。

これが「注意深く話しなさい」と私が意味付けする理由だ。

これが仏陀の言った正しい想起"*right remembering*"、覚醒して話す、油断なく話すということだ。考えた後ではダメだ。考える余地などないかもしれない。考える時間もないかもしれない。本当の生のどこに時間があるというのだろう。あなたは何度も、何か良いことを言いたいと思うのに、それを言えずに後になって思い出す。

ヨーロッパの偉大な思想家ビクトル・ユーゴーが、リビングから出てきた。ユーゴーと一緒に、三、四人の作家が話をしながら歩いてきた。一人の作家があることを言った。するとそれがあまりに素晴らしい発言だったので、ビクトル・ユーゴーは思わず「自分がそう言っていたら！」と言ってしまった。

三人目の作家は言った。

「大丈夫さ、ユーゴー。君なら言うさ、いつか言うだろう。今日じゃなければ明日は言うさ。大丈夫だって、いつか状況が違えば口をついて出てくるよ。それを言うのは確実だ。君がそれを言わずにいることはない」

しかし、言い逃したことは言い逃したことだ。皆も何度も「自分がそう言っていたら」と思ったことがあるだろう——まるで、言いたかった言葉を誰かに盗まれたかのように、口先まで出かかった言葉を盗まれたかのように。そしてたった一言、言わないでおけば沢山のトラブルを避けられたのにと、時に感じることがある。時には些細な言葉で一生が変わることがある。自分のついた小さな悪態が、自分の一生を変えることもある。自分の口をついて出たやさしい言葉が、一生を新しくすることもある。だが、それは予測しがたい……ほんのちょっとした一言が……。


有名なアメリカの女優グレタ・ガルボは、子供時代とても貧乏だった。グレタは床屋で、泡立てた石鹸を客のひげに塗る仕事をしていた。グレタは自分があれほど偉大な女優に、世界的に有名な女優になるとは、全く思ってもいなかった。ある日、一人の映画監督が髪を切りに、グレタの働く床屋に来た。グレタは彼の顔に石鹸を泡立てた。グレタが石鹸を泡立てている間、映画監督だったその男は鏡に映ったグレタの顔を見ながら、思わず一言「きれいだ……実にきれいな顔をしている」と言った。

このほんの一言が、グレタ・ガルボの人生を大きく変えるものとなった。二セントを稼ぐために、ひげに石鹸を塗っていた女の子は死に、この一言でグレタは億万長者となった。これは熟考して発した言葉ではない。これは自然に出た言葉だ。だが、グレタ・ガルボは自分の美しさに気づいた。初めてグレタは、鏡で細かい注意を払って自分自身を見た。日々グレタは鏡の前に立ち、客のひげに石鹸の泡を塗ってきた。しかしグレタはそれまで一度も、自分に注意を払ったことがなかった。自分を美しいとか、美しいかもしれないと思うことがなかった。貧しい少女には、そう考える余裕すらなかった。

「おじさん、あたしのこと本当にきれいだって思う?」とグレタ・ガルボは尋ねた。

その映画監督はこう言った。

「君はきれいなだけじゃなくて、最も美しい女性の一人だ。良ければ私が証明しよう。私は映画監督だ。製作中の映画に出演させてあげよう。君は写真写りのいい顔をしてるから、映画の中でもさぞかしきれいに見えるはずだ。私はずっと映画作りをしてきたんだ」

こうした理由で、一部の人、映画俳優や女優に直接会うと、それほど美しくは見えなくても、写真写りのいい顔をしているということがよくある。直に見た目が美しい美しくないに関係なく、写真ではきれいに見える。写真の中と外では別物だ。直に会うととても美しいのに、写真だとそれほど美しくないということは多々ある。

グレタ・ガルボは頂点に昇りつめた。些細なことが、ひょんな一言がグレタの生涯を変えた。女優にならなければグレタはおそらく、ずっと客のひげに石鹸を泡立て続けて、死んでいただろう。ちょっとした一言に、こうした波紋を引き起こす力がある。それは友人を作ることもできれば、敵を作ることもできる。生に美しさを与えることもできれば、醜くすることもできる。

急いで話してはならない……

しかし、私がこのことに与える意味は、よく考えて話をするという意味ではない。「考え」の中には打算や狡猾さ、利口さや政治がある。私のは「無思考から、静かで穏やかな気持ちから話しなさい」だ。

静寂から生じるものを、内側の最も深いところにある核に答えさせなさい。そうすれば、あなたが言うことは完全なものとなる。なぜならそれは安らぎから生じるからだ。適切な話し方は人を落ち着かせる。でないとエゴが、あなたを極端から極端へと連れて行く。

急いで話してはならない
反り返って歩かず……

足を踏み鳴らして歩かないようにしなさい。生に大きな雑音を立てないようにしなさい。誰にもわからないように通って行きなさい。いないままでいなさい。これが神の在り方だ。神はどこにでもいるが、気づかれないままでいる。それはどんな技か？……反り返って歩かず……神は、足を踏み鳴らしたりしない。神は「自分を見てくれ」と言ってあなたに指を差し、歩き回ったりしない。神は不在として存在する。神は存在する。だが神は、同様に不在になった人にしか、自ら完全に虚空になった人にしか見えない。神の顔は、そういう人の目にしか映らない。

……反り返って歩かず……

人は誇り高く振る舞う。何の理由もないのに傲慢に歩く。

気づいたことがあるだろうか？　道に誰もいない時、あなたはある歩き方をする。道に人気がなく、誰もいない朝の散歩の時には、ある一定の動き方をする——あなたは反り返っては歩かない。だが、突然二人の人間が現れると、あなたの歩き方は変わる。明日、よく見てごらん、あなたの歩き方は変わる。

二人の人間がやって来ると、歩き方は変わる。今のあなたの動きとは違う。さらに二人の美しい女性がやって来れば、動きはもっと変わる。あなたはパッパッと身体のほこりを払い、誇らしげに口ひげをひねり始める。ネクタイを正し、帽子を斜めにして、いきなり肩で風を切って歩き始める。口ひげがなくても、かっこをつける。誇らしげに立つために、口ひげをはやす必要はない。プライドは口ひげの有無とは別問題だ。どんな方法でもプライドを表現できる――口ひげで表す人、ネクタイで表す人――だが、誰もが何らかの方法でプライドを示している。

まるで全世界の脚光を浴びているかのように、注目の的であるかのように、人は歩く。人は皆の注目の的になりたくて、反り返って歩く。なぜかというと、それはエゴが人の注目を要求するためだ。エゴは注目を得れば得るほど、大きくなる。通りであなたに挨拶する人が多いほど、「ああ、君は大切な人だよ」と同意する人が多ければ多いほど、エゴは強まる。

通りで出会ったあなたに、誰も目を向けようともせず、声をかける人もいなかったら、村中であなたに知らん振りをしようと決めたとしたら、とても悲しい気持ちになるだろう。うんざりし、打ちひしがれて戻って来て「どうなってるんだ?」と言うだろう。反り返って歩いても効果がない。

小さな子供を見ていてごらん、子供達は毎日こうしたゲームをしている。それは大人の間でも大差はない。最年少から最年長まで、いるのは子供だけだ。成人した子供を見たい人はデリーに行くといい。そこには六十五や、七十、七十五、八十、八十三才の子供がいる。ある子供は首相をしている。八十三才のモラルジ・デサイだ。ある子供は内務大臣、ある子供は国防相を務め、彼らは小さな子供のように、互いの後を追いかけ続けている。ゴミの山の上で、お山の大将ごっこをしている子供たちのように。

そして誰かがトップに立てば、他がトップを押しのけようとして、すったもんだの小競り合いが起こる。誰もが誇らしげに口ひげの先をひねり上げ、心の中で「一人残らず征服して、俺が仕切ってやる。俺様がこいつをどう放り投げるか、あいつの足をどうやってすくうか見てるがいい」と考えている。

幼年から老年まで、人は子供のままだ。あなたが関心を集めようとする限り、自分を「見て見て」と言っている限り、あなたは子供だ。あなたは幼稚だ。

あなたは毎日、子供達を見てそう感じている。子供がいる家に客が来て、お客が来たから静かにするようにと子供たちに言ったとする。すると子供たちは黙っていられない。客が来なければ、子供達は部屋の隅で、静かに座って人形と遊んでいただろう。しかし客が来ると、子供達はすぐにやって来て邪魔をする。アイスクリームが欲しいだの、腹が減っただのと無関係なことを言い始める……あなたは驚く。今まで静かに座っていたのにどうしたんだと。子供は政治家になった。「このお客さん達は僕を見ないで行っちゃうの？　僕だってすごいんだってことを、お客さんに見せてやる。教えてやる。僕がこの家の権力者だってことを見せてやる」。子供はこう言っているのだ。

子供と二人でいる時に何かを言うと、子供は言われたことを受け入れる。しかし四人いる前で言っても、受け入れようとしない。子供は頑として拒絶する。だから家では行儀の良い子供でも、町に連れて行くと、子供はこれを買いたい、あれを買いたいと、町の真ん中で騒ぎを起こす。

なぜ、あなたはそんな決まり悪い思いをするのか？　決まりが悪いのは、四人の前では「買えない、お金がない」とは言えないし、「ポケットは空だ、困らせるな」と言えないからだ。子供はこの機会を待っている……。小さな子供は、あなたのボタンを簡単に押せる。年を取るともう少し微妙に、もう少し賢く、この同じボタンで人を刺激する。だが、していることに違いはない。あなたは成長していない。エゴはいつまでたっても成長しない。エゴは常に幼稚だ。

反り返って歩かず……

あなたは足を踏み鳴らし、ぎゃーぎゃー騒ぎ立て、床にものを放り投げる子供を見たことがあるだろう。ちょっとしたことで家の中で皿を投げ、鍋釜を落として、家中に響く大きな音を立てる女性を見たことがあるだろう。反り返って歩いてはならない……そういう女性は「目に物見せてやる！」と言っている。

ムラ・ナスルディンの妻は、のし棒を持って夫を追いかけていた。おびえたムラはベッドの下に滑り込んだ。太ったムラの妻はベッドの下に入れず、ムラはベッドの下で自慢げに座った。すると誰かがドアをノックし、客がやって来た。ムラの妻は、のし棒をサッと隠してムラに言った。

「そこから出て！　お客が来たんだから、早く出てちょうだい」

ムラは言った。

「上がってもらいなよ、今日は、この家の主が誰なのかを教えてやる。わしは座りたいところに座る」

ムラの妻は言った。「そんなに大きな声を出さないで！」

しかしムラは言った。「ふん、誰も恐かないね。この家の主は誰か——お前かわしか、今日決まる」

妻は言った。「シーッ！　静かに！　そこから出てちょうだい」

しかし、すでにムラのプライドは高まっていた。ムラは言った。

「まずは謝れ、そうしたら『お願いします』って言うんだ」

ムラの妻は、頭を下げなくてはならなかった。客は入口にいて、ムラはベッドの下で座っている。これでは体裁が悪い。ムラがベッドの下に座って、何かを言い始めたら、ムラが話を始めたら……ムラの妻は『お願いします』と言わなくてはならなかった。

反り返って歩かず……

瞑想的に話しなさい、静かに歩きなさいとゴラクは言う。まるでいないかのように歩きなさい。誰も気づかないように歩きなさい。街頭で演奏をする楽隊のように、歩いてはならない。自分のドラムを叩いてはいけない。

……注意して足を置きなさい

音がたたないように、そーっと足を地につけなさい。一陣の風が来ては通り過ぎていくように、この世界に来て通り抜けて行きなさい。そうすれば、あなたがいつ来ていつ行ったかさえ、誰も気づくことはない。静かな空の音のように通り過ぎて行く人は、神を知る。あなたは神を認識する。

世間に自分の力量を示したがっている人は、舞台の上の役者のようになる。通りで目にするほとんどの人は俳優だ。人は家を出る前に、かなりの時間を準備に費やす。

女性は何時間も鏡の前に立つ。これでは鏡だって疲れてしまう！　夫は通りで、車に乗ってクラクションを鳴らし、妻はまだ鏡の前でこのサリーを着ようか、あのサリーを着ようかと考えている。

私がある家に招待された時のことだ。私はその家の主人に連れられて会議に行くところで、彼はクラクションを鳴らしていた……会議の時間はとっくに過ぎていた。すると、彼の妻は怒って窓の外を見てこう言った。

「一分で行くって千回も言ったじゃない」

本当に千回もそう言ったら、言うだけで何時間もかかってしまう……。

「こんなに何回もクラクションを鳴らして、うるさいったらありゃしない。こんなんじゃ支度なんかできないわ」

その晩、家に戻ってから私は彼女にこう言った。

「サリーを着なければならないのはともかく、何でそんなに時間がかかったんです?」

彼女は言った。

「時間をかけずに支度をするのは無理です。見てください――三百着のサリーがあるんです。だからよく考えないと、どれを着ようか、あれこれ考えなくてはならないんです。どれもこれも捨てがたいから大変です。一着、着てから変えなければならないこともあるので、長い時間がかかるんです」

人は俳優だ。これが、他人の妻が自分の妻よりきれいに見える理由だ。なぜなら、私たちは素の状態の妻を目にしている。だが、あなたが目にする他人の妻は、華やかに着飾って舞台の上にいる。

避妊には、妻に化粧を禁じる以外にどんな方法もいらないと、ムラ・ナスルディンは言う。

これで充分だ。他の避妊法は必要ない。マインドの関心をそぐにはこれで充分だ。天然で自然なままでいること、それで充分だ。

急いで話してはならない
反り返って歩かず　注意して足を置きなさい

世界を舞台と見なさないように、ここでは演技に夢中になってはならない。この世には演技を超えた真実もある。誰かに注目されているかどうかに、マインドの関心がなくなると、人がいてもいなくても、その時初めて、あなたは真実を知る。その時初めて向きを変え、真実に向かうことができる。人に注意を向けられたければ、人に注意を払わなくてはならない。これは相互のギブ・アンド・テイクだ。いったい、いつ自分に、充分な注意を向ける時間を見つけるのだろう。

人に注意を払って欲しければ、あなたも人に注意を払わなくてはならない。自分で今着ているドレスをいくらで買ったか、人に尋ねて欲しかったら、最初に彼らの服のことを尋ねなくてはならない。

「いくらでした？　すごくいい模様ですね、どこで買ったのですか？」と。すると言われた方も聞き返す。当然、これは持ちつ持たれつの世界だ。人に注意を向ければ、向けられた方も注意を向ける。それは彼らもあなたと同じように、注目を浴びたいからだ。私達はお互いのエゴを飾り続ける——だが、いったいいつ、自分に注意を向けるのだろう。そうやって人は、自分の内側で待っている存在に気づき損ねる——それこそが一番の財産、無上の幸せだ。神は、その意識の中に隠れている。その意識の味を知った人は、永遠の生の味を知る。

急いで話してはならない
反り返って歩かず　注意して足を置きなさい

別なところでゴラククはこう言った。

水いっぱいの水瓶は音がしない
半分の瓶は　水のはねる音がする
アヴァダットよ
準備のある探求者に　師《マスター》は実り豊かな話をする

水いっぱいの水瓶は音がしない……

水のいっぱい入った瓶は波立たない、瓶の水は、はねない。

水いっぱいの水瓶は音がしない　半分の瓶は　水のはねる音がする

水がはねるのは、充分に満たされていない瓶だけだ。いっぱい水が入った水瓶は、音が立たない。音を立てるのは、部分的に満たされた水瓶だけだ。あなたが足を踏み鳴らしてバタバタ音を立てれば、あなたの中身が空っぽなのだと、ますますはっきりする。町で楽隊が演奏するように歩けば、旗を掲げて歩けば……『勝利の旗が常に我にあらんことを』と……そのように歩けば歩くほど、あなたには何の中身もないこと、あなたが満たされていないことが、ますますはっきりする。

これが「……半分の瓶は　水のはねる音がする」だ。知のある人、少なからず生を体験した人は、控えめな人に、深みのある人になる。音はなく、その人のまわりには静けさと穏やかな音楽がある……。

水いっぱいの水瓶は音がしない

半分の瓶は　水のはねる音がする
アヴァダットよ
準備のある探求者に　師《マスター》は実り豊かな話をする

あなたは無意味に騒ぎ立てている。あなたのおしゃべりは、無意味な雑音以外の何物でもない。あなたは何も知らない。だから、あなたのおしゃべりは空っぽなのだ。話す価値のあることが、何かあなたにあるかね？　しかし人はおしゃべりだ。出てくる言葉はナンセンスばかりだ。人はあなたの耳にゴミを投げ入れ、あなたは人の耳にゴミを、ゴミの山を投げ入れる。よく注意を払ってみてごらん、あなたが一日に話すことの九十パーセントは、全く価値がない。それを言わなかったからといって、惜しまれることはない。だが「……半分の瓶は　水のはねる音がする」

もし半分の瓶に水のはねる音がしなかったら、瓶は途方にくれてしまう。瓶は多くの雑音を出す。人はしゃべり続ける。不必要な、無意味な話で世界中はいっぱいだ。

ゴラクはこのように言う。

準備のある探求者に……

賢者は、知ろうとする熱意が明白な者にしか話さない。師《マスター》は、マスターになる見込みがある人にしか話さない。誰とでも話すわけではない。すべての人と話しても意味がない。マスターは、マスターとなる潜在性をのぞかせている人としか座らない。本物のマスターは本物の弟子に話す。マスターは誰とでも話すわけではない。

人々は訊く。なぜ誰もがここに来て、話が聞けるような体制が整っていないのかと。だが、誰もがここに来る必要はない。可能性がある人には話す。熱心な人に、渇きのある人に私は話す。

アヴァダットよ

準備のある探求者に　師《マスター》は実り豊かな話をする

可能性のある人になら、話す効果は多少ある。光明を得た人は、将来光明を得る人に話す。それなら利益がある。だがそうでない人には、ただの意味のないナンセンスだ。

エゴラクは言う　エゴイストになってはならない　自然に生きなさい

「……エゴイストになってはならない、自然に生きなさい」。実に何でもない教えだが、これこそ最も大事な教えだ。ゴラク曰く、あなたに言うことはこれだけだ。これを理解したら、これが達成できればすべてが起こると――。

「……エゴイストになってはならない　自然に生きなさい」――自然に生きる、とはどういう意味か？　それは打算的に生きるのではなく、無垢な気持ちで生きなさいということだ。

木は自然だし、鳥や動物は自然だが、人間だけが自然ではない。この不自然さはどこから来るのだろう？　自分ではないものを人に見せよう、自分ではないものを自分だと証明しよう――こうした思いから不自然さは生じる。自分は貧乏だが、裕福な印象を人に与えたい。教養はないが、教養があるイメージを与えたい。何の才能もないが、人には自分は大物だと、どうしても言いたい。こうすればエゴを満たすことが可能だ。だから人は、自分と違うものが自分なのだと言い続ける。中と外は別物だと。人間が不自然になったのは、この偽りのせいだ。

こうした勝手な自己満足を捨てれば、自然になることは可能だ。そうしたら「自分はあるようにある――悪かったら悪い、良かったら良い、自分は神が作ったまんまだ」と言える。もう無用に自分をベールで隠したりはしないと。

今のあなたの状況は、あなたには傷があり、その上にバラを置いて隠しているようなものだ。そのためにあなたは不自然になった。傷は中にあって、そこにバラが置かれている。中は膿んでいるのに、バラがあるから傷は治りようがない。これでは日が当たらない、新鮮な空気が入らない。

内側の自分と全く同じ自分を、さらけ出しなさい。そうすれば、あなたは自然になる。恐れを捨てなさい。その恐れとは何か？　人に悪く思われることが怖いかね？　それが何の害になる？　人があなたに目を向けなくなったところで、あなたを尊敬しなくなったところで、何を失う？　そうした人の尊敬から、何を得るというのだろう。

ゴラクは言う　尊厳を保て　議論にこだわるな

自分の存在を大事にしなさい。尊厳を保てとゴラクは言う。「自分の魂を大事にしなさい。自分はこうだ、ああだと無益な言い争いをしないように」とゴラクは言う。

……議論にこだわるな

あなたは、あなただ。神はこのようにあなたを作った。この自分を大事にしなさい。

ゴラクは言う　尊厳を保て　議論にこだわるな
この世界は棘の園だ
気をつけなさい　一歩一歩　注意して足を置きなさい

ここは大きな棘の園だ。この庭はとても魅力的で、遠くからは花のように見える。だが棘に刺されない限り、棘だと気づかない。遠くからだと、心地よい音楽が聞こえているかのように錯覚するが、近づくと身動きが取れなくなる。痛い思いをする。魚も、餌を見て捕まる。魚に餌の中の釣り針は見えない。人があなたを褒める時、彼らは餌を仕掛けている。この餌の中には棘がある。それを食べるとあなたは捕まってしまう。

これが、お世辞が世界的に強大な力を持つ理由だ。愚か者に「お前はすごく頭がいい、とても学がある」と言うとそれを信じる。愚か者は疑問を抱かない。「えっ俺が、学がある、頭がいい?」。愚か者がそれを信じるのは、信じたいからだ。あなたは、愚か者が信じたがっていることを言った。『ロバを「お父さん」と呼ばざるを得ない時がある(豚もおだてれば木に登る)』という格言があるだろう?　ロバはそれを信じる。ロバは心の中で自分はロバだと、父親になるのは無理だと知っている。だが、信じようとするマインドが「信じるんだ、こんな好機を逃す手はないぞ」と言う。カラスに「お前は歌の上手なカッコーだ」と言ったら、カラスは否定しない。おだて上げられたカラスは興奮し、カアカアと鳴いて、自分がカラスであることを証明するだろう。しかしカラスは「カッコー、カッコー」と上手に鳴いていると思う。

これが、お世辞に多大な影響力がある理由だ。おだてられると、人は何でもしようという気になる。するとどんな仕事でもできる。あなただっておだてに乗る――気をつけなさい。

この世界は棘の園だ
気をつけなさい　一歩一歩　注意して足を置きなさい

ここにはたくさんの棘がある。花が中にある棘を偽装している。花を摘みに行くと棘に刺される――こうなってからでは、自由になることは難しい。人はこうして貪欲や怒りやエゴに落ち、不自然になった。

エゴラクは言う　エゴイストになってはならない　自然に生きなさい

プライドは広い道だ。エゴでいっぱいなのは、皇帝だけだと思ってはならない。乞食にもエゴがある。乞食達にもエゴがある。

こんな話を聞いたことがある……ムラ・ナスルディンが住んでいる路地に、毎日来る乞食がいた。その乞食が、何日も姿を表さなくなった。ムラは町でその乞食に出会い、こう言った。
「久しぶりだな、前は毎日わしを困らせに来たのに。随分長い間、何年も嫌な思いをさせられてきたもんだから、すっかり習慣になっちまってな。来ないな、どうしたんだと思っていたんだ。なぜわしの家に来て、その杖でトントンとやらないんだ？」
乞食は「あんたのいる路地は、義理の息子にやったんだ」と言った。

ムラは言った。「何だと？」

乞食は言った。「あれはわしの路地だったんだ。他の乞食が迷惑をかける心配はない。悪さをする奴がいたら、手足をへし折ってやる」。手足が不自由なその乞食は、足を引きずりながらこう言った。「わしが手足をへし折ってやる。だから、あの場所で面倒を起こす奴は絶対にいない。あれはわしの路地だったんだ。娘が結婚したから持参金としてやったんだ！」

ムラはその路地が自分のものだと思っていたが、今日、それが誰の路地通路かはっきりした。

エゴがあるのは、皇帝だけだと思ってはならない。乞食にもエゴはある。乞食にも自分の王国がある。乞食にも境界はある。縄張りに入ったら、ただではすまない。そこで物乞いをする人は、彼らに税金を払わなくてはならない。新参者の乞食が、年をとった乞食の路地で物乞いをする時は、税金を払うことになる。

そんなことは当然、考えたことがないかもしれない。誰も自分がどの乞食に属するかなど、全くわからない。だが、通りにはあなたを買った乞食がいる。乞食には権利がある。物乞いのための免許がある。他の乞食が物乞いをする場合は、謝礼を払わなくてはならない。あなたは知らなかった。自分が買われていたことや、通りにいる乞食があなたの主人で、あなたに対する権利があることを――。

エゴがあるのは、金持ちだけだと思ってはならない。エゴがあるのは、世俗の人だけだと思ってはならない。ヨガ行者には大きなエゴがある。世捨て人にはずっと大きなエゴがある――世捨て人はずっと多くのものを捨てた！　自慢しないように……学者には大きなエゴがある。

ゴラクは言う。

道なき道の歩み　火のない炎
空気を求めて縛られる
よくわかっているとゴラクは言う
学識あるものよ　これを理解せよ

経典を読み上げる学者よ、経典の言葉をオウム返しに言う学者よ、よく聞けとゴラクは言う。お前にあるものは何だ？　あるのは、くずと悪臭を放つ借り物の言葉だ！　なのにお前は偉そうに歩く。

よくわかっているとゴラクは言う……

ゴラクは言う。
「私は自分の経験から知っている。だからあなたに、言葉以外に何にもないことがわかった」と。

……学識あるものよ　これを理解せよ

あぁ、博識な学者よ、学者と呼ばれる者よ！　私の言っていることを理解し、正気に戻りなさい。
「道なき道の歩み……」。道なき道を歩く方法はある——道はなくても、あなたはゴールに到達する。そのことについて何か知っているか？　経典を読んで朗唱することで学者になった者よ、お前はゴールへ至る道なき道を、知っているのだろうか。

道なき道の歩み　火のない炎……

炎なき燃焼から起こる出来事を、知っているだろうか？　私はこのような炎を、火がないにも関わらず燃える炎を知っている。私は起こらずして起こる死を知っている。ゴールへと至る道のない、ゴールを知っている。私は、あなたの中にあるものを知っている。そこに辿り着くような道はあり得ない。道は、人を遠くに連れて行くためのものだ――もし神が遠くにいるのであれば、道もありえよう。だが神はあなただ。そこに通じる道はあり得ない。あなたは神そのものだ。

道なき道の歩み……

これが、止まる者が到達する理由だ。

火のない炎……

そして、このエゴは本物ではない。エゴを燃やすのに、本当の火はいらない。これを理解するなら、理解の炎で充分だ。それでエゴは燃える。

ゴラク曰く、私の教えは非常に直接的――自然だ。

ゴラクに基づきカビールが言ったように、「探求者よ、自然なサマーディーが一番だ」

スワミよ　森へ行けば飢えが生じ　町へ行けば幻覚が生じる

ゴラクは語る、スワミよ、現実逃避主義の探求者よ！　ジャングルに行く者は飢えに見舞われる。ジャングルで座る者は、一日二十四時間食物について考える。ひょっとして誰か食物をくれやしないか、何か持ってきやしないか、どうだろうかと考える。そして町に行く者は、幻に囚われる。幻想に囚われ、愛着に囚われ、欲望に囚われる。通りがかりの美しい女性を目にし、あなたは欲望でいっぱいになる。素敵な家を見れば欲望が生じ、あれが自分の家だったらと思う。町にとどまる者は、この世の欲に囚われる。この世の欲望からの救いを求めて森に行く者は、飢えに見舞われる。これではどうしようもない。どうにも、進退窮まりない。

満腹になると　性欲が起こる……

過食して本当にたらふく食べると、暴飲暴食から、余分な食べ物から性欲が起こる。身体が必要とする以上に食べると、あなたの中に性欲を作り出す。なぜ過食から欲望が作られるかというと、体内に吸収した余分なエネルギーが、入りきらないからだ。そのエネルギーは、表に出たがっている。それは余分な不要なエネルギー、お荷物だ。

欲望とは何か？　それは、エネルギーが外に出るための手段だ。ではセックスとは？　エネルギーを処分するための手段だ。エネルギーがありすぎて包含できなくなると、そのエネルギーはひとりでに流出し始める。そうなったエネルギーは、流出するしかない。容器は、容器に入る分量の水しか入らない。満杯以上になると溢れる。欲望とは、あなたの容器から溢れ出るエネルギーのことだ。だから食べ過ぎると、人は性欲に巻き込まれてしまうのだ。現状ではとても難しい。食べる量が少なすぎれば、今度は日夜、ありとあらゆる食物を思い浮かべることになる。
ではどうしたらいいか？　どう対処したらいいか？　ゴラクは自然にしていなさいと言う。真ん中に来なさい。必要な量を食べなさい。ジャングルに行ってはならない。ジャングルでは、空腹になってしまうからだ。町のものだけで、自分のものが何も残らなくなるまで、町で遊び回らないように。でないと欲望に捕らえられてしまう。では、どのように生きたらいいのか？　ジャングルに住んでいる人のように町に住むこと、これが中道だ。森に住む人のように家で暮らしなさい。世間で生きていきなさい。しかし、自分の中に世間を入れてはならない。水上のハスの葉のように生きなさい。

……情熱から生まれるこの身体を　なぜ浪費する？

そうすれば、卵子と精子から造られたこの身体が、どのようにして光明の状態に達するかがわかる！　そうすればわかる。町で欲望に囚われるのを恐れてジャングルを選んだ人は、飢えに囚われる。ジャングルで飢えに囚われることを恐れて町に来れば……どこに行っても町かジャングルだ。可能性は他にはない。二元的状況から一つを選べば、その中でそう長くはいられなくなる。それは正反対の必要があなたを引っ張り始め、引き付け始める。
だから適量を食べなさい――瞑想に充分な量を、崇拝と祈りに充分な量を取りなさい。正しく食べて、自然な機能に必要な量を、身体に与えなさい。それ以上、身体に放り込まないように。でないと、その余量のせいで問題に巻き込まれてしまう。極端に走らないようにしなさい。過食し、食べ物を詰め込み、押し込む人がいる。そうした人は一生、食物、食物、食物と……食べる以外に何もしない。すると、余分なエネルギーが余分な食物から生じ、エネルギーの放出が必要になる。でないと余分なエネルギーが重荷となり負担になる。人は欲望へ入っていき、余分なエネルギーは欲望へと流れ出る。人は欲望に溺れてしまう。その結果、エネルギーはみな欲望に注がれる。人は空っぽに、すっかり空になってしまう。そして、空っぽになってしまったと空虚さに腹を立て、再び食物で自分を満たす。

これは悪循環になる。極端から極端に、それからまた最初の極端に戻り、それからまた別の極端に戻ってと、このように時計の振り子のように揺れ続ける。人生の時計はカチカチと動き続け、あなたは行ったり来たりを続ける。真ん中で止まりなさい。時計の振り子を止めて、何が起こるかを見たことはないかね? 時計は、振り子が止まるとすぐに停止する。行き来は止まる。時間は止まる。時間が止まるということは、世界が止まるということだ。

食物を非難してはならない　飢え死にしてはならない
日夜　ブラフマンの神秘を感じなさい
働き過ぎてはならない　怠惰ではいけない　ゴラク神はかく語りし

単純明白なスートラだが、単純だからこそ、もしツボにはまれば矢のようにあなたのハートに当たる。それはあなたの生を一変させる。

「食物を非難してはならない」——過食してはならない、急いで食事を取ってはならない！
「食物を非難してはならない」——非難を始めてはならない。そして……「飢え死にしてはならない」——また、飢え死にもいけない。飢えに苦しんではならない。断食してはならない。

日夜　ブラフマンの神秘を感じなさい

正しく生きて、日夜、究極なるものの神秘を吸収しなさい。この全宇宙は神秘で満ちている。神の美であふれている。神の恵みはどこにでもある。この日差しの中に、木漏れ日に、緑の葉に、花に、鳥に、人に――広大な生、この神秘を味わいなさい。自分自身を神秘で満たしなさい。

我がハートよ　神を語れ！

神の顔と比べれば　どんな色も形も　見劣りする
私は　神に充分満足した
慈悲の水を飲み　次々に押し寄せる神に浮かび　神と共に流れた！

我がハートよ　神を語れ！

滑らかで　軽快な神の動き方は　世界でも類がない
甘い甘い声――私にはこの上もなく美しい
一瞬一瞬　共に暮らすべく影となります！

我がハートよ　神を語れ！

神の自然な親密さがもたらす至福は　生の宝物
されど　愛しき人との別れの時が来れば　心の奥底で別離の炎に耐える！

我がハートよ　神を語れ！

神を思い出しなさい。暴食家になってはならない、
また、大食は良くないといって、いつも腹をすかせて、ひもじい思いをしていてはならない。
もう一度、シュロナの物語を思い出しなさい——生のヴィーナの弦がきつ過ぎでも、ゆる過ぎでもない時、音楽は生まれる。この音楽は聖歌だ。この音楽は神の賛歌だ。この音楽は回想だ。

我がハートよ　神を語れ！

神を思い出しなさい。神の神秘を吸収しなさい。神の神秘は溢れている。
神の神秘は至るところに広がっている。

ああ　メロディーの鳥よ！
自由の翼を広げ　生のホラ貝を鳴らし　あなたは素早く昇っていく
ああ　空を飾るものよ！
マインドの地平線を越えて舞い上がり

ハートの楽園の扉を開け　甘露の滝を——
ああ　メロディーの川よ！

鋭い知性の空を貫き　不滅の命の甘露を飲み
至福に酔って歌う
ああ　ひとりでとこしえに！

月を貫き　太陽を貫き
真実のトランペットを鳴らし　この世の区別を取り除く
ああ　夢の破壊者よ！

暗闇の皮膚を脱ぎ捨て　千の花弁の冠の輝きに口づけし
臍の洞穴で目を覚ます
ああ　意識の雌ヘビよ！

神は外側にいるし、神は内側にいる。その神秘に少し浸りなさい。木から昇って見えるのは神自身だ。また、月と星に降り注ぐ光に見えるのは神だ。神はあなたの一息一息の中で動き、心臓の鼓動一つ一つに隠れている。あなたの意識に広がっているもの、それが神だ——神の神秘を飲み干しなさい。

宇宙の美しさで満たされれば満たされるほど、人は敬虔さに近づく。こうした美はすべて神のものだ。

働き過ぎてはならない　怠惰ではいけない　ゴラク神はかく語りし

また、頑固であってはならない。必要以上に、身体に無理を強いてはならない。
「働き過ぎてはならない……」。働き過ぎてはならない。でないと、疲れて身体を壊すことになる。だが、その逆をしてもならない。「……怠惰ではいけない……」。ダラダラしてはならない。「努力はすべきじゃない、頑張るべきじゃない。だから自分はゴロゴロするんだ」と考えながら、ただ横になっていてはならない。では何をなすべきか？　この真ん中にいなさい！　活動していないかのように振舞いなさい。行動しなさい。だが行為者になってはならない。神を行為者にしなさい。あなたは単なる神の器、ただの媒体だ……ギータの中で、クリシュナがアルジュナに言ったように、ただ媒体となりなさい。神が行為者だ。神が手にする弓の弦となりなさい。神があなたと矢を射るなら、そのようにしなさい。寺院であなたと祈りを捧げるなら、そのようにしなさい。

よって、活動的になり過ぎてはならない。行動の規律に、カルマ・ヨガに夢中になっている人のようには……彼らは活動過多になる。また非活動的になり過ぎてもならない。何もしないことを規律とするアカルマ・ヨガもある。これも様々な思想を作り出した。こうした人も、それを裏付けるものを経典から、神秘家の言葉から探し出し、独自の意味を引き出した。

たとえば、ババ・マルカはこう言った。

大蛇に仕事があったことはない、鳥は働いたことがない
神が万物を養うと、ダス・マルカは言う

怠け者は、この言葉から独自の意味を引き出した。怠け者は、非常に都合のいい解釈をした。怠け者はこう言う。「それはいい、だったら寝そべっている大蛇のように、気楽にゴロゴロするか」と。このため一部の探求者や聖者は「することなんて何もない。ババ・マルカが、『存在が万物を養う』と言った以上、養われているんだ……リラックスして、運命を信じるまでだ」とこう考え、ただブラブラしている。

この国の人は皆、運命を信じて死んだ。怠け癖はこの国全体に広がり、この国の人は皆、無精で怠惰になってしまった。そして「これは運命だ、起こることは起こる運命にある」と言うことで、無精で怠惰であることを、とてもスピリチュアルなことのように見せた。

「貧しかったら貧しい、乞食だったら乞食、奴隷だったら奴隷だ。すべては運命によって起こる。存在が望めばすべては良くなる。だがそれまでは、のろのろ歩かなくてはならない」

この国の苦しみは、この国が無精の糸につかまり、横になったままでいたことにある。西洋の苦難は、積極性に根を下ろしたことにある。あまりに必死になりすぎて、彼らは夜眠ることすらできない。彼らは眠り方を忘れてしまっている。今や西洋人は、睡眠薬なしでは眠れなくなっている。西洋人は活動的になりすぎて、無数の波が起こっている——マインドが動きすぎている——夜ベッドに横になっても、マインドは眠りにつけない。マインドは考え続ける。計算し、会計をし、計画を立てる。明日の店、明日の市場、明日の世の中のこと——マインドは計画に没頭したままだ。こうして夜は無駄になる。

西洋は活動、活動でおかしくなっている。一方、東洋は不活発すぎて、貧しくなってしまった。ゴラクが言うことを理解すれば、おかしくなる必要も貧しくなる必要もない。

ゴラク曰く、働き過ぎてはならないし、怠惰ではいけない。中間にいなさい。働きなさい、しかし働いていない状態から働きなさい。活動し始めなさい、ただし穏やかに、静かに……そうすれば、仕事で落ち着かなくなることはない。働いても、仕事のせいでおかしくならないようにしなさい。

食べ過ぎは感覚を刺激し　意識を破壊し
心をセックスで満たす

食べ過ぎると感覚が過度に強くなり、気づきが破壊される。

……意識を破壊し
心をセックスで満たす……

そして気づきが破壊されればされるほど、心の中はますますセックスだけとなる。このことを理解しなさい。気づきが増せば増すほど、セックスは減少する。気づきが減少すればするほど、セックスは増加する。この二つは常に影響し合っている。

実験して、確かめてみるといい。食べ過ぎると、無意識があなたを上回り、すぐに眠たくなる。これが食後に眠くなる理由だ。今度、夜は何も食べずにいてごらん、そうしたら一晩中眠れないだろう。食事をしないと、無意識があなたを上回ることはない。断食している人が夜眠らないのは、こうした理由からだ。または、寝る時間が少ない。年をとると睡眠時間が少ないのは、食事の量が減るからだ。

老人の身体は、たいして食べ物を必要としない。生が終わろうとしているから、睡眠の必要もない。睡眠中は無意識があなたを支配する。眠るためには、意識よりも身体の方が有力でなくてはならない。こうして初めて、睡眠が支配権を得る。物を食べれば、身体の気づきは高まるが、意識は弱くなる。物を食べ過ぎると、身体に大きな負担がかかり、眠くなる。

意識が拡大すれば、実存にかかる身体の支配が弱まり、同時に性欲が低下していくのがわかるだろう。だから、ゴラクや私は性欲と戦えとは言わず、意識を呼び覚ましなさいと言うのだ。もっと注意深くなりなさい。何でも油断なくやりなさい。

セックスを始めるなら、油断なく始めなさい。意識的に始めなさい。そうすればいつか、意識が拡大するにつれ、性欲がひとりでに減退するのに気づき、あなたは驚くだろう。いつか突然気づくだろう。抑えなくても戦わなくても——あなたは、どこにセックスが行ったかわからない。内側に入ってセックスを探しても見つからない——内側にあるものがみな、覚醒の輝きで満たされている。

セックスと瞑想の関係は、光と闇の関係と同じだ。明かりを付けると闇は終わる。暗闇を追い出す必要はない。誰も、闇を立ち退かせることはできない。それはどうにも追放しようがない。闇を追い出せる人がどこにいる？　必要なのは明かりを灯すことだけだ。

これが、性欲と戦う人々が、全く愚かな活動に関わる理由だ。性欲と戦えば性欲は強まる。そうすれば、もっと性欲に取りつかれる。いまだかつて、暗闇と戦って勝った人はいない。剣で切っても効果はないし、棒で叩いても意味がない。力自慢を村から全員集めて、暗闇を動かそうとしても、小さな小屋から暗闇を押し出すことはできない。しかし、小さなランプを一つ灯せば、暗闇がどこに行ったかさえ、わからなくなる。

闇は実存するものではない。闇は否定だ。闇は単なる不在、光の不在だ。光があれば、闇はそれでなくなる。闇などこれっぽちもなかったし、どこに行ってもない。光が欠けていただけだ。そして光はやって来た。セックスは瞑想の欠如だ。瞑想のランプに明かりが灯れば、セックスはなくなる。

ここで人々は私に、禁欲するよう教えないのかと訊くが、禁欲〝celibacy〟は教えられるものではない。

教えられるのは瞑想だけで、禁欲は瞑想の結果だ。禁欲は、瞑想が熟すにつれて自然になる実だ。全努力は瞑想につぎ込まれなくてはならない。直に禁欲に取り組む者は、禁欲を名目にセックスを抑圧するようになる。だが禁欲は起こっていない――それは単に、表面的なものにしかならない。奥深くでは性欲の虫が這っており、内側では性欲のヘビが鎌首をもたげる。禁欲主義者の人生は、とても不自然なものになる。生は非常に困難なものとなる。禁欲主義者の生には、平和や調和、平静が訪れることはない。独身者は二元性の中に深く落ちていく。内側では絶えず闘いが起こっている。闘ってる最中に、神を体験するなど不可能だ。必要なのは苦闘しないマインドだ。それがあって初めて、神を体験することが可能となる。

食べ過ぎは感覚を刺激し　意識を破壊し
心をセックスで満たす
無感覚が支配し　死が迫る……

眠りがあなたを囚え、死があなたを囚える。

……ハートはいつも騒いでいる

すると内側には常に困難がある、内側では混乱が続き、狂気はつのる。たまにただ内側を見て、自分がどれくらい狂っているかみてごらん。そこには狂気がある。この狂気がそこにあるかぎり、真実はわかりようがない。それは不可能だ！　この狂気をなくすことだ。この狂気を退去させる方法が一つだけある。

笑うこと　陽気でいること——瞑想のこつ

笑って、遊んで、踊って、我を忘れ、瞑想し続けなさい。これで充分だ、そうすれば狂気は去る。

牛乳を飲む僧侶の心は　他人の牛にあり……

牛乳しか飲まないと決めている人は、牛乳が最も純粋な食物だと思っている。私がライプールにしばらくいた時のことだ。ライプールには、食事の代わりに牛乳を飲む人の僧院がある。そこで生活する人の唯一の食べ物は牛乳で、彼らは牛乳さえ飲めば、すべてが良くなると信じていた。こういう人は気でも狂っているのだろうか？　第一に、人間が飲んでいる牛乳は、人間のために作り出されたものではない。あなたも牛乳を飲んでいるだろうか。それは子牛のために作り出されたものだ。雄牛を育てるためのものだ。牛乳は、禁欲主義者になりたい人の物ではない。この牛乳で性欲が呼び覚まされる。おまけに雄牛の性欲は普通ではない——それは神が、あなたにではなく雄牛のために作ったものだ。

それに牛乳の性質は、子供を養うためのものだ。固形食を消化できるようになるまで飲むのはいい。一定の年齢に達した後に、人間を除いて牛乳を飲む動物はいない。人は不自然な振る舞いをする。お茶に少し入れて、コーヒーに少し入れて飲むのはいいが、牛乳を常食にしてはならない。

ライプールにいた時、その牛乳愛飲者の僧院から高僧が私に会いに来た。彼は、どうすれば性欲に勝てるのかと聞いてきた。

私はこう言った。「まず、牛乳を主食にする食事法をやめ、この僧院をやめることだ。人間でいるだけでも充分厄介なのに、これでは雄牛になってしまうぞ！」

彼らは牛乳しか飲まない。人々は、彼らは聖者だから――牛乳しか飲まないから……純粋な食べ物だからといった理由で、彼らに常に牛乳を持って来る……純粋な食物を。私には牛乳のどこが純粋なのかさっぱりわからない。

つい先日の新聞に、日本で牛乳から肉を作ったという記事があった。牛乳は血の一部だ。だから牛乳からは肉に類する製品が作れる。科学者は牛乳からこの肉をつくることに成功した。二、三ヵ月以内に、牛乳から作り出される白身の肉は、日本の店頭に並ぶだろう。牛乳は、肉の中にある物質と同じものを含んでいる。このため、牛乳を飲むことで人は肉が付き、血行がよくなり、体力が付く。

母親に子供ができると、母乳はどこから来ると思うかね？　母乳は母親の血だ。血が胸の中であるプロセスを経て乳となる。このようにして血は子供の体内に入る。子供は他に何も消化できない。だから母乳はこの時期の子供にはいい。牛乳は人が思っているような純粋なものではない。果物の方がずっと純粋だ。小麦や米や豆の方がずっと純粋だ。

牛乳を飲む僧侶の心は　他人の牛にあり……

牛乳を主食にしてはならない。牛乳を常飲する人は、牛乳が買える家はどこか、どの家が買えないかと常に頭がいっぱいだ。

……心は他人の牛にあり……

そうした人の注意は、絶えず他の人の家にある。どのうちの牛がいいか、どのうちの牛が悪いかと……。


ある聖者と旅をしていた時のことだ。その聖者は白い牛の乳しか飲まなかった。私は言った。

「あなたは狂っている。常識で考えてみなさい。黒い牛の乳は黒くない、乳の色は白と決まっている。あなたは黒い牛が恐いのかね？　乳に黒いものが入ってくるとでも思っているのかね？」

「いや、」その聖者は言った。「いえ……私の師が白い牛の乳を勧めたもので」

牛の皮が白かろうと黒かろうと乳に変わりはない。でなければ黒人女性の乳の色は黒で、白人女性のは白になってしまう。乳は白いが、白いからといって、それで純粋になるようなものは何もない。

鷺を見たことはあるかね？　純白のカダール織りの服を着て獲物を取る、インド政界の鷺を見たことはないかね？


ある日、ムラ・ナスルディンはカダール織りのシャツとベストと帽子をかぶり、仕立ての良いスラックスをはいて町に行った。誰かがムラにこう言った。

「おっ、真っ白じゃないか、ムラ！」

ムラは言った。

「惑わされるな。服がどんなに白くたって、わしの心はわしのもの、ずっと黒いまんまだ」

着ているものが白いからといって、ハートが清くなることもなければ、白い乳を飲んで魂が清くなる人もいない。

だが、人は厄介な問題を作り出す。私と一緒に旅行をしていたその聖者には大変な困難があった。まず牛の周りを一周して、ぽつんとした黒い点がないかをチェックしなくてはならなかった。そして牛が真っ白だと、乳を搾る人はその前に沐浴しなくてはならなかった。彼らは沐浴したての状態を保つために、沐浴して濡れた服を着て、乳絞りをしなくてはならなかった。彼の信者は、濡れた服を着て搾乳しなくてはならなかった！ 信者は震えていた──旅をしたのは冬だったが、信者はぶるぶる震えながら、乳絞りを続けた。牛乳しか飲まなかったその聖者は、非常に徳の高いことをしていると考えていた。

私は言った。「君は地獄に落ちるぞ。みんな寒くて凍えているじゃないか。みんなに文句を言われるだろう。これじゃ肺炎になる人や風邪を引く人が出てくる──全部、あなたのためにしていることだ。いつか悪いカルマの成果に苦しむことになる。注意した方がいい、気をつけたほうがいい」

牛乳を飲む僧侶の心は　他人の牛にあり
裸の僧侶には常に薪が要る

……そして裸になった人達は、日々薪を燃やさなくてはならない。これと比べて、毛布の何が悪いというのだろうか？ 服が薪に劣るのだろうか？ 裸で生きる人は薪を燃やす。この方がずっとひどい暴力だ。なぜなら焚き火のためには、木を切らなくてはならない──こうした人のマインドはいつも、日々の薪の心配をしている。裸で生きるがために、一日二十四時間、聖なる炎が燃えてなくてはならない。

聖なる炎が燃え続ける。その中で、いったいどれだけの虫が死んでいくことか。木が切られ、聖なる炎の中で虫が死ぬ……服を着ることの何に問題があったのだろうか？　どうしてわざわざ問題を作り出すのだろう？

ゴラクは生を自然のままにしておくようにと言う。こうしたことは不自然だ。彼らのマインドは無意味な物事に囚われている――今日は薪が取れるだろうか、それとも取れないだろうか？　白い牛は見つかるだろうか、どうだろうか？　乳は取れるだろうか、どうだろうか？　充分な乳が取れるだろうか、どうだろうかと？

生を複雑なものにではなく、シンプルなものにしなさい。自然でいなさい。普通でいなさい。マインドを、無意味に心配させるものに巻き込ませてはならない。

無言の僧侶は仲間を欲す……

そして沈黙を誓う者は、旅の連れを欲する。無言の僧侶は常に同行者を必要としてる。

私のところに、無言の業をしている僧侶が会いに来た。その僧侶は手話を通訳する人を連れてきて、そのことを私に説明した。直に話せばいいだろうと私が言うと、僧侶の同行者は「彼は無言を誓った人なので直接話さないんです」と言った。

私は言った。「これはまた余計な問題を作ったものだ。それならマハラジが行くところには、どこにでも行かなくちゃならない」

付き添いの男は言った。「ええ、そうです。それに、ムニ・マハラジはお金にも指一本触れません。ですから、お金は私が管理しなくてはなりません。リキシャーやタクシーを使う時は、私がそこにいてお金を渡さなくてはなりません。マハラジはお金に触りません」
「しかし、そのお金は誰のなんだね？」
「お金はマハラジのものです。マハラジへのお布施です。でもそれを持っているのは私です。足元に差し出されたお布施は、私がすばやく集めています」
私は言った。「ムニ・マハラジはちゃんと記録しているのかね？」
付き添いの男は言った。「神様はみな、お見通しですよ。マハラジはずっと見ていて、お金がいくら入ったか数えています。手話で『五ルピーだ……大切にしまっておけ』と言ってきます」

こんなくだらないことをしてどうする？　どのみち金勘定をするなら、自分で数えて自分のポケットにしまえば済むことなのに。自分で数えるかわりに人のポケットにしまわせて、心配ばかりしている。付き添いがお金を持ち逃げしないか、朝には「自分はお金を持っていない」と言わないかと。

私は、マハラジに明日瞑想に来るようにと言った。場所はボンベイで、バーラ・マトゥシュリで瞑想会が開かれていたので、明朝、瞑想に来るようにと言った。

マハラジは、ジェスチャーをして付き添いに言わせた。

「明朝は私がいないのでマハラジは来れません。別なところへ行く用事があるんです。マハラジは私がいないと来れません。タクシーを呼ぶにも乗るにも降りるにも、私がいないことには――なにしろ、しゃべらないものですから」

あなたは、自分の振る舞いで自分の足を不自由にしている。神に足をもらい、舌をもらったにも関わらず、それを拒んでいる！　どのみちあなたの使っている舌は、それも他の人の口にある神の舌だ。あなたの舌も神の舌だ。遠くにある舌を使うために近くにある舌を放棄するなど、全く理解しがたい。だが、人はこうしたナンセンスに、こうしたごたごたに囚われている。

無言の僧侶は仲間を欲す

無言の僧侶は、常に付き添いを必要とする。

……師なくして自然さと信頼はあり得ない

こうしたナンセンスは途切れることがない。師が見つからない限り、こうした人たちに生の根幹が見つかることはない。彼らは本を読み、経典を読んで、こうした愚考に取り憑かれた人達だ。

見つけた人に望みを託しなさい
干からびた湖に渇きは決して満たせない

ラヒームの表現は素晴らしい。

見つけた人に……

何かが得られるのも、それを持っている人がいればこそだ。

干からびた湖に渇きは決して満たせない

経典の中に水があるだろうか？　経典には言葉しかない。水についての考えや記述はある、だが水がどこにある？　秘密の公式を、秘密のスートラ、秘密の鍵を得られるのは、師がいればこそだ。

また、ゴラクはこうも言っている。

神の芳香と甘美さは世界中に広がる
実際　あなたの助けになれるのは　開眼した師だけだ

神は全宇宙を満たしている芳香だと、ゴラクは言う。神の芳香で、全宇宙は芳しくなる。

神の芳香と甘美さは世界中に広がる

この世界中に神の甘美さがあるが、あなたにはガイドが必要だ。それをどう味わうか？　どうすればこの香りが鼻孔に届くか、教えられる人が必要だ。どうすれば神の音楽が耳に触れるか。

実際　あなたの助けになれるのは　開眼した師だけだ

実際、見者に、開眼した人に出会うまで、神とのつながりを持つことはできない。

師なくして自然さと信頼はあり得ない

師なくして信仰は生まれない、信頼は生まれない。敬神はあるという、この自信を起こせるのは、見者だけだ。観照者に、目撃者になれるのは見者だけだ。

師を見つけなければ、何も達成できない。人はこうした無用に複雑なものにはまり込んでいる。そして師のメッセージは「自然体でいなさい」という短い、短いスートラだ。

急いで話してはならない
反り返って歩かず　注意して足を置きなさい
王ゴラクは言う　エゴイストになってはならない　自然に生きなさい

短いスートラ……エゴを捨ててシンプルに生きなさい。極端にならず、真ん中に来なさい、単純という感覚を……。

聞け高潔なる者よ　聞け知恵ある者よ
無数のシッダのこの声を
弟子ひれ伏して　師見つかれば
俗世の夜は終わりを告げる

ゴラクは、耳を聞ける者は聞け、理解できる者は理解しなさいと言った。

「聞け高潔なる者よ……」。何かの才能がある人は、何らかの知性がある人は聞きなさい。

「……聞け知恵ある者よ……」。わずかでも気づきがあったら、このことを理解しなさい。

「……無数のシッダのこの声を」。それは私だけが言っていることではない、光明を得た無数の人達が言ったことだ。


「弟子ひれ伏して　師見つかれば　俗世の夜は終わりを告げる」

頭を下げることを学べる弟子だけが、師と出会う。頭を下げた瞬間、弟子は師に出会う。師は常に存在している。頭を下げた人は師に出会う。

古代エジプト人の言った格言に「弟子に用意ができれば、師は必ず現れる」というのがある。待つ間は一瞬たりともない。弟子が頭を下げれば、師はやって来る。

弟子ひれ伏して　師見つかれば
俗世の夜は終わりを告げる

するとこの世の闇夜はもう闇夜ではなくなる。目覚めるだけで、この世の闇夜はすぐに終わる。

この短いスートラを理解しなさい。熟考して、生活の中で少しでも実践して、味わってみなさい。

では今日の講話は、ラヒームの言葉で閉めるとしよう。

ラヒームよ　水中の石は沈んでいても　決して溶けない
愚かな人たちも同様であることを知っておきなさい
理解はしてもわからない

川底にあっても水に濡れない石のように、愚かな人達はたとえサットサングで座っていても、それを吸収しない。

ラヒームよ　水中の石は沈んでいても　決して溶けない……

石は沈んだままでも、ずっと水中にあっても、水は染み込まない。石は水とは無縁なままだ。石は水の中にあっても手付かずのままだ。

……愚かな人たちも同様であることを知っておきなさい
理解はしてもわからない

サットサングで耳を傾けて座る人は――それを体験せずに、ただ言葉だけを聴いている。言葉を聴いてはいるし理解はしても、それを生きてはいない、体験してはいない――そういう者は愚か者であり、石だと憶えておきなさい。

これがサットサングだ。師の言葉に浸りなさい。溺れ、生きなさい！

急いで話してはならない
反り返って歩かず　注意して足を置きなさい
王ゴラクは言う　エゴイストになってはならない　自然に生きなさい
今日はこの辺にしておこう。

第４章

欲望を理解しなさい

Understand Desire

最初の質問

OSHO、思考のエネルギーは、どうなると感覚《フィーリング》に変わるのですか?

マインドには二つの状態がある。一つは動き、揺らめき、不安定な状態、これが思考だ。もう一つは落ち着いた、揺れのない、静かな静止した状態。これがバブ・サマーディー、至福の極みの状態だ。波がたくさん立った湖のような状態は思考、湖が穏やかで波がなかったら感覚だ。マインドはどちらの状態にもなり得る。

通常、マインドは何かを考えている状態にある。それは欲望の風が吹いているためだ。湖にさざ波が立つのはその風のためだ。風が吹いて湖が乱れる。同じようにマインドにもさざ波が立つ、それは欲望の風のせいだ。これが欲しい、あれが欲しい、こうなりたい、ああなりたい。この絶え間なく激しい、何かになろうとして、何かを獲得しようとする内なる炎が燃え続ける——これが波紋の原因だ。欲望が消えて風が止めば、湖はすぐに穏やかになる。すると人は感覚に同調する。

光明を得た人が皆「欲望を理解すればすべてがわかる」と言ったのは、このためだ。欲望を理解したら、自分の中に狂気が生じる根本的原因がわかる。そしてこの主要因を理解する人は、もう欲望を一切支持したりしない。誰も狂人になりたい人などいない。誰もこの騒々しい、滅茶苦茶な、思考のごたごたに巻き込まれたいと思う人はいない。誰も、思考の病気に苦しみたいと思う人はいない。

考えることは病気だ。ずっと落ち着かずに心が乱れ、常に緊張が続いている状態だ。思考することは苦悩だ！　至福の体験が起こらないのは、ひとえにこの思考のせいだ。至福の体験が起こる可能性があるのは、思考が止まった時だ。だが、欲望の風が吹いている限り、思考は止まらない。

「思考のエネルギーは、どうなると感覚に変わるのですか？」という質問だが、欲望を理解しなさい。自分がどんな人でも、ありのままの自分を受け入れれば、欲望は消え去る。もっともっとと言わずに、ありのままの自分に満足しなさい。その、あるものが最高の喜びであり、そのあるがままのものは、何も変わる必要はない。その同じ瞬間、あなたはハッとするだろう、思考はどこに行ったんだと——。感覚が定まっている……あなたは徐々に、感じることの瑞々しさを体験するようになる。そしてこの感覚の瑞々しさを体験すると、もう思考に入りたいと思う人はいない。花と一体になっている人は、棘を探しには行かない。

だが、この社会や群集は、こうした人達はみな、あなたの中の欲望を刺激する。誰もが、まだまだ小さい子供の時から欲望を教えられ、野心を教えられる。父親は、息子に何かになって欲しいと思う——金を稼ぐために、権力、名前、名声を手に入れるために、家族の名を燦然と輝くものにするために——父親は子供に欲望を与えた。子供を学校に入れるのは、欲望を教えるためだ。私達は二十五年間、人生の三分の一をかけて野心を教える——どうやったら一番になれるか、どうやったら人を追い越せるかを教える。どんな犠牲を払おうと、この競争で人生をボロボロにせざるを得なくても、それでもあなたは先に立たなくてはならない……この競争で死ぬことになっても、下位で死ぬよりは、上位で死んだ方がいいと——。

次のイエスの言葉を考えてみなさい。
「最後の人は幸いだ。彼らは神の王国で一番となり、一番の人は最後となる」

野心家は、神の王国とはどうにも結びつかない。野心家は地獄と結びついている。競争社会で一生を費やした後、生の太陽が沈み始めると、手の内に何もないかのように感じる――無数の小川の汚い水を飲んだ後で、無数の道の埃をかぶった後で――自分の手は相変わらず空っぽだと、散々走ってきたのに、どこにも辿り着いていないと――すると人は、後悔に飲み込まれる。そして、今度はどうやって光明を得ようか、どうやって敬虔さをものにしようかとマインドは考える。獲得しようという同じ考え方で……そうして今度は、新しい野心を得る。今度のこの野心は、宗教の形をしている。今度の野心は宗教色だ。だが、その本質はこれまで通りだ。

望むものが、お金でも宗教でも地位でも神でも、望んでいるものがある限り風は吹き続け、マインドにさざ波が立ち続ける。お金を欲する人のマインドには、お金に関する思考が生じる。宗教を欲する人のマインドには、宗教の思考が生じる――それでも思考は続く。お金の思考でも、宗教の思考でも同じだ。宗教的思考も宗教的でない思考も、思考には変わりはない。そして、思考があれば安らぎはない。

これが、私が宗教的なものの考えを教えない理由だ。私が教えているのは無思考、ノー・マインドだ。モスクや寺院で起こっているのは大抵が、世俗的な思考でいっぱいの人を、スピリチュアルな思考で満たそうという試みだ。だが違いなど何もない。その病気を、人は宗教的だと言った――それも結構、いい名前だ。だが病気には違いはない。

何かになりたいと思っている限り、安らぎのない状態は続く。あなたが将来、何かになろうとする野心を育んでいる限り、野心を抱え期待を抱え、明日を思ってそわそわしている限り――思考の川は流れ続ける。そして思考の川が流れ続ける限り、究極の現実から疎外された状態は続く。
つまり宗教的な思考も世俗的な思考と同様、あなたと究極の現実との間の、大きな障壁なのだ。思考は障壁、無思考は融合だ。

ゴラクはこう言った。

目に見えないものを見なさい　見えたらその中に入っていきなさい
この見えざるものをとこしえに　ハートに刻んでおきなさい
冥土のガンジスを高き極みまで
頭頂のチャクラの内なる空まで上げなさい
そこでその浄水を飲みなさい

見えないものを見るのに、普通の目は役に立たない。思考に存在しないものを体験したければ、思考という一連の作業から離れなくてはならない。

目に見えないものを見なさい……

目に見えないものを見るには、目を閉じて見なくてはならない。それは目には見えない。目を開いて見ているものは世界だ。

目に見えないものを見なさい　見えたらその中に入っていきなさい……

見えただけでは充分ではない。
目に見えないものがいったん見えたら、内側の最中心部へ、それを持って行くことだ。それを理解し、悟らなくてはならない。だから目に見えないものが見えても、それを理解するには、見えたというだけでは不充分だ。私達が受け取る一瞥は、私達の在り方と一つにならねばならない。それはピカッと消える稲妻のような洞察ではない。稲妻というより、私達の内側で燃え続ける不滅の明かりのようなものだ。その光は、永遠にきらめき続ける。

……この見えざるものをとこしえに　ハートに刻んでおきなさい

マインドを、見えざるものの中に浸さなくてはならない。
そして目に見えないものを、私達の焦点の中心に置かなくてはならない。

冥土のガンジスを高き極みまで
頭頂のチャクラの内なる空まで上げなさい

そして欲望へと下降するエネルギーのガンジスを、欲に、野心に、世界へと流れるガンジスを……

冥土のガンジスを高き極みまで

頭頂のチャクラの内なる空まで上げなさい

冥土へ向かって流れていくもの、地獄へと流れていくものを、上向きにすることだ。向きを上にしなくてはならない。

そこでその浄水を飲みなさい

ひとたびあなたが上に向かって流れ出したら、垂直に動き出したら、上り出したら、存分に純粋な甘露を、不老不死薬《エリクサー》を飲みなさい。ハートに神を据えなさい。神のハートの中に落ち着きなさい。そうしたら、不滅の甘露を存分に飲みなさい。ハートに敬虔さが定まるのは、マインドが揺らめかない時だけだ。

こう理解すればいい。それは満月の夜の湖のようなものだ。空には美しい月があり、絶景が広がっている。だが湖にさざ波が立っていたら、月の形は映らない。月の形は壊れ、バラバラになる。さざ波が立つなりバラバラになる。月の破片は湖一面に広がる。月の光は湖一面に広がっても、湖に映る月は形にならない。その後、湖は穏やかになる。風はもう吹かず、湖はひっそりとしている。湖は瞑想に没入した。湖はサマーディーに入った。すると湖に映る月は形になる。月が湖に落ち着く。

その体験は、これと同じように起こる。神は私達のまわり中にいる。月はいつも満ちている。神がいない時は一瞬たりともない。満月は出ている。マインドの湖に波がある限り、決して内側に神の姿が映ることはない。内側に神を抱くことはできない。神はあなたの子宮には入れない。神はバラバラになり、あちらこちらに散らばり、水銀の粒子のように細かく割れている。それは掴もうとすればするほど、難しくなる。

感覚が生じている状態とは、マインドがクリアーで静かで、欲望の波がそれ以上流れていない状態のことだ。もう達成するものはない。成就するものはない。黙って静かにひたすら座って……このくつろいだ状態の時、今、在るものが即座に、内側に映り始める。すると月は外側にあるだけでなく、内側にも訪れている。そうしたら存分に飲みなさい。「……その浄水を飲みなさい」

それはここにある　それはここに隠されている
ここに三つの世界がある
ここで自分の空を探求しなさい
無数の探求者がこのようにして目覚めた

ゴラクは、数え切れないほどの探求者がこの方法で充足したと、この方法で至高の融合に至ったと言う。それはどんな方法か？

「それはここにある　それはここに隠されている」
あなたの求めているものは、ここに隠されている。なのにあなたはどこに行く……？

それはここにある　それはここに隠されている……

あなたが探し求めているもの、長い長い旅をしている目的は――カーシーやカイラスに行き、コーランやプラナスを調べ――石の偶像を崇拝して、経典の言葉の中に探しているものは、間違いなく今この場に、紛れもないあなたの呼吸の中に、あなたの目の前にある。

目を向ければ必ずある。それがここに、あるものだ。

「それはここにある　それはここに隠されている……」。それはここにある。ここに隠されている。「隠されている」とは、あなたから隠れようとしているという意味ではない。それは隠されている。それが姿を消したのは、思考のベールが目を覆っているからだ。あなたは思考でいっぱいになっている。あるものを見るだけのスペースなど、全くない。あなたは絶えず揺れている状態にある。

……ここに三つの世界がある

未来のどこかに三つの世界があるとは、どういう意味か？　三つの世界はここにある！　地獄はまさにここにあるし、地球もここにある。天国もここにある。すべては、あなたの考え方次第だ。考え方が変われば、すぐに世界は変わる。

思考の中で生きている人は、地獄に生きている。感覚で生きている人は天国で生きている。この二つの間で立ち往生している人は、地球で生きている。

この地球上にいるほとんどの人は、地獄で生きている。地獄は冥界のどこかにあると考えてはならない。こういう古来のナンセンスは忘れなさい。地面を掘り続けていけば、地下にあるのはアメリカであって地獄ではない。アメリカ人も同じことを考えている。あなた方が下にいると、この地下に……だが行き着く先はこのインドの聖地だ！　アメリカ人達が地面を掘り続ければ、ここ、プーナに出てくる。あなた方を見たら「悪魔はどこだ？　火の煙はどこだ？　大釜はどこだ？」と、大いにビックリするだろう。

地球は丸い。私達の下にあるのはこの同じ地球だ。この上と下という言葉を、象徴的な言葉として理解しなさい。下は地面の下の意味ではないし、上は空を見はじめなさいという意味ではない。下とは思考のことだ。上とは感覚のことだ。下とは狂気の意味、上とは解放の意味、そして地球はその二つの間にある。

地獄で生きる人達は不幸に、たくさんの不幸に苦しんでいる——まさに今、この瞬間、苦しんでいる。怒った人は地獄に入る……火がめらめらと燃え始める。いったい、どんな火を想像しているのだろう。どの大釜が欲しいのかね？　怒りはあなたをグツグツと煮、あなたを黒焦げにする。人を焼くのに怒りに勝る炎はない。あなたは焼け焦げ、毒に溺れるようになる。苦しみがあなたの存在に染み渡る。

愛情を、思いやりを持ちなさい……そうすればあなたは上り始め、縦に動き始める。それが天国への扉を開くだろう。天国は空にあるのではない。「上」という言葉が使われるのは、意識が上にある状態、意識の最も高い状態が「上」とされるからだ。感覚が生じている時が、最高の状態だ——それが内なるカイラス山だ。だが人々は、カイラス山に実際何かがあると考える。これが、カイラス山に巡礼に行く理由だ。だが巡礼地は人の内側にある——カイラスは内側にある。意識が完全に穏やかになった時、それはあなたのカイラスとなる。ヒマラヤの最高峰があなたの下に落ち、あなたは空に向かって飛び始める。あなたは空になる。だが、落ちればそれは地獄となる。その二つの間にあるのが地球だ。

ほとんどの人は地獄に生きていて、極少数の人が地球に生きている。そして天国を体験している人は極稀だ。そしてすべてはまさにここに、まさに今にある。ゴラクの言っていることは驚きだ。

……ここに三つの世界がある

あなたのしたいこと、作り出したいものを何でも、ここで作り出しなさい――いたいと思う場所を。それはすべて、あなたの生き方次第だ。

ここで自分の空を探求しなさい

それは全部ここに、内側に、あなたの無に隠されている。すべては頭頂のチャクラに隠されている。まさにここに、輝きの中の輝きが、光の中の光が隠されている。神の存在がこの無を美しく飾る。頭頂のチャクラで溺れる者は光明を得、覚醒を得る。

ここで自分の空を探求しなさい

自分の内なる空とつながりを持ちなさい。

無数の探求者がこのようにして目覚めた

これだけで充分だ。これだけで、自分の空とつながることで、本当に大勢の人が瞑想の最高の状態に至った――ニルヴィカルパ・サマーディー、不変のサマーディーに至った。献身者達はこの状態をバヴ・サマーディー、至高の極みの状態と呼ぶ。

第二の質問

OSHO、神に何かを求めたいのですが、何を求めたらいいのでしょうか？

何かを求めるというのは、品のない行為だ。神の門へは乞食として行ってはならない。

「求めぬ者は真珠を受け取る。求める者は一粒も受け取ることはない」

真珠をもらうことは可能だが、それを受け取るのは求めない人だ。求める人達は送り返される。誰も乞食を歓迎する者はいない。神の門に立つ守衛はこう言う。

「さっさと立ち去れ！」。乞食はうるさく思われる。

一人のユダヤ人が死んだ。そのユダヤ人は、一生を祈りに費やした。男はシナゴーグに行っては声を張り上げて祈り、夜寝る時も再び大声で祈りを上げる。何かに眠りを妨げられると、再び「神様！」と言って声を張り上げて祈った。

このユダヤ人の家の前に、一人の無神論者が住んでいた。彼は一度も、祈ったことも寺院に行ったこともなかった。敬虔なユダヤ人は心の中でこう思った。「ふん、全くわかってないな。もう一日二日楽しんだら、お前は確実に地獄行きだ、いい気味だ」。そのユダヤ人は幸せだった。彼は確信していた。

「自分は天国行きだ。自分は散々祈ってきたし、徳もたくさん積んだ。だがお前は地獄行きだ。せいぜい何日か、飲んで歌って笛を吹いて楽しむがいいさ。どうせ二、三日後には、月明かりも消えて真っ暗闇になるんだ」と。

こうひそかに考え、このユダヤ人は、さらに声を張り上げて祈りを上げた。ユダヤ人は祈りの中で、自分には天国をと願い、さらに隣に住んでいる無神論者には地獄を、と願った。

偶然にも、二人は同じ日に死んだ。天使が二人を迎えに来た。天使は敬虔なユダヤ人を連れて地獄へ向かい、無宗教の男を連れて天国へ向かった。ユダヤ人はギャーギャーわめきだした。

「何をするんだ！　これはあんまりだ！　一生不公平に扱われてきたのに、もっと不公平じゃないか。苦しくても、こんなことは何でもないと言い聞かせ、何から何まで我慢してきた。自分はひたすら耐えてきた。苦しいのもあと数日だと、そうしたら天国は自分のものになると。なのに好色家を天国に連れて行くなんて、どういうことなんだ？　絶対に何かの間違いだ。私を天国に連れて行くよう言われているはずだ。もう一度書類を見てくれ！　これは間違いだ。自分の代わりにこの男を連れて行ってくれ」

天使達は言った。

「間違いではありません。でもそこまでお怒りなら、二人とも神様のところに連れて行きます」

敬虔なユダヤ人は言った。「そうしてくれ。そうしたら確実に決まるだろう」

神の前に来ると、男はまた昔の癖で大声を上げた。神は言った。

「こらこら、私は目の前にいるんだ。そう声を張り上げなくともいい。どうしたんだ？」

男は言った。「何かの間違いがあったんです。私を天国に連れて行くことになっていたのに、天使達がこの邪悪な男を連れて行ったんです。この男は好色家です。生涯、悪行に明け暮れていました。一度も祈りを上げたことはありません。私はいつも祈っていました！　その私がなぜ、地獄に連れて行かれるんです？」

神は言った。「それはお前の祈りのせいだ。私はひどく苦しめられてきた。お前を天国の住人として招いて、お前の嫌がらせで私の生を台無しにするわけにはいかない。これがお前の祈りの成果だ。この男を招待するのは、彼が笛を吹き、喜びとお祝いに生きているからだ。この男は天国をちょっと明るくしてくれるだろう。お前がここにいても、天国を明るくする足しには全然ならん。ここの明るさまで、全部消えてしまう」

神に求められるものとは何か？　唯一求められるのは些細なものだ。だから、まずは求めない方がいい。どうにか何も求めずにいられれば、それがベストだ。その次は、何かを求めねばならないなら、敬虔さだけを求めなさい、それ以外を求めないように。これが第二の選択肢だ。

もしマインドが耳を貸さなかったら、求めることがマインドの習慣となっていたら、求めずにはいられないなら、棘がちくちく刺さり続けるようなら、神だけを求めなさい。

ラヒームは言った。

天国で何をしたらいいのだろう？
願いを叶える木の陰で何をすれば？
ラヒームよ　この貧弱な茂みさえ我を楽しませる
愛しき人に我が腕を回すなら

天国に連れて行かれたら、自分はどうしたらいいのだろう？　願いを叶える木の陰で、何をしたらいいのだろう？

ラヒームよ　この貧弱な茂みさえ我を楽しませる……
あることが起こりさえすれば、不快な茂みでさえも喜びとなり得る。それは——。

……愛しき人に我が腕を回すなら

あなたの肩に腕を回し、あなたが私の肩に手を回したら、この茂みの下はもう天国だ。そうしたら願いを叶える木や、この空にある天国と自分は何をしたらいい？　そうしたらこれがパラダイスだ。

何かを求めなくてはならないなら、敬虔さを求めなさい。それ以外のものを求めてはならない。何かを求めなくてはならないなら、天国に値しない者が受け入れられるよう、神を求めなさい。何かを求めなくてはならないなら、あなたを保護する場所が与えられるよう、あなたの明け渡しが拒まれず受け入れられるよう求めなさい——恋人が恋人に頼むように。

乞食としてでなく、恋人として神の門に行きなさい。

ああ気高き人よ　あなたの足元にあらゆるものを捧げます
抱きしめたまえ　これは最も聖なる瞬間
蓮の花びらの目を開けてください
長い間　涙にぬれた我がハートの奥底は
回想の吐息の中で和らいでいく

この痛みはヤムナ川となる
ああ愛情深き人よ
メロディーとリズムは　あなたの歌への捧げもの
響かせたまえ　これは最も聖なる瞬間
抱きしめたまえ　これは最も聖なる瞬間

鼓動がつくため息の声は　今日の囚人のよう
昼の音楽は失われ　悲しみに暮れる波
ああ気高き人よ
ハートと存在は　あなたのダンスへの捧げもの
照らしたまえ　これは最も聖なる瞬間
抱きしめたまえ　これは最も聖なる瞬間

今日は夢のよう　古くからの
甘くさわやかで新しい
過去未来　すべてを含む
あなたのダンスは腕輪を満たす

ああ美しき人よ　すべては甘い恋の中で
あなたの融合に捧げられしもの

創造したまえ　これは最も聖なる瞬間
ああ気高き人よ　あなたの足元にあらゆるものを捧げます
抱きしめたまえ　これは最も聖なる瞬間

愛する女性の足元にすべてを置く男性のように、愛する男性の足元にすべてを置く女性のように――神との関係をこうしたものにしなさい。駆け引きや策略、計略や欲や期待から関係を持ってはならない。求めてはならない。祈りは求めることで汚れてしまう。祈りを、自由なままにしておきなさい。願い事から自由にさせてやりなさい。祈りが空に飛んでいけるのは、その時しかない。そうでないと石のように重い願い事が、祈りを落下させ、空に上れなくしてしまう。何が欲しいというのだろうか。あれこれ言っても、求めているのはマインドだ。そのマインドから自由になることだ。要求が満たされてしまったら、マインドから自由になるのは非常に困難だ。何を求めるというのだろう。求めることも思考だ、違うかね？　思考から脱け出なくてはならない。思考を満たして欲しいと言う人が、思考から抜け出ることは不可能だ。

求めることをやめ、沈黙しなさい。神の御前では、何も言わずに帰依すれば、それで充分だ。神の足の上を、ガンジスの水のように流れなさい。あなたの生で神の足を洗いなさい。これで充分だ。そうしたら、たくさんのものが与えられる――求めなくても、たくさんのものが与えられる。それを受け取ることは可能だが、それを受け取る人は求めない人だ。求める人は与えられない。求める人は、求めることで問題を作り出す。

とはいえ、もし欲望を抑えられないなら、何かを求めなくてはならないなら、私は神を求める。もし神を求めようという欲望が、起こらなかったら――この欲望はとても起こりにくい……神を求めることができるのは、内側に目覚めた愛がある人だけだ。だが、ほとんどの人の内側に愛はない。お金や権力、名声、こうしたものを誰でも求める。彼らには長生きや健康……こうしたものしか、求められない。

ハートに愛があるなら、神を求めなさい。瞑想があるなら、他のものを求めてはならない。瞑想は最高峰だ。瞑想以外のものを求めてはならない。静粛にしていなさい――静かに、無言で、畏敬の念を抱いて現実に向き合い、神秘に没入し、溶け、浸りなさい……。あなたは、多くのものを与えられるだろう。完全な敬虔さが、惜しみなく与えられるだろう。無限に降り注ぐ祝福の花で、あふれんばかりとなるだろう。

しかし今、静かにしている力がなかったら――次から次へと、いろいろな願い事が生じてどうしようもないなら、神を求めなさい。それは、神を愛する人の思考の波となる。これが第二の選択肢だ。

そして、愛がまだ生じていなかったら、三番目に勧めるのはこれだ。

今日　わがハートをたくさんの愛で満たしたまえ
われが歓喜の灯火となるほどに
わが目から美が奪われませんように
その調べが喉の中でなくなりませんように
われは恐れる　深く暗い影の中で
その光そのものが　ぼやけてしまうのではと
死の周りには生が描かれ　一挙一動は震えている
人の笑いの一瞬は　涙にぬれたすべての目により　奪われつつある
ああ生よ！　今日　大きな喜びで満たしたまえ

銀色に輝く楽しい笑いを広められるよう
今日　わがハートをたくさんの愛で満たしたまえ
われが歓喜の灯火となるほどに

ああ　地に降り注いでいる花がある
その新しいつぼみから　まだベールを取るなかれ
つぼみがほほ笑み　揺れながら共に笑えるように
ああ枝に付いた花よ　もうしばし笑え
日の光でその花を覆え
その新しいつぼみの目が　笑えるように
しばし新たな調べだけを　創造させたまえ
この唇が心から自由に　優しく歌えるように
今日　わが舌に蜜の滴を乗せたまえ
歌いながら毒が飲めるように
今日　わがハートをたくさんの愛で満たしたまえ
われが歓喜の灯火となるほどに

まずは何も求めないように。それが瞑想だ。感覚が生じている状態、無心の状態だ。次に、何かを求めるのなら、敬虔さを求めなさい。あなたが受け入れられるよう、そのようなやさしさを求めなさい。だが、それだけの愛も起こらなかったら、ハートを愛で満たしてくださいとだけ、言いなさい。

今日　わがハートをたくさんの愛で満たしたまえ
われが歓喜の灯火となるほどに
今日　わが舌に蜜の滴を乗せたまえ
歌いながら毒が飲めるように

これより下がってはならない。これより下がると、祈りは完全に腐敗する。そうなったら、もう祈りではない。

第三の質問

OSHO、なぜゴラク・ナスはパンディット（インド、バラモンの学者）に反対するのですか？

他に何ができる？　パンディットとは読み書きするオウムのことだ。オウムにラーマの名前を繰り返し言うことはできても、オウムのハートに、ラーマの名前が入ってくることはない。
ギータを全部暗唱できても、ガーヤトリー・マントラを暗唱できても、コーランの詩を暗記できても、一説たりともパンディットの存在を満たすことはない。パンディットが川の中の石のように座っても、水は浸透しないし染み込まない。オウムがラーマ、ラーマと言って、ラーマがハートに入ったと思うだろうか。まさにこれがパンディットの状態だ。パンディットは思い違いをしている――そして人を騙している。何の体験も起こっていない。パンディットの存在には、体験のかけらも降りてきていない。一滴の甘露も、パンディットの舌には落ちていない。一輪の花も咲いてはいない。だがパンディットは、借り物の記憶した言葉を暗唱し続ける。鼻高々と暗唱し続ける。

パンディットに反対したのは、ゴラクだけではない。光明を得たすべての人が、こうした人々に反対した。なぜなら、学識は生きた知恵の敵だからだ。学識は生きた知恵に見せかけたもの、偽物、まがい物だ。誰も知識で光明は得られない。学識は、無知を隠すだけのものに過ぎない。無知は破壊されてはいない。明かりについて話しても闇が壊れないように、内なる明かりも同様だ。たとえ、ブラフマンについて話しても目覚めはしない。また、食べ物について話しても飢えは破壊されない。飢えは食べることで破壊される。

パンディットは、話すことだけに没頭している。調理の必要を忘れている。料理の本を肌身離さず持っている。だが、たとえ何千もの料理の本を持っていようと、一片の乾パン以上の価値はない。料理の本の方が価値がない！　乾パンは飢えを止める。乾パンは身や骨を作る。たとえ神秘家の言ったことがあまり洗練されていなくても、装飾がなくても……いかにも、ゴラクの言葉は洗練されていない。ゴラクの言葉は質素で率直で、簡潔だ。簡単明瞭で隠喩を含んでいない。おそらく学者の言葉の方がもっと洗練され、上品だろう――他でもなく「サンスクリット」という言葉は「洗練された」という意味だ。

仏陀が人々に方言で話していたことを知ったら、あなたは驚くだろう。マハヴィーラも方言で話したし、ゴラクも方言で話した。カビールやナナクやダドゥーも方言で話し、誰もサンスクリット語を使わなかった。それはなぜか？　その理由は明確だ。その頃、サンスクリットはパンディットだけの言葉になっていて、人々の生との繋がりが既になかった。パンディット達は、既に狡猾さから、サンスクリット語を使っていた。何が狡猾かというと、パンディットは人々の理解できない言葉を使っている。誰も知らない言葉を使えば、その人が知っていようと無知だろうと、気づかれることは絶対にない。馬鹿みたいにベラベラとつまらないおしゃべりを、無意味なたわごとを話し続けられるし、人々も固く信じて耳を傾ける。聞いている者にはわからない。すると「きっと彼は、奥の深い真面目な話をしているんだ。だから自分達にはわからないんだ」と考える。

真実は単純で率直だ。単刀直入で全く遠慮がない——それはすぐにわかる。真実を理解するのに、複雑な駆け引きは必要ない。真実でないものは非常に複雑だ。知っての通り、医者が処方箋を書く時は、ヒンディーやマラーティーや英語では書かない。医者は薬の名前を、ラテン語かギリシャ語で書く。医者がそうするのには理由がある。それは人に知られないためだ。医者の手書きの文字を、見たことはあるかね？　もう一度読めと言ったら汚すぎて、医者でも読めないだろう。

ムラ・ナスルディンは、村で唯一読み書きができた。そこである村人が、ムラに手紙を書いてもらおうとやって来た。だがムラは「だめだ、今日は書けない。八日は少なくとも書けない。関節の痛みがひどいんだ、足指の関節が」

その男は言った。「ムラ、なんだよそりゃ？　足指の関節がなぜ必要なんだ。手紙は手で書くもんだろう？」

ムラは言った。「わからないなら、口出しするんじゃない。わしが手紙を書いたって、誰も読めないじゃないか。わしの字が読めるのは、わしだけだ。わしも時々読めないほどの字だからな。だから関節痛があったら隣村に、手紙を読みに行けないだろ」

これは実に変わったビジネスだ。まず手紙を書いたら、読める人がいないという理由から、隣村にその手紙を読みに行かなくてはならない。ある男は、ムラに手紙を書いてもらった。手紙を全部書き終わると——それは恋人への手紙だった——長い手紙が書き終わると、その男はこう言った。「ナスルディン、声を出して読んでくれないか？『よし、言いたいことは全部言ったぞ』と心が満足するようにさ」

ナスルディンは言った。「そりゃ難しいな」

男は言った。「どうして？ 読んでまずいことでもあるのかい？」

ナスルディンは言った。「そもそも、それはわし宛ての手紙じゃないんだから、読んだらまずいじゃないか（ムラは自分の書いた字が読めない）」

その村人は言った。「そりゃ法律問題だ。ふーむ、なるほど、ムラの言うとおりだ。自分宛の手紙じゃないんだから読んだらまずい、というわけか」

ムラは言った。「わかったかい？ まず第一に、その手紙は自分宛じゃないんだから、自分がわざわざ読むことはないだろう？ そういう心配は、手紙を宛てた相手がするもんだ。相手に理解させればいい。字がわかれば読むだろうし、わからなければ読まないさ」

医者はラテン語やギリシャ語で書く。それも書かれたものだから、読むことはできない。

こんな話を聞いたことがある……ある医者がある患者に、娘が結婚するから、明日夕食に招待すると書いて送った。

その手紙を見た患者は、医者から処方箋が送られてきたと思い、薬局に行くと、薬剤師はすばやく薬を調合して出してくれた。そしてその調合された薬を二日間飲んだ後、医者から電話があった。

「どうして来なかったんだ？　娘は結婚したよ。君にも招待状を送ったのに」

そして謎はすべて明らかになった。薬剤師は読めないにも関わらず、薬をすばやく調合したのだ。

これが、処方箋がラテン語やギリシャ語で書かれる理由だ。さもなくば、誰も十五ルピーを薬局で払ったりはしないだろう。たとえば「アジワイン、キャラウェイシード・エッセンス」と書いてあったら、十五ルピーを払わないだろう。どこにでもあるアジワイン・エッセンスだったら……きっとこう言うだろう。「二十五パイサで買えるものに十五ルピー払えって言うのか！」

だが、長ったらしく訳のわからないラテン名で書いてあったら、十五ルピーどころか五十ルピー払わざるを得ない。それがラベージ・エッセンスだとはわからない。


パンディットがサンスクリット語を使ったのは、人を騙せるからだ。それは、この国だけのことではない——法王も司祭も、ラテン語やギリシャ語といった、とうに廃れ、もはや生気がなく誰も知らない古い言葉を使い続けている。

神秘家は簡単に、単刀直入に話す。人々の話す方言で話す。あなたのわかる言葉を話す。体験を人と分かち合うには、人がわかる方言を話さなくてはならない。だが体験のない人にとって、分かち合うものがない人にとって、誰もわからない言葉を話すことは利益となる。だがわかる人には、ばれてしまう。

パンディットは偽物、中古だ。パンディットは自分で神を見たわけではない。確かに、神について論じた経典を読んだことはある。議論を交わし、神について考えたことはある、だが、パンディットは瞑想したことはない。体験したことはない。それゆえの反対だ。反対はしても、それはこうした学者への敵意ではなく慈悲だ。パンディットも用心深くなることだ。パンディットも目覚めなくてはならない。

ゴラクの言葉の一つに、次のようなものがある。

ああパンディットよ　お前は読書で実在《リアル》を求めてきた
これからは生きることで実在を求めよ
自分自身の努力が自分を運ぶ

ゴラクは、あるパンディットにこう言っている。

「ああパンディットよ　お前は読書で実在を求めてきた……」

お前は読書と学習で、見出そうとしてきた。これからは何かをすることで確かめなさい。

「……これからは生きることで実在を求めよ」

これからは実在を生きる努力をし、成り行きを見守りなさい。あなた方に一つ言いたいことがある。

自分自身の努力が自分を運ぶ

行動する人だけが超えていく。

自分自身の努力が自分を運ぶ

こうした本によって、あなたは溺れ死ぬだろう。それらはただの紙の船だ。だから、こうした船で海に出て行ってはならない。「しかし、これはヴェーダで作った船だ！」などと言ってはならない。

ヴェーダでは役に立たない。それは紙の船だ。それでは沈んでしまう。それでは船も沈んで、あなたも沈んでしまう。おまけにあなたは、ヴェーダを人に説いている。これは危険だ。これでは、彼らもみな溺れ死んでしまう。自分が盲目なのに、あなたは他の目の見えない人達に、道を示していると思っている。「盲人が盲人を導き、共に井戸に落ちる」のように、どちらも井戸に落ちてしまう。

ああパンディットよ　お前は読書で実在を求めてきた……

ゴラクが言うのはこうだ。お前は何でもかんでも、一にも二にも本を読んで、物事を解明しようとしてきた。だが、それで何がわかった？　それで現実の何がわかったのか？

「……これからは生きることで実在を求めよ」

さあ、耳を傾けなさい。これからは少し、サマーディーを生の中に降りていかせなさい。これからはサマーディーに、少し生に触れさせてやりなさい。光明、光明と考えてばかりいてはならない。光明が思考と何の関係がある？　さあ、無思考でいなさい。光明に降臨させなさい。

……これからは生きることで実在を求めよ
自分自身の努力が自分を運ぶ

自分の行為が自分を運び、自分の知っていることが自分を運ぶ。それだけがあなたを運ぶ船となる。他の人の船ではうまくいかない。この世界で借り物の知識は、役には立たない。借り物の知識は無知を隠しているだけだ。

ヴェーダも聖典も教えも　真実は述べられない
代わりにそれは真実を隠す
頭の空の中でその言葉が明るくなる
ここで真の探求者はそのことを悟る

ゴラク曰く、これまでヴェーダやコーランや聖書、他の聖典を基に書かれた他の宗教書によって、真実が正確に説かれたことはなかった。どんな教えも真実を説明できずにいる。それどころか、どれもそうしたものは真実を隠している。それは真実を隠した。他でもないこうした本の中に、真実は沈んでしまい、没している。こうした本が真実を隠してしまった。それは、真実をつかむ助けにはならない。それは真実をつかむ邪魔となり妨げとなる。真実は、何もない無心のスペースの中でしか、知ることができない。そのスペースの中で、真実を悟りなさい。

ここで真の探求者はそのことを悟る

真の知識の探求者、真の科学者はそこに——虚空に、無心の中に真実を求める。

ゴラクはこう語る。

真実を言うは易し　生きるは難し

生きずして語りしことは　虚偽なり
猫は　博識で物思いにふけるオウムを食らう
手にはまだ分厚い書物を持っている

「真実を言うは易し……」――真実について語ることは非常に簡単だが、「……生きるは難し」――真実を生きることはとても難しい。

……生きずして語りしことは　虚偽なり

あなたが生きずに、体験せずに語っていることは全くの偽物、ナンセンスだ。

猫は　博識で物思いにふけるオウムを食らう……

博識のオウムがラーマ、ラーマと唱えているからといって、猫が手を出さないと思うだろうか。「放っておいてやるか、あいつは帰依者だ。ラーマ、ラーマと熱心なものだ。ラーマのショールを着て座ってやがる。ショールにはラーマとまで書いてある。そっとしておいてやるか。聖人様は放っておいてやろう」と、そんな風に思うとでも？

猫はオウムを放っておいたりはしない。猫にはわかっている。

「どんなにラーマ、ラーマと唱えようが、ラーマのショールを着ていようが知ったことじゃない。所詮、お前は訳もわからず物真似をする学者のまんまさ、ぜんぶ偽物だ」
猫はオウムを放ってはおかない。

猫は　博識で物思いにふけるオウムを食らう……

猫は博識のオウムさえも、ぺろりと平らげる、同様に人も、死に平らげられてしまう。死は猫のようにやって来る――あなたは博識のオウムだ、せいぜい博識のオウム止まりだ。あなたは平らげられてしまう。死はあなたをほうってはおかない。

……手にはまだ分厚い書物を持っている

そしてあなたが猫に襲われ、死に首の周りを掴まれた時、手にあるものは分厚い本だけだ――全くうつろな「……手にはまだ分厚い書物」、それ以外のものが残ることはない。すべては忘れられ、研究し熟考したことは全て無用となる。

死に襲われた時に助けとなるものはただ一つ、あなたが知っているものだ。その時、自分自身を知っている人は、死を見て笑うだろう。

マンスールが大声で笑うと、人々はこう言った。
「お前は殺されるんだぞ！　何がおかしいんだ？」
マンスールは言った。「お前達が殺そうとしているのは私ではない。だから笑っているんだ。実際の私には触れることもできない――ましてや殺すなど問題外だ」

クリシュナはこう言った。「それは武器では突き刺せない、火では燃やせない」と。

マンスールは言った。「実に変だから笑っているんだ。『マンスール、お前を殺してやる』とお前達は言って、誰かを殺そうとしているが、それは私じゃない。お前達は私の手を切っているが、手は私ではない。私の足は切り落とされたが、その足は私ではない。これから頭も切り落とすのだろうが、ちょっと言っておこう。その頭は私ではない。私は内側に座っている目撃者だ。その目撃者は切りようがない。それを突き刺せる武器はない。それを燃やせる火はない」

これが体験の言葉だ。本ばかり読んでいる学者には、こうは言えない。教養のあるオウムは、猫に命乞いを始めるだろう。マントラのことなどすっかり忘れ、猫を褒めそやすだろう。

「勘弁してくれ、本ばかり読んでいたのは間違いだった。これからの時間は君を崇拝し、祈りを捧げるために使うよ。ああ、何て無駄なことを――自分はラーマ、ラーマとマントラを唱えるのに一生を無駄にしてしまった」

オウム返しに言う人は学童と言う
死人の言葉を引用するはただの孫
そして真実を生きるは我が師なり
我は生けるものの友

「オウム返しに言う人は学童と言う……」と、ゴラクは言う。

立ち聞きしたことを言うだけの人は学生であって、知る人ではない。そういう人は、どんなに良く言っても学生だ。だがそれもよし――少なくとも読み書きはできる。

オウム返しに言う人は学童と言う
死人の言葉を引用するはただの孫

どこかの師が、このように言ったことを聞いただけで、それをオウム返しに言う人は学生だ。そういう人は学童に分類される。だが、死んだ師の言葉を繰り返し言う人は、古代の墓から掘り出した言葉を、ヴェーダで呼んだ言葉を繰り返し言う人は、学生ですらない。学生よりひどい。そういう人の位置づけはさらに低い。

「……死人の言葉を引用するはただの孫」。弟子とは息子だ。弟子は、座って師に耳を傾け、師の言ったことを繰り返す人のことだ。弟子自身はまだ知らず、そのことは受け入れられている。だが弟子は、生きた知恵の源の側にいる。その源からは遠く離れてはいない。ゴラクの側に座って耳を傾け、ゴラクの言葉を受け売りする、ちょうどそうした人のことだ。「この人は学生だ、自分の息子だ」とゴラクは言う。「いつか彼も溶けて私になる。彼は源の近くにいる。そこから離れたり、逃げたりはしないだろう。今のところは言葉の受け売りだが、それはそれでいい、繰り返し言わせておけばいい。徐々にわかるようになる。すでに私の小指をものにしているから、じきに手も、ものにするだろう。私は彼の知性を捉えた。じきに感受性も掴んで、ハートにも手を伸ばそう」

だがヴェーダを朗読する人、本の拾い読みをするだけで師と共にいない人、生きた師と共にいない人は、それよりも悪い。そういう人は息子ですらない。そういう人は孫と見なされる。

……死人の言葉を引用するはただの孫

孫はさらに遠く離れている。師との関係は離れている。

そして真実を生きるは我が師なり……

そしてゴラクは、自分自身の内側で、真実を生きている人が師であると言う。
そういう人こそが、私達が師と仰ぐ人だ。

そして真実の言葉を生きるは我が師なり
我は生ける師の友

「私は師の友だ。真実を生きる、真実を全くありのままに生きる、ありのままの真実を生きる人の友だ」。様々な困難があろうと、どんな障害が起ころうと、師が磔にされようと、王位に就こうと、大して重要ではない――師は真実を生きている。侮辱されようと、悪口を浴びせられようと、称賛を受けようと、成功しようと、失敗しようと――真実を生きる人にとって、それは大して重要なことではない。

……我は生ける師の友

真実を生きる人は　我が師と呼ばれる
我は生ける師の弟子
親しみを感じるなら師と共にあれ
感じないなら独りで進め

ゴラクは自由の支持者だ。自発的な感情から生じたことは、何でもするようにとゴラクは言う。師の側で暮らし、自然と至福が生じたら、師の側で暮らしなさい。独りでさまよっていて至福が生じたら、独りでさまよいなさい。なぜかというと、神は至る所にいるからだ。だが、この内発的な至福を失ってはならない。これを基準として考えなさい。自発的でいられる場所だけが、存在する意味のある場所だ。

真実を生きる人は　我が師と呼ばれる
我は生ける師の弟子

この気持ちを、真実を生きる人が自分の師だという意識を、内側に残しておきなさい。それはパンディットではなく、光明を得た人だ。それは高いウパディスの、高学歴のある人ではなく深いサマーディー、無心のある人だ。

真実を生きる人は　我が師と呼ばれる
我は生ける師の弟子

この気持ちを内側においておきなさい。
真実を生きる人の足元に、身を投じようとするその思いを——。

親しみを感じるなら師と共にあれ……

師の側で暮らし、活力をもらっている人は、師の側で暮らしなさい。
師の側で暮らして与えられたこの体験は、決してなくなることはない。

親しみを感じるなら師と共にあれ
感じないいなら独りで進め

それならそれで問題はない——一人で世界を放浪しても、孤独をさまよっても大して変わりはない。だがそれにはまず、一度は信頼の置ける源から、それを味わってみなくてはならない。真実の滴を喉に落してやりなさい。自分に小さなサマーディーのこだまを、入れてやりなさい。少しだけ、その笛の呼ぶ声を聞かせてやりなさい。そうすれば万事言うことなしだ。そうしたらひとりでいても、サットサングをしていても、師の側にいても遠くにいても、全く同じだ。だが、一度は燃えている明かりに近づく必要がある。そうすれば、火のない明かりに火をつけることができる。それなら師の側で常に暮らす必要はない。

親しみを感じるなら師と共にあれ
感じないなら独りで進め

生きた知恵"*knowing*"は自由だ。生きた知恵は独立だ。生きた知恵は生きた体験だ。学問は虚偽だ。ゴラクと他の知者は、敵意から学者に反対しているのではない。むしろ、こうした学者達は思い違いをしているし、人をも惑わしている。彼らが学者に反対するのは慈悲からだ。反対すれば、こうした学者や他の人たちも、目を覚ますかもしれないからだ。

四番目の質問

OSHO、あなたは一方では「やる時は何でも全面的に、トータルにやりなさい」と言い、他方では「何でも極端に走ってはならない。中間にとどまりなさい」と言いますが、どうかこの見かけの矛盾を排除してもらえないでしょうか?

これは矛盾ではない。この「トータル」(サマグラタ)という言葉がどういうものか、考えてみなさい。同じ語根から生じた他の言葉に、何があるか考えてみなさい。

サムトゥラン(バランス)、サマーディー(無心)、サマンヴェイ(ハーモニー)、サムヤクトゥヴァ(正しさ)、サムタ(平静)、サンボーディー(光明)、サンヴェット(共同体)、サマグラタ(全体)――これらの言葉は全部同じ、「サム」という語根から生じたものだ。「サム」とは平和な、平穏なという意味だ。平静を表すサムタはこのサムから来ている。ハーモニーを表すサマンヴェイも、サムから来ている。サンボーディーもサマーディーもそうだ。この同じサムが、全体を表すサマグラタにある。

全体は、何かの極端ではない。全体は断じて極端ではない。サムの状態がその真ん中にある。だから全面的にやりなさいと言ったら、極端に走りなさい、という意味ではない。

こうした考えは誰にでも生じるものだ。何かを全面的にやることは、極端に走ることのように見える。だが、もし極端に走ってしまったら、全体は欠落してしまう。全体が欠落するケースは二つある。左に行った場合と、右に行った場合だ。どちらに行った場合も、全体は欠落する。

私が、度を越さず全面的に食べなさいと言ったとしても、その二つの間には矛盾はない。全面的に食べる人は程よい時に、身体がもういっぱいだと言ったら、食事を止める。身体はいつも真ん中で「いっぱいだ」と言う。飢えがあると、身体は「いっぱいだ」とは言わない。過剰に食べ続けても「いっぱいだ」とは言わず黙ったままだ。まだ腹が減っている時は「もう少し」と言うし、必要以上に食べ出すと、充分だと、「今はいい、もういらない」と言う。

身体は決して度を越さない。度を越すのはマインドだ。これを理解しようとしてごらん。これが、動物が極端なことをしない理由だ。動物にこれ以外の条件付けはない！ 指導者がいるわけではない。マハトマ・ガンジーがいるわけではないし「こら、草を食べ過ぎるな。今日は断食しなさい。今日は月の十一日目の相だから……」と言うマハトマが他にいるわけではない。だが、食べ過ぎる動物をこれまでに見たことがあるかね？ ジャングルに行ってよく見てごらん。食べ過ぎだと言える動物が、いるだろうか。断食している動物などいないだろう。

動物にはマインドがないから、極端な行為はない。動物は、身体が必要とする分だけ食物を取る。動物は必要なものを取る。牧草が生い茂っているところに、牛を放してごらん。すると牛は、身体に有益な草を選んで、他の草は残す。ヤギをジャングルに放せば、ヤギは自分に合ったものを選ぶ。自分に良い葉を選び、他の葉には口をつけない。誰かがこの葉っぱを食べるなと、言うわけではない。この葉もいい色に見えるし、おいしいかもしれない――何か違う味がするかもしれない。だがヤギは食べない。ヤギは身体に適したものを選ぶ。自分の本質と調和したもの、本質をサムの状態に保つ。平穏な状態に保つ。

マインドは平穏を乱す。あなたに、どんどん食べるよう仕向けるのはマインドだ。「さあお菓子だ、もう一個食べろ、うまいぞ」とマインドは言う。だが身体に耳を傾けると、胃は「もういい。勘弁してくれ、これ以上は食べ過ぎだ!」と言う。だが、マインドは身体の声を聞かせない――そして、いわゆる宗教指導者は大抵、身体は敵だと言う。身体は敵ではない。あなたの敵はマインドだ。身体は敵だと説明した人は、全く間違っている。それを真に受け、あなたはマインドを友達だと思っている。身体を敵だと思っている。身体は自発的で自然だ。落ち度は全部、平穏を乱すものは全部マインドだ。マインドは耳を貸さない。

「もう少し食べろ、もう少し取れ、ちょっとぐらい食べたからって、どうってことはない。胃には少々きつくても大丈夫だ」とマインドは言う。

胃はもういいと言っているのに、あなたは胃の言うことを聞いていない。そして聖者と言われる人は胃に悪態をつく。

マインドを理解しなさい。マインドは、こうした極端な行為を引き起こす。身体はいつも適切な時点で拒む。そのポイントは、一インチたりともずれない。だが、人間のマインドは非常にうそつきだ。

こんな話を聞いたことがある。最近ガンジス川が氾濫した時、州の首相がある村を訪れ、技術者にこう尋ねた。「どうした、どういう状況だ？」「水が危険表示域に達しました」と技術者は言った。そこで州の首相はこう言った。「それなら、危険の印をもう少し上に上げたらどうだ？　そうすれば少なくとも水が印に触れることはない」

まるで危険表示域を少し上げれば、ガンジス川を騙せると言わんばかりの発言だ——誰を騙そうとしているのか。しかしながらこれが現実だ。マインドはこういうことをする。これと全く同じような馬鹿なことをする。

しかも、マインドはあなたを極端に走らせる。マインドは危険表示域を少し上げろと言う。身体に耳を貸すな。身体がどうした？　身体は盲目だ。身体に何の知性があると。

ある時は食べ物を過剰に与え、次の日不快になるとマインドはこう言う。「さあ断食だ——月に一日は断食をしないとだめだ。週に一度の断食は健康に非常にいいんだ。さあ断食だ」

すると身体はこう言う。

「なあ、腹が減っているんだ、食べ物を持ってきてくれ」

だがマインドはこうだ。「断食しろ」

マインドの不条理な活動が、徐々に身体の繊細な感受性を壊していく。すると、身体は何も言わなくなる。身体は耳を傾けられていないと、徐々に口が利けなくなる。この口の利けなくなった身体なら、極端に走れる。

科学者達は、この驚くべき結果を基に実験をした。食べ物のそばに小さな子供を残して離れた場合、子供がどうするかを観察する実験をした。あなたは、子供は過食するのではと思うだろうが、それは間違いだ。子供は過食しない。過剰に食べさせているのは、子供達の親だ。「もっと食べなさい、食べてもう少し強くなりなさい、もう少し活動的になりなさい。ほら……もう少し食べなさい」

小さな子供は泣きながら、何とか食べようとする。泣いている子供達をよく見かけるのは、子供の身体が「いらない！」と言っているからだ。子供の身体はこう言っている。「外に行こう。飛び跳ねたり、ちょっと走り回ったり、木登りをしに行こう」。なのにあなたは、子供に食べ物を与え続ける。

子供は三時間ごとに授乳すべきだと、科学者は言う。子供は乳を飲みたくないと言って、右に左に顔を振る。だが母親は、三時間経ったからと乳を与え続ける。この、食事と食事の間の平均時間は、当てにならない。腹が減れば、子供は泣いて知らせてくれる。時計を見る必要はない。子供には体内時計がある。だがあなたは、子供の時計を駄目にし続ける。子供はそれぞれ、違った空腹の感じ方をする——四時間で腹を空かす子供もいれば、三時間の子も二時間の子もいる。現代では、これは大きな問題となっている。こうした基準、平均の基準が世間で認められている。

平均の基準に注意しなさい。平均の効果とは次のようなものだ。五百人の人がここに座っている。では各自の身長を測り、人数を数えて、身長を全部足したものを、五百の数字で割る。その数字が百二十センチになったと仮定しよう。これが平均身長だ。ここに百二十センチでない人が、いるかもしれない。全員は到底あり得ない。六十センチしかない小さな子供もたくさんいるし、百八十センチの紳士も一人いる。だが両者を足した平均身長は、百二十センチになる。誰も、百二十センチの人はいない。百八十センチの人も六十センチの子供も、百二十センチではない。すると問題が起こる。子供を伸ばして、百二十センチにしなくてはならない。伸ばせば平均になる。すると、百八十センチの人は切断ということになるか、もしくは「足を引っ込めて、頭を少し中に入れろ。手足を亀のように引っ込めろ。ちょっと大き過ぎる」ということになる。

ギリシャ神話にプロクルステスの話がある。彼は皇帝だった。プロクルステスは、とてもひどい皇帝だった――彼には独自の計算の仕方があった。プロクルステスは偉大な数学者だった。プロクルステスも数学で生きていた。だが人々は、プロクルステスの客になるのを、恐れていた。誰も客になりたいと思う人はいなかった。プロクルステスは、ダイヤモンドや宝石をちりばめた黄金のベッドを持っていて、それはゲスト用ベッドだった。そしてもし、客がベッドより大きすぎると、ベッドに合わせて客が切られるという危険があった。なぜかというとそれは非常に高価なベッドだったからだ。ベッドは伸ばすことも短くすることもできない。そんなに早く長さを変えられないが、客なら小さくするか大きくするかできる。ベッドに小さすぎれば、お抱え二人の強者がやって来て、客を長くしようと伸ばした。よって誰も、プロクルステスの家に泊まった者はいなかった。

これは意味深い話だ。だがこれは、数学者全員の話だ。あらゆる子供が平均化されてきた。四時間でお腹が空く子供、三時間の子供、二時間の子供、二時間半の子供も二時間四十五分の子供も、みな平均化されている。計算ではみな、三時間でお腹が空くことになっている！　平均だからと、現代のこうした数学者は、この三時間に固執している。こうした人々は、プロクルステスのように座っている。座って時計を眺めている。三時間経ったら、子供にミルクを与える時間だと。二時間経って空腹になる子供は、二時間で泣く。だが数学者は、まだ三時間経っていないから泣かせておこうと考える。このようにして、身体の自然な感受性は徐々に壊されていく。徐々に子供も、いつお腹が空くのかと考え、時計を見るようになる。なぜなら、時間通りにお腹が空かなくてはならないからだ。

これが、あなたの条件付けとなっている。毎日十二時に食事を摂る人は、時計を見ていて十二時になると、本当にお腹が空いていてもいなくても、空腹になる。時計が夜中の十二時に止まってしまい、一晩中十二時ということも起こり得る。本当はまだ十一時でも、時計が十二時だと突然空腹になる。この空腹は偽りの空腹だ。あなたが食べるものは、この偽りの空腹に耳を傾けている時、身体にとっては暴力となる。身体はいずれ空腹になる。時計を見る必要はない。身体には身体の、内なる時計がある。

科学者達は、身体全体が時計に従って動作していることを、発見した。女性の月経は、ほぼ二十八日周期だ。身体には身体の時計がある！ それに従うことで、人は適切な時に空腹を覚える。それに従えば、適切な時に人は眠りにつく。それに従えば、お腹がいっぱいになった時、「もういい、食事をやめろ」というシグナルを受け取る。身体に耳を傾けて生きている人は、決して極端に走ったりしない。ものを食べ過ぎることもなければ、食べなさ過ぎることもない。すると全体が生じ、至福が生じる。どんなにたくさん食べても、あなたは完全な至福の中にいる。あなたは全身でその味を楽しめる。なぜなら、この味もまた神聖なものだからだ。食べ物は神聖なものだ。寺院で敬意を払うように、人は食べ物に同じ敬意を、同じ尊敬の念、同じ崇拝する気持ちを持つべきだ。そういう同じ気持ちが、生のすべての活動にあるべきだ。

私が、全面的に生きなさいと言う時は、極端に走りなさいと言っているのではない。私が言うのは、全面的にサマグラタを持って生きたいのなら、サムを、平穏を忘れずにいなさいということだ。サムは極端ではない。サムは中間にある。だから全面的に生き、極端に走ってはならない。このことに矛盾はない。この二つは表裏一体だ。

五番目の質問

OSHO、別れにつきものの苦悩と切望について、ヴィラー(渇仰)について何か話して頂けませんか?

この苦悩、この切望については、一切語ることはできない。だが、体験することはできる。なぜかというと、それは言葉に現れずに、涙の中に現れるからだ。ヴィラーはものを言わない。ヴィラーは無言だ。口が利けない。ヴィラーはひっそりと泣く。それは、あなたの非常に奥深いところから訪れる。ヴィラーはものを言わない。

ヴィラーについて、恋人や神との別れの苦悩や切望については、何も言えない。だが愛を知れば、ヴィラーを経験をする。愛を経験すれば、ヴィラーが付いてくる。愛が深くなればその分、ヴィラーの状態も深みを増す。

ヴィラーとは、本来の自己の本質から切り離されていること、真の自己の本質との結びつきがないことを意味する。私達は自分の中心からずれている。ぐるぐると回りながら、穀物を挽く雄牛のように、その周辺をさまよっている。私達は実存を体験しない。物質は見えても、形あるものは見えても、私達に神は見えない。その神こそが師であるというのに! 師がどこにいるかわからず、召使しか見えない。寺院の壁しかわからない。その内側にある像は認識できない。だが愛が目覚めると、この体験が起こり始める。

愛の最初の体験はヴィラーで、愛の最後の体験は融合だ。愛は苦悩として始まり、エクスタシーとして完結する。切望が起こると探求が始まる。ヴィラーが起こると、この融合への渇きが目覚める。この苦悩やこの切望は、私達が本来あるべき自分ではないことを、意味している――何かが欠けている、何か空しい感じがすると。

それを観察してごらん。誰もが空っぽだ。誰かここで、満足感を感じている人はいるだろうか？　時々、ゴラクやカビールやナナクのような人が満たされることはあっても、その他の人々は完全に空っぽだ――空の水差しだ。だから彼らは、大きな音を立てる。だから、ひどくうるさい音を立てているのだ。空の壷がいっぱいの状態を憶えている訳でもないのに。カラカラだった壷が、水でいっぱいになったのを見た訳でもないのに「いつになったら自分は満たされるんだ？　いっぱいになるまで、おとなしくなんかなれるか！　幸せになんかなれるか！」とわめいている。

ヴィラーの誕生は、この充足感を得たいという欲望から生じる。

翼が傷つき　鳥は天から地に落ちた――
傷は内側で悪化する
はい　傷はまだ話をしていません
教えてください――死の痛みは祝福となるのでしょうか？
満たされていない切望は　本当の愛の誇りとなるのでしょうか？
メロディーはあからさまに翼に向かって笑ったが　何も言えなかった
痛みが唇に達しても　話せなかった

弦が鳴り響き

震える調べが　魅了されたハートとともに笑う
無邪気な目に　より秘めた思いが表される
謙虚のベールを脇へおしのけ　素敵な夢のように顔を覗かせる
それは抑えきれない涙のように　忘却の棺に隠された思い
我が生のカッコーは震えるばかりで　何も言えなかった
痛みが唇に達しても　話せなかった

人を酔わせる目の空に　涙の雲が立ち込める
昼夜　悲しみと幸せの両方が微笑む
愛する人の　精神的探求の床の上
想像上のものは消滅した
ため息一つつく間もなく――
すべてが略奪されたが　息を飲む間もなかった

暁の優美なつぼみが開いたが　何も言えなかった
痛みが唇に達しても　話せなかった

ヴィラーの痛みは非常に表れにくい。表に出にくいから、根深い痛みになる可能性がある。言葉にして語ったものは、底の浅いものになる。ヴィラーのことで話をしてはならない。話をしなければとても有益なままだが、ヴィラーについて語れば、つまらないものになってしまう。それは「しみったれは多くの富を握っても、物惜しみしない人にはゴミしかない」の逆だと言われている。

ヴィラーは静かに泣く。ヴィラーは隠れてひっそりと泣く。

祈りは人に見せるものではない。それは表に出すものではない。それはPRできるものではない。寺院の中で鐘を鳴らす人は、雑音を立ててから祈りをはじめる。だから祈りにヴィラーがないのだ。祈りをしているのは見掛けだけだ。それは単なる儀礼的行為だ。気づいたことはないかね？ 他の人が寺院にいると、祈りを上げている人は、長居をして大声で祈りを上げる――シンバルを鳴らし、太鼓を叩く。寺院にいるのが祈祷者だけで誰もいないと、祈りの言葉を上げ、さっさと祈りを済まし、何とか終わらせて帰っていく。

あなたは神のために祈っているのか。ギャラリーのために祈っているのだろうか。それとも、単にショーを演じているだけなのか。あなたは神の前で踊っているのか、それとも人前で踊っているのか。「俺のすごい祈りを、自分がどんなに献身的かを見るといい！」というような、そういう関心がかすかにでもマインドにあるなら、あなたは神の前で祈っていない。あなたがしていることはショーだ。あなたは市場に立っている。ただの自己満足だ。

ヴィラーは静かに泣く。ひっそりと泣く。それがさらに、ひっそりと目立たなくなると、さらに深くなり、遠くまで及ぶようになる。

月は家に戻っても
誰もあなたの居場所を知らない
一つの明かりが十の明かりを灯し

鳥は遠くから巣に戻った
我　自らを群集のように思う
壊れやすい夢が目に瞬く

ハートはうろたえているのに
誰もあなたの居場所は知らない
月は家に戻っても
誰もあなたの居場所を知らない

月下美人の花は　香りの調べを漂わせ
ハートの中では　しょげたカッコーが鳴く
我に言葉はない　これはおかしなハート
このように生をいつも逃している
春が私を洗ったが
誰もあなたの居場所を知らない
月は家に戻っても
誰もあなたの居場所を知らない

喉に封じられた音楽がささやく
だが音楽は唇に戻らず逆戻り

足首の鈴には融合の震え
捧げものの盆には　ためらいながら明かりがゆらめく

美が甘露を降らせたが
誰もあなたの居場所を知らない
月は家に戻っても
誰もあなたの居場所を知らない

ハートが「モンスーンの雨を降らせる、ロマンチックな季節がやって来た」と恋人に声をかけられているように感じる時、神の探求は起こる。

辺り一面に雲が立ち込め、カッコーが鳴き出した。孔雀が狂ったように飛び回っている——だが、誰もあなたの居場所を知らない。あちこちで花が咲き、木にはブランコがつるされ、空は祭りでにぎわっている——だが、誰もあなたの居場所を知らない。月は家に戻っても、誰もあなたの居場所を知らない。内側に神がいないと感じ始めた人に、ヴィラーは生じる。

ヴィラーは体験だ。それは言葉では表せない。知っている人は知っている。ヴィラーを生きている人は知っている。ヴィラーは理屈や教義ではない、説明する方法もなければ、教わりようもない。その難かしさは、涙が乾ききっていて、ハートに全く愛がなくなっていることにある。

あなたは愛情を表さないようにと、教えられてきた。無情でいる術を教育されてきた。生は闘いだと言われてきた。無情であればあるほど、石のようになればなるほど、あなたは成功すると。四方八方から、人の頭は踏み石にするためのものだと、そうすれば野心の頂上に到達できると、説明されてきた。ハートを頑なにする人は前進する。誰かを殺さなくてはならないなら殺せ、首を飛ばさなくてはならないなら首を飛ばせ、と。

この社会全体は、何世紀にもわたって暴力的に生きてきた。非暴力の議論は、全部ただのナンセンスだ。単に口先だけの話だ。ここで自分は非暴力主義者だと、公言している人達でさえ、非暴力主義者ではない。ここでは、この「非暴力」の背後に、ありとあらゆる暴力的な意図がある。ここでは非暴力も戦法の一つだ。どうだね、とんでもない非暴力だ――非暴力は喧嘩のための別手段だ！

人々がマハトマ・ガンジーを称賛するのは、ガンジーが非暴力を武器にし、戦法にしたからだ。称賛などすべきではない。非暴力を武器にしたのだから、ガンジーは非難されるべきだ。ガンジーは非暴力さえ武器にしてしまった。何かを残すなら、武器でないものを残してもらいたいものだ。

人は愛から刀でさえも鋳造した。非暴力者の戦いは続いている。争いごとには暴力がある。人は、非暴力を戦いの手段にした。平和から短剣さえ作り出した。非暴力の武器だ！　非暴力までもが戦法になるとは、考えられないことだ。そういう非暴力は、名ばかりの非暴力に違いない――その中には暴力があるに違いない。いや、暴力しかないはずだ。それは非暴力ではない。

マハトマ・ガンジーは、仏陀やマハヴィーラを超えたと考えられているが、それは違う。仏陀やマハヴィーラの大革命は破壊されたのだ！　非暴力までもが戦法になってしまった。まるで、この世で何らかの価値があるのは、戦法だけだと言わんばかりだ！　あらゆるものが戦いのメソッドだ――愛でさえも戦い方の一つだ。愛すれば勝者になれる。暴力的手段を用いずにいれば、人を突き落とせる。

誰かがあなたの家の前で座り込み、断食を続け、俺に同意しなかったら死んでやると言ったとしたら、それが非暴力だと思うかね？「話を聞かないなら自殺するぞ！」と、これは暴力だ。これはあからさまな脅迫だ。これは恐喝だ。明らかにこの男は「死んでやる」と言って脅迫し、あなたの慈悲心に勝ろうとしている。男は「生涯、俺を殺したことを思い出し後悔するぞ」と言っているのだ。

このような出来事がここ、プーナで起こった。マハトマ・ガンジーは、アンベードカル博士に対して断食をし続けた。なぜかというとアンベードカル博士は、下層カーストであるスードラ、ハリジャン達の分離選挙を求めたからだ。もしアンベードカル博士が勝利を得ていたら、今日のインドで横行している蛮行はなくなっていただろう。アンベードカルがハリジャンに言ったことは、正しかった。

「なぜ、こんな非人道的な扱いをしてきたヒンドゥー教徒達と、一緒にいたいと思うんだ？　一緒にいて何になる？　彼らの寺院に入れないなら、彼らの井戸から水が飲めないなら、彼らと社交的付き合いができないなら、彼らに影が落ちても神聖の冒涜だと言うなら、そんな人々といて、何の意味があるのだろう。彼らは私達と絶交したのだ。なぜ、それでも彼らにしがみつくんだ？」

問題は、非常に単純ではっきりしている。アンベードカルに相違する見解は、あり得ない。だがマハトマ・ガンジーは断食を続けた。ガンジーは非暴力主義者だ――ガンジーは非暴力戦争を開始した。ガンジーは断食を続け、こう言った。

「私は自殺する、自分を餓死させる。これはヒンドゥー教徒にとって、非常に有害だ。ハリジャンはヒンドゥー教徒だし、これからもずっとヒンドゥー教徒だ」

ガンジーは健康が衰え出すまで長い間断食し、最終的には、アンベードカルが引き下がらなくてはならなかった。アンベードカルは、ハリジャンのための、スードラのための分離選挙はしないという考えに同意した。そして、ガンジー寄りの歴史学者達は「非暴力の勝利！」と書く。これは全く変だ。この一件で非暴力だったのは誰か？　非暴力だったのはアンベードカルだ。ガンジーが死ぬと思い、アンベードカルは自分の主張を撤回した。暴力を振るったのはガンジーだ。アンベードカルに自殺をすると言って脅し、無理やり同意させたのだ。

これを理解してみてごらん。自分以外の誰かを殺すぞと言って脅すのは暴力だが、自殺をすると言って脅せば、それは非暴力だ。だが、この二つにどんな違いがある？　ある男は短剣をあなたの胸に突きつけ、財布の中身を全部出せと言う――これは暴力だ。もう一人は短剣を自分の胸に突きつけ、あなたに財布の中身を全部出せと、さもないと自分を刺すと言う。あなたはこう考え始める。

「財布の中の二ルピーのせいで、この男が死んでもいいのか？　元気そうなのに命をなくすのは……」

あなたは二ルピーを取り出し、こう言ってその男に渡す。

「ほら、持っていけ。たった二ルピーのために命を捨てるんじゃない」

この中で非暴力なのは誰か？　暴力的手段を用いなかったのは、アンベードカルだ。それはガンジーではない。だが、誰もそれを理解した者はいない。誰も、どう説明したらいいかわからない。それはあたかも非暴力の勝利のように見えるが、実際には非暴力が負け、暴力が勝ったのだ。ガンジーは乱暴に振舞っていた。本音で人とやり合わない人だけが、この手の行動に溺れるようになる。

インドの女性は、家でこうしたことをいつもしてきた。気づいたことがあるだろうか。女性は夫をたたかないが、自分で自分をたたく。だが、これがはたして非暴力だろうか？　妻が夫に手を上げられないのは、夫が神だからだ。「夫は神だ！」。これは夫達自らがでっち上げたものだ。夫には手を上げられない。妻達はどうしようもない。殴りかかろうと思っても、何かをたたきたいという気持ちがあっても、夫のことはたたけない。だから女は自分をたたくか、子供をたたく。子供には訳がわからない。気の毒に、子供はただ座って算数をしていただけなのに、なぜたたかれているのか、全くわからない。

これが非暴力による虐待だ。子供は夫の身代わりで、象徴的には夫を殴っている。これは夫の子供だ。少なくとも、半分は父親からのものだからという理由で、子供をたたく。そして子供がいないと、女は自分をたたく。

男は怒ると人を殺すが、女は怒ると薬を過剰摂取する。睡眠薬を飲んで眠る。怒りを抱える男は乱暴で残忍だが、女は激怒すると自殺する。だが、これはどちらも暴力だ。一方は女性的な暴力で、もう一方は男性的な暴力だ。

かといって、ガンジーの女性流の暴力が、非暴力と呼ばれる謂れはない。ガンジーの非暴力は、女性的な暴力に過ぎない。弱い立場にいる人の暴力に過ぎない。強者の暴力があり、弱者の暴力がある、だがこれは非暴力ではない。仏陀やマハヴィーラの非暴力の秘密とは、訳が違う。だが私達は、非暴力を武器にさえしてしまった。この社会は暴力であふれている！　誰もが、硬くなれ、石のようになれと教わる。ハートを干からびさせろ。ハートに潤いが残っていたら、ハートが柔らかなままでは、この世界では勝てないぞ。ハートを枯れさせろ、涙は男らしくない。男なら泣くな、女々しくするんじゃない！

あなたの涙は枯れている。あなたの愛は干上がっている。今のあなたは頭の中でしか生きていない。ハートはもう機能していない。これが、あなたがヴィラーの苦悩を体験していない理由だ。それを体験するには、まず愛を体験しなくてはならない。その切望を感じるには、まず少しハートの中に、降りていかなくてはならない。もう一度ハートを震わせなさい。もう一度、花や木の葉や、月や星や人を見なさい。もう一度小さな子供のように、感情があふれるのを許しなさい。その動きを許しなさい。そうした固い石は捨てなさい――石のように冷酷なもの、野心の石や暴力の石を捨て、目に再び潤いを許してやりなさい。もう一度、泣けるようになりなさい。

開ききったバラの花を見て、泣いたことはないだろうか。もし泣いたことがないなら、それは何かが違う。バラの花が咲いて——泣きもせず、喜びの涙をはらはら落とせなかったとは、信じられない。

カッコーの泣き声を聞いて、泣いたことはないだろうか。パピハ鳥の声を聞いて、メス鳥に向かって鳴く声を聞いて、内側に涙がこみ上げはしないかね？　誰かが奏でる音楽を聞いて、泣いたことはないだろうか。

昨晩、一人の小さなサニヤシンが、エナジー・ダルシャンに来た。そのサニヤシンは、まだ小さな女の子だ。その子は何度も「私の頭に手を置いて、私のエネルギーもどうか目覚めさせてください」と手紙を書いてきていた。その子はよく、他のサニヤシンがここに来て、私が頭に手を置き、彼らにエネルギーが流れ込むのを見ていた。小さな子供……その子はまだ瞑想したことがない。両親もまだサニヤスを取ったばかりで、それでその子はサニヤスを取った。だがその子の内側には、そうした感情の高まりがあったために、私は来てもいいよと言った。

その子のエネルギーが流れ始めると、私も驚いた。側にはマニーシャが座っていて、マニーシャはその小さな子供のエネルギーが流れるのを見て、至福ですっかり圧倒されて泣き出した。マニーシャの涙は止まらなかった。それは喜びの涙だった。それは、その小さな子供に起こっていることを見て、その小さな子供の中で一輪の蓮が花開くのを見て、流れた涙だった。

あなたも、喜んで泣くとは思わないかね？　自分の目も潤むだろうとは、思わないだろうか。

空に飛んでいる鳥を見たら、あなたの中にも、自由になりたいという欲望が目覚めはしないだろうか。

かごで飼われている鳥を見たら、自分の状態が頭によぎりはしないだろうか。干からびた木を見たら、自分はこの木のようになってしまったと、気づきはしないだろうか。自分や、誰かのために泣いたことはないだろうか。そういう人は、この別離のつらさを理解できるようになる。愛が内側に流れるのを、許したことはないだろうか……そういう人は、愛の流れを許したことはないかね。愛が内側に流れるのを、許したことはないだろうか。

今すぐ、あなたの中で愛の目覚めを許しなさい。

神と恋に落ちることが、あなたにできないことはわかっている。あなたはまだ、この世の愛さえ知らない。神の愛を知るなど到底無理だ。だからいつも、私のメッセージは愛だと言うのだ。この世の愛を知りなさい。この同じ愛が、あなたを神の愛へと連れて行く。あなたはまだ愛を知らない。この世の愛を知らない――女性の愛を知らないし、男性の愛を知らない。友達の愛を知らない。あなたには全く愛がない。だから神の愛を知るなど、到底無理だ。

また、愛する人は神を逃すという間違った考えが、この世で広く行き渡っている。あなたが、どれだけたくさんの愚か者にそう言われてきたかなど、誰も知るよしもない。が、いいかね、この世で愛したことがない人は、神と恋に落ちることは絶対にない。最も浅い川で泳いだことすらない人が、海で泳ぐのはどうしたって無理だ。最小の人間関係の中で溺れたことがない人が、至高の関係に溶け込むなど無理な話だ。その関係はとても深い海だ！　海で泳ぎたければ、岸に近い浅瀬で、泳ぎを学ばなくてはならない。そうしたら波に飲まれても、溺れて死ぬことはない。

いったん泳ぎを覚えたら、行くがいい。そうしたら広大無辺の海で泳ぐがいい。泳ぎを覚えたら大した違いはない。どんなに海が深くても、泳ぐ人には問題ではなくなる。深さが一マイルでも、十マイルでも大した違いはない。泳ぐ人は泳ぎ方を知っている――それで一件落着だ。だが、泳いだことがない人にとって、浅い深いは重要だ。泳ぎを知らない人は、深かったら溺れてしまう。浅いところでなら、泳ぎを覚えることは可能だ。

私の見るところ、知るところでは、この世界は神が浅くなったものだ。これは岸だ。この世界は神の海岸だ。この岸の近くで、少し泳いでみなさい——少し愛しなさい。愛でびっしょり濡れなさい。愛に濡れなさい。この愛が、あなたに経験を与える——充分な満足は与えられなくても。それがこの愛の特性だ。それはあなたに経験を与えても、満たしはしない。一瞥は得ても、あなたの飢えは満たさない。あなたの空腹は満たさない。実際は、この一瞥があって初めて飢えが生じる。こうしたものの体験が可能となるのは、それからだ。


非常に深い愛の中で起こる、男女の融合は瞬間的なものでしかない。だがその瞬間、窓は開く。時間はその窓から消えていく。一切の隔たりは消え、我と汝という感覚は消える。だがそれはほんの一瞬だ！

その瞬間、比類なき不滅の至福の雨が降る。だが一瞬経てば、そこにはまた暗闇がある。するとまた別れがあり、大きな苦しみがある。前以上の苦しみがある。以前のあなたは、この至福を知らなかった。この窓は開いていなかった。以前のあなたは密室に住んでいた——密室しか知らなかった。以前は何とも比べようがなかったが、今のあなたは広々とした空を見たことがある。夜空の星を見たことがある。今のあなたは、空の広がりを知っている。あなたは鳥が飛んでいるのを見た。今はもう窓が閉まっている。だがその時の記憶が、あなたをひどく苦しめる。今のあなたに、これ以上この家で囚われの身でいることはできない。あなたは今日明日中に翼を広げ、その窓から飛び立っていく。

人間愛、この世の愛は神の窓を開く。そしてこのありふれた愛の中で、二重の体験が起こる。一方では至福の瞬間が生じ、もう一方では、悲しみと苦悩との間に距離ができる。至福はこのように言う。「いつもこのようにしておきなさい。この瞬間を永遠のものとしなさい」と。だが、人間関係は永遠にはなれない。それは束の間の関係だ。その後はいや応なしに苦悩が来る。人が光明を求め、至高の恋人を求めて旅に出るのは、その時だ。その人の抱擁は、ひとたび起これば、それは永遠の出来事となる。その人と一つになったら、それは永遠の出来事となる。

だが、ワインを一口も飲んだことのない者が、酒場を探しに行くわけがない。この世のワインを、これは単なるその一口だと理解する人は、しきりに神の酒場に行きたいと思うようになる。狂い求めるようになる。すると神の酒場を求める人は、いつか愛を理解する。この別れを理解し、ヴィラーを理解する。そしてある日、ある聖なる瞬間、神と一つになることをも理解する。だがそれを、言葉を通じて理解する術はない。

六番目の質問

OSHO、ゴラクの根本的な教えは何でしょうか?

その教えは短く、とても簡素だ。

笑い　遊び　浮かれ楽しみなさい
欲も怒りも残さずに
笑い　遊び　歌を歌え

意識をしっかり中心に保て

「笑い　遊び　浮かれ楽しみなさい……」

これは、私が教えていることでもある。喜びに満ち、我を忘れ、至福に包まれ、気楽に生きなさい。本当にたくさんのものを神は与えてくれた！　踊り、鼻歌を歌い……ハートに生まれる感謝の歌を、歌いなさい。それだけが祈りだ。

笑い　遊び　浮かれ楽しみなさい……

笑いなさい。笑えない人は、決して敬虔な人にはなれないということを、知っておくことだ。いわゆる宗教的な人は、完全に笑いを忘れている。宗教的な人は笑うことができない——笑いには何か問題がある、罪だと思っている。これが、世の宗教指導者と、あまり長く一緒にいられない理由だ。人は彼らのところに行き、サッと足に触れ、会釈をしてその場を去る。これは二十四時間だけでも一緒にいるのは大変だと、あなたは感じる。これでは自分の笑いまで取り上げられてしまうと。人は聖者や神父のところに行くと深刻になる。聖者や僧侶のところに行くと、こわばってしまう——干からびて神妙になってしまう。生真面目になってしまう。笑うことは罪だと思われている。

だが、最も偉大な僧侶であるゴラクの言葉に耳を傾けなさい。

「笑い　遊び……」。笑い、遊びなさい！　生を、芝居の演技以上のものに取ってはならない。生をゲームとして、芝居として受け取りなさい。

笑い　遊び　浮かれ楽しみなさい……

そして、このように生きなさい。喜びに満ちて生きなさい。喜びを自分の生としなさい。喜びを自分の道としなさい。

……欲も怒りも残さずに

すると、欲や怒りはひとりでに、あなたを離れて行きはじめる。あなたはそれに気づくだろう。欲や怒りはあなたとの縁を切った。欲を捨てる必要はない。あなたのエネルギーは全部、笑うこと、遊ぶこと、歌を歌うこと、陽気さやエクスタシーに、踊ることに流れていく。このエネルギーは、かつて欲や怒りに流れていったものと同じものだ——だがもう、そうした時間は欲や怒りにはない。ダイヤモンドや宝石を獲得し始めたこの富は、もうゴミを手にしない。エネルギーの次元は、もう変化している。

笑い　遊び　浮かれ楽しみなさい
欲も怒りも残さずに
笑い　遊び　歌を歌え

歌を生まれさせなさい！　あなたの息はすべて、歌で満たされていなくてはならない。人が敬虔になれるのは、その時だけだ。

宗教は詩だ、素晴らしい詩だ。宗教は散文詩ではない。宗教は韻文だ。宗教は、生を歌うためのアートだ。宗教は音楽、宗教はダンスだ。

……意識をしっかり中心に保て

自分の歌を歌い、意識を歌の中心に定まらせなさい。意識が一体となるのを許しなさい。意識を来させ、定まらせなさい――そうすれば他のことは全部起こる。他の事は全部、自然に起こる。これだけすれば、残りは神がやってくれる。

音自体が錠　音自体が鍵
音は音を目覚めさせる
音は音と親しくなる
音は溶けて音になる

あらゆるものはこの、至高の音楽から生まれた。神は至高の音、オムカールだ。エク、オムカール、サトナム――オームの音は神だ。「音自体が錠　音自体が鍵」。錠と鍵は両方、この至高の音の中にある。錠と鍵の両方は音楽から成る。錠と鍵は両方とも歌から成る。音なき音楽があなたの中に生まれると、声なき歌が、歌詞なき歌があなたの中に目覚める。清らかな音楽が、あなたの中に生まれる。鍵は見つかった。

音自体が錠　音自体が鍵

音は音を目覚めさせる

これが師の側で起ることだ。師はヴィーナの弦を鳴らし、独自の音を奏でる、するとあなたの中で眠っている音が共鳴し始める。あなたの内なる音の中で、反響が生じ始める。

……音を目覚めさせる
音は音と親しくなる……

師の音楽に溺れ、師の音に溺れ、師の根本の音に溺れる——そうすれば、あなたは自分に慣れ親しむようになる。

音は音と親しくなる
音は溶けて音になる

するとこの音楽は、生の音楽は丸々、至高の音楽へ溶け込んでいく。
音は世界だ。この音は音楽として現れる。
空《くう》は神だ。この空は、音の根源に戻る音だ。
だが踊り、歌いなさい。

笑い　遊び　浮かれ楽しみなさい

欲も怒りも残さずに
笑い　遊び　歌を歌え
意識をしっかり中心に保て

最後の質問

ＯＳＨＯ、神の存在を示す証拠には、どんなものがあるのですか？

証拠はない。もしくはあらゆるものが証拠だ。理屈の観点から言えば証拠はない。なぜなら、神は理屈を越えているからだ。理屈では、神は証明も反証もできない。ここで、何が理屈で証明でき、また何が理屈で反証できるかに留意しなさい。

神は証明も反証もできない。とにかく神はいる。おそらく、神がいると言うことすら正しくない。神がいると言うと、類語を反復しているように聞こえる。「いる」は神だ。あるものはすべて神だ。だから木があると言ったら、それは合っている。木は、いつかなくなってしまうからだ。ない日もあれば、なくなる日もある。木があるという状態はその間にしかない。よって木はある。人はいる。家はある。だが、神がいる、と言うのは正しくない。なぜなら神は、いなかった時など全くないし、いなくなる時も全くないからだ。だから「いる、ある」に含蓄された意味は、神には使えない。神は「いる、ある」の単なる別名だ。「木がある」というのは、木の中に神がいるという意味だ。「人がいる」というのは、神の中で人が呼吸をしているということだ。神が人の息を元に戻せば、人はそれまでとなる。神が木の緑を元に戻せば、木はそれまでとなる。

だから、ある意味では証拠はない——理屈の観点で言えば。存在の観点で言えば、その証拠は私達の周り中にある。ここに立っている木、この降り注いでいる日の光、こうした鳥の鳴く声、こうして私があなた方に話していること、こうしてあなた方が、ここでおとなしく静かに、至福に心を奪われて話を聞いていること、こうしたすべてが証拠となる。この鳥の声が聞こえるだろうか。これは充分な証拠だ！

だがおそらく、理屈の観点から見た証拠が欲しいのだろうが、そういう証拠はない。

ああ！　その棘を取り
この花を撒き散らしたのは誰だ？

これはどの竹笛の音楽か——
どの音もとてもリズミカルで　生が突然　踊り始める……
この歌はどの唇から出づるものか——
誰の酔いどれた調べから　次々に愉快な滝が噴出するのか？
この穢れなき花は何だろう
黒い蜂の大群が羽音を立て
心を躍らせるその花粉を集めに来る

ハートよ！　その棘を取り

この花を撒き散らしたのは誰だ?
この狂おしい渇きは何だ?
訊ねる術を学ばなかったのか——
それとも　受け取る喜びが何もないのか?
この奇異な　かつてない希望
失っても　また失うことを求めている
その信頼は希望がなくとも育っている
奪われたというのに　これはどういう春だ
甘い春の季節を求めてやって来たのに　ハートの祝賀になろうとは?

ああ!　その棘を取り
この花を撒き散らしたのは誰だ?

これはどういう生の暗闇か　唐突に現れ
わがそばに来て——
愛の炎を求めるとは?

これらの聾唖《ろうあ》の夢は誰のものだ?
ほかの誰にも耳を貸さず
いつも私の目の中で浮かんで来るものは?

現れたのはどんな炎か
今日　百の　愛の祝祭の灯をつけに来たのは？
教えてくれ！　その棘を取り
この花を撒き散らしたのは誰だ？

そしてお前は証拠を求めるのか？

ああ！　その棘を取り
この花を撒き散らしたのは誰だ？

こうした色を塗っているのは誰か？　どの画家か？　虹を色で満たすのは誰か？　蝶の翼に色を塗るのは誰か？　カッコーの喉を歌で満たすのは誰か？　あなたの中に生きているのは誰か？　ハートの中で鼓動しているのは誰か？　あなたの生は誰か？　そして神の証拠を求めるのかね？　こうしたものすべてが神だ。神のほかには何もない。神とはそれらの別名に過ぎない。

私は、神と存在をバラバラにはしない。古い宗教はこうした過ちを犯し、この誤りが非常に悪い結果を招いた。古い宗教は、神から世界を切り離した。すると「神の証拠がどこにあるのか」という疑問が生じる。それは自然な疑問だ。この世が神でなければ、神はどこにいるのか？　そして様々な問題が始まる。あなたは空に向けて手を上げ、祈らなくてはならない。こうした祈りは嘘だ。

あなた方に言おう。神は存在、森羅万象だ。神は存在を越えたものではない。神は存在の中にいる。神は存在と一つだ。ここで神を求めなさい。たった今、神を求めなさい。そうすれば、ありとあらゆる木の葉にある神のサインに気づくだろう。石の一個一個に、神が隠れているのに気づくだろう。イエスはこう言った。「石を持ち上げればわかるだろう。私はそこに隠れている。枝を折れば、それは私を折ったことになる」と。

ああ！　その棘を取り
この花を撒き散らしたのは誰だ？

「……そしてお前は証拠を求めるのか？」

証明してきた人達はいたが、その証拠は全て無益だ。証拠はどれも役に立たない。今まで神を証明しようと挙げてきた証拠は、みな価値がない。

たとえば「あらゆるものは生みの親が必要だ」と誰かが言う。この広大な宇宙を作った創造主がいるはずだと。だがその証明は、その人の首を絞めることになる。無神論者の前に来れば、その人は手足を失うことになる。なぜなら無神論者はこう言うからだ。「すべての創造物に創造主が必要なら、世界を創造するのに神が必要なら、神を創造したのは誰だ？」。こう言うだけで、あなたは身動きが取れなくなる。「神を創造したのは誰か？」と言われ、あなたはイライラしてくる。「神を創造した人などいるものか！」。すると無神論者は言う。「もし神が、創造されなくても存在できるなら、世界だって存在できない謂れはないだろう？」。これで論拠は覆されてしまう。あなたの考えは空論であることが証明された。

あなたは「陶器職人が壷を作るのと全く同様、偉大な陶器職人がこの世界を作ったんだ」と言うが、その陶器職人も、誰かが創造したはずだ、違うかね？　違うと言うなら、この陶器職人には創造主がいないのだろうか。気がつくとあなたは窮地に陥っている。

その偉大な陶器職人を作ったのは誰なのかね？　こういう論証は何の役にも立たない。

こうしたものは子供の慰めであって、それは革命をもたらし、生を変容するものではない。これが、私が何の証拠も挙げない理由だ。私は体験を与える。私のそばに来て静かに座り、歌い、踊るよう、あなた方に言う。するといつか「神の雷が落ちた」と突然わかる日が来る。その落雷がいつかは、誰にも言えない。それは予測できない。その客は突然に来る――不意に戸口に立っている。あなたがそれにふさわしい時、心清く、潔白で、穏やかな時――まさにその瞬間、それは起こる。そうしたら何の証拠も要らない。あなた自身がその証拠となる。証拠になるのはあなたの体験だけだ。それ以外のものは証拠にならない。

ああ！　その棘を取り
この花を撒き散らしたのは誰だ？

今日はこのくらいにしよう。

第5章

ハートに生きる

L i v i n g i n t h e H e a r t

ハートの中で生きなさい　秘密を口にせず
甘露の染みた言葉を話しなさい
アヴァドゥよ　他者が火となったら水となりなさい

ゴラク曰く　アヴァドゥよ聞け　かくの如く此の世で生きよ
目は見え　耳は聞こえど　ものを語らぬように

ナス曰く　魂の中心にとどまりなさい　議論にこだわるな
この世界は棘の園だ　一歩一歩　注意して進みなさい

バランスの取れた姿勢　バランスの取れた食物　バランスの取れた睡眠
ゴラク曰く　聞け　このような者は死にもせず　年も取らない

食べる者は死に　食べぬ者は死ぬ
ゴラク曰く　サンヤミ　バランスの取れた者だけが超越する

常に真ん中にありなさい
マインドは動かず　呼吸の動きはなくなる

真実が隠されている限り　この物語は終わらない
禁じられた場所がある限り　この物語は終わらない
マインドの人々よ
お前は力を与えられし者
自分の監獄を建て続けようとも
やがては壁そのものがダンスをする
愛を注ぐ狂人達が　封じ込まれることはない
このチューリップ　バラ　月や星にさえ——
僧侶よ　顔を引っかかれるかもしれない
この居酒屋は閉まらない
この居酒屋に休みはない
蛾は信頼の蝋燭となり
笑い　微笑みながら　我が身を燃やす
暗い迷信の家にいる蛾は
決して囚われとなることはない
この冷笑も非難も恐れに足らず　あるのは愛の言葉のみ
この世は園路なり　その物語は終わらない

神が隠されている限り、その覆いを取ろうと切に望む者は後を絶たない。

真実が隠されている限り　この物語は終わらない

恋人の顔にベールがある限り、神の話が生じ、祈りの歌が生じる。

真実が隠されている限り　この物語は終わらない
禁じられた場所がある限り　この物語は終わらない

この神の探求の物語は、神が見つからない限り続く。だがその神の探求は、個人的な探求だ。神を見つけられるのは個人一人だ。見つけた人の探求は終わりとなるが、暗闇で道に迷っているその他大勢の探求は続いていく。

たった一人でも眠った人がいる限り、すべての人が目覚めない限り、すべての明かりに灯が灯っていない限り、宗教はこの世に存続し続ける。

マインドの人々よ
お前は力を与えられし者
自分の監獄を建て続けようとも……

識者、学者よ、マインドの人々よ！　知力に、論理に信頼を置く者たちよ……

マインドの人々よ
お前は力を与えられし者
自分の監獄を建て続けようとも……

……経典の壁を築き続け、言葉の檻を建て続け、理論体系の鎖を作り続けている。

マインドの人々よ
お前は力を与えられし者
自分の監獄を建て続けようとも
やがては壁そのものがダンスをする
愛を注ぐ狂人達が　封じ込まれることはない

だが、神の呼ぶ声を聞いた者達は、壁の中にいてもやがて踊り始め、また監獄の壁も彼らと共に踊り始める。理論体系をどんなに作っても、この世から神を愛する狂人達を、根絶することはできない。狂人を満足させる理論はない。理論体系は表面的なままで、それが人の実存に力を与えることはない。頭の中では教義がこだまし続けても、実存には触れずじまいだ。

マインドの人々よ
お前は力を与えられし者
自分の監獄を建て続けようとも
やがては壁そのものがダンスをする
愛を注ぐ狂人達が　封じ込まれることはない

多くの刑務所制度が立てられてきた——ヒンドゥー教、イスラム教、キリスト教、ゾロアスター教、ジャイナ教、仏教、シーク教——これらは全部監獄だ。鎖を作るための工場が立てられ、人々はそれを寺院と呼ぶ。モスクでは足枷が作られている。だがそれでも神の恋人達は、こうした諸々の鎖の真ん中で踊り始める。彼らにとっては、その鎖でさえも足首に巻く鈴となるが、踊り方を知らない人にとっては、足首の鈴さえ鎖だ。踊りを知る人にとっては、監獄ですら踊りの場だが、踊りを知らない人は、ダンス・ホールで座っているより他はない。飲み方を知る人にとっては、飲む物は全てワインだ。飲み方を知らない人には、甘露の川が降り注いでいても、どうすることもできない。

このチューリップ　バラ　月や星にさえ——
僧侶よ　顔を引っかかれるかもしれない

こうした花、チューリップやバラ、こうした太陽や月に星……いわゆるインテリと呼ばれる人々よ、こうしたものにすら、あなたは顔を引っかかれるかもしれない。学者達よ、こうしたものがあなたをゴミに埋もれさせるかもしれない——あなた達のしていることは美に反している。あなた達のしていることは何もかも、この月や星の祝祭に反している。

宗教学者達は、人に陰鬱な信仰体系を与えたかもしれない。こうした陰鬱なコンセプトに、花は咲かない。こうした信仰からは、墓の臭いがするだけだ。こうした退屈な信仰体系に、月や星の光が差すことはない。あるのは深い闇だけだ。

人類全体が宗教的に見えるのは、こうした理由からだ。とはいえ、どこに宗教があるというのか？

宗教があれば祝祭がある。祝祭があれば、人々の顔は花のようになる、目には月や星が、ハートにはヴィーナの調べが、生には踊りが沸き起こるだろう。だがどこに踊りがある？　キラキラ輝く目はどこにある？　どこに踊っている人がいる？　活気に満ちた魂はどこにある？　ラソ　ヴァイサー――「神は活気だ」と言われているのに、宗教家達は全く活気がない。あなたを神から切り離した人、それがあなた方の敬虔な指導者だ。あなたと存在の間に万里の長城のような壁を築いたのは、いわゆる聖職者や僧侶達だ。人間がパンディットや僧侶に束縛されている限り、人は知識から自由になれない。そして不幸にも、人は知識の中だけで生き、知識の中だけで死に、決して生の秘密を知ることがない。生の神秘に全く気づくことがない。

このチューリップ　バラ　月や星にさえ――
僧侶よ　顔を引っかかれるかもしれない
この居酒屋は閉まらない
この居酒屋に休みはない

どんなに訴え続けても、どんなに叫び続けても、居酒屋はどこかしらで誕生する。ゴラクが生まれる場所には居酒屋が生まれる。カビールが起こる所には居酒屋が起こる。イエスが歩くところには、ワイン・バーがオープンする。仏陀が座る場所には、盛大なセレブレーションがある。

この居酒屋は閉まらない
この居酒屋に休みはない

どこにこうした居酒屋ができても――できてまもなく、居酒屋はつぶれるだろう。居酒屋のある場所に、寺院やモスクが立つ。仏陀のそばでは甘露が降っていたのに、仏教学者やその類の人が来るなり、ワイン・バーは陰気な寺院に作り変えられてしまう。ダンスは急に儀礼や祭礼に変わり、ハートに深いため息が湧き上がるなり、即刻それは形式ばった祈りとなる。かつて生きた真実が出現した場所には、真実についての話しかない。

こうしたことがイエスと共に起こった。こうしたことがクリシュナと共に起こった。同じことが、すべての師と共に起こった。もはや、クリシュナ寺院で笛の音は聞こえない。今のクリシュナ寺院では、太鼓の音は聞こえない。人間は奇妙なわなを仕掛ける。人は解放者から束縛さえ作り出すようになる。だが、こうした私達の諸々の計画にも関わらず、諸々の組織や規則にも関わらず、誰かしらが開花する。どこかで蓮の花が咲き、どこかで香りが天に向けて漂い出す。どこかで再び祈りの歌が聞こえ、どこかで生が再びそのエクスタシーへと帰っていく。

この居酒屋は閉まらない
この居酒屋に休みはない

蛾は信頼の蝋燭となり
笑い　微笑みながら　我が身を燃やす
暗い迷信の家にいる蛾は
決して囚われとなることはない

蛾が妄信の闇に縛られないのは幸いだ。蛾は焼かれたがっている。蝋燭が見つからないと、蛾は自ら蝋燭となる。蛾は、火のついた蝋燭がないと自ら蝋燭となる。しかし蛾は妄信に囚われることはない。

この世は妄信の闇で満ちている。こうした思い込みは大昔からあるために、人々には生そのものが信仰であるかのように映る。あなたは神を信じるだろうか。もしそうなら、あなたは妄信者だ。あなたは神を知るべきだ——信じることで起こるものは何もない。信仰は非常に安い。信仰には一銭の価値もない。神を信じる人は非宗教的だ。神は知らなければ意味がない。神を知らなければ、それ以下では何にもならない。だが神を知るには、勇気を出さねばならない。神を知るには、蛾は燃える蝋燭となるべきだ。捧げものとして、自分の命を差し出す必要がある。命を賭ける必要がある。

宗教は、知りたがり屋のためのものではない。宗教は単なる肌のかゆみではない——宗教とは命を張るギャンブルだ。だから、宗教的になった人は一握りしかいない。宗教は腰抜けのためのものではない。それは臆病者のためのものではない。臆病者は現実逃避者だ。宗教は、この人生の戦いのチャレンジを丸々受け入れる人のためにある。それは生を生きる人の、生を完全に生きる人の、逃げない人の、怖気づかない、おののかない人のためのものだ。足をぐっと踏ん張って、生の闘いに挑む人のためのものだ。正にこの奮闘から魂は生まれ、正にこうしたチャレンジの中で魂は熟し、実存は強化される。

ゴラクのスートラには、あなたの生を酒場にする力がある。ゴラクのスートラには、あなたを蛾にする力がある。炎がなければ、自ら炎となるような蛾に——。これは素晴らしいスートラだ。スートラの一つ一つに浸り、それを吸収しなさい。ハートの器を、スートラの一つ一つで満たしてやりなさい。

ハートの中で生きなさい　秘密を口にせず
甘露のしみた言葉を話しなさい
アヴァドゥよ　他者が火となったら水となりなさい

ハートの中で生きなさい……今のあなたは外側で生きている。あなたはまだ、内側で生きる術を知らない。だから不幸なのだ。外側にいる人は不幸、内側にいる人は幸せだ。外側にいる人は地獄に、内側にいる人は天国にいる。外側で生きることは、欲望の中で生きることだ。つまり富を得、権力や名声を得、威信や尊敬を得ることだ。外側で生きると、何かを得てはじめて幸せになる。内側で生きるとは、あなた自身に、幸せの源泉がすでにあるという意味だ。

この非常に微妙な違いを、覚えておきなさい。外側で生きるとは、何かを得て幸せになることだ。幸せには条件が付いている。あなたは幸せに条件を付けた。もし百万ルピーあったら自分は幸せになると、誰かが言ったとする。その人は幸せに条件を付けた。すると百万ルピーを手に入れるまで、その人は幸せになれない。そして百万ルピーを手にした日、その人はそれとは別な大きなショックを受ける。幸せに条件を付けたために、百万ルピーが手に入らなかった間、彼は悲しい思いをしてきた。幸せに条件を付けた者は、みな幸せを逃す。なぜかと言うと、幸せはすでに、無条件にあなたのものだからだ。

幸せは私達の本質だ。私達は幸せを持って来る——幸せは私達の内側に宿っている——それを求めて人は外に出て行く！　あなたは幸せに条件を付けた。外側を探す人は、幸せに条件を付けねばならない。条件がなかったら何も探しようがない。探すことが意味するもの、それは条件を満たすために注ぐ努力だ。自分は首相になるまで幸せになれない、と誰かが言ったとする。その人は条件をつけた。人口六億の国で、首相になるのは大変なことだ。生きている間に首相になることは、まずあり得ない。あなたの生涯は、不幸に費やされることになる。なぜかというと、条件が満たされるまで、あなたは絶対に幸せになれないからだ。

そして不幸な一生を送ってきた者は、首相になるとさらに驚く。それは不幸な生涯を生きてきたために、不幸が習慣となってしまったからだ。首相になっても不幸でいる習慣は、そうあっさりとはなくならない。

習慣は知っての通り、よほどの努力をしない限り落ちない。六十年間、不幸が習慣づいてしまった人が――絶えず、昼も夜も、朝も晩も、寝てもさめても『どうしたら首相になれるか』という夢を、ひたすら見ている人が――もし六十年後に首相になったら、万一首相になっても、その可能性は極めて薄い……。ほとんどの人は、首相になれずに死んでいく。だが、仮に誰かの運が悪くても、インディラの不運がモラルジの幸運だったように――それでもその人は幸せにはなれない。六十年続いた習慣を、今になって捨てるのは無理な話だ。六十年に渡る不幸の習慣と、惨めな生き方をしてきたマインドが、一挙に消えることはあり得ない。それはさっと降ろせるものではない。いまや、不幸は他ならぬあなたの骨身になっている。それは服のように、脱いで別なのを着るというようにはいかない。不幸が皮膚となった以上、それを取り去るのは極めて困難だ。そこでマインドは、新たな不幸を手配する。

億万長者でない人は、億万長者になるまで不幸だ。百万を手にした瞬間、「百万が何だ？　最低でも一千万なきゃだめだ」と言うマインドの声に気づくだろう。満たすことのできる欲望など、一つもない理由がこれだ。なぜかというと、望みが叶うまでに、人はすでに不幸中毒になるからだ。中毒者は不幸でいるために新たな予想を立てる。新たな条件を付ける。あなたは条件を前へ押し進める。一千万入ったら、自分は幸せになると言う。

みな知っての通り……それを理解するのに、わざわざ首相になる必要はない。そのことは皆知っている。皆考えたことがある。「この車が、この家が、この店が手に入ったら……」。それが手に入ると幸せかね？　この女性が恋人だったらと考え、それが叶った人、この男性が恋人だったらと思い、それが叶った人に聞くが、あなた方は幸せだろうか。幸せはどこにある？

おそらくあなたは、望んだものが手に入った当日、その価値が消えたことを覚えていない。その日、あなたは新たなプランを立て始めた。マインドは新たな夢を見始める――どうしたら、もっと先まで行けるだろうかと。すでにあなたは新たな条件を設け、条件を先に押し進めている。あなたは生涯、条件を先へと押し進めていく。そういう人は、いつまでも惨めなままだ。

幸福は無条件に生じるものだ。幸せに条件はない。幸せは無条件なものだと理解した人は、すぐさま内側へ向かう。私達は条件を満たすために外側へ行く。条件は外側でしか満たせない。内側で条件を満たすことは不可能だ。お金にせよ地位にせよ、それは内側では作り出せない。目を閉じてずっと座っていても首相にはなれないし、あなたの周りにコイヌール（ダイヤモンド）の山はできない。目を閉じて座っていても、世の名声は高まらない。内側で満たせる条件は一つもない。この様々な条件の愚かしさを知った者――仮に諸々の条件が全部満たされても、何も満たされないことを知った者だけが、向きを変えて内側へ入って行く。この真実を知った者だけが内側へ入って行く。

そして向きを変えて内側へ入って行く者は、幸せを発見する。

それは現に、幸せが内側にあるからだ。幸福は人の本質だ。

ハートの中で生きなさい……

「ハートの中で生きる」の意味は、内側で生きること、今いる場所で生きることだ。そこから動かないように。そこから動いたら、あなたはすでに迷っている。そこからあなたを遠ざけるものは何か？　あなたを動かすのは欲望だ。色欲が、野心があなたを押し動かす。

野心は言う、「ここで、内側で座って何をしている？　立ち上がれ、動け、世界にはやるべきことが山ほどある。為すべき重大な旅がある。全うするんだ。そんな風だと人生を無駄にするぞ」

私達はみな、外側へ動いている。世界中の人が外側で動いている。だから世間では、この動きが唯一正しいかのように思われている。こうして動くことは正しい。みなが動いていると——人は模倣する。父親が動いている、兄弟が動いている、友人が動いている、お隣が動いている、みな外側へ向かっている——だから、あなたもそうすべきだ。あなたも中心から逃避しなければならない。あなたもマインドの仕事に手を染めなくてはならない。「これが起これば……あれが起これば……これが全部手に入れば、自分は幸せになる」とあなたは言う。

ここで、あなた方に言いたいことがある——いつの時代も光明を得た人は、幸せになりたいなら、どこにも行く必要はないと言ってきた。老子は、自分の部屋から出さえしなくていいと言った。幸福はあなたの宝物だ。これは宗教の根本的な真実だ。幸せを獲得する必要はない、あなたにはすでに幸福がある。幸福は贈り物だ。存在は既に幸福を与えている。だがいったい、いつ人はその贈り物に目を向けるのだろうか？　人は贈り物に背を向け、外に逃れようとし続ける。一瞬も止まらず、昼夜走り続けている。人は一日中考え事をし、思考の中で走っている。一晩中夢を見、夢の中で走っている。あなたは走り続ける。いったい、いつ止まるのかね？　いつ足を止めるのだろうか。足を止める日、走るのを止める日、その日、人は突然ショックを受ける。それまでのことが信じられず、呆然と言葉を失ったままになる――なぜ、無駄に走り続けていたのだろう。自分が探し求めていたものは自分の中にある、と。

ハートの中で生きなさい　秘密を口にせず……

そしてハートの中にある体験のことを、誰にも話してはならない。なぜ、この秘密を話してはならないのかというと、この秘密があまりにも常識はずれだからだ。だから、誰にその話をしても笑われるのが落ちだ。それにまだ、あなたは人に笑われることに、耐えられないかもしれない。誰にこの秘密を話しても、狂っていると思われかねない。また未熟なため、内なる旅をしてまだ間もないために、人の笑いに振り回される可能性がある。他人に馬鹿だと言わせるような機会を、与えてはならない。でないとあなたも、もしやと思い始める。誰もそのことを知る人はいない。

人は、他人の意見に従って生きている――あなたは他人の言うことを信じる。認識のよりどころが、他人の意見以外にない。今のあなたにその力はない。自分の内側から認識を得るだけの気づきはない。人は外側から認識を得る。だから人は、他人に褒められたくてしようがない。そして、侮辱される可能性をひどく恐れる。見た目に道徳的な人は、この世にたくさんいる。そう見えるのは、彼らが道徳的だからではない。その理由は一つ、彼らが人に何と言われるかを、恐れているためだ。道徳的な人はびくびくしている。彼らの道徳には恐れがある。もし「自分は捕まらない、絶対に捕まる可能性はない」と確信したら、こうした人々はみな、不道徳な行為にはまっていくだろう。

だから通常、人は権力を手にしはじめると、不道徳になっていく。

アクトン卿が言った有名な言葉に「権力は腐敗する、確実に腐敗する」というのがある。単に部分的にではなく、完全に腐敗すると。それはなぜか？　私はアクトン卿の言ったことに同意もするし、同意もしない。権力が人を堕落させると、人に思われていることは明らかだ。それゆえ、私はアクトンに同意する。善良な人は、権力を手にするとたちまち堕落する——シンプルで率直な、まさかと思うような人が、権力を握ると堕落する。権力者になるとすぐ、内側で蛇が鎌首をもたげ、毒腺が浮かび上がる。権力を手にした人には、いったい何が起こるのだろう？　権力による堕落は日常茶飯事だ。だからアクトンが言った、権力が人を堕落させるという言葉は、事実に基づくと言っていいだろう。

ガンディーの弟子を見てみなさい。彼らがこの国で三十年、何をやってきたか。彼らは善人だった。悪人だったとは言えない。もし、あのままずっと政権の座に就かないでいたら、将来彼らが悪人になるとは、誰も思いもよらなかっただろう。ガンディーの弟子は酒も飲まなかったし、肉も食べなかった。糸車を使って自ら織った手織りの服を着、タバコもすわず、噛みタバコもキンマもやらず、宗教行事や規律を守り、断食をした。彼らは国の為に尽くした善人だった——国民に仕えた。それから何が起こったのか？　権力を握ると、彼らの顔が変わったのはなぜか？

そう考えれば、アクトンの言ったことは一見正しい、だが私に言わせれば、それでもその言葉には誤りがある。その誤りとは、権力は人を堕落させるものではない、権力は単に人の本性を暴くものだ。権力は人を堕落させたりはしない。権力はただ、人を裸にするだけだ。政権の座に就く前は、その人は隠れ蓑を着ていた。なぜなら政権の座に就く前は、捕まることを恐れていたからだ。

所詮、人の力はたかが知れている。人の力量《キャパシティー》はたかが知れている。政権の座に就き権力を握れば、後は何でも好きなことができる。もう誰も、権力の座に就いた人を捕まえようがない。捕まえるのは権力者であり、権力者は誰にも捕らわれることはない——全権は権力者の手にある。「力は正義なり」だ。政権を持った職員達が、権力者を説得する。これで気兼ねなくできると——いつもしたいと思っていても、以前は権力がなくてできなかったことができると。以前なら捕まっていた。

権力は誰も堕落させたりしない。私の考えでは、堕落した人が権力を握ろうと躍起になる。だがそうした人には、大手を振って堕落を行動に移すチャンスがなかった。そうするには立場が弱かった。彼らの心は、邪悪なことをしたくて燃えているが、もし悪事がばれてしまったら、わずかな尊敬すら奪われると言って恐れる。

だが、いったん権力を握ったら、誰にも尊敬を奪われることはない。政権の座に就いていれば、何をしてもまかり通る。有力者のすることはすべて正しい。権力側の人間に、法は適用されない。権力側の人間は法の適用を受けない。法律の効力があるのは、権力側以外の人に対してだ。だから、たとえ権力が人を堕落させるかのように見えても実は違う。権力は覆いを取るだけだ。権力はあなたの赤裸々な姿を、あなたの在り方を、あなたが誰で何者なのかを、現《あらわ》にする。

私達が道徳的なのは、人々の賞賛がほしいからだ。私達は他人の非難を恐れている。だから、絶対に非難されないように注意して、慎重に行動する。私達は、一歩一歩慎重に進む。こうした理由から、ゴラクは言う——内的体験を感じるようになったら、無条件の幸福を感じるようになる。内側で甘露の滝が勢いよく流れ出したら、誰にも言ってはならないと。秘密を漏らしてはならないと、ゴラクは賢明なことを言っている。これは生えて間もない若枝だ。人に飛びつかれたら折られてしまう。人はその枝を、自分にはまだ生えていないから、折りたくてしようがない。

「よくも若枝があるなんて言えたもんだ。俺達はみんな不幸で、どうしようもないっていうのに、自分だけ幸福になるなんて」

嫉妬が湧き上がる。すさまじい嫉妬が沸き起こる。あなたは、この内なる旅を始めたばかりだ。おそらくあなたは、そんな嫉妬に耐えられないだろう。


……秘密を口にせず……


だから内側で甘露が波打ち出したら、花が咲き出したら、誰にも話さず、静かに内に秘めて守りなさい。師や仲間の弟子や、理解できる人達に話しても、世間の人に明かしてはならない。内側で踊りが沸き起こっても、路上で踊り出してはならない。そうでないと警察に捕まり、連れて行かれることになる。他でもない自分の家族に、サイコセラピストのところに連れて行かれ、治療をしてくれと言われかねない。ちょっとおかしくなってしまったと。家族の者は、ちょっと変だから電気ショック治療をしてくれと頼むだろう。正気だったら、誰も通りで踊ったりしない。

バートランド・ラッセルが初めて、アボリジニの社会を視察に行った時のことだ。その夜は満月で、アボリジニが踊り、太鼓を叩きシンバルを鳴らし始めると、ラッセルは心にこう思った――我々、文明人が失ったものは計り知れない。文明の名の下に、我々は何を手にしているというのだろう？　私達は太鼓も叩かないし、シンバルも鳴らさない。踊る力も失っている――足は踊り方を忘れてしまっている。ラッセルは「その晩、満月のもとに木の下で踊っている裸の部族を見ながら、『我々が進歩の名の下に得たものは何か』という疑問が心に生じた」と記した。

またラッセルは「自分がロンドンに戻って、トラファルガー広場で踊り始めようものなら、すぐに逮捕され、世間に狂ったと思われるだろう」とも書いた。

人々は不幸が健全で、幸福が狂気だと思っている。条件がすっかり乱れて、狂った人々だけがこの世で笑っている——残る正気で分別のある人々は、笑う時間がなくなっている。いわゆる正気な人のハートは、乾ききっている。正気な人は、金勘定に巻き込まれている。野心のはしごをよじ登りこう言う。「俺達が欲しいのは政治的権力だ。笑ったり、歌を歌う暇のあるやつなどいない。楽器を弾いたり、星空の下や木陰で踊ったり、太陽を見たり花と話したり、木を抱きしめる時間のあるやつはいない。こういうのは、すべてが終わった後ですることだ——金と権力と名声がそろったら、木の下で座るよ」

だが、その日は来ない。来たためしがないし、これからも来ない。人は泣きながら、不平を言いながらこの人生を通り抜けて行く。来た時のように去って行く——何も持たずに来て、何も持たずに去って行く。

だからもし、あなたの中に内なる甘露が生まれ、内なるものの味わいがわかるようになれば……そうなるのに時間はかからない。内側に向かいさえすれば、すべてはそこにある。あなたは川に背を向けた。だから喉が渇いているのだ。向きを変えなさい。世界に背を向け、自分と向き合いなさい。そうしたらきっと驚くだろう。なぜこんなに長い間、喉が渇いていたんだろうと。自分はあまりに多くの時間を無駄にしたと言って、あなたは泣くだろう。が、自分に元々あったものを捜していたことに、すっかりあきれて笑いもするだろう！

自分がすでに持っていたものを捜しに行き、それが見つからなくてひどく苦しみ、悩んだ。そしてそれは見つけられなかった。内側にあるものは、外側では見つからない——探し物は、あるところでしか見つからない。だが、絶対にそれを話してはならない——公表しようとする気持ちが起こるとたちまち、暗闇の中でさまよっている人に、伝えに行こうという気持ちになる。だが、さまよっている人は、そう簡単に同意しない。彼らのエゴは、さまようことと同化している。迷える者のところに行き「道からそれてはいけない。あなたは無意味に道からそれている。見てくれ、私は達成した。私を見てくれ、私の目の中を見てくれ」と言ったら、あなたは笑われるだろう。

「もう一人、おかしなのが増えた。お前は狂ってるよ」と言われるだろう。

西洋の偉大な心理学者R・D・レインは新発見をした。レインは証明しようとした。過去に東洋で生まれていたら神秘家だと思われただろう人々が、西洋の精神病院に多くいることをだ。

マスト・ファキール、歓喜の聖者と言われ崇められた、そうした人が多くいることを――R・D・レインのような思慮深い心理学者が、こんなことを言うのは意味がある。生涯、精神異常者を研究した末にレインは、東洋にいたらラーマクリシュナのような多くの人々が、西洋の精神病院に閉じ込められていると言った。

もし、ラーマクリシュナが西洋に生まれていたら、どこかの病院に入れられて、ヒステリー患者とみなされるのは確実だ。ラーマクリシュナがインドに生まれたことと、ましな時代に生まれたのは全くの偶然だ。もし今日のカルカッタに生まれていたら、ダクシネスワール寺院にはいずに、バダ・バザールの病院にいただろう。どんなに叫んでも、誰も相手にしないだろう。「光明を得た」と叫んでも「狂人にはみな起こることだ、落ち着け」と言われるだろう。自分には、女神カーリーのビジョンが見えているんだと言い続けたところで「幻覚だ、落ち着け」と言われるだろう。

今日では心理学者でさえ、ラーマクリシュナは癲癇持ちだったと、あれは紛れもないヒステリーだったと言っている。意識不明になって気絶するというのは、サマーディでも何でもないと。イエスも精神障害だったと、心理学者達は言う。空に向かって話すのは、正気でない人だけだ。分別のある人は空に向かって話したりしない。イエスは頭を垂れ、ひざまずいて空に話しかけた——まるで誰かが空にいるように話をした。イエスは空に、アバ、お父さん！　と呼び掛けた。気が狂ったとしか思えない、空に父親がいるなんて異常だと。

心理学者は、それは幻覚だと言うだろう、この人は病気だと。インシュリン注射をしましょう、電気療法をしましょう、正気に戻そう、元に戻そうと言うだろう。

ブッダ、マハヴィーラ、クリシュナやキリストは、幸いすでに他界している。本当に難しいのは現代だ。問題は増えている。ゴラクは正しい、ゴラクの探求者への忠告は完全に正しい。

ハートの中で生きなさい　秘密を口にせず……

内側で何が起こっているかを、誰にも話さないように。ハートの中でそれを楽しみ、静かにそれに溺れなさい。いつか誰かと、内なる旅の巡礼者と出会ったら話しなさい。これがサットサングの意味だ。そこには幾人かの神聖な狂人が座っていて、分かち合い、耳を傾け合っている。理解できる人がいるところで話しなさい。他の人には隠しておきなさい。この秘密は、誰にでも話していいものではない。

……秘密を口にせず　甘露の染みた言葉を話しなさい

あなたの内側で起こったことを、絶対口外しないように。しかしあなたの言葉に、その甘露を降らせなさい。そのことについては何も言わないように。

「内側に甘露の源を見つけた。神に出会った。魂を見つけた」などと、言わないようにしなさい。そのことを言ってはならない。また焦ってはならない。それは最後の瞬間、宣言すべきことだ。そうしたら、たとえ四面楚歌の声が聞こえようとも、そうしたものはどうでもよくなる。たとえ独りであっても、あなたの中に疑いは起こらない。独りでいると疑いが生じてくる。この疑いは、探求をはじめたばかりの人に起こる。それは我々が、真実は多数派がいるところにあると思うためだ。でなければ、こんなに多くの人がそこに行くはずがないと。こうした理由で諸々の宗教は、世界中の至る所で支持者を増やそうとしている。集まる人が増えれば、自分達の宗教にこそ、真実があるという確信が増す。

キリスト教徒が、自分達こそが真実だと言う理由は何か？　それは世界の、およそ三分の一がキリスト教支持者だからだ。ジャイナ教徒がこれに物言いを付けようにも、付けようがない。ジャイナ教徒はせいぜい三百万人だ。キリスト教徒の数は十億、ジャイナ教徒は三百万人だ！　マハヴィーラの時代からは二千五百年が経っている。三十組の夫婦を説得しただけでも、今ごろはその三百万人の子供達がいると思っていい。特にインドでは、これくらいの早さで子供が増える。だから三十組の夫婦で充分だ。それぞれの夫婦に十二人生まれ、またその十二人にそれぞれ十二人が生まれれば、二千五百年で子供の数は優に三百万を越す。こうした答えが出せる。三百万など物の数ではない。ジャイナ教に真実がないのは明らかだ。さもなくば、こんなに信念を持った者が少ないはずはない。

この世の人々は、群集心理に従って生きている。

あるキリスト教徒が、バーナードショーにこう言った。

「こんなに大勢の人が信じているんだから、そこには真実があるに違いない」

バーナードショーはこう言った。

「申し訳ないが、これだけ多くの人が信じているのだから、そこに真実はあり得ない」

真実は、まれにしか起こらない。真実は少数の人生にしか現れない。他の人はみな、嘘の中で生きている。嘘に生きることは大きな慰めだ。それは大いに都合がいい。嘘には毛布をかぶって眠っていられる可能性がある。虚偽は眠りだ。大半の人は眠っている。目覚めた人は真実に到達する。

そうした状態が内側に起こるまで、黙っていることだ。全世界に狂っていると言われようとも、内側に疑念が生じないくらい、確固とした自信が生じるまでは。

その時まで熟成させなさい。その時まで充分成長させなさい。その時まで力を強くしなさい。その時まで意識に、深く深く根を下ろしなさい。あなたの知恵の木を広げなさい。そうだ、そうしたらいつか、もう守るものがいらなくなるくらい木が強靭になったら、その宣言は自然に起こる。あなたがそうする必要はない。

だが今のあなたは、いちいち小さな批評にすら悩みかねない。ちょっと考えてみるがいい。例えば、自分には瞑想が起こっていると、誰かに言ったとする。そして「気は確かか？　瞑想なんて存在しないよ。そんなものはみんな心の幻だ」と言われたとしよう。するとあなたは疑い始める。夜になると、瞑想は存在しているんだろうか、どうなんだろうかと心配になる。座って瞑想すると、この疑いがつきまとう。「瞑想は存在すらしないのか？　自分はただ、時間の浪費をしているだけなのか？」と。そして、こんなことを言う人にたくさん出会うと、瞑想を続けることはずっと難しくなる。

あなたのマインドはまだ、外側からたくさんの影響を受けている。だから黙っていなさい。だが、声に甘露を流れさせなさい。甘露について話してはならない。だが、声を通じて甘露の甘さを流れさせなさい。声にその味を流れさせなさい。直接、見つけたものを語ってはならない。だが、あなたの生活やすべての動きには違いが表れ出す。変化が見え始める。話をすると、あなたの話には以前になかった甘さがある。あなたの話には歌が、リズムが生じる。するとこのリズムが、リズムを捜している人をあなたの側に連れて来る。このリズムが、人々を引きつけるようになる。何があったんだと尋ねられるようになる。誰かがあなたにぴったり近づいて来て、尋ねてきたら言ってもいい。でなければ、秘密を隠しておきなさい。

ハートの中で生きなさい　秘密を口にせず
甘露の染みた言葉を話しなさい
アヴァドゥよ　他者が火となったら……

そしてもし、あなたと顔を合わせている人が激怒し、烈火のごとく怒り出し、逆上して半狂乱になったら……水となりなさい——そうしたら、完全に水になりなさい。あなたの前の人が怒りで燃えていたら、水の役割をしなさい。水のように雨を降らせなさい。これをライフ・スタイルにしなさい。これをあなたの個性にしなさい。これをあなたの表現にしなさい。これを通じて探求者は、やがて徐々にわかってくる。探求者は手掛かりを得る。公表の必要性はない。おおっぴらに言う必要はない。このように徐々に、あなたの香りは真実を切望する人の、探求者の鼻孔に届く。内側で奏でられているメロディーが、徐々にあなたの個性を変えていく。そして、内側で生じているヴィーナから生じる音楽が、あなたの人格を変える。それは探求する人々に、渇きのある者にも響く可能性を持っている。そうした人がやって来るようになる。遠くから、あなたのところに来るようになる。永遠を探し求めていない人はいないし、至福を捜し求めていない人もいない。人々は間違った方向を捜している。しかしそれでも、捜し求めているものは至福に違いない。そして至福に満ちた個人に出会ったら、その影響は絶対に避けられない。

ラヒームは言った。

　どちらも話さない限り　見た目は似ている
　カラスとカッコーは　春にのみ明らかとなる

鳴かない限り、カラスとカッコーは同じに見える。しかし春になると、違いははっきりする。春になると違いは耳でわかる。カラスとカッコーはどちらも黒い。表面上に、はっきりとした違いはない。あなたが話す時、行動する時、誰かの手をとる時、誰かを抱きしめる時、人は違いに気づく。

　カラスとカッコーは　春にのみ明らかとなる

あなたの愛、愛らしさ、優しさが春に花開く。その時、人は違いに気づく。

アヴァドゥよ　他者が火となったら水となりなさい

そして、これから言うことを理解しなさい。
それは非常に驚くべきことだが、絶対に理解されなくてはならない。

ある女性が私に会いに来た。非常に裕福な家庭の出で、充分な教育を受けた彼女は、私にこう言った。

「私は瞑想を学びに来ました。でも瞑想を学ぶ前に、聞いておくべきことがあります。瞑想を学んだら、夫婦関係や家庭生活に問題が生じますか？」

私が一言も言わないうちに、彼女は自分でこう言った。

「心の底ではわかっています……困難など生じるはずがありません。瞑想は良いことです。瞑想から問題が生じるはずはありません。でも、夫に尋ねるようにと言われたので、尋ねているのです」

「それなら、瞑想を学ばないほうがいい。問題は起こるよ」と、私はその女性に言った。

そして驚くべきことに、何か悪いことを学んでも、大きな問題は生じない。たとえば妻や夫が酒を飲み始めても、些細な問題しか生じない。誰かが賭博を始めても、些細な問題しか起こらない。実際、おそらく何の問題もないだろう。以前問題があってもその問題が消え、物事が容易になることすらある。あなたは、マインドのより深遠な秘密を知らないから、多少ショックを受けるだろうが、妻は夫の誤りを正すことをとても楽しんでいる。夫が完全に正しくまともだったら、妻には何の楽しみもない。夫が酒を飲めば、タバコを吸えば、妻は夫を支配できる。妻は神聖な存在となる。


今日までインドの女性は、酒を飲んだりタバコを吸う勇気がなかった。だから、インド女性はそうできないし、勇気がない。何世紀もの影響で、インド女性の勇気は砕けてしまった。自分達だって酒やタバコが飲めるんだと、想像すらできない。そんなことは不可能だと。しかし女性は慰めを一つ得る――夫を責めるという慰めを得る。またそうすることで、妻は夫を管理下に置きやすくもなる。帰宅する夫はタバコを吸ってきたから、おどおどして帰ってくる。もしも突然、夫が喫煙と飲酒を止めたら、二十年家長を務めてきた妻の支配は崩壊し、妻の楽しみは失われる。人はそれほど悪事に悩まされたりしない。なぜなら、悪事を行なう者は屈辱を受けるようになり、他人のエゴを満足させる手段となるからだ。

私達は皆、他人が自分達よりも低くあってほしい、劣っていてほしいと思っている。これが私達の内側に抱えた欲望だ。それには二つの方法がある。一つは我々が上位に立つという方法だ。そうすれば彼らは低くなる。もう一つは、どうにかして他者の地位を落とせば、自分達は変わらずに、なおかつ上位になれる。通常、いわゆる宗教家や聖者や僧侶は、世を捨て苦行をして誓いを実行し、断食をする。それはひとえに、エゴを満足させるうってつけの方法が他にないからだ。こうした小さなものを捨てることで、宗教家は王位に就く――タバコを吸わない、キンマを噛まない、夜は水を飲まない。細菌を取り除くために特別に濾過された水を飲み、これを食べずあれを食べない……。こういう小さな、あらゆるものを基にして、彼らのエゴは高い地位を得る。少ない代償で手に入れたエゴと称賛を手放す者は、誰もいない。人はエゴのためなら何でも喜んでする。こうした放棄は、実に簡単にやり遂げられる。それらは難しい放棄ではない。

家族の中で誰かが下品な事をしている人がいると、家族の他の者から、あの人なら支配しやすいと思われてしまう。

私はその女性に言った。「瞑想をしたら、問題は起こらないとは言えない――瞑想をしたら大きな困難が生じるだろう。家での力関係は一変して、家庭内の力関係が大きく入れ替わるだろう。瞑想すれば問題が起こり始める。あなたは穏やかになる。夫がカッとなることがあっても、あなたは穏やかなままだろう。それが、夫のエゴにどれだけの打撃になるか想像できるかね？　わかったら、よく考えてから来なさい。帰って熟考した上で来なさい。確かに変化はあるし、困難もある」

私は毎日、その違いを経験している。約三年間瞑想してきたある女性は、現在セックスに関心がなく、困難が生じ始めている。その夫は完全に正気を失いつつある。夫は完全に気が狂いつつある。

私はこう言った。「ふりをすることぐらいならできるね？　毎日喧嘩をしていても意味はない。夫の欲求を満たしてあげなさい――役を演じるつもりで」

その女性は承諾した――瞑想する人は、やすやすと演技ができる。実際、演技ができるのは瞑想者だけだ！　内側とは距離がある。外側で演じるだけでいい。しかし、妻が外側で役を演じていた時も、その夫にはまだ困難があった。

その夫は、私のところへ来てこう言った。「あなたが新しく妻に与えた指示のせいで、自分はもっと間抜けになったような気がします。妻は演じているだけです。演技をしているだけの人は、興味はないけど、ふりをしているだけだとはっきりわかります。だから前にも増して、自責の念を感じます。あなたのおかげで、私の人生はぼろぼろです」

そこで私は、その女性に言った。「帰ってもう一度確認しなさい。戻って来る前に、このことを理解しなさい。違いは現れる。瞑想であなたの高さは増し、あなたの深みは増す。家族の関係は確実に変わる。昨日まであなたよりも上だと思っていた人が、あなたよりも下がっていき始める。昨日まで、自分の理解はあなたのものより深いと思っていた者が、あなたより浅いと感じるようになる。彼らのエゴはみな傷つき、復讐をするだろう」

あれから五年が経つが、その女性は戻って来なかった。

いいかね、人生で小さな内なる炎が目覚めれば、すぐに変化は起こる。たとえ何も口にしなくても、それでも違いは生じる。たとえ秘密を隠しても、違いは起こる。あなたは昨日までしてきたように、振る舞い続けることはできない。春は訪れ、今やカラスとカッコーの違いは、明白になった。そうなったらカラスは猛烈に怒る。カッコーに猛烈に腹を立てる。もちろんカッコーは甘い声で鳴いている。みなカッコーの声に酔っている。不人気なカラスも、誰かに鳴き声を褒めてもらおうと一生懸命頑張るが、「シッシッ、あっちへ行け！ 二度とここに来るな」と、みなカラスを追っ払おうとして、そのためにしか手をたたかない。

空を飛んでいたカラスに、カッコーが尋ねた。「どこへ行くの、おじさん？」カラスはこう言った。「東さ。もうここことは、おさらばだ。ここにはろくな人がいない。ここの人は誰も、私の鳴き声や私の歌を歓迎してくれない。だから東に行くんだ。東の人はとてもいいと聞いたんでね」

カッコーは言った。

「言っておくけど、東に行こうと西に行こうと、どこに行こうとおじさんの声が今と同じだったら、どこにいたって困難に出会うよ。声を変えないと。東へ行っても西へ行っても、何も起こらないよ。東の人だって同じなんだから」

ここでスーフィーの物語をひとつ。一人の老人が、ある町の入口で座っていた。そこに馬に乗っていた男が止まり、老人にこう尋ねた。

「この町にはどんな人が住んでいるんですか？」。老人は言った。「なぜ、そんなことを聞く？」馬に乗っていた男は言った。「前にいた町の人々はとても下品で、私は住人にショックを受け、不快な思いをさせられて、町を出なければなりませんでした。それで今度は、どこか新しい町の住人になりたくて、この町の人々はどうかと聞いているわけなんです」

老人はこう言った。「お若いの、別の町に行った方がいい。この町の人々はお前の町よりももっと卑劣だ。もっと邪悪で下品だ。ここにいたらもっと面倒なことになる。別なところを探しに行きなさい」

男は先へ行った。

ちょうどその男の後で、牛車が止まった。牛車の男は、あたりを見回してこう言った。

「新しく住むところを捜しているんですが、どうです、この村の人々は？」

「あなたが離れた村の人々は、どうだったんだね？」と、老人は再び尋ねた。

男は目に涙を浮かべてこう言った。

「離れたくはなかったんですが、どうすることもできなくて、村を去らねばなりませんでした。村の人はとても優しい人たちでした。きっとどこに住んでも、村人を思い出しては苦しむことでしょう。自分にはどうしようもなかったのです。家計が苦しくて、生計を立てるために、村を去らねばなりませんでした。他の場所で、いちかばちか頑張ってみないと……。でも運気が上がったら必ず、村に戻るつもりです。それが唯一の望みです。あの村に住んで、最後はその村で死にたい。あの村で住めないなら、せめてあの村で死にたいです」

その老人は言った。

「あんたを歓迎するよ。あんたは、前の村の人にも増して、この村の人達に愛されるよ」

そこに、座ってこの一部始終を聞いていた男がいた。はじめに男は、馬に乗った男が言ったことと老人の答えを聞き、次いで牛車に乗ったこの男が言ったことと、老人の答えを聞いた。その男は言った。

「これは驚いた。ひとりには、この村は非常に卑劣で物騒だ、先へ行けと言い、もうひとりには、この村人はとても優しい、先へ行くことはない、歓迎しよう！　と言うなんて」

老人はこう説明した。「人は他人の中に自分を見る。どこに行こうと人は一緒だ。本当の問題は自分に関係している。これを覚えておきなさい」

アヴァドゥよ　他者が火となったら水となりなさい

他人が火になったら、水になりなさい。そうすれば火は消える。瞑想に入る人、内なる旅をする人は、日々、怒りで燃え立つ人に出会う。

ドイツの偉大な思想家であるフリードリッヒ・ニーチェが、イエスに反対する多くのことを言ったと知ったら、あなたは驚くだろう。ニーチェが記したあることは、おそらく誰にも想像もつかず、おそらく誰にも考えられなかったことだ。イエスはこう言った。

「誰かに頬を叩かれたら、別の頬も差し出しなさい。誰かにコートを取られたら、シャツも差し出しなさい。また誰かに荷物を一マイル運ぶよう言われたら、二マイル行ってあげなさい」

この発言は素晴らしい。つまりイエスは、独自の言葉でこう言ったのだ。

アヴァドゥよ　他者が火となったら水となりなさい

相手が火となったら水になりなさい。頬を片方叩かれたら、もう片方も叩かせてやりなさい。

これに反論する者が出ようとは、イエスは思いもしなかっただろう。だがニーチェは反論した。また他にも多くのことに反論した。

ニーチェはこう言った。「これは侮辱だ。自分が誰かの顔を叩き、別な頬を差し出されたら、自分はコケにされているということだ。人間として、尊敬すらしなかったということだ」と。

ニーチェは言う。

「考えてみたらいい。私が誰かの頬を叩いたら、叩かれた方は、本当に私を尊敬していたら叩き返すべきだ。そうしたら二人は同等になる。イエスの教えは、非常に自分本位だ。基本的にイエスが言うことは『それがどうした——役立たずめ。どうってことはない』ということだ」

これと同じように「象は犬に吼えられることがあっても、歩き続ける」という格言がある。だが、歩き続ける象と吼える犬が意味するのは「吼え続けろ。吼えても何にもならん。自分は強いと思って吼え続けても、無用に騒ぎ続けても、私には痛くも痒くもない。私は象だ」と、こういう意味にすぎない。しかしニーチェによれば、これは非常に利己的だ。「自分は非常に純粋な魂だ。私を叩いた者よ、さあ、別な頬も叩きなさい」と言うことは、非常に利己的だとニーチェは言う。

誰かが激怒した時、自分が水になれば怒りが静まると、そうは思わないように。そうとは限らない。もっと怒りが増す可能性もある。そうしたら、もっとあなたは和らいでいかなくてはならない。その人がどう振舞うかなど、誰にもわからない。この幻想にしがみつかないように。

多くの人は、自分達が水になれば、相手も水になるという思い違いに苦しむ。こうした思い違いをしている人に、このスートラはわからない。相手の怒りが和らぐとは限らない。その人の怒りは、もっと燃え上がりかねない。

「なるほど、お前はすごい聖者だと思っているわけか、それで俺が頬を叩いても、別の頬を出すってわけだな」

それでもし、相手を卑しめようと別の頬を出したら、それは動機が不純だ。あなたはその秘密を理解していない。それは相手を負かす手段となる。そうしたらこれも侮辱同然だ。それは、非常に微妙な平手打ちだ。間接的な平手打ちだ。だがあなたは「いいか、お前は犬で俺は象だ。お前なんかが吼えたって痛くも痒くもない。そら、別な頬だ。それも叩いて、もっと低いところまで落ちろ」と言って相手の頬を叩いた。

こんな話を聞いたことがある。

ある男が、キリスト教の修道士を叩いた。修道士は、修道士の建て前として掟に従い、男に別の頬を出した。男は別の頬も叩いた——しかも前にも増して強く叩いた。「こいつは絶好の機会だ、別の頬もどうぞと言うんなら、叩かなきゃ損だ」と男は考えた。

男は、前よりも強く修道士をひっぱたいた。しかし強くひっぱたいた側から、男は非常に驚いた。別の頬を出された時よりも驚いた。修道士は即座に飛びかかって来て馬乗りになり、男を殴り始めた。男は言った。「おい、お前は修道士だろ。キリスト教の修道士が、何てことをするんだ?」

修道士はこう言った。「第三の頬はないんだぜ。それをじっくり教えてやる。イエスの戒めは守ったからな、今度は俺の番だ」。修道士は本気で、男をうんと殴った。修道士は言った。「イエスは別の頬も出せと言った。俺は一度は出したが、もう差し出す頬はない。後は勝手にやるぜ」

誰かを負かそうとして別の頬を出す人は、この修道士の状況にある。すぐにあなたは、飛びかからなくてはならなくなる……。

イエスが、汝を罵る者、汝を侮辱する者を許しなさいと言った日、ある弟子は何度許せばいいのかと尋ねた。ちょっと考えてごらん、この弟子の狙いは明らかだ。何回? その弟子は「限度を決めてくれれば、後は自分で判断する」と言っている。イエスが「七回」と言うと、弟子は「わかった」と言った——だがその言い方は「八度目でカタをつけてやる」という意味だ。

八度目は「鍛冶屋の一打ちは、金細工屋の百打ち以上に相当する」のように起こる。たった一発でカタはつく、心配はいらない。あなたを、金細工職人のようにトン、トン、トンと七回叩く者は……鍛冶屋のハンマーの一撃で、ママのおっぱいを思い出すことになる。

そこでイエスは言った。「いや、七回ではなく七十七回だ」

だが、その後はどうなる？——たとえ七十七回我慢したとしてどうなる？　もしそういうつもりなら、七十八回目はどうする？　それなら、たとえ七百七回我慢したって、何にもならない。世界中のどんな良い規則も、一つだって役に立たない。なぜかというと、どのルールにも限度があるからだ。ルールにはすべて限度がある。これが、規則が規制〝*restriction*〟と言われる理由だ。規制とは限度があるということ。限度のない規則はあり得ない。無限でありえるのは実存だけだ。よってこれは規則ではない。それを実存の感覚として、理解することだ。

ハートの中で生きなさい　秘密を口にせず
甘露の染みた言葉を話しなさい
アヴァドゥよ　他者が火となったら水となりなさい

単に規則に従うのではなく、これが内なる感覚とならねばならない。この気持ちは愛から生じる——頭から、計算からではない。それはあなたの、自然な状態でなくてはならない。これは自分自身の存在に、完全に吸収された時に起こる。

そして覚えておきなさい、比類のない革命が起こる。あなたが自分の実存、自分の魂に完全に吸収されると、個別の魂はなく、神だけがあることがわかる。神があなたから分離しているように見えるのは、あなたが自分の魂から遠く離れているからだ。その距離がなくなる日、神との距離も消える。そうしたら、魂自体が神だ。あなたは一色になる。その時あなたは非二元的だ。

ラヒーム　この愛を称えよ
この愛の出会いの中で　二つの色は一つになる
ウコンが黄色を捨てるように　石灰は白さを捨てる

このように一つになりなさい……

ラヒーム　この愛を称えよ……

愛は、二つの色が一つとなって初めて、称えることができる。

……二つの色は一つになる

以前二つだった色は今、一つになる。

ウコンが黄色を捨てるように……

周知の通り、ウコンと石灰が混ざると、どちらも色を失う。

ウコンが黄色を捨てるように……

ウコンは黄色を手放す。

……石灰は白さを捨てる

そして石灰は白さを手放す。すると新しい色が生じる——赤みが生じる。二つは出会うと赤くなる。あなたと神が一つになると、同じことが起こる——すると愛が生じる。いったん内側に向かい始めたら、この出来事はいつでも起こる。神はそこに隠れていて、あなたを待っている。

ゴラク曰く　アヴァドゥよ聞け　かくの如く此の世で生きよ
目は見え　耳は聞こえど　ものを語らぬように

このように、鏡のようにこの世で生きなさい。鏡は映す。鏡は美しい人を美しく映し、醜い人を醜く映す。だが鏡そのものは、何も言わない。鏡は批評しない。鏡は「ああ、美しい！」とさえ言わない。また「どこかへ行け、失せろ、立ち去れ。ひどい見苦しい姿を映して、自分まで醜くなってしまうじゃないか」とも言わない。

鏡は観照者のままだ。これは観照のスートラだ。

ゴラク曰く　アヴァドゥよ聞け　かくの如く此の世で生きよ……

この世で生きるための術が、観照だ。

目は見え　耳は聞こえど　ものを語らぬように

見て、聞いて、通り過ぎなさい。それはただのドラマだ。それはスクリーン上で展開される映画であって、ここには交錯する光と影しかない。過度に巻き込まれないようにしなさい。

ムラ・ナスルディンは、映画を見に行った。ムラは映画を見るのは、生まれて初めてだった。最初の上映が終わっても席を立たなかったムラに、劇場の支配人がこう言った。

「さあ、もういいんだよ、ムラ。映画は終わりだ」

「ほら、次の回のためのお金だ。次のも見ないと」とムラ。

次のを見ても、ムラは帰らなかった。「ムラ、どうしたんだ？」と支配人が言うとムラは言った。

「ほらお金だ。三度目のも見る」

支配人は言った。「いいけど、どうして？　なぜ、同じ映画を何度も見るんだよ」

ムラは言った。「訳を知りたいなら教えてやるよ。女達が服を脱いで湖に入っていくシーンで、後ちょっとで全部ってところで、電車が通るだろう。湖畔沿いに鉄道が走ってて、電車が来ると女達が隠れて、通り過ぎる頃にはもう水の中っていうのが。だから、いつか電車が遅れるかどうかを見てみたいんだ。私は帰らん。どうせインドの電車だ、そのうち遅れるさ。帰るのはこのシーンを全部見てからだ」

笑ってはならない。あなたも、映画を見れば同じような影響を受ける。小さな村で初めて映画が上映された時、村人は村の習慣に従って、お金を投げ始めた。演劇か何かがあって誰かが踊ったりすると、村人はお金を投げる。小さな村では、映画にお金を投げるようになった。小さな村では、村人がスクリーンにお金を投げ出す――ダンサーが踊ると、村人はお金を投げ始める。ダンサーが踊り、踊りでペチコートがひらひらし出すと、村人達はかがみこんで下から眺め出す。そこには何もない。ただの交錯する光と影だ。しかしみな、こうした村人と一緒だ。これが全人生のからくりだ。

そしてこれは、一般の人々に限った話ではない。

イーシュワラチャンドラ・ヴィディヤサガールの人生で、こんな出来事があった。

彼はベンガルで有名な学者で、有名で非常に道徳心の高い人だった。イーシュワラチャンドラは、演劇を見に行くと、最前列に座るよう言われた。ドラマが始まった。劇中では、悪役がありとあらゆるひどい事をしていた。道徳主義者イーシュワラチャンドラ・ヴィディヤサガールは、大きな怒りが込み上げてきた――道徳家とはとても怒りっぽい。イーシュワラチャンドラは、この悪事に非常に腹を立てた。そのため、悪役のした最後の悪事に耐えられなかった。最後の悪事は、ジャングルを通り抜けようとする女性を引っ張り、サリーを脱がして捕らえるというものだった。もはやイーシュワラチャンドラは、自分を抑えられなかった……。

ドゥラウパディのサリーの物語で、クリシュナはドゥラウパディのサリーが脱がされようとすると、すぐにやって来てサリーを長くした。サリーの長さは伸び続けた……。イーシュワラチャンドラは、この悪行を無視できなかった。彼は演劇であることを忘れ、自分の靴を脱ぎ、ステージに登ってその男を靴で叩き出した。その役者は、より大きな知性を見せた。

彼はイーシュワラチャンドラの靴を手に取り、それを頭の上に乗せてこう言った。

「誰も、これ以上の敬意を払ってくれた人はいません。あなたのような知的な人が騙されるくらい、自分の演技が上手いとは思いもしませんでした！　これはただの演技です。それに、この人は女性じゃありません。私達のマネージャーで男性です。私でも彼のサリーは脱がせません！　無駄な努力ですよ、もうちょっと近くで見てください。我々の尊敬すべきマネージャーでしょう？　あなたの靴は返しませんよ、これは私への賞ですからね」

その靴は、いまだに彼の家族の家で保管されている。家族の者は、その靴を大事に保管しようと、ガラスケースに入れた――イーシュワラチャンドラ・ヴィディヤサガールさえも騙された、それほどの演技をした凄いアーティストが、この家にいたという記念にだ。

だから、一般の人のことは忘れなさい。最も偉大な学者でも大差はない。これは生まれた時からの習慣だ。あなたは慌てて行為者になる。それを行為する人になる。するともはや、観照者ではいられなくなる。肝心なのは観照者でいることだ。

ゴラク曰く　アヴァドゥよ聞け　かくの如く此の世で生きよ
目は見え　耳は聞こえど　ものを語らぬように

エゴは行為者の中にしかない。あなたが観照者となる日、エゴはいなくなっている。そうしたら、どんなエゴも残りようがない。見る人は、見者はあなたしかいない。もう鏡にエゴはあり得ない。そしてエゴがなくなった人は、重荷もなくなっている。重荷のない人は、神へ飛んで行ける。

炎に荷を投げ　ラヒームは泳いで渡る
荷を手放さない者達は　途中で溺れる

ラヒームは、炎に荷物を投げたと言う。

炎に荷を投げ……

ラヒームの持っていた荷物は、ストーブに投げ込まれた……

……ラヒームは泳いで渡る
荷を手放さない者達は　途中で溺れる

荷を手放さない者達は、途中で溺れる。無力な者達は途中で溺れる。荷物とは何か？　それはエゴ、行為者のことだ。観照者になれば、すぐに重荷は下りる。観照者になれば、すぐあなたは空っぽになる。鏡はいつも空っぽだ。何が映り消えようと、鏡に違いはない。鏡はただ見ているだけだ。

……目は見え　耳は聞こえど　ものを語らぬように

ラヒーム曰く　愛の道はひどく滑りやすい
人々は　アリでさえ足を滑らすところに
荷を積んだ牛を連れて来る

ラヒームはこう語る。この神へと向かって伸びる愛の道は……ラヒーム曰く、この愛の道は……

……愛の道はひどく滑りやすい……

この道は非常にツルツルしている。

アリでさえ足を滑らすところに……

ここでは、アリの足でさえ滑っている。これぐらいの重さでも、障害となる。

人々は　アリでさえ足を滑らすところに
荷を積んだ牛を連れて来る

そして牛に荷物を積んで、アリでさえ滑って転ぶ道を、人々は歩こうとする。ほんのわずかな、微妙なエゴがあっても、それだけでも転ぶ――エゴはアリのようなものだ。その道を人々は、荷を積んだ牛を連れて行こうとしている。

ナス曰く　魂の中心にとどまりなさい　議論にこだわるな
この世界は棘の園だ　一歩一歩　注意して進みなさい

ゴラクは魂をしっかり保ち、エゴを手放せと言う――実存を残しなさい。実存とエゴは別のものだ。エゴはあなたの幻想で、それはあなたが作り出した、ある一連の行為だ。実存は神の贈り物だ。実存はあなたが持ってきたもの、エゴは獲得したものだ。実存は鏡のようなもの、単なる観照者だ。エゴが行為者となっている。エゴは体験者として識別されるものだ。

ナス曰く　魂の中心にとどまりなさい……

実存が、自己が残っていれば充分だ。エゴを手放しなさい。そしてエゴが消えれば、実存はエゴが何であるかを理解する。今は、あなたが自分だと見なした、あれこれを知る者はいない！　ある人は自分は医者だと考え、ある人は自分はエンジニアだと考え、ある人は自分はこれだと、ある人は自分はそれだと考える。実存は医者でもエンジニアでもない。実存はただの、何も映っていない鏡だ。エンジニアだと鏡に刻まれた人は、エンジニアとなる。あなたは工科大学で勉強し、エンジニアとなる。あなたは医者や弁護士、判事や店の主に、あれこれになる。何であれ、人はマインドに刻み込まれたものになる。そして、時にそれが偶然、起こることがある。

昨日、ある人の体験談を読んでいた。その男はオックスフォード大学に勉強しに来た当初、とても内気で恥ずかしがり屋だった。大学の職員に希望する学科を尋ねられると、男は神学と言った。

しかし職員は「地質学」と理解した。男は内気だったために何も言わず、職員は「地質学」と書いた。男は職員が「地質学」と書いたのがわかったが、とても内気だったために、何も言わなかった。男はただ「わかりました」と言った。

男は六年間地質学を勉強した末、金メダルで卒業した。その時彼は、それが全くのミスであったことを明らかにした。自分は神学を勉強しに来て、残念なことに地質学者になってしまったと。

平凡な地質学者でなく、金メダルを受賞した彼は、生涯それにがんじがらめとなった。もはや彼を救済する術はなかった。そして彼はこう言った。

「この六年間、どんなに大変な思いをしてきたか誰も知りません。心底恥ずかしく、気兼ねして一年が過ぎると、今さら言うのは余計馬鹿げていると思いました。一年も浪費するなんて馬鹿げていると。そして二年が過ぎました。二年過ぎてそんなことを言ったら、もっと馬鹿げている。そして学位を一つ取ったら、余計難しくなりました。そこで私は『起こるべきことが起こったんだと、私が地質学者になったのは神の御心だったんだと、だから地質学者として死のう』と思ったんです」

彼は、世界でも有名な地質学者の一人となった。彼は神を探しに行ったのに、全く違うことをする羽目になった！


あなたは何なのだろうか？

これを読んだ時私は、自分の人生でのある事故を思い出した。

大学に入学許可をもらいに行った時、私はペンを忘れ、誰かからペンを借りようと待っていた。すると、ペンを手に願書を書いていた一人の青年が立っていた。しかし、その青年は長い間考え込んでいた。

私は彼に「君が考えている間、ペンを貸してくれ」と言った。私は自分の願書を書き、その願書を見て彼は「よし」と言って、全く同じように願書を書いた。私は言った。「同じことを書いたのか?」

その青年はこう言った。「何の学科を勉強しようかと考えてたんだ。本当によくここに来てくれた、おかげで、学科の欄に何て書いたらいいかわかったよ」

その青年は、私が「哲学」と記入すると、同じく「哲学」と書いた。今や、その青年は哲学教授となった。彼がペンを持っていて、私は持っていなかった、理由はこれだけだ。これが理由だ。もしあなたが「あなたは誰か」と尋ねたら、彼は「教授です、哲学教授です」と言うだろう。

これらは偶然のできごとだ。あなたはこうした一切のものではない。母親の子宮、もしくはその時よりもさらに以前にいた、それがあなただ。あなたは、最も深い眠りの中でさえあるもの——医者でもエンジニアでも教授でもない。あなたは死んだ後でも存在するもの、あなたは実存だ。これがあなたの本質、内なる本質だ。

ナス曰く　魂の中心にとどまりなさい　議論にこだわるな

魂と、実存と一緒にいなさい。そして魂があるのかどうかと、無意味な議論を始めないように。「もし魂があるなら、それはどんなものか。赤いのか黒いのか、黄色なのか緑なのか?」無意味な議論を始めないように。でないと、議論で生を無駄にしてしまう。内側に目を向け、在るものを見なさい。それは誰にも聞きようがないし、誰にも答えようがない。答えは、自分自身の中に見つけることだ。本に答えを求めに行ったり、理論にのめり込まないように。無意味な議論を始めないようにしなさい。

人々は、何時間も議論に没頭したままでいる。議論をしているうちに生は過ぎ去ってしまう。ある人は魂はないと言い、ある人は魂は不滅だと言う。まだ死んでもいない人が魂は死ぬと言い、ある人は違うと言う。魂は不滅だ、死後も存在する――魂は永遠だと。そう言う彼らも、まだ死んではいない――議論は続いていく。何を言い争っているのかね？　魂はあなたの中にいる。死ぬにせよ死なないにせよ、それは未来の出来事だ。せめて、今あるものと親しくなりなさい。少しだけ探し求めなさい。少しだけ探しなさい。ないものは見つかりはしない。見つからなければ、ないと言っていい。だが、内側に入って行った人の中には、戻って来て魂はないと言った者は一人もいない。内側に入って行った者は、例外なく魂はあると言った。ないと言う者は、まだ一度も内側に行ったことがない。

マルクスは全く瞑想しなかったが、魂はないと言う。これは全く馬鹿げている。そう言うなら、せめて瞑想すべきだ！　これは、水を全く飲んだことのない人が、水を飲んでも渇きは癒えないと言っているようなものだ。そんな人が信じられるだろうか。マルクスは、自分は科学的な社会主義者だと言うが、全然科学的じゃない――マルクスは、科学で最初に必要とされる条件さえ、満たさなかった。実験を通して証明されたことだけを言う、これが科学の第一条件だ。科学の条件で、これ以外のものはあり得ない。マルクスは、宗教は非科学的だと言う。だがマルクスはせめて、最初に実験するという条件を満たす必要がある。

ブッダは瞑想した。マハヴィーラは瞑想した。イエスは瞑想した。老子は瞑想した。ゴラクは瞑想した。みな瞑想した人は、誰もが魂はあると言った。内側に入った人は、それを否定しようがない。あればどうにも否定しようがない。目を開けた人が、太陽を否定することは断じてできない。確かに、目を閉じて座っている人なら否定できる。フクロウなら否定できる。ふくろうは目を閉じて座っている。朝が来ても、それはフクロウにとっての夜だ。

ある日、ここのすぐ近くで、アーモンドの木の上で、フクロウの声が聞こえた。日が昇り、夜が明けようとすると、フクロウはアーモンドの木に来て止まった。側にはリスが、朝の爽やかな空気の中で座って、これから始まる一日に備えていた。また素晴らしい一日が生まれた。ちょうど目を覚まそうとしていたリスに、フクロウがこう言った。

「リス君、もうほとんど日が暮れちゃったね。どうだい、この木は休むのにいいかい?」

リスは言った。「えっ? 暮れるところじゃなくて、明けるところだよ」

フクロウは言った。「まさか! 馬鹿言うなよ。夜になってることは、暗くなってることは確かだ」

リスがわざわざ、フクロウの言うことに口出しする訳はない。もし口出ししたら、フクロウに攻撃されるだろう。所詮フクロウはフクロウだ。そこでリスはこう言った。

「きっと、君の言うとおりだ」。そしてリスは、離れた枝に行くとこう言った。

「今なら言える、君は正しくない。君はただのフクロウだ、馬鹿だ、目は閉じている。目をつむっているから、夜が来ると思ってる。目を開けるんだ、太陽は出ているよ」

だが、フクロウにはとても受け入れられない。フクロウにとって夜は昼、昼は夜だ。

外側で生きている人は、内側にある魂を受け入れられない。魂があると言えるのは内側に目を向ける人、内なる目を開く人達だけだ。だから、無意味な議論をしないように。無意味に時間を無駄にしないようにしなさい。議論に費やす時間を、瞑想に使いなさい。

この世界は棘の園だ……

生には多くの問題がある。生にはたくさんの棘がある。口論はその最大の棘だ。なぜなら、人々は言い争いをして人生を浪費する。すると人々は、独善的になり頑固さが生じる。

……議論にこだわるな

強情さが生じ「自分の言うことは正しいはずだ」と思うようになるのは、エゴが危機にさらされるからだ。人々は、真実のために議論をしているのではない。誰も真実について悩む者などいない！　議論が生じるのはエゴのせいだ。真の問題は、自分が正しいか、相手が正しいかだ。誰も、真実そのものと全く関わってはいない。

だが人は「自分が言ったことは正しいはずだ、私が言ったことだから」と言う。論争者は「私が言うんだから、それは正しいんだ」と言う。これを覚えておきなさい。これは、真実を探求する人の言葉ではない。真実の探求者はこのように言う。

「つまり、真実がどこにあろうと、自分は真実を支持する用意がある」

この世には二種類の人々がいる。一つは、真実は自分の背後に立つべきだと言う人々だ。

「真実は、私が立つところに立つべきだ。真実を自分の影にしてやる」。こういう人は理屈家だ。

そしてもう一つは、自分を真実の影にさせてくれと言う人々だ。
「自分は真実があるところに立つ。自分は一心に真実に従います。自分は真実の影になりたい」
これが探求者の特徴だ。
よく気をつけて足を置きなさい。ここにはイバラの茂みがたくさんある。そして最も大きな棘を持つ植物は、宗教の教義だ。人は教義に巻き込まれ、瞑想のことを忘れる。議論して神の存在を肯定する者が、祈る機会を得られないのはよくあることだ。これでは無意味だ……。食べ物のことで議論をしていて、いつ料理をする？　水のことで議論していて、いつその源を探しに行く？

一つを育てればすべてが育ち　すべてを育てればすべてを失う
ラヒーム曰く　根だけに水をやれば　たくさんの花と実がつく

ラヒームは言う、一つのものを育てれば、あらゆることが成就すると。それはあなたの中にある――それとはあなたのことだ。

一つを育てればすべてが育ち　すべてを育てればすべてを失う……

無益な言い争い、高度な理念を証明すること、ヴェーダやコーランや聖書を証明することに巻き込まれないようにしなさい。でないとすべてが無駄になる。一つのことを成し遂げなさい。

一によって十を知る

スヴェタケトゥが導師の家から戻り、父のもとにやって来た。ウッダラカは息子に言った。

「さあ、いったい何を勉強してきた?」

スヴェタケトゥは言った。「ヴェーダ、ウパニシャッド、バラモンの経典を勉強しました。アランヤ、プラーナ、文法、言語を学びました」――当時学べたことはすべて学んだ――「あらゆることを勉強しました。導師が与えることができたものは、すべて持って来ました」

すると、スヴェタケトゥの父は悲しんだという。スヴェタケトゥは言った。

「でも、なぜ悲しんでいるんです。首席で卒業したんですよ。素晴らしい賞をもらってきたんです。卒業証書を見てください」

しかし、父親はこう言った。「一つ聞くが、『唯一なるもの "that one"』は学んだのか。それによってすべてがわかる。『唯一なるもの』は学んだのか?」

スヴェタケトゥは言った。

「誰です『唯一なるもの』とは? 導師の家で、導師の学校で得られたものは、何でも学びました。あらゆることを学んで戻ってきました」

父親はこう言った。「そんなものは何の役にも立たん。戻って『唯一なるもの』を知ってから、帰って来い。たくさんのことを学んできて、それから何が起こる? それが何のためになる? 『唯一なるもの』を学んだら戻って来い。お前は誰だ? それを知ったら戻って来い。自分自身を知る時まで、お前は何も知らない。それに言っておくが、私はもう年だ。もしかすると『唯一なるもの』を知ってお前が戻ってくるまで、私がここにいるかどうかはわからん」

「だが、ひとつ言っておきたいことがある。これまで私達の家には、名ばかりのバラモンはいなかった。

私達はブラフマンを、究極を知って、初めてバラモンと名乗ってきた。このことを覚えておくがいい。ブラフマンを知るまで、自分をバラモンだと思うな。うちの家系には、生まれながらのバラモンは一人もおらん。私達はブラフマンを知って初めて、バラモンとなった。これは、私の父が私に言ったことであり、私がお前に言うことだ。『唯一なるもの』を知ったら戻って来い。それがわからぬ限りは、バラモンにはなれない。バラモンの家庭に生まれただけで、バラモンになる者は誰もいない」

ラヒーム曰く　根だけに水をやれば　たくさんの花と実がつく

葉に水をやりながら、さまよい歩かないように。根に水をやりなさい。根はあなたの魂だ。神への扉は根を通ったところにある。この一つの根だけに水をやることで、あなたには葉がたくさんつき、たくさんの枝葉がつく。鳥が来てあなたの上に住み、そこで巣を作り、あなたの陰に座るようになる。また、あなたには果実も実るようになり、飢えた人々の飢えと渇きは満たされる。また花も咲くようになり、美を求める人々の心は満たされる。やがてあなたはあふれる。だが『唯一なるもの』に水をやるのを忘れてはならない。

バランスの取れた姿勢　バランスの取れた食物　バランスの取れた睡眠
ゴラク曰く　聞け　このような者は死にもせず　年も取らない

唯一なるものをどう育くむか？　唯一なるものをどのように知ればいいか？

バランスの取れた姿勢……

座り方を学びなさい。覚えておきなさい、アーサナ、姿勢とは、身体を使った姿勢を意味するだけではない。動きがないように内側で座りなさい。外側のアーサナは、内側のアーサナの準備に過ぎない。外側の身体が動かないように、じっと静かに座りなさい。これは始まりにすぎない。そうしたらマインドをぐらつかせないように。マインドに波があってはならない。心も身体も動かない時、内側と外側の両方が停止し、止まった時、それがアーサナだ。止まったとは、欲望がもはやないという意味だ。止まったというのは、野心がもはやないという意味だ。止まったというのは、マインドに揺らめく波がもうないということだ。今やマインドは、静かな湖となっている。

バランスの取れた姿勢　バランスの取れた食物……

そして、食事は適量だけ摂りなさい。無益なものを食べないように、ぶらぶらしないように。無益なものを身体に詰めないように。身体が必要とするもの、要求するものを摂りなさい。これを固く守りなさい。一生の仕事が、ある方向から食物を入れて、別の方向からそれを出すことしかない人々がいる。これが彼らの唯一の務めだ。

四人のお抱え医師のいた、皇帝ネロのような人々がいる。皇帝ネロは大の食道楽だった。しかしどんなに食べることが好きとはいえ、人が一日に食べる回数には限度がある。一回、二回、三回、四回、五回……誰もそう何度も、食べることはできない。しかし大の食道楽がたたって、ネロのマインドが満たされることは一度もなかった。そこで宮廷医師達は、食べた物を無理に吐かせた——宮廷に住んでいた医師達は食後、皇帝に食べた物を吐かせるための薬をすぐに与え、再度食事ができるようにした。これはかなり極端なことのように思われるが、私はこのように吐く人々を知っている。

あるアメリカから来た少女は十五年間、規則的にこれをしてきた。その子は、食べたらまた食事ができるよう、食べたものを吐いた。それから私は三、四人の人に出会った——私のところには様々な不健康な人が来るが、彼らもこれをする人達だった。また全く同じではないが、まるで人生が食物(ボージャン)だけであるかのように、食べ物を詰め込み続ける人がいる。食べるだけが生ではない。生は神を思い出させるもの、バジャン(神への献身歌)でもある。そしてボージャンがすべてだと思っている人は、バジャンが目覚めるまで、最低のレベルで生きる。ボージャンは、バジャンに必要な分だけ食べなさい。

だが宗教家に目を向けたら、ショックを受けるだろう。ヒンドゥー・サニヤシンのような人を見たら、あなたはショックを受けるだろう。もし腹が出ていなかったら、そのサニヤシン達は本物のスワミではない! 彼らの務めといったら……彼らはバジャンのことを話し続ける。しかし彼らはきっと、ボージャンしかやっていない。彼らのところに行って、見てみるといい。腹の大きい賢者ほど、もてはやされている! 彼らの務めはバジャンについて語り、ボージャンを食べることだけだ。食べなくてはならないから、食べなくてはならない。ボージャンが欲しいという理由で、彼らはバジャンのことを話し続ける。これでサニヤシンとは、これでサドゥーとは呆れたものだ。

バランスの取れた姿勢　バランスの取れた食物　バランスの取れた睡眠

まずは、姿勢に気を配りなさい。そうしたら食物に気を配り、次は睡眠に気を配りなさい——非常に重要なのはこの三つだけだ。この三つに気を配れたら、魂を知る上での問題はなくなる。障害物はこの三つだ。安定した睡眠とはどういう意味か？　それは姿勢のバランスが取れている人、完全に落ち着いて座ることに熟練した人、思考の波が消えた人、食物のバランスが取れた人、身体に必要とされるものを──少なくもなく、多くもなく与える人を、意味する。与える量は少なすぎてもだめだ。

腹が、ヒンドゥー僧の敬虔さの唯一の証であるのに対し、骨と皮だけの見苦しい身体は、ジャイナ教徒の敬虔さの唯一の証だ。両者は表裏一体だ。彼らの間に違いはない。食べ過ぎる人も食べなさ過ぎる人も、どちらも極端に走っている。人は真ん中にいなくては、バランスを保っていなくてはならない。だから食物に気を配りなさい。この両方に気を配っていれば、第三のものに気を配るプロセスが始まるようになる。すると睡眠に注意がいく。

これは非常に奥深いスートラだ。睡眠に気を配るとはどういう意味か？　それは、覚醒して思考が消えた時と全く同じように、夢も眠りから消えねばならないという意味だ。思考も夢も消える。夢が生じるのは思考があるからだ。夢とは思考の実現だ。夢とは思考が反響し、反復したものだ。終日頭をフルに使った人は、一晩フルに夢を見る。あなたは、それまで考えていたことの夢を見る。食いしん坊の人は夜、夢の中でものを食べ続ける。お城の晩餐に招待され、おいしい食物の夢は続く。色情狂の人は性的な夢を見続ける。お金の亡者は札束の夢を見、権力の亡者は夢の中で皇帝になる。

あなたの夢は、マインドの欲望の表れだ。そのイメージは眠りの中で現れ続ける。穏やかに座る術を習得し、食べることのバランスが取れるようになると……いいかね、「バランスの取れた食物」に関してだが、あなたが取り込むものは、どんなものも食べ物として取り込まれる。無益な本を読まないように、それもあなたが取り入れる食物だ。無用な話を聞かないように、それもあなたが取り入れる食物だ。そのことは、誰も人に言おうとしない……誰かが家にゴミを投げ込もうとしたら、あなたはそれをすぐに止める。しかし誰かが来て、無益な噂を頭に投げ込んでも、あなたは止めさせない。あなたは「もっと詳しく教えてくれ。で、どうしたんだ?」と言って、手を丸くして耳に当て、噂に耳を貸す。

自分がどんなゴミでマインドを満たしているか、考えてごらん! それは全部、食物だ。耳を通して入ってこようと、目を通じてだろうと、口を通じてだろうと、鼻を通じて入ってこようと、それは全部、食物だ。全感覚が食物を摂取する。食べ物のバランスを取るというのは、無益なものを入れないということだ。無用なものに用心しなさい。見る必要のあるものを見、聞く必要のあるものを聞き、言う必要があることを言いなさい。そうすれば敬虔さは生に、ひとりでに入ってくるようになる。そうしたら、睡眠のバランスが取れるようになる。眠っていても、穏やかなままでいられるようになる。

夢は終わり、比類なき出来事が起こる。夢を見ずに眠る日、それは眠りながら目覚めたままでいる日となる。これが、クリシュナが「みなが眠っていても、それでもヨギは起きている」と言った理由だ。それはヨガ行者が部屋で座りながら、あるいは立ちながら眠らずにいるという意味ではない。それは身体が眠っていても、覚醒の炎は燃え続けていて、内側で燃え続けているという意味だ。覚醒が絶えずある。

ゴラク曰く　聞け……

ゴラクは弟子達に言う、よく聞きなさい、

……このような者は死にもせず　年も取らない

これが起こった人は、老いも死も知ることはない。これは年をとらないという意味ではない。身体だけが年をとり、あなた自身は年をとらない。死ぬのは身体だけで、それが起こる時あなたは不滅だ。

ゴラクを指して、一般に用いられる名前が二つある。一つはゴラク・ゴパラム、牛飼いの少年という意味だ。ゴラクはいつも元気で若いままだ。二つ目はブデ・バラム、年をとった子供、老いた子供という意味だ。ゴラクは年をとっても変わることなく、少年のようにはつらつとしていた。ゴラクは早朝の朝露のように、早朝に開いたばかりのつぼみのように、ずっと生き生きとしていた。持ち前の元気さがなくなったことはなかった。

ゴラク曰く　聞け　このような者は死にもせず　年も取らない

食べる者は死に　食べぬ者は死ぬ
ゴラク曰く　サンヤミ　バランスの取れた者だけが超越する

食べる人は死に、食べない人も死ぬ。死は確実に起こる。死なないのはバランスを得た人だけだ。これは三つのバランスのスートラだ。

バランスの取れた姿勢　バランスの取れた食物　バランスの取れた睡眠……

その時、死はない。その時、永遠なるものの体験だけがある。

郵　便　は　が　き

料金受取人払郵便

杉並南支店承認

5131

差し出し有効期限
平成25年2月
14日まで
切手は不要です

168 8790

東京都杉並区
高井戸西 2-12-20

市民出版社 編集部行

お名前《フリガナ》　　　男 女　　　歳

ご住所　〒
都道府県　　　郡市区

TEL　　　FAX

E-mailアドレス

ご職業または学校名

過去に弊社へ愛読者カードを送られたことがありますか

ある・ない・わからない

新刊案内のお知らせ（無料）　　希望する・希望しない

ビデオ・オーディオ・CDのカタログの郵送（無料）

希望する・希望しない

ご購入の本の書名　　探 求 の 詩

ご購入書店名

都道　　市区

府県　　郡　　　　書店

お買い求めの動機

(イ) 書店店頭で見て　(ロ) 新刊案内を見て　(ハ) カタログを見て
(ニ) 広告・紹介記事・書評を見て (雑誌名　　　　　　)
(ホ) 知人のすすめで　(ヘ) OSHO への関心　(ト) その他 (　　　　　)

●この本の中で、どこに興味をひかれましたか？

a. タイトル　b. 著者　c. 目次・内容を見て　d. 装幀　e. 帯の文章
f. その他 (　　　　　　　　　　　　)

●本書についてのご感想、ご意見などをお聞かせください。

●これから、どんな本の出版がご希望ですか。

●最近読んで面白かった本は？

書名　　　　著者　　　　出版社

● OSHO 関係の瞑想会、イベント等の案内をご希望ですか？

希望する・希望しない

ご協力、どうもありがとうございました

常に真ん中にありなさい

あらゆるものの中心を探しなさい。食べ過ぎたり、寝過ぎたりしないように。食べなさ過ぎても眠らな過ぎてもいけない。あらゆる物事の中心を見つけなさい。しゃべり過ぎないように、またしゃべらな過ぎてもいけない。中心を見つけ続けなさい。

綱渡りをする人を見たことがあると思うが、全く同じように真ん中でバランスを取り続けなさい。右に傾き過ぎず、左に傾き過ぎないように。傾けば転落する。真ん中でバランスを取り続けなさい。あらゆるものの中心を見つけなさい。そうすれば、あなたは生のバランスを、均衡を獲得する。

マインドは動かず　呼吸の動きはなくなる

そしてちょうど真ん中が見つかれば、マインドは動かなくなる――微動だもしなくなり、呼吸の動きも止まる。すると究極の覚醒が起こる。そこでは、マインドも呼吸も動いていない。

いいかね、サマーディーが開花しても怖がらないように。ここでは毎日サマーディーが起こっている。初めてサマーディーを体験するサニヤシンは怯える。その恐れとは呼吸が止まる恐れだ。

サマーディーを体験する者は、死んでいくかのように感じる。だがこれは死ではない。これは新しい人生の始まりだ。

死ね　ヨギよ死ね！　死ね　死は極楽だ
ゴラクが受け入れ　覚醒した死に方で　死ね

これが、その死の始まりだ。その後にあるのが究極の生だ。
死になさい！　ゴラクが死んだように死になさい。ゴラクは死んで、覚醒した……ゴラクが見たもの、それは永遠なるもの、不滅なるものだ。

今日はこの辺にしておこう。

第６章

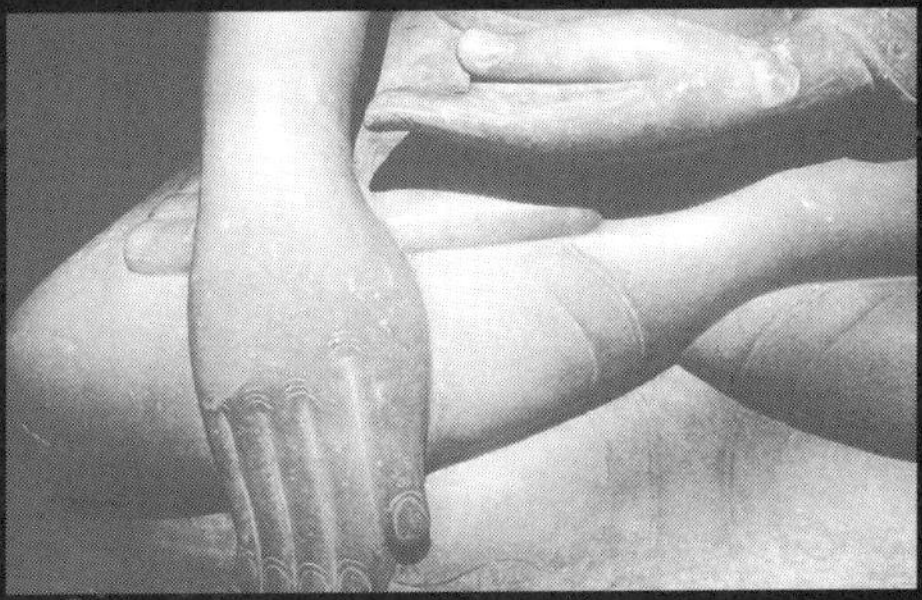

覚者たちの本質

The Juice of the Buddhas

最初の質問

ＯＳＨＯはゴラクを、インドの覚者の上位四人の中に位置づけましたが、これほど偉大で高貴な人が、生まれた場所もわからなければ、いつの時代に生きていたかもわからないというのは驚きです。それはなぜなのでしょうか？

こうした事への、西洋と東洋の見方は異なる。西洋は歴史の言葉で考え、東洋は神話の言葉で考える。歴史は事実に基づくものであるのに対し、神話やたとえ話は真実に基づく。事実は特定の場所、特定の時間に起こる。事実には限界がある。事実は一時的なものであり、時間上の出来事だ。真実は永遠なるものだ。その表現も時間上のものだが、にも関わらず時間の制限は受けていない。

だから東洋の人は、ラーマやクリシュナの正確な歴史がないことを、これまで全く気にしたことがなかった。私達の手にあるのは物語だ。西洋的な見方をすれば、それはただのお話であり、空想に過ぎない。西洋は、確固とした証拠がないものを、歴史として受け入れる準備ができていない。ジャイナ教の二十四人のティルタンカラは、想像上のものにしか思えない。証拠がない。

仏陀の正確な誕生日ですら、突き止めるのは難しい。私達はそういうことを気にしたことがない。誕生日など、いつだろうと大した違いはない。仏陀がAという村で生まれようと、Bという村で生まれようと、大した違いはない。生まれたのが、あの年だろうとこの年だろうと、大した違いはない。私達は悟りの境地を理解しようとしてきた。悟りの境地が、仏陀の自分史と何の関係がある？

仏陀の身体は束の間のものだ――ある時にはここにあっても、次の瞬間にはなくなってしまう。仏陀のメッセージは永遠だ。それは一人の覚者に限ったメッセージではなく、あらゆる覚者のメッセージなのだ。

だから、このことにも注意を払いなさい――仏陀の彫像を造る際、私達は彫像が仏陀に似ているかどうかに、関心を払わなかった。

仏陀の彫像は、仏陀自身を見ながら作られた訳ではない。仏陀の彫像は、あらゆる覚者の本質を表すために作られた。覚者達がどのように一瞬一瞬を生きているか――覚者たちはどのように座り、どのように立ち上がるか――私達が仏陀の彫像に投じたものは、あらゆる覚者の本質の集積だ。仏陀の彫像は、あらゆる覚者のシンボルだ。

ジャイナ教寺院に行き、二十四人のティルタンカラの像を見ると、驚いたことに全部が全く同じに見える。個々人が、二十四人ともそっくりというのはあり得ない。どの世界にも、二人の個人が寸分違わないということは、あり得ない。だから個々人が二十四人とも全く同じというのは、絶対にあり得ない。一卵性双生児でさえ、全く同じではない。だから二十四人一人一人が、長期に渡りばらばらに生きてきて距離も遠く離れ、各自の間に何千年もの隔たりがあるのに、みな酷似しているというのは、あり得ないことだ。

ティルタンカラ達は似通ってなどいなかったが、全員の内側にはよく似たものがあった。同じ瞑想、同じサマーディー、同じく流れるみずみずしさ……この内面上の類似があったために、私達は外面的なことには何も気を配らず、内なる体験に注意を払った。外側にある形は、その内なる体験の表れだ。ジャイナ教のティルタンカラの像は、事実に基づいた彫像ではない。それは真実に基づいた彫像なのだ。

事実とは外的なものだ。例えば、バラの花を見ることは事実だし、二つのバラの花を見ることは事実だ。だが無数のバラの花から、香りを引き出すことは真実だ。それはどの花にも関係がない。それはバラのエッセンスなのだ。

これが、この国の関心事が大きく異なっている理由だ。この国はゴラクがどこで生まれたかなど、気にしたことがない。様々な主張があって、パンジャブだという人もいれば、ベンガルだと言う人もいるが、ネパールだと主張する人が最も多い。ゴラクが生まれた村はゴルカーリだと、ネパール人達は言う。これがグルカと呼ばれるネパールの民族がいる理由だ。

しかしながら、ゴラクの用いた言葉から、ベンガル出身の可能性がある。だが、ゴラクには多次元的な個性がある。私の考えでは、ゴラクはベンガルからはるばるカシミールに行き、ネパールからカーニャ・クマリまで旅をした放浪僧だったに違いない。ゴラクを愛する人達が、色々な場所に現れたに違いない。人との交流があったにちがいない。ゴラクを愛する人達が、色々な場所に現れたに違いない。みな「ゴラクは自分のものだ」と思ったに違いない。そういう愛らしい人を、自分のものにしたいと思わない人はいないだろう。ゴラクを自分のものだと思った人が、そうした話を作り上げたのだ。

そうした彼らの話には愛情がある。そうした話には事実は語られていないが、ゴラクと人々との間に生じただろう気持ちが込められている。ベンガルに行っていたら、ベンガル人になっていただろう。きっとベンガル人だと思われるほど、ベンガルの生の流れに、すっかり溶け込んだに違いない。

ここ、私のところにも人々がやって来る。私がイエスについて話すと、キリスト教徒が「あなたはキリスト教徒なのか」と訊いて来る。仏陀について話すと、仏教徒が「あなたは仏教徒ですか」と訊いて来る。ナナクについて話すと、シーク教徒が「思ってもみなかった意味が明らかになりました。あなたは真のシーク教徒です！」と言いに来る。

私は誰について話しても、その人と深く一つになる。私はその人が、自分を通じて話すのを許す。だから、シーク教徒は私がシークだと感じられるし、仏教徒は私が仏教徒だと、キリスト教徒は私がキリスト教徒だと、感じられるのだ。

ゴラクといた人々も、こう感じたに違いない。足を運んだ先々で、滞在した先々で、ゴラクの足が触れた様々な地で、人々はゴラクは自分達のものだと感じたのだろう。ゴラクの愛ゆえに、そう感じたに違いない。ゴラクがいつどこで生まれたかは、さらに特定しがたい——こういう人は、自分の出生について話したりしない。人にはどんな家も住まいもない！　この空《そら》すべてがゴラクの家だ。この全大地がゴラクのものだ。

私は昨日、『カレント』という雑誌に掲載されたある手紙を見ていた。あるヒンドゥー教のサニヤシンが、私に反対するコメントを書いていた。そのサニヤシンは、私が祖国の裏切り者だからという理由で、私を相手取って訴訟を起こすよう政府に依頼した。彼の言う通りだ。政府はこの男の発言に注目すべきだ。私のような人間は、祖国の裏切り者と言ったところで、差し支えはない。私は多くの国を全く信じていない。母国と呼べる国もなければ、自分にとっての外国もない。私はこの全大地を、自分のものだと思っている。これを言ったサニヤシン、ヒンドゥー教の狂信者は困っているに違いない。なぜ私はヒンドゥー教徒だと言わないんだと。私はヒンドゥー教徒ではない。どんな境界を用いても、私を封じ込めることはできない。モスクは私のものだし、寺院は私のものだ。教会は私のものだしグルドワラも……それに私は、国家というものを信じていない。私は国家のせいで、人間が苦しんでいると思っている。国家は消滅すべきだ。歌いきれないほどの国歌が歌われ、掲げきれないほどの旗が掲げられ、数限りない愚行がこの地球上で起こった——こうしたことは、もうたくさんだ。人類の一体性を受け入れなさい。これからは、一つの地球に一つの人類だ。こうした挙国一致政府は退陣すべきだ。彼らが退陣するまで、人間の抱える問題は解決できない。その問題は今や、国家より大きな問題に、国家を越えた問題になっている。

例えば、現代のインドは貧しい。インドだけの努力では、この貧困からは抜け出せないし、その見込みはない。全人類の協力を得てはじめて、インドは貧困から抜け出せる。今の人類にはテクノロジーがある。貧困を撲滅するための科学がある。だがインド人が「自分達の貧困は自分達で打壊する」と言って、傲慢な姿勢を崩さないなら……。だが、この貧困を作り出しているのは、他でもないインド人だ。その彼らに、貧困を打壊できるわけがない。貧困の中心となっているのは、あなたの理解だ。そのあなたが、どうやって貧困を打ち砕くのだろう。それには扉を全部、開かなくてはならない。それには、少し心を広げなくてはならない。残る人類の助けを借りなくてはならない。

……だからと言って、何も与えるものがないわけではない。あなたには世界に与えるものがある。あなたは世界に瞑想を与えることができる。アメリカが瞑想を探求したいと思っても、自国の力では不可能だ。それにはインドに視線を向けなくてはならない。だが、彼らは思慮分別のある人々だ。彼らは瞑想を学びに、東洋へ向かっている。彼らには何の困難もない。瞑想を学ぶことに、全く異存はない。

あるところからもらう、これが知性のある証だ。この地球は、丸々私達のものだ。私達は、それをいくつかの区域に分けることで、騒ぎを引き起こした。今日の人間には手段がある。だから国家が壊滅すれば、問題もすべて崩壊するだろう。全人類が力を合わせ懸命に努力をすれば、この地球に問題が残る原因となるものは、一切なくなるだろう。

だが、古い習慣がある。私達の国での……「ヒンドゥー教徒は全世界に勝る……」といった類の愚考が、他の国にも存在する。他の国にも同じような考えがある。衝突があるのは、こうしたエゴのせいだ。そしてこうした衝突や国境のせいで、人間のエネルギーは、すべて戦争に流れていった。

世界中に配備されてきた軍事兵器は、今やものすごい数になっている。それを知ったら、あなたは驚くだろう。特にロシアやアメリカには、人間一人一人を何千回も繰り返し殺せるだけの軍事兵器がある。私達には、地球を何千回も破壊するための手段がある。地球はたった一つしかない。それでも兵器は累積し続けている。今すぐにでも、一人の狂った政治家のせいで、地球は丸ごと塵の山に、灰の山になりかねない。

政治家からは、こうした狂気しか期待できない。こうした狂気に期待できるのは、政治家以外にいない。一人の政治家が発狂すれば、それは大変な大破壊となるだろう。この全地球が、そういうとんでもない事態になったら、その理解について考えるチャンスすらなくなってしまう。全世界が焼けて灰になるには、五分から七分しかかからない。死よりも先に、ニュースを届けることはできない。彼らは武力行使の目的で、こうした恐るべき準備をしている。だから、従来の国家構想はうまくいかないのだ。もう危険なのだ。兵器が蓄積されてきたのは、国家のこうした考えのせいだ。自衛のために……何とか他国に先を越されないようにしなくては、一番でいなくてはと、考えているからだ。

人類の能力の八十パーセントが、戦争に投入されている。この同じだけの、人的資源の八十パーセントが農業に投入されていたら、庭園や工場に投入されていたら、この地球は楽園になっていただろう。かつて賢者や預言者が思い描いた天国を、今、ここ地球上に作り出せる。それは難しいことではない。だが昔からの習慣が……これは自分達の国だ、あれは彼らの国だと言う。私達は戦わなくてはならない、彼らは戦わなくてはならないと。

しかも、貧困国の中でも最も貧しい国が、原爆作りを目的とした取り組みも行なっている。国民が飢えに苦しんでいても、彼らは原爆を作りたがる。インドのような国ですら、心の底では「国が飢えようとも栄光を守らねば」という同じ考えに、取り付かれている。

私は国家を信頼していない。もし彼らの話を聞く側だったら、私なら、インドは世界に先立ち、独立国家であることを止めるべきだと言うだろう。クリシュナや仏陀、パタンジャリやゴラクの国が独立国家であることを止め、これは国際的な土地だと発表するのは、良いことだと思う。インドは国連の領有地になるべきだ。我々は、自ら国連に主権を委ねる最初の国だと、インドを監督するのは国連だと発表すべきだ。誰かがそれを始めなくてはならない……もしこの方向に口火が切られていたら、戦争の必要はなかっただろう。国境がある限り、こうした戦争は続く。国境はなくすべきだ。

だから、そのサニヤシンはある意味で正しい——私がこの国の裏切り者だと言うのも、もっともだ。人類の裏切り者ではないという意味では。だが国家を愛する人々はみな、人類の裏切り者だ。愛国心とは派閥主義、部分毎に分けるものだ。自分の行政区域に強い愛国心を向ける人が、国家の敵になるのを見たことがないかね？　自分の行政区に強い愛国心を向ける人は、その上の行政地域の敵となる。私は国家の敵ではない。私の考えは国際的なものだ。この地球全部で一つのものだ。私は大きなもののために、小さなものを明け渡したいと思っている。

こうしたちっぽけな囲いや、こうした境界や柵が、人間を散々困らせてきた。三千年間で五千もの戦争をしてきた。昔の弓矢で戦争をしていた時代はまだいい。それほどの害はなかった。多少人が死んでも問題はなかった。だが、今の戦争は総力戦だ。今日びの戦争は全人類を自滅させるものだ。これでは、どこもかしこも広島になりかねない――いつ何時でも……こうした戦争の恐ろしさを、よく考えてみなさい。どれだけのエネルギーが投入されているか、考えてみなさい。この同じエネルギーで、地球全体を緑で満たすことが可能だ。繁栄で満たすことが可能だ。初めて人間は至福に浸って踊り、歓喜の歌を歌い、瞑想の探求に続くことが可能だ。

だが、こうしたことは起こらないだろう。いわゆる愛国者や、こうした国粋主義者は……。国粋主義は大罪だ。依然、この世にあらゆる類の問題が存続しているのは、この国粋主義のせいだ。私は国粋主義者ではない。私はすべての国境を廃止したいと思っている。この地球上でほんの些細な神の一瞥でも、それを得た人にとっては、国境はあり得ない。そういう人は、どんな国や人種、階級や宗派、どんなカーストにも属さない。そういう人はすべてに属する。あらゆるものがその人に属する。

こういう人、ゴラクのような人は、わざわざ自分がどこで生まれたかという話をしない。どの家で生まれたかとか、どの村で生まれたかとか――こういう話は無益だ。なぜなら、ゴラクはこれまで生まれたことがなく、絶対に死ぬこともないと知っているからだ。こうした発言は、身体本位の人が言うことだ。こういう発言は、身体に執着がある人や、身体を自分と同一視している人のものだ。ゴラクのような人は二度と生まれず、二度と死なないものを知った。決して死ぬこともなく、生まれることもないものを――。生まれる以前を、始まりがなく終わりのないものを知ったら、誕生については語れなくなる。誕生について語る人はいなくなる。

だから、こういう人は出生について語らないのだ。当然、出生にまつわるたくさんの話が残ることになるが、はっきりした事実はない。それに、こうした人々のハートはとても広大だ。だから人が付け加えるどんな類の形容詞も、彼らには合わない。形容詞は、無知を示す以外の何ものでもないからだ。例えば誰かが、自分はヒンドゥー教徒だと言う。自分はイスラム教徒だ、自分はキリスト教徒だ――こうしたものは、すべて無知の証拠だ。明かりが燃えている時は、形容詞は消えている。

形容詞は闇の中にしか住んでいない。すると形容詞のない、言葉では言い表せない状態が生じる。だからこうした人がいつ、どこで生まれたか、明確なことは一切わからないのだ。

だが、この問いに夢中になる人がたまにいる。このことを一生かけて調べる人がいる。この手の人が大学で研究をする人、偉大な研究者になる人だ。博士号、文学博士号、哲学博士号をもらい、たくさんの人に尊敬される。そういう学者の仕事とは、ゴラクがどこで生まれたかを決めることだ。

ゴラクが生まれたのは十世紀後半だという説もあれば、十一世紀のはじめだという説もある。出生に関する熱烈な議論が続いている。インドの一流大学の知識人はあれこれ話し、様々な証拠を見つけようとして、経典を研究し続ける。彼らの一生はこうした作業に費やされる。これ以上の愚行はあり得ない。

ゴラクがいつ生まれたかわかったからといって、それが何の役に立つ？　それがわかったからといって、何の利益になる？　ゴラクは存在しなかったと証明されたとして、それが何の利益になる？　いようといまいと、そんなことに意味はない――ゴラクの体験が何だったのか、それを体験することだ。

大学がかかりきりのプロジェクトがどんなものか、その無意味さといったら驚きだ。そんな大学を、大学と呼んでいいのだろうか？　こうした大学で行なわれている作業や研究は、全部クズだ。

私がどこかで話をしていた時のこと、ある高名な研究者、ある偉大なパンディットが立ち上がって私にこう言った。「一つだけお答えいただけませんか。年上なのはどちらですか。仏陀ですか、マハヴィーラですか？　二人が同時期の人だなんて……私はこの研究を三十年やっています」

私は気の毒に思いながら、このパンディットを見た。私は言った。

「あなたの三十年は水の泡だ。仏陀が年上だったら、若かったら、それにどんな意味がある？」

「意味はあります」。パンディットは言った。「それは、歴史上の知識となるべきです」

私は言った。「仏陀が年上なのか、マハヴィーラが年上なのか、それを突き止めたからといって、何の得になるのですか。それを歴史として見る人に、何の利益があるのですか。人生の三十年を無駄にするなんて……。しかも世間は、あなたが非常に重要な研究に従事していると思っている！」

時に、知識の名の下に続けられている愚行は、細心の注意を払わないと想像すらつかない。仏陀の実存の最深部に入ったら、マハヴィーラの実存の最深部に入ったら、あなたはそこに二人の人がいないことに気づくだろう。そこには一つのものしかない。一点の雲もない一つの空、一つの音なき音楽、一つの至福の祝祭があるだけだ。

禅僧達がこう質問する時がある。「仏陀は存在したことがあるのですか？」

彼らは正しい。彼らは仏陀を崇拝する人だ。禅僧達はこう言う。

「存在したことがあるかだと？　仏陀が存在したことは一時たりともない、全部くだらないでたらめだ！」

彼らは仏陀を毎日崇拝しながらも、仏陀が存在したことは断じてないと、全て嘘だと言う。

こうした禅僧達の真意とは何か？　禅僧達の言うことはこうだ。自分達が、仏陀は存在したと言うとすぐに、いつ存在したのか、いつの時代にいたのかと調べる輩がいる――彼らはそういうことに、一生を無駄にする。だから「仏陀が存在したことは一度もない。そういうつまらない考えは全部捨てろ」と言うのだ。だが、仏陀に起こったことは確かに起こった。誰に起こったかは重要ではない。その人の名前がゴータマだったら、またはそれ以外の名前だったら、その人の父親がこの人だったらあの人だったら――そんなことは全部重要ではない。

何かが仏陀に起こった。仏陀はある朝、ある木の根元に座っていた。そして立ち上がると、前の晩に座った時の仏陀とは、同じではなかった。新しい人が生まれた。これが本当の誕生だ。これだけを誕生と言いなさい――何日、何曜日、何月、何年、こうしたものと本当の誕生は、無関係だ。思考が静まり、静かになり、思考が消えてある瞬間が訪れた。意識は純粋な鏡となった。あなたの意識も、同じく純粋になる可能性がある。このプロセスに時間をかけなさい。自分で仏陀になる方が重要だ。ゴラクの音なき音を、自分の内側に反響させる方が大切だ。ゴラクの内面に入っていく方が大切だ。

だからこの国の人は、こういう無益な事実に頭を使わなかった、これは正解だった。彼らは、こうした無意味な物事に引き付けられなかった。彼らは本質的で不可欠なものだけを語った。人間は無数の問題を作り出す。人間は実に無知だ。小さな、本質ではないものの屑が人に渡ると、人はそれに気を配り、要点を忘れてしまう。これが、私達が非本質的なものについて語ってこなかった理由だ。私達は本質的なものについてしか、語ってこなかった。だから仮に何かを理解したら、それもやはり本質的なものとなる。私達は非本質的なものをすべて取り払い、すべて拭い取った。だから一切、非本質的なものには行き当たることはない。

私達が作り出した美しい話が、必ずしも起こったわけではない。それは起こっていなくてもいい。そうした話は象徴的なものだし、象徴とは常に詩的なものだ。それは歴史に関連したものではない。内なる実在に関連している。例えば私達は、仏陀が光明を得た時季節外れの花が咲いた、と言ってきた。これは歴史ではない。季節に合わない花は絶対に咲かない。私達は、仏陀が森に入り、枯れ木の下に座ると、緑の葉が出てきたと記した。いいかね、こういったことは決して起こらない。仏陀の瞑想を見て、仏陀の光明を見て、緑の葉が枯れ木に生えたというのは歴史にはないが、仏陀が足を運んだ先々で緑が広がるというのは、単なるひとつの現れだ。新しく湧き上がった内なる生が生まれ、新たな恵みが降り注いだ。仏陀は甘露の雨だ——それは詩的な言い方だ。それは詩的な表現でしかない。

イエスが磔にされた時、その後イエスは復活し、よみがえった。この復活は歴史上の出来事ではない。この復活は、非常に深遠なシンボルだ。それは詩的なものだ。イエスのような人に、死はあり得ない。死は光明を得ていない人に起こる。自分を身体だと思っている人は死ぬ。身体の内側に身体のないものを知った人は、死にようがない。そういう人には、十字架でさえ新しい生のシンボルだ。そういう人にとっては、十字架さえも王座だ。光明を得た人は死なない。彼らは永遠の甘露の中で生き、永遠の甘露の中で死ぬ。彼らの永遠の甘露は存続する。彼らの内側では、この甘露の小川が流れ続けている……身体の中にいる人は、身体の中にいる。身体の中にいない人は、身体の外にいる。

だが人々は、それが史実であることを証明しようと努力する——こうなると大変だ。最近皆に、蛇に噛まれたマハヴィーラから乳が出てきたと話したが、これを史実だと証明しようとするジャイナ教徒がいる。彼らは思い違いをしているだけでなく、他人をも仲間にしようと誘っている。乳が愛のシンボルであることくらいは、明らかだ。

子宮に子供を身ごもると、子供を育てるべく母親の胸は母乳で膨らむ。これは母親の愛の現れだ。母親は母乳の流れの形を取って、子供のために流れはじめる。子供は母乳から生を受け取りはじめる。愛は生命を与えるのだ！　マハヴィーラは蛇に噛まれても、ハートには蛇への慈悲と愛しかなかった――これは、この話の単なる象徴だ。これを詩的に言ったらどうなるか？　詩の形にすれば、マハヴィーラは蛇に噛まれても血ではなく、乳が出てきたという表現になる。血が出てしかるべきだが、乳が出てきた、と。これは詩だ。詩として受け取れば、これは美しい詩だが、これは科学的声明だと頑なに主張するなら、それは愚かというものだ。

私達は、こうしたあらゆる比類なき人々の物語を作り出した。こうした物語は、どれもとても美しい。こうした話を指標として、指針として受け取りなさい。事実に基づいているかどうかを、気に掛けないようにしなさい。そうした話にはいくつかのヒントがある。そのヒントをつかんだら、話はいつか消えてなくなり、あなたは巡礼の旅を始めるだろう。

ゴラクが、いつどこで生まれたかというような関心を、捨てなさい。そうした研究は、学者に任せておきなさい。どのみち、こうした人達にも、何か仕事がなくては気の毒だとは思わないかね？　そうしたことは、研究者に任せておきなさい。でないとそれ以外では、博士号を取りようがないからね。ゴラクはとても思いやりのある人だ。だから出生を記録しなかった。もしそれが記録されていたら、いったい、どれだけの人の学位が失われるかは、誰にもわからない。ゴラクは出生場所に関する情報を、一切残さなかった、これもまたゴラクの慈悲だ。いったい、どれだけの人がこの研究に携わっているか、誰も知る人はいない――愚か者には何か従事するものが必要だが、知性のある人が、こうした事に巻き込まれる必要はない。

ゴラクのメッセージを認識できるように、努力してごらん。ゴラクのスートラをハートに入れてやりなさい。ゴラクが存在していたのならそれも良し、存在していなくても、それも良しだ。肝心なのは、このスートラだ。ゴラクが存在していてもいなくても、このスートラの重要性に比べれば、大したことではない。

クリシュナが存在していたら、ギータの価値は上がるだろうか。クリシュナが存在しなかったら、ギータの価値は下がると思うかね？　馬鹿を言うにも程がある！　相対性理論は、アインシュタインが存在したからこそ、価値があるという代物なのかね？　相対性理論は、アインシュタインの存在からしか強さを得られないのだろうか。それはアインシュタインの存在から、理論的強さを得ているのではない。アインシュタインが過去に存在してもしなくても、相対性理論は理論自体に説得力がある。それは自立したものであり、誰が生み出したかは関係ない。

初めて火を起こした人が誰か、あなたは知っているだろうか。科学者達は、火は世界で最もすごい発見だと言う。誰が最初に火を起こしたかは、わかっていない。少なくとも、誰かが初めて火を起こしてから、五万年前かそれ以上は経っている。誰もその名前さえ知らない。だが、その人の名前を知らなかったら、それだけの理由であなたはパンを火で焼かないのだろうか。寒かったら、火の側に座って温まらないのかね？　AだったにせよBだったにせよ、Cだったにせよ大した違いはない。黒人だろうと白人だろうと、インドで起こったことだろうと、アフリカで起こったことだろうと、大した違いはない。どこで初めて火を起こしたか、誰が火を起こしたか、そんなことはどうでもいいことだ。私達は、火そのものが有益なものだと知っている。

瞑想のテクニックとはこうしたものだ——それは火、燃える炎だ。

勇気があるなら、ジャンプをしなさい。

死ね　ヨギよ死ね！　死ね　死は極楽だ
ゴラクが受け入れ　覚醒した死に方で　死ね

ゴラクが飛び込んだ同じ火の中に飛び込みなさい。無思考の炎に焼かれて、灰になりなさい。するとその灰から、新たな形、新たな光、新たな永遠の生が生まれる。

二番目の質問

OSHO、自分は、この世的な意味では全く幸せです。しかし、どんなに幸せでも自分は幸せではなく、その不幸の理由がわかりません。どうか導いてください。

この世的な意味で、あらゆる点で幸せになって初めて、そういう人だけが幸せに実体がないことを理解する。不幸な人にはわからない。不幸な人は、この世的な幸せを見つけられたら万事がうまくいくと、こうした望みを持っている。不幸な人の中にある希望は、活き活きとしている。不幸な人の目の中には、いつも希望の炎がある。この希望の炎は、俗に言う幸せな人の目の中でのみ、消えてなくなる。これが、幸せな人だけが、いわゆるこの世的な意味で幸せな人だけが、宗教的な探求を始められると私がさんざん言う理由だ。

幸せといわれるものを、すべて手にしながらも幸せでない時、その時初めて、この世に幸せがあり得ないことが明らかになる。外側で集められるものは、何でも集めてきた。あらゆる幻想が壊れている。あらゆる夢のあらゆる幻影が、粉々になっている。今のあなたはこうした状況にある。あなたはベールを取り、中に何もないことがわかった。中には誰もいない、空《くう》しかない。となったら、あなたは確実に苦しむことになる。

この世的な意味で、あらゆる点で満足した人も、気がつけば苦境に立っている。「どうしたっていうんだ。もう欲しいものは何もない。お金だって地位だって、尊敬、家族、自分にはすべてある。完全に幸せじゃなければおかしい。これが自分の望んだものだ。今日まで自分が不幸だったのは、そういうものがなかったからだ。なのに、なぜ今も不幸なんだ？　今、不幸なのは変だ」

あなたの幻想は壊れてしまっている。あなたが考えていた不幸の原因は、本当の不幸の原因ではなかった。あなたは、こうしたものが全部あれば、幸せになれると考えていた。しかしそれらがあっても、幸せはまだ来ない。あなたは、幸福を全く間違って分析していたことに気づく。幸せを手に入れるには、何か他のものが必要だった。幸せを手に入れるには、内側で何かが目覚めることが絶対に必要だ。

どんなに外側の条件を叶えても、幸せはやって来ない。幸せは自己の目覚めの影だ。幸せは、神と出会うことでしか得られない。神はあなたの内側に隠れている。なのにあなたは外側を走り続けている。あなたは神に背を向けたきりだ。たとえ神を探しに行っても、あなたは外側に行く——カーシーや、カーバや、カイラスに行く。人は神を、寺院やモスクやグルドワラに見出そうとする……。いつになったら、目をつぶるのだろうか。いつになったら、自分の内側を見るのだろう。探求者の内側を、いつになったら探すのだろうか。

自分の内側にある意識に、少し接しなさい。意識に自分の根を少し広げなさい。意識に馴染みなさい。

幸せとはまさに、この出会いの中で生まれるものだ。

この世界に幸せはない。それはこの世界にはあり得ない。そんなものはもともとないし、今後もない。

幸せは、あなたの中に潜在する内なる師《マスター》との出会いが生じた時にしか、起こらない。

私にとって　あなたが未知の人であり続ける一方
世間的な承認はどうしたらよいのでしょうか

二滴の愛情すら　もらっていなかった時
あなたに苦悩を表す時間もなかった時
あなたは私をおろそかにし続けてきた

世間的な尊敬はどうしたらよいのでしょうか
私にとってあなたが未知の人であり続ける一方
世間的な承認はどうしたらよいのでしょうか

あったのは一つの希望　一つの大望だけ
私のハートが誇りで満たされたのは　あなたのおかげ

しかし私をあなたのものにしてくれなければ

この無益な誇りがあってもどうしようもない
私にとって　あなたが未知の人であり続ける一方
世間的な承認はどうしたらよいのでしょうか

どうすれば私の燃えるものを
あなたにわかってもらえるのでしょうか
どうすれば私の激しさが
わかってもらえるのでしょうか
何一つ言葉にできない
その歌をどうすればいいのでしょう

私にとって　あなたが未知の人であり続ける一方
世間的な承認はどうしたらよいのでしょうか

これは　蛾が灯火に頼んだこと
それは魚が水に言ったこと
たとえあなたから切り離されていなくても
やはり死んでしまう
そうした生をどうしたらいいのでしょう

私にとって　あなたが未知の人であり続ける一方
世間的な承認はどうしたらよいのでしょうか

どれだけの間　生なきものに祈らなければならないのでしょうか
どれだけの間　祝福を渇望しなければならないのでしょうか
この無言の神とどうしたらいいのでしょうか

永遠の謎であり続ける者　それは誰なのでしょうか
私にとって　あなたが未知の人であり続ける一方
世間的な承認はどうしたらよいのでしょうか

神と親しくなりなさい。神との関係を、作り出しなさい。恋愛関係を、愛の糸で神とつながりなさい――たとえ細い愛の糸であっても、無限の幸せの雨が生じる。全世界を獲得しても得られないものが、光明の瞬間に手に入る。

富は内側にある。人はこの富を持ってやって来た。幸せはあなたの本質だ。幸せを獲得する必要などない。あなたは何の条件も満たす必要はない。幸せは無条件にあるものだ。それは自己本来の姿だ。不幸でいることが不自然なのだ。幸せであることが自然な状態だ。

熱いことが火の自然な状態であるように、幸福に満ちていることが、人間の自然な状態だ。幸せに満ちた人を見て、何か特別なことが起こったのだと考えてはならない。至福の人が正常なのだ。普通の人であり単純な人だ。だが、不幸な人を見たら、何かが間違っている。これは異常事態だと、理解しておきなさい。不幸な人は普通の人ではない。不幸な人は、起こってはならないことを、やってのけている。幸せな人は、本来あるべき唯一の姿を示しているだけだ。カッコーが鳴くのを、それを特別なものだと言う人がいないように……まあ、ある時カッコーが、カーカーとカラスのように鳴き始めたと言うなら、確かにおかしな話だが――。

人間の幸せは全く自然なものだ。木々が青々としているように、花に香りがあるように、鳥が翼を広げて空に飛んでいくように、幸せも同様に、人間に本来備わる自然の状態だ。この人間本来の姿を、私達は「サット、チット、アナンド」(真実、意識、至福)と呼ぶ。それには三つの特徴があり、真実と意識と至福がある。真実とは決して壊れないもの、不滅なるものを意味し、意識は気づき、覚醒した状態、瞑想、光明を意味する。そして至福はその絶頂だ。至福の香りは、一心に瞑想する人の中に生じる。

まずは本物になることだ。そうすればあなたは意識になれる。そして、いつかあなたが意識となる日こそが、至福の香りが生じる日だ。真実の木が意識の花をつけ、至福の香りが放出される。

幸せはあなたにあるものとも、ないものとも無関係だ。幸せは、ありのままの自分と関係がある。どんなにたくさんのものを集めてこようと、それは悩みや問題を増やすものになりかねない。そうした悩みや問題のせいで、幸せが増えることはない。そうしたものと一緒に、不幸が増えることは間違いない。だがそれは、幸せが増すこととは何の関係もない。

私は、様々なものを捨てるべきだとは言わない。家から逃げ出し、出家しなさいとは言わない。そんなことは言っていない、誤解してはならない。すでにあるものは、かまわない。何かをやめ、それから逃げても、又それにしがみついても、何も起こらない。自分が今いる場所にとどまり、内側を探しはじめなさい。外側を探すのはもう充分だ。今度こそ内側に行きなさい。今度こそ、絶対なるものを知りなさい。それを知った時、人はすべてを得る。願いは全部、一度に叶う。

三番目の質問

OSHO、なぜ生は、こんなにも素晴らしいのでしょうか? 何もかも、誰もかも、ありとあらゆるものすべて——明らかなものも、明らかでないものも素晴らしい! 色、音、動き、好み——衝突までもが素晴らしい! OSHO、そのことをありありと思い出すと、胸はいっぱいになり、涙が流れ、呼吸が止まり、おしゃべりが止み、泣いてしまうのです。OSHO、その素晴らしさはとても言い表せません。目を閉じ、私は座ります。

生は素晴らしいとしか言いようがないのは、生そのものが神だからだ。生は、その最も素晴らしい神の顕現だ。この無限の、果てしない様々な形を取って現れたもの、それが神だ。人は寺院を作り、神を偽造した。神の寺院はいたる所にある。どこで頭を下げても、そこは寺院だ。どこで目を開いても、あるのは神の顔だ。どこでも聞く気になれば、そこで聞こえるのは神の音だ。見るもの、聞くもの、食べるもの、全部が神だ。

だからウパニシャッドはアナム ブラフマン、食べ物は神だと言うことができたのだ。他のどの経典にも、こうした言葉は全く見つからない。そして初めてウパニシャッドが英訳された時、それは「食べ物は神だ」と記された。人々はとても驚いた――食べ物、しかも神とはどういうことだ！　どう解釈したらいいんだ、と。人々はショックを受けた。どういう類のことが述べられているのか、彼らにはわからなかった。彼らは直接、アナム　ブラフマンを「食べ物は神だ」と直訳した。彼らは意味をつかみ損ねた。こうした重要な言葉は、直訳できない。間接的に訳すしかない。こういう重要な言葉は、説明することはできても直訳できない。これには、とても重要なことが述べられている。

ウパニシャッドは、何かを味わえば、それは神だと、神以外のものではないと言う。食べ物を味わう人、あなたの内なるものを味わう人は神で、味わっている対象も神だ。例えば木からナシを取る。ナシの中にいるもの、それは神だ。あなたの中にあるもの、それは神だ――二者に違いはない。果物は神の一つの現れであり、あなたは別な神の現れだ。神は無数の形で表わされている。この歌はすべて神のものだ――歌を歌う人は神だ。だから、この世とその生は、どうしても素晴らしいものになってしまう！

だが、あなたの問題はわかる。何世紀にもわたって「この生は罪だ」と私達は教えられてきた。生は過去生で犯した罪の結果だと、説明されてきた。だから、素晴らしいものになど到底なりえない。生は邪悪だと言ってきた人はみな、神を邪悪だと言ってきた。彼らは、このウパニシャッドが述べたことを理解できなかった。生は、過去に犯した罪の結果だと言う人は、存在からの贈り物を嫌っている。

だから私の側に来た人は、私とこの瞑想の階段をゆっくりと降りている人は、今日明日中にこの質問者の困難と、同じものを経験することになる。ある朝、目が覚めると、いきなり宇宙全体が比較にならないほど素晴らしくなっている――生のすべてが、神の反響音《エコー》で満たされている。神のヴィーナが奏でられている。鳥の中で歌っているのは神だ。大小の川に流れるものは神だ。海の波の中に立ち上るものは神だ。月や星からのぞいて見ているのは神だ。蛍から太陽まで、それは神の光だ。罪人の中にいる神は、心気高い人の中にいる神と同じくらいたくさんいる。一滴の差もない。

ラーバナの中の神の方が少ないと思うかね？ ラーマの中にいるのと同じくらい、たくさんの神がラーバナの中にはいる。違いは全くない。違いは一切あり得ない。ラーマの生涯を物語にするには、物事を二つに分けなくてはならない。それとこれとは別な問題だ。ラーバナのいないラーマの生涯がありえると思うかね？ それはあり得ない。ラーバナがいなかったら、ラーバナの支えがなくなってしまう。ラーバナがいなくても、ラーマが存在できると思うかね？ それは不可能だ。ラーバナを抜きにして、ラーマの物語を書いてみたらいい。ラーマの、ラーマだけの物語を書けばわかるだろう。それは全く味気ない話になってしまう。面白みや意味が全部なくなってしまう。もしラーマ一人で、そこに弓矢を持って立っていたら、ラーマは疲れてしまうだろうし、あなたも疲れてしまうだろう。そこには妻のシーターが座っている、ラーマチャンドラが座っている——誰もシーターを誘拐しに来ない。何も起こらない……。

一度、ラーマの生涯を、ラーバナを抜きにしてどこかで上演してみたらいい。初日に人は来ても、二日目は、わざわざ見るまでもないと言って、来なくなるだろう。王宮には飾りつけがなされ、王座にラーマチャンドラが座っている……「いつになったら、ラーマの物語は始まるんだ？」と観客は立ち上がって言い始めるだろう。いったいどうしたんだ、と。

生は弁証法的だ。生は二元性を通じて現れる。これが光と闇のある理由だ。生と死があり、良いものと悪いものがあり、白と黒があり、美しいものと醜いものがある——ラーマとラーバナがいる。それを知る人は、両方に存在の役柄があると言う。それを知る人にとって、もう難しい問題はない。生は美しくなる。すると人は、あらゆるところで美を経験するようになる。あらゆるものに神の印が見え、いたるところで神の足音が聞こえるようになる。

私のハートは楽園の春にあり
花咲く果樹の香りを採取している
ああ　心を酔わせる夜の魔法よ
私は地上に　わが魂は星とあり

少しの理解が生じれば、あなたは地上だけにとどまらなくなる。あなたは地上にいても、魂は星と共にある。あなたは拡大し始める。あなたの存在は途方もなく大きくなる。あなたの中で蓮の花が咲き始める。

あなたの歌のリズム　私はうっとり
この喜び　この快活さ　この柔らかさ
世界が溶けて流れ去っていくのも無理はない
他に何が起こるだろう――
ハートですらこのことは否定できない
ああ　あなたは美しいラーガに　大変酔っていらっしゃる
ああ　あなたは歓喜に満ちた　歌の盛り上がりにすっかり上の空

待って！——私は空へと運ばれる
その歌の腕に乗って

少し開けなさい。目を覚まし、少し目を向けなさい。宗教家と呼ばれる人から受けた教育を、少し脇にどけなさい。もう一度、目を開きなさい。自然ともう一度懇意になれば、あなたは驚くだろう。

ああ　あなたは美しいラーガに　大変酔っていらっしゃる
ああ　あなたは歓喜に満ちた　歌の盛り上がりにすっかり上の空
待って！——私は空へと運ばれる
歌の腕に乗って

すると、神の歌があなたを四方から包み込み、あなたは空を飛び始める。あなたは脅え始め、いったい何が起こっているんだと、当惑し始める。溢れんばかりの美、たくさんのものが流れ込んでくる——海が滴に入ったかのように。

だから、そう質問することは正しい。彼女には、たくさんの深い喜びが起こっている。彼女は至福で圧倒されている。たくさんの深い喜びが起こっているために、以前この女性は前に座っていたが、今は後ろに座らせなくてはならない。彼女は前に座っていると恍惚としてくる。それが人の迷惑になりだした。彼女はよく、訳もなく笑い出した。訳があって笑うのはいい。私が話をしたり、ジョークを言って笑うのはいい。だが彼女は、私がジョークを言うのを待っていられず、その前に笑った。待っていなくてもいいじゃないかと——彼女は、私がジョークを言うのを知っている。今からジョークを言おうとするのがわかる。だからいいじゃないかと。だから、かわいそうだが、後ろに座らなくてはならない。エクスタシーが訪れている。至福が訪れているのを感じている。彼女は空を飛んでいる。

だから、彼女はこのように感じる――生はなぜこんなに美しいのかと。私に答えられるわけがない！生は美しい、それが唯一可能な生のあり方だ。生はいつも美しかった。目にベールがかかっていただけだ。もうベールは取れかかっている。あなたの目には、宗教の、教養のベールがかかっていた。もはやそのベールは、ボロボロになりはじめている。

私のここでのワークは、あなたの目から小さなゴミを払うことだけだ。目が鏡となり、ありのままの物事を映せるよう、目から塵をぬぐうことだ。

あなたの名前のような　溢れんばかりの盃のような
愛の酔いに似た　この秋の月明かり
それは心をとりこにする　情熱的な音楽のように
目を引く　夢を愛する人のように

あなたの美しさのように　春の日差しのように
懐かしい記憶のようにジューシーな　この秋の月明かり
月光が咲いている　あなたの笑い声のように
元気で溢れている

結ばれることを望む人のような
愛の腕のような　あなたの巻き毛の影のような
あなたのように内気な　愛しき人　この秋の月明かり

何が起こったのかは誰にもわからない
──変わった体験のように
体はわくわくする　結婚初夜のように
満月は心から笑った
遠慮はすべて吹き飛んだ──

日の目を見ずに終わるものは　言葉よりも多し
この秋の月明かり

あなたの名前のような　溢れんばかりの盃のような
愛の酔いに似た　この秋の月明かり

存在は、こんなにも心地よい美で満ちている。ここには月明かりしかない。そして、月明かりはさらに広がっていく。ここにあるものは、すべてが冷たい。そんなに興奮しないこと、それだけでいい。熱を少し下げなさい。

瞑想とは、あなたの熱を冷ますためのプロセスに他ならない──あなたの熱を少し下げるための一つの方法に過ぎない。人々はとても熱い、とても興奮している。正気ではない。人々は、無数の欲にあおられてきた。彼らのマインドの中には、自己の欲求を満足させるための猛烈な競争がある。平和な瞬間は決してやって来ない。くつろいで休憩する時間には、決して至らない。足を止めれば、目的地は現れる。だが足を止めないから、一向に目的地が見えてこない。立ち止まれば、ゴールは今、ここにあるのに、あなたは走り続けている。逃げ続けている。早く走れば、早くゴールに着くと考えている。だが、早く走れば走るほど、ゴールはもっと遠くなる。なぜなら、ゴールはあなたのいるところにあるからだ。ゴールはそれ以外の場所にはない。

神への崇敬の念は、ここにあると私が宣言しよう。今、神を敬うこと、それが私の教えだ。それは今この場にある！　明日まで延期してはならない。するといつか突然、目からベールが取り払われる。「明日」というベールがあなたの目を覆っている。「明日起こる、明日……」と人は言う。そして今生の「明日」を使い尽くすと、次は来生で起こると言う。またしても「明日」だ！　そして来生の「明日」を使い尽くすと、今度はあの世で起こると言う。明日はさらに先送りされる。だが、人は明日まで延期し続ける。人は神を明日に延期する。これが神を非現実的なものにしている。

神は、今この場にいる、今この瞬間にある。このベールを目から落しなさい。このベールを脇へよけなさい。このベールは何かと言うと、何世紀にもわたって頭に放り込まれてきた、無意味な思考だ。頭が経典の言葉でいっぱいで、真実が姿を現せずにいる。

それを、ゴラクがどうやって繰り返し言っているか、わかるだろう？

ああパンディットよ　お前は読書で実在するものを求めてきた
これからは生きることで実在するものを求めよ
われは生ける師の友
われは生ける師の弟子

この神への崇敬の念を生きなさい。あなたはこれまで、散々祈ってきた。神を食べなさい。神を飲み、自分を神で覆い、神を着、神の中で目覚め、神の中で眠りなさい――神を生きなさい！　無数の祈りが捧げられ、無数の崇拝が為されてきた――捧げ物や火の儀式、奉納がたくさん行なわれてきたが、何も成就しなかった。生きるのだ！　食べ物は神だ。神を味わいなさい。食べている時も、覚えていなさい――それは神だ。誰かに話をしている時、覚えていなさい――それは神だ。徐々にその認識は、不変なものになっていく。徐々に、あなたの生は神の美に圧倒されていく。愛する人が目に見えるようになる。

星の花のブーケを髪に編み　夜が私に飾りをつけた
満月が額に宝石をちりばめ　眠りを誘う美の世界を私に与えた
笑みを浮かべた夜明けが髪の分け目を　神の足の紅で染めた
私は神の犠牲となる

神は断りもなく愛と愛情を　敬意と歓待を与えた
自由は手を組んでそこに留まり　私は束縛を受け入れた

敗北が繰り返される中　神は勝利し
繰り返される勝利の中　私は敗北した
私は神の犠牲となる

常に神の影の中で　常に神の背後で養われた
まさに神の　生の寺院の中で　私は青白いろうそくのように燃えた
神を獲得すべく　私はこの世を忘れ　自分に気づかなくなった
私は神の犠牲となる

いつだっただろう　愛と愛情を
しおれやすい花輪を欲しいと思っていたのは
私の目的は礼拝と祈りだった
唯一の望みは　神の光り輝く足元で　笑って礼拝をする権利だった
私は身も心もすべて捧げた
私は神の犠牲となる

あなたはどこを探し続けているのだろう？　自分を犠牲にしたければ、たった今そうしなさい。

なぜなら、神は絶えず存在しているからだ。

……神の光り輝く足元で　笑って礼拝をする権利だった
私は身も心もすべて捧げた
私は神の犠牲となる

神を獲得すべく　私はこの世を忘れ　自分に気づかなくなった
私は神の犠牲となる

敗北が繰り返される中　神は勝利し
繰り返される勝利の中　私は敗北した
私は神の犠牲となる

笑みを浮かべた夜明けが髪の分け目を　神の足の紅で染めた
私は神の犠牲となる

神は、いつかあなたが出会う誰かではない。神は、この存在の別名だ。融合は常に起こっている。だがあなたは、神は人だと勘違いしている。ラーマの形をした神や、クリシュナの形をした神に出会うと思っている、キリストや仏陀やマハヴィーラといった……あなたは、この考えのせいで道を誤ってしまった。この考えのせいで、あなたは合一に至れない。あなたの観念が障害になっている。

神はあなたの前に立っている、なのにあなたは「神が手に弓と矢を持つまで……この額を地に付けることはない。頭を下げることはない。まずは弓と矢を手に取れ」と言って、条件を付ける。

普通の人が付ける条件は理解できるが、これはトゥルシダスの言葉だ。トゥルシダスは友人に連れられて、あるクリシュナ寺院に行った。みな頭を下げたが、トゥルシダスは頭を下げなかった。トゥルシダスはこう言った。

「自分は頭を下げない。私が知っているのは、弓と矢を手に持った人だけだ」

そこには孔雀の羽の付いた王冠をかぶり、笛を吹くクリシュナが立っていた。クリシュナにトゥルシダスの興味をそそるものはなかった。

聖者と言われている人でも、こんなにも偏狭なマインドがある。彼らは、ラーマ神に笛を吹かすわけにはいかないというのだろうか？　ラーマは二十四時間、ずっと弓矢を持ち続けねばならないのだろうか？　人間にだって休暇があるのに。残業だっていつかは終わるものだ。

だが、トゥルシダスはこう言った。

「弓矢を手に取らない限り、私は頭を下げない。弓矢を手に持った人の前でしか、頭を下げない」と。

覚えておきなさい、この人は頭の下げ方を知らない。

「自分の条件が満たされない限り、私は頭を下げない」とトゥルシダスは言っている。このお辞儀は条件付のお辞儀だ――このお辞儀にはエゴがある。トゥルシダスは「自分の条件が満たされない限り、私は頭を下げない」と言っている。明確な取引だ。「自分に頭を下げさせたいなら、お辞儀をさせたいと思っているなら、条件を満たしなさい。私は自分の考えしか崇拝しない」――これはエゴだ。

「ありのままのお前には用はない。そこで笛を吹きながら、孔雀の羽の付いた冠をかぶって立っているというなら、ずっと立っていればいい。だが、これは自分の信じているものとは違う。私は自分の信じるものしか崇拝しない。弓矢を手に取れ、そうしたら頭を下げる」

弓矢を手に取るのは大変だ。こうした貧弱な木に、どうやったら弓矢を手に取れる？　この太陽が、どうやって弓矢を手に取るというのだろう。月や星が、どうやって弓矢を手に取るというんだね？　これは困難だ。神は太陽として戸口に立っているのに、人は頭を下げない。ババ・トゥルシダスは頭を下げなかった。だからあなたも無理だ！　トゥルシダスは言う。

「弓矢を手に取れ、でなければ絶対に頭を下げない」と。

存在は弓矢を手に取れないし、笛を手に取ることもできない。存在は人ではない。だが私達は、神が人だという考えを定着させた。人はさまようだけで、決してこの神に出会うことはない――もしいつか弓矢を持った神に出会ったら、覚えておきなさい、それはマインドの幻想でしかない。それは入り組んだ想像の産物、夢だ。あなたはこの夢をもう長年見てきたために、今は目を開いていても、幻想が見えるようになっている。それは白昼夢、妄想だ。

目を閉じた時に、そこに弓矢を持って立っていたり、笛を吹いているのは神ではない。十字架に掛けられたイエスは……それはあなたの考えだ。この考えを幼年時代から何度も何度も、繰り返し、繰り返し口にしてきた、そしてあなたは自己催眠にかかった。今は神が見える。人はこのように、何でも見ることができる。ただひたすら、繰り返し、繰り返し、頑なに貫き通せば、このように何でも見えるようになる。ちょっと実験してごらん、そうすればわかる。

一人の若者が、ナーガールジュナのところにやって来た。若者は言った。

「自分は神を体験するようになりました。神の顔が目の前に現れるんです。目をつむると、かすかな笑みを浮かべた神様が、私の前に立っているんです。実にいいものです」

ナーガールジュナは言った。「まず、これをしなさい」。ナーガールジュナは、気楽で遠慮のないサニヤシンだった。まさにゴラクのように、並外れたサニヤシンだった。ナーガールジュナは言った。

「まずはこれをしてからだ。お前の体験の話は後でしよう。まずは、前にある洞窟の中で三日間座って『自分は人間じゃない、水牛だ』と念じなさい」

若者は言った。「いったい何のために？　なぜ水牛だと思わなくちゃならないんです？」

ナーガールジュナは言った。「私と接したいなら、何かを理解したいなら、まずはこれからだ――これはちょっとした実験だ。やり終えたら、その秘密を明かそう」

その若者は三日間、座り続けた。男は一徹な人だった。神の顔ですら見つけ出した人にとって、水牛だと思うことくらい、訳はなかった。若者は完全にのめり込んだ。三日間、若者は一睡もせず、水も食事も取らなかった。腹が減り、喉が渇き、疲れてくたくたになっても、若者は「自分は水牛だ」と一つのことを繰り返し念じ続けた。一日が過ぎ、二日目……すると二日目には、水牛の鳴き声が洞窟の中で聞こえた。洞窟の外にいた人々は、きょろきょろと周りを見回すようになり、どうしたんだと言い始めた。若者は人間なのに、洞窟の中からは水牛の鳴き声が聞こえてくる――男はうなり声を上げ始めた。三日目、鳴き声はひどく大きくなり、鳴き声をうるさく思い始めたナーガールジュナは、腰を上げて若者のところに行き、こう言った。「さあ、もう出てこい」

若者は洞穴から出ようとしたが、出られなかった。

ナーガールジュナは言った。「どうした？」

若者は言った。「無理です、角が……出口が小さすぎます」

ナーガールジュナは、若者を揺さぶってこう言った。

「馬鹿者、目を開け！　だからこの実験をしろと言ったのだ。お前を見て私は、お前が神と思っているものは、ただの自己催眠だとわかった。どうだ、今度は水牛だと思っているじゃないか！　三日でお前は水牛になった。何も起こっちゃいない。お前は相変わらず人間のままだ。入り口も同じだ。お前は洞窟に入った時と全く同じだ。さあ、出てこい」

男はハッとして目を開けた。男は、ナーガールジュナに一押しされて出てきた——とはいえ、ちょっと前までは角がつかえて動けなかった。

催眠術師や魔術師がステージの上で、催眠術をかけているのを見たことがあるだろう。被験者のマインドに暗示をかけさえすれば、彼らはそれをし始める。被験者は正確に、催眠術師に言われた通りのことをし始める。

これまで、宗教の名で知られてきたものは、自己催眠以外の何物でもない。真の宗教は、あらゆる催眠状態から解放されている。すると、神は人ではなくなる。神は全体、神はこの全存在の総計だ。すると類稀な甘露の川が流れる。あなたは、どこに行こうと神に出会う。するとこの世は、この生はとても美しいものになる。生が途方もなく素晴らしいものになったら、自分の生に敬虔さが生じたんだと理解しなさい。これは始まりだ。敬虔の滴が初めて落ちてきたのだと——。

あなたに起こっていることは、良いことだ。それを心配事にしないように、疑いを持たないように、それを疑問に思わないように——その中に沈んで行きなさい、深く沈んで行きなさい。神は美だ——究極の美だ。どんなところで美を目にしようと、それは自分が、神の足跡に気づいているからなのだと、理解しなさい。神は音楽、究極の音楽だ。どこで音を体験しようと、それは神のハミングだと理解しなさい。神は光だ——ランプの明かりでも、月や星の明かりでも、どこで明かりが見えようと、その中の神に気づきなさい。神は意識だ。あなたの中にある意識も、子供の中にある意識も、隣人の中にある意識も——。神は生だ、自分の生も、鳥の生も、動物や植物の生も——。

無限の姿と雰囲気の中の神に、気づきなさい。神は、空を天蓋とするとても広大な寺院を、私達に与えた。神が与えたこの広大な寺院では毎晩、光の祭典が行なわれている。神は、とてもたくさんの明かりを灯している。科学者は、まだその数を数えられないでいる。肉眼で数えられる星の数は、せいぜい三千だ。科学者等は、星の数を数えるのにうんざりしている。といっても、今までに数えた星の数は、たかだか四十億だ。だが、これははじまりに過ぎない。星はそれ以上、もっともっとある。科学者が星の数を数えれば数えるほど、まだまだ先に星があるように思えてくる……終わりがあるようには見えない。毎晩、光の祭典が行なわれているのに、こうした目の見えない人達は、誰一人この祭りに目を向けない。毎朝、神の春の祭りが起こり、赤い色が宙に溢れ、無数の花が咲き、たくさんの香りを発し、たくさんの芳香をふりまいている。だが人々は盲目だ。毎朝、たくさんの声で神の音楽は歌われている。だが人々は聞く耳を持たない。

イエスは「目あるものは見、耳あるものは聞きなさい」と、何度も何度も言った。あなたはイエスがどこかの家で、盲人や耳の聞こえない人のために、話をしていたのだと思うかね？　イエスはあなたのように目があり、耳もある人に話をしていた。だが、人々の目には本当に何も見えていないし、耳には本当に何も聞こえていない。目の焦点は非常に狭くなっている——人々は些細なものしか見えない。耳も焦点が非常に狭くなっている——人々は、つまらないことしか聞こえない。

私が教えているのは感受性だ。すべての感覚を、大いに敏感にしなさい。すべての感覚を、完全に敏感にしなさい。たいまつを一度に両側から燃やすように、すべての感覚を燃やしなさい。そうすれば、すべての体験は神の体験となる。生は確かに美しいものだ。

四番目の質問

OSHO、どうすれば生の幸福や不幸を、冷静に受け止められるのですか？

幸福を与えるのは神であり、不幸を与えるのは神だ。与える人は一人だ。あらゆるものは神によってもたらされる。あらゆるものを冷静に受け入れれば、この、すべては神によってもたらされるということが、真実であるとわかる。神が与える以外のものは何もない。

それを冷静に受け入れれば、不幸にも素晴らしさがある。苦しみは無駄ではない。苦しみは人を磨き、浄化し、目覚めさせ、深みを与える。あなたに幸せを体験させられるのは、苦しみだけだ。だから苦しみを敵にしてはならない。苦しみを敵にする人は、幸せをも奪われたままになる。悲しみを、神の寺院への階段として受け取りなさい。確かに、その階段を上るには困難がある、それは認める。疲れてハアハア言って、汗をかくだろう。それも認める。だがそれでも、それは神の寺院へと通じる階段だ。この寺院は非常に高いところにあり、階段がたくさんある。この寺院は、エベレスト山のようなものだ。確かに、登って行くにあたっての困難はある。だが、困難が大きければ大きいほど、寺院に辿り着く時の至福も大きくなる。神の寺院に辿り着くのに、連れて行ってくれるヘリコプターはない。だが、ヘリコプターがないのはいいことだ。もしヘリコプターがあったら、上って寺院に着いても、至福を体験することは全くないだろう。

何かを手に入れるために苦労すればするほど、苦労に比例して至福を感じるものだ。このことに、あなたは気づいたことがあるに違いない。無料で何を手に入れても、人はありがとうを言う気持ちすら感じない。

これが、まさしくあなたに起こったことだ。あなたは無償で生をもらった。ちょっと考えてごらん。あなたは誰かに礼を言ったことがあるだろうか？　存在に、生を与えてくれたことに感謝したことがあるだろうか？　ただでもらったんだから、感謝なんかいいじゃないかと、誰に感謝するんだと思っていないだろうか。

ある賢者が、アレキサンダーにこう言った。「お作りになった帝国は大変立派ですが、全く価値はありません。私が思うに、帝国には一文の値打ちもありません」

アレキサンダーは激怒した。アレキサンダーはファキールに言った。「どういうことだか説明しろ、でないと家来にお前の喉をかき切らせるぞ。お前は私を侮辱した。これは私が生涯苦労して建てたものだ、それを全く価値がないと、一文の値打ちもないと言うのか！」

そのファキールはこう言った。「では、あなたが砂漠で道に迷ったと想像してみてください、喉がからからで死にかけているところに、私が現れたとしましょう。水がいっぱいに入った壷を持って、水を一杯差し上げましょう、ただしお金がいりますと言います。私が帝国の半分をくださいと言ったら、あなたは帝国をくれますか？」

アレキサンダーは言った。「砂漠で喉がかれて死にそうなら、半分だけじゃなく全部くれてやる」

するとファキールは言った。「なら、この話は終わりです。一杯の値段……あなたの帝国の値段は水一杯です。もしそうなら、帝国には一文の価値もありません、水はただなのですから」

自分の命を救うためなら、アレキサンダーは王国全部を差し出すことも厭わない。だが、あなたには生がある。あなたは生に感謝したことがあるかね？　地球全部を譲ってもいいと思えるものを、人は無償でもらっている——なのにあなたは礼を言ったことすらない。感謝の気持ちを表したことすらない！

いったいどれだけのものを受け取っているか、考えてごらん。ハートには、愛が生じる可能性がある。そのことに感謝を捧げたことがあるだろうか。のどからは歌が生まれる。それに感謝したことがあるだろうか。目を開けば、この宇宙の比類なき美しさが見える。感謝したことがあるだろうか。目の見えない人に、もし目を手に入れられるとしたら、何を与えてもいいと思うか、ちょっと訊いてみたらいい。盲目の人はこう言うだろう。「目を得るためなら、すべてを捧げてもいい、ただ目が見えればいい。見えれば何もいらない！　全部差し出します」と。

だが、今まで目があることを光栄に思ったことはあるだろうか。人間が無償でもらっているものには価値がないと、あなたは思っている。存在は、かけがえのないものをとてもたくさん、あなたに与えている。なのにあなたは、それを無価値なものだと思っている。だが代価を払わなければ、どうしても手に入らないものが一つある——それには神の山を登らなくてはならない。とにかく登らなくてはならない。それは苦しい山登りとなる。だが、寺院に向かって進んでいけば、この苦しみは、苦しみのようには感じなくなる。

こんな話を聞いたことがある。あるサニヤシンが、ヒマラヤへ巡礼の旅に出た。そのサニヤシンはへとへとになり、汗だくになって苦しそうに息をしていた。上り坂は長く、急だった。彼の前には、九歳か十歳くらいの山に住む少女も登っていて、小さな男の子を背負っていた。その女の子は汗びっしょりで疲れきっていた。サニヤシンは少女の近くまで来ると、優しく思いやりのある口調で話しかけた。

「自分もくたくただが、君も重い荷物を持って登ってるから、さぞかしくたくただろう」

少女は怒った顔でサニヤシンをにらみつけ、こう言った。

「お坊さんは荷物をしょっているかもしれないけど、この子は弟です。荷物じゃありません」


愛があるところに重荷はない。その小さな男の子を計りに乗せれば、男の子は重いかもしれないが、愛の計りに乗せれば重さはなくなる。これが愛のマジックだ！　愛のマジックは重力の法則を踏み越える。きっとその僧侶は小さな荷物を持って登っていたのだろう。何かを計りにかけていたに違いない。計りの上では、おそらく男の子の体重の方が、僧侶の荷物よりもあっただろうが、愛の計りの上では男の子の体重はない。その女の子は怒った。その言葉が少女を怒らせ、その子はこう言った。

「私の弟を荷物って言ったわね！　あなたは荷物を持ってるけど、この子は私の弟よ」


仮に、神の寺院の階段を登りながら困難を覚えたとしても、それを困難だと言うだろうか？　愛する人の寺院に向かって進んでいる人に、困難はない。

生が真実の探求なら、喜びと悲しみは平等に受け入れられるようになる。そうなれば、もう解決すべき問題はない。

あなたの愛は日の光と影の両方
時に笑いを　時に涙を作り出す
決して私の理解には及びません

私の袋は　野の花でいっぱいの時もあれば
価値のない道の埃が　意地悪く　私を冷やかすこともあります
だから悔し涙を流し
神は敵なのですか　友人なのですかと　申し上げているのです
決して止むことなき　神の抱擁と拒絶

あなたの愛は日の光と影の両方
時に笑いを　時に涙を作り出す
決して私の理解には及びません

時折　自分の中で　孤独までもが声をあげ
時に　混雑した世界の中では
自分のハートでさえも自分のものではない
だから涙を流しながら　それを波と呼びましょうか
それともそれは岸でしょうかと　申し上げているのです
そのせいで私は溺れることもあれば
岸へと運ばれ　希望を呼び覚まされることもあります

あなたの愛は日の光と影の両方

時に笑いを　時に涙を作り出す
決して私の理解には及びません

時に想像の糸の中で　知られざる瞬間が捕らわれ
時に我が目のヤムナー川の中で　家と親友が流されていく
だから私は苦しみにもだえながら
この支援は貴重だと　申し上げているのです
明かりが吹き消され　夢が作り出されようと　眠りは訪れない

あなたの愛は日の光と影の両方
時に笑いを　時に涙を作り出す
決して私の理解には及びません

すべては神のものだ。日の光は神のものだし、影は神のものだ。悲しみは神のものだし、喜びは神のものだ。生は神によって与えられ、死は神によって与えられる。すべてが神のものである時、心の平静は難なく手に入る。その秘訣を理解しなさい。

この質問者は、私が心の平静を手に入れるテクニックを、説明してくれると思ったのかもしれない。しかし、テクニックで平静を得る練習をしても、それは表面的なものにしかならない。何を練習しても、内側に深く入っていかず、表面で止まってしまう。染まるのは服だけで、自分は相変わらず染まっていない。練習で得たものは依然、外皮の上に、殻の外にある――内側にある核は手付かずのままだ。内側にある核は、理解してはじめて手が届く。それに手が届かないのは、練習が問題なのではない。それは理解の問題だ。すべては神のものだと理解するだけでいい。

何を練習しなくてはならないのだろう。そんなものがどこにある?

悲しみが生じたら、直立して「自分は影響されない」と言うのが、練習というものだ。自分は無垢のままだし不動だ、と。だがこういう態度からは、傲慢さは生まれても瞑想は生まれない。エゴはさらに強くなっても、あなたは溶けていかない。あなたはもっとガチガチに、もっと石のようになる。だから宗教家と呼ばれる人は、石のようにガチガチになるのだ。そういう人達の生には、少しのやわらかさも残っていない――微塵の美しさも残っていない。彼らは究極の音楽を探しに、究極の美を探しに行ったにも関わらず、彼らの生に音楽の生まれる可能性は、破壊されている。

詩を探しても、彼らの生の中にはない。彼らは無味乾燥としている。なぜかというと、彼らの練習のせいだ。宗教家達は無理をしている。彼らは練習せざるを得ない。修行をして不幸になる必要がある。だからどうしようもない――針の筵《むしろ》を作り、その上で寝るのは、不幸になるための修行をしているからなのだろうか。何にも影響されずにいる証《あか》しとして、あたかも最高のベッドで寝ているかのように、針の筵の上で寝るのだろうか。

だが、針のベッドの上で眠る人の身体は、感度を失い鈍くなる。修行者の身体は無感覚になる。さらに内側では命は衰え、身体の命は尽きる。断食をするのは、修行をして飢えるためなのかね? 腹が減った時も修行者は平静を保つ。どうにかこうしたことが全部できても、それは真の自制力ではない。真の自制力とは理解の賜物だ。それは理解に従う影のように生じるものだ。

次に言うことを、あなたに理解して欲しい。

あなたの愛は日の光と影の両方
時に笑いを　時に涙を作り出す
決して私の理解には及びません

……神は敵なのですか　友人なのですか
決して止むことなき　神の抱擁と拒絶

……それを波と呼びましょうか
それともそれは岸でしょうか
そのせいで私は溺れることもあれば
岸へと運ばれ希望を呼び覚まされることもあります

……この支援は貴重
明かりが吹き消され　夢が作り出されようと　眠りは訪れない

あなたの愛は日の光と影の両方
時に笑いを　時に涙を作り出す
決して私の理解には及びません

神秘の世界に進んで行きなさい。その世界は私達の理解を超えている。どうしても理解できないものを探しに行きなさい。だが、かといって理解できないものは求めようがない。神を捕らえることはできないが、神は人を捕らえることができる。

神を求める人は神に捕まる。神に捕えられてしまう。そこに合一がある。

最後の質問

私はＯＳＨＯの祝福を受けたいと思っているのですが、その祝福を通じて探しているものが、全くはっきりしていません。それも明らかにできるのはＯＳＨＯだけです。自分には、ＯＳＨＯの祝福が欲しいという程度の確信しかありません。


これは素晴らしい。このアプローチは美しい。祝福として求めるものは、みな間違ったものとなる。そこには何らかの要求が入ってくる。何らかの欲望がこっそりやって来る。あなたの頼みごとには他でもない欲望が生じる。人が指定した祝福は、誤ったものになりかねない。

祝福を求めるのであれば、「自分は何が欲しいかわからない、ただ祝福が欲しい」と言わなくてはならない。そうすれば、思いもよらぬものを受け取れる。想像もつかないものが受け取れる。あなたが受け取るべきもの、あなたを満足感で満たすものは、実際にまだあなたの想像にはない。それはあなたの想像にはあり得ない。あなたには一筋の光の体験がない。甘露の滴がまだ、のどの中に落ちていない。
だからこそ、あなたの質問は美しいし意味がある。祝福に条件を課さなかったのは上出来だ。人々は条件を付ける――人々は決して、条件を付けずに祝福を求めない。

選挙戦で戦っているある候補者が、私の祝福を求めにやってきた。私はその候補者に言った。
「そんなことをしたら、私まで罠に掛かってしまう。あなたは、自分の地獄行きが確実だから、私を連れて行きたいと思っている。私が与えられる祝福は一つだけだ。もし神が祝福を与えようと望めば、あなたは落選する。当選したらあなたは終わりだ。だが落選すれば、まだ何かしら、生に起こる可能性はある。だが当選すれば、あなたは終わりだ」

勝利者は、たくさんのエゴで満たされる。そのためそれ以外のことが、その人の生に起こる余地がなくなる。人は勝利の毒を飲み始めると、徐々にもっと毒を欲しがるようになる。この酔いは、ワインのようなものだ。それはアルコールより致命的だ。夜にワインを飲んでも、朝には酔いが醒める。が、権力欲のワインを飲む人は、ずっと酔いから醒めずに酔い続ける。ある地位を得れば、もっと上の地位が欲しくなる。それを手に入れるとさらに上の地位が欲しくなり、それ以上手に入れるものがなくなると、持っているものを取られまい、というようになる。こうした狂気にきりはない。

私のところに、こう言ってくる人達がいる。
「妻が病気なんで、どうか祝福してやってください」とか、「子供が仕事に就けなくて、どうか祝福してもらえませんか?」。人はこうしたつまらない事のために、祝福を持ち込みたがる。職につけなかったら仕事を探す方法はあるし、自分の妻が病気なら医療による治療法はある。なぜそういうことに祝福を持ち込む？ 祝福で職が見つかったら、祝福で自分の妻の病気が治ったら、この国の人は決して病気になどならない。そうしたら、この国の人が貧乏になることはあり得ない。ここには祝福を与えている人が大勢いる――聖者に聖職者、僧侶、サニヤシン、宗教家、祝福を与えている人であふれている。いくらでも祝福を与える人がいる。だが、いまだに祝福で腹が満たされる者はいないし、そのようにして職が見つかる者はいない。

だが、別な危険が始まる。祝福を求める人は、他の手段を試みなくなる。もう祝福をもらったんだから、全部うまくいくと考える。もうわざわざ医者に行くことはないと。そして祝福が効かないと、人は失敗したと考える――間違った人に祝福を求めてしまったと。すると今度は適切な人を、別な人を探す。このようにして生は浪費される。この国の生は、このように浪費されている。この国は貧しくなってしまった。ひどい国になってしまった。奴隷にされてしまった。その主な理由の一つが、この祝福を求めるという精神構造にある。

祝福は、この世界とは何の関係もない。祝福は別世界のものだ。条件を付けずに求めてはじめて、あることが可能となる。祝福から得られるものは間違いなくある――それはお金ではなく、瞑想だ。身体の病気は祝福では治らない――それで病気が治ったら、医学の必要はない。確かに、魂の病は治療可能だ――だが、人は魂の病について知らない。魂すら知らない。祝福から瞑想が降り注ぐ可能性はある――だが、人が心の中で求めているものは、お金であって瞑想ではない。もしかすると瞑想で財を成せるかもしれないと、そう考えながら瞑想さえする。

私のところに来て、こう言う人達がいる。

「マハリシ・マヘシ・ヨギは『瞑想をする人は、あの世で多くのものを与えられ、この世でもたくさんのものを与えられる』と言っています、この世的な利益もあると。どうなんでしょうか？」

もし瞑想から世俗的な利益があったら、この国は繁栄と豊かさの頂点に立っているだろう。この国以上に瞑想をしてきた国は他にはない。仏陀は瞑想して光明を得た。そして花が降り注いだと言われている——ドル紙幣が降り注いだという話は聞いたことがない。これを、マハリシ・マヘシ・ヨギと関係があるような話に書き換えてみなさい。話を書き換えてみなさい。

マハヴィーラは光明を得て、究極の英知を悟った。天から花が降り注ぎ、神が神聖な音楽を奏でた。馬鹿じゃあるまいし、花なんか浴びせてどうする？　ダイヤモンドや宝石を降らせろ！　何かを与えるなら意味のあるものにしろ。哀れなマハヴィーラは、いつものように裸で立っていた、何か与えてやればいいのに、せめて服ぐらい降らせてやればいいのに。断食をし、腹を空かして生きていたのに、少しも裕福にしてもらえなかったとは、ひどい話だ。花を降らせて、飢えた人をからかって……裸で立っている男に向かって、楽隊がラッパを吹き鳴らすなどもってのほかだ。マハヴィーラはいい人だった。でなければ神の楽器を壊して、「俺を馬鹿にしているのか！」と言って、神達を叩きのめすだろう。

だが彼らは、マハリシ・マヘシ・ヨギのことを、後にどう条件が変わるかを知らなかった。

だが私には、マハリシ・マヘシ・ヨギの道理がわかる。アメリカで何かを広めたかったら、アメリカ人が熱を上げるのはお金であって、瞑想ではない。マハリシ・マヘシ・ヨギはやり手のセールスマンだ。マハリシには、欲しいものを何でも与えようという姿勢がある。お客が欲しいと思うものを、何でも与えなければだめだ——ビジネスマンは、客のニーズのことで頭を悩ませたりしない、要望の品が何かということしか考えない。間違ったものを要求すれば、間違ったものを与える。何を求められても、ビジネスマンはそれに同意する。抜け目のない商人は、客が常に正しいと思っている。客が言うことは正しい、何でも客が言うとおり、全く正しいと。マハリシは、アメリカで瞑想を売っている。売り上げは好調だ。マハリシは瞑想を販売している。アメリカが健康が欲しいと言えば、彼らは健康を売る。お金が欲しいと言えばお金を売る。仕事に効率を求めれば、職業的効率を売る。

私は、この手のくだらないナンセンスは一切支持できない。もしこうしたことが瞑想で起こるなら、とっくの昔に金や銀が、この国にじゃらじゃら降ってるはずだ。みな、この国がかつて「金の鳥」と呼ばれていたという話を聞いたことはあるだろう――それはただの物語だ。この国は金の鳥だった――ラジャやマハラジャを金の鳥と見なすなら、それは今もいる。この国の一般市民はどうかと考えれば、彼らはずっと貧しかった、ずっと乞食だった。この国は今日貧しく、乞食のようになったのではない。ラジャやマハラジャはどうかと言ったら、彼らは今も裕福だ。方法が変わっただけだ。彼らは今日、実業家と呼ばれている――ラジャやマハラジャはもう存在していない。今日のラジャやマハラジャは実業家だが、彼らを見てみれば金の鳥はまだそこにいる。

この国が金の鳥だったことはない。確かにこの国には、いつも金を持っている人がいた。彼らがなぜ金を持っているかというと、それは他の人から金をせしめたからだ。瞑想から金をもらったのではない。瞑想からもらえるものは金とは別なもの、究極の富だ。瞑想から生じるのは、この世的なものではない。それは別世界から生じるものだ。瞑想を通じて別の世界が、この世に降りてくる。

祝福を求めながら、人が求めるものを口に出さなかったのは上出来だ。一つだけ、求める価値のあるものがある。

宇宙が大きく変わることがあっても

愛する人の寺院への道は　決して変わらない
崇拝への情熱は　絶対に変わりようがない

ゆえにそれは感情の　内なる言葉に刻み込まれた
この尊き雨滴を思い　喉の渇いたチャタック鳥は喉を潤す

生が大きく変わることがあっても
目からいずる聖なる流れは　決して変わらない
愛する人の寺院への道は　決して変わらない

捧げものにするこの優雅な花
聖なる穀物　純然たる尊敬
神の歓迎　額の印につける息の粉
涙の挨拶　魂からの祈り

寺院が大きく変わることがあっても
我が神の愛は　決して変わらない
愛する人の寺院への道は　決して変わらない
そこに辿り着こうとして　ああ愛しき人よ
そこを進んで歩こうとする気持ちが日々生じ　甘い期待が生じる

いつか私が入る番もやってきますように
甘美な合一が一変することがあっても
あなたを深く恋焦がれて　つくため息は決して変わらない
愛する人の寺院への道は　決して変わらない

一つだけ祝福を求めなさい。

全面的に神を切望する気持ちが目覚めるよう、それが目覚めたままでいるよう求めなさい。

一つだけ祝福を求めなさい。

あらゆるものの基礎、あらゆるものの源がどうすればわかるか、問いなさい。

宇宙が大きく変わることがあっても
愛する人の寺院への道は　決して変わらない
崇拝への情熱は　絶対に変わりようがない

今日はここまでにしよう。

第７章

孤独の放浪者

W a n d e r A l o n e

人を非難するヨギ
肉を食べ　ワインを飲み　ドラッグを吸う
何百というヨギは地獄に落ちる
シュリ・ゴラク王は明白な真実を語る

独り存ることを祝う者はシッダ
二として存在するは探求者
四　五を必要とするは世帯主
十　二十は軍隊

偉大さは　偉大さが消えた時にある
この真実の言葉に熟考しなさい
師は謙虚な者を捜し出し　頭から重荷を下ろす

希望は苦悩　疑いは悲しみ
この二つの大病は　師なくして去ることなし
師と共に座ることで　瞑想の自制力と愛が生まれる

若くして　愛欲を燃やし灰にした者
そのようなヨギを　この世で探しなさい
他のヨギはみな　腹しか満たしていない

学者よ　神がどこにいるかは説明しようがない
我自身の内側に目を向ければ
我もなし　汝もなし

神のための石造りの家　石の神
石を崇拝して　どうして愛が突然現れる？
命のないものを崇拝して　生を無駄にする
そんなに無意識でいて
この世の海を　どうやって渡ることができよう？

聖地を変えて沐浴を重ね　外側を洗い清めても
内側には染み込みようがない
孫アディナータ　息子マチンドラナータ
ゴラク・アヴァドゥは子孫を見守る

解き明かされた一部の生
縫ったりほどいたり　それを続けて何になる？
ひたすら涙に暮れ　自負をなくし
涙を流し　悲しみ嘆くのは　無益なこと
息をつまらせながら生き
毒しか飲まず　さまよい歩くは　無益なこと
クワックワッという鳥の鳴き声　ピーチクパーチク
かろうじて何かの意味を大事にする
それを続けて何になる？

二つないし四つの瞬間　生と呼ばれる
それを知ることは　罪に非ず
誰かの歌の一節を　心の中で繰り返すことは　罪に非ず
すべてがマインドの言葉で歌っている
太陽　月　花火　星　カッコー　おうむ
それを続けて何になる？

囲われた生　目隠しをされた目
苦悩は　絶えることなく　荷車は溝にはまり　鞭の雨
逃げて逃げて　どこまでも

機械の魔法　ガーガーキーキー
一瞬止まる
それを続けて何になる？
解き明かされた一部の生　縫ったりほどいたり
それを続けて何になる？

人は、理由を考えることなく動き続ける。自分がどこから来たのか考えない。どの方向に向かっているのか考えない。人は、自分が誰なのかとさえ考えない。だが走り続ける。こうして走ると、どうなるのだろう？　何を得るのだろう？

それを続けて何になる？

少し止まりなさい。たまには、自分が誰であるか考えてみなさい。この質問を、自分の中に目覚めさせなさい。この質問が内側に深く下りていくと、この質問の矢が魂そのものに突き刺さると、生の神秘はそのベールを脱ぐ。

しかし宗教の名において、寺院やモスクや教会や神社で座っている人々も、止まっていない。彼らも、ただ進み続ける――彼らの活動は続く。あなたはお金が欲しいし、彼らは天国が欲しい。あなたは地位と権力が欲しいし、彼らは神が欲しい。しかし、欲望がある所には狂気がある。欲望がある所には対抗心がある。欲望がある所には、競争があり市場がある。欲望がある所には、敗北への恐れがある。先を越されるかもしれないという恐れが、誰にでもある。欲望がある所には、非難があり対立がある。欲望がある所には、争いがあり緊張がある。欲望がなくなるとすぐ、比類のないくつろぎが生に降りてくる。欲望が消えるとたちまち秋の日は終わり、春が訪れる。

宗教的な人とは誰か？　それは欲望を変えた人ではない。というより、欲望を理解した人だ。欲望はあなたを走らせる――独断的に、無駄に、無意味に走るために、走るために走らせる。すると、走ることはただの習慣となる。人はただ走り続け、墓場に落ちるまで活動は続く。だが、絶対どこにも辿り着かない。こうして、散々走った挙句に行き着くのは墓だけだ。手の内に帰するものは何もない。それまであなたは、何かを持っていたかもしれない。だがそれも、指の間からするりと落としてしまう。マインドは、この走ることの虜になっている。仮にその無意味さから目覚めても、私達はまた新たに走り始める。私達はしっかりとこの鎖につながれている。だからこの苦痛に苦しんでいても、人は新しい鎖を鋳造する。もしかすると、鉄の鎖の代わりに金の鎖を造り、ダイヤモンドや宝石も、ちりばめるかもしれない。だが鎖は鎖だ。

確かに、世俗的な人は縛られている、だが、いわゆるスピリチュアルな人も縛られている。自由な人とは欲望のない人だ。自由な人は神を欲しない。自由な人は天国を欲しない。欲望の無意味さを理解した者は――欲望は人を道に迷わせ、走らせ続ける――欲望が熱を上げている状態を理解した人、欲望の狂気を理解した人、目をあけて欲望を見、どんな新しい欲望にも、目をくれずに欲望を落した人――すっかり欲がなくなった人は神を得る。神はすでに達成されている。欲望がなくなれば神を見る目は開く。欲求が滅びさえすれば、すぐに神は降りてくる。単に神は隠されていた。あなたと面と向き合えるように、欲望がどくのを待っていた。神を見たい、触れたいと切望しているのは、あなただけではない。神だってあなたを見たいし、触れたいと切に思っている。だがその間には、欲望の壁が立っている。

欲望が意味するものは何か？　それは、ありのままの自分でいたくない、別なものになりたいという意味だ。

それは、自分が今いる場所にはいたくない。どこか別なところにいたいという意味だ。

それは「今日？　今日は楽しいことがない。明日、楽しいことがある」と思うことだ。

欲望は「動け、走れ、どこかに辿り着け」と言う。

欲望を落とすとは「自分は今いる場所に満足している。ありのままの自分でこの上なく幸せだ。何か別なものになりたいという欲望はない」ということだ。

あらゆる欲望は、何か他のものになりたいという欲望だ。ゆえにあらゆる欲望はあなたの座を奪う。中心からあなたを退かせる。欲しいと思う気持ちがなくなると、あなたはすぐに、自分の中心にて王座に就く。中心で王座に就くとすぐ、その帰依者が神であることがわかる。

今日のスートラだ。

人を非難するヨギ
肉を食べ　ワインを飲み　ドラッグを吸う
何百というヨギは地獄に落ちる

シュリ・ゴラク王は明白な真実を語る

人を非難するヨギ……

ヨギとして人を非難すれば、ヨガは、瞑想は失われているとゴラクは言う。

ここで二、三、理解すべきことがある。まずは、非難と批判の違いを理解する必要がある。ゴラクも批判をする。これも批判的なスートラだ。ゴラクはこう言っている。

人を非難するヨギ
肉を食べ　ワインを飲み　ドラッグを吸う……

ヨギとして人を非難し、肉を食べ、酒を飲み、ドラッグを吸う——こうした何千という人々は、地獄に落ちる。

何百というヨギは地獄に落ちる……

こうした人は無数に存在するが、彼らは地獄に落ちる。はっきりと真実を話すから、聞きなさいとゴラクは言う。

このスートラは、確かに批判を含んでいるが非難はない。批判と非難には微妙な違いがある。これを理解しないと、誤解が生じる恐れがある。仏陀は批判した。マハヴィーラも批判した。キリストも批判したし、モハメッドも批判した。地球上で批判をしなかった師は、これまで一人もいない。では、この違いとは何か？

批判と非難の違いは微妙だ。非難は批判のように見えることがあり、批判は非難のように見えることがある。両者の間にはとても密接な関係がある。色と形は似ている。だがその本質は全く違う。批判は思いやりから、非難は憎しみから来るものだ。批判は目を覚まさせるためのもの、非難は破壊するためのものだ。批判の目的は真実の発見、非難の目的は相手のエゴを倒し、蹴落とし、踏みにじることだ。その目的は他の存在に打撃を与え、傷つけることだ。批判の目的は真実の探求だ。泥の中にダイヤモンドが落ちている。それを洗おう、きれいにしようというものだ。

批判は至って友好的だ。どんなに厳しいものでも、批判は好意を含んでいる。非難はどんなに感じが良くても、どんなに心地良くても毒を含んでいる。非難は砂糖で覆われた毒だ。

非難は、自分はお前より偉いんだ、お前なんかコケにしてやる、といったうぬぼれから来る。批判はエゴとは何の関係もない。批判は、自分と人を比べることには、関係していない。批判とは、真実とは何か、真実がどういうものかを探ることだ。批判は痛烈なものになることがある。なぜかというと、時には虚偽を切るために、剣を利用せざるを得ないからだ。虚偽の岩だってあるのだから、真実のハンマーとノミを使わなくてはならない。

ゴラクは、ハンマーとノミでがんがん叩いている。そしてゴラクの後に来たカビールは、もっと鋭い刃の剣を持っている——カビールの剣はもっと鋭い。カビールの一撃は、ばらばらになるくらい強い。だがその拳は、あなたを切り刻むものではなく、あなたの嘘を切り刻むものだ。泥棒を咎めれば非難だが、盗みを咎めれば批判だ。罪人を憎み始めたら非難、罪を憎むのは批判だ。

ヨギは非難ができない。非難を楽しむのは、完全に無意識な人だけだ。非難の心理とは何か？　世界中のほとんどの人々が、非難に病みつきになっている。その心理とはどういうものか？　その心理は明白で非常に単純だ。誰もが、自分のエゴが最高の地位を得て欲しいと思っている。これを証明することは非常に難しい。自分が最も偉大であることを、証明するのは難しい。他の人もみな、同じことを証明しようと忙しい。すべての人が証明しようとすることは唯一つ、自分が一番偉いということだ。一番になれるのは限られている。その結果、壮絶な戦いが起こる。その戦いに勝つことは、ほとんど不可能だ。誰も勝てるはずがない。誰もが、何億もの人を相手に戦うことになる。負けるのは確実だ。みなこの戦いで敗北することになる。誰も、この戦いで勝てるものはいない。そこでマインドは、簡単な方法を見つける。マインドは言う。「自分が最も偉大であることの証明は、難しいかもしれない。しかし、自分より偉大な人が誰もいないことの証明は簡単だ」と。

いいかね、何でも肯定的なものの証明は、常にとても難しい。否定的なことを言うのは常に簡単だ。たとえば神の存在を証明したかったら、それはとても難しい。そのためには、生が自己変容の火を通過することが必要だ。それに、その証明がいつ起こるかはわからない――今生で起こるか、何度も生まれて起こるかは。だが神が存在しないことは、今すぐにでも証明できる。難しいことはない。ちょっと理屈をこねるスキルが、必要なだけだ。無神論者になるのに、優れた熟練や優れた知性の有無は、問題にならない。馬鹿の中の馬鹿でも無神論者になれる。

『白痴 "*The Idiot*"』という有名な話がある。

ある村に悩み多き白痴がいた。この白痴は、何を言っても人に笑われた。村人達は、この男は完全な馬鹿だと思っていた――たとえ何か正しいことを言っても、男はそれでも笑われた。男は怯え、あえて人と話そうとしなかった。男は話さなくても人に笑われ、話しても人に笑われた。何かをすれば笑われ、何もしなくても笑われた。

ある日、ひとりの神秘家が村にやって来た。その夜、この白痴は神秘家の足元に跪いて、こう言った。「どうか祝福をお与えください。自分は一生、こうやって縮こまり、怯えて生きていくんでしょうか。

馬鹿として死ぬんでしょうか？　ちょっとは、利口になれる道はないんでしょうか？」

神秘家は言った。「方法はある。『あらゆるものを非難せよ』。このスートラに従いなさい」

白痴は言った。「非難すると、どうなるんです？」

神秘家は言った。「七日間、あらゆるものを非難しなさい。そうしたら、また私のところに来なさい」

白痴は言った。「でも非難だなんて、どうすれば？」

神秘家は言った。「誰かが何かを言ったら、何にでも否定的なことを言いなさい。たとえば誰かが『ほら、何てきれいな日の出なんだ』と言ったら、『何がそんなにキレイなんだ？　証明しろ』と言いなさい。どこがきれいなんだ、何が美しいんだと。太陽は毎日昇る、何億年も昇ってきた。太陽は火の星だ――何が美しいんだと？」

「誰かが『イエスの言葉は何て素晴らしいんだ』と言ったらすぐ、何がそんなに素晴らしいのかと言って、非難しなさい。何がそんなに特別なんだと、何がそんなに新しいんだと。いつだって同じことを言っている、単なる同じことの繰り返しだ。そんなものはみんな古臭い借り物だ、と」

「とにかく何でも否定しなさい。お前が美しい女性を見ていて、誰かが『何てきれいな人だろう』と言ったら、こう言いなさい。『どうってことないね。ちょっと鼻が長いからって何だって言うんだ？　色白だからって何だって言うんだ？　ハンセン病の人だって白いじゃないか。どこがきれいなんだ？　証明してみろ』と」

「みなに証拠を求めなさい。ただし、常に否定的な態度はくずさないように。いいか、人を肯定する側に置き、お前は否定する側にいなさい。そして七日経ったら、私のところに来なさい」

七日後、その白痴が来た。だが来たのは白痴だけではなく、多くの人が彼の弟子となっていた。白痴は先頭に立って歩いていた。首には弟子が掛けた花輪があり、楽隊が演奏をしていた。

男は神秘家に言った。

「計画はうまくいきました。村中の人が、黙らざるを得なくなりました。どこに行っても、人々は頭を下げてきます。私が偉大な天才だというニュースが、人々の間で広がっています。誰も私にはかなわないと。今度はどうしたらいいんでしょうか?」

神秘家は言った。「もう何もするな、このままでいなさい。天才のままでいたいなら、絶対に肯定的な態度は取らないようにしなさい。神について話す者がいたら、すぐ無神論に引き込みなさい。何を言われても、常に否定的なことを言うのだ。そうすれば、誰もあなたには勝てない。否定的な発言への反証はとても難しいし、肯定的な発言の証明はとても難しい」

神を認めるには優れた知性が必要だ。非常に繊細な感性が必要だ。完全に覚醒したハートが必要だ。浄化された状態の意識が必要だ。内側に光が少し必要だ。だが、神を否定するのに必要なものは、何もない。神を否定するのに不可欠なものは何もない。これが、世界中の人々が常に非難する理由だ。

何かを非難する心理、それは姑息な心理、安易な抜け道だ。非難することで、あなたの天才ぶりが証明される――しかも無料で。あなたは材料費は一切掛けたくない。それでいて色褪せしない色が欲しい。コストは全くかからない。どこかへ勉強しに行く必要はない。サットサングをし、師と座る必要はない。だからみな、非難するのが上手いのだ。

至る所で、非難の詩的な趣を楽しむ人がいる――ラサを、詩情を定義した人達が、なぜ非難の心情を盛り込むのを忘れたのかはわからない。他の心情はみな、たまにしか来ないのに、何かを非難したいという心情は、みな朝から晩まで毎日楽しんでいる。あなたは非難する感覚を楽しむために、新聞を読む。誰かが非難されていると、あなたはすぐ耳をそば立て、その話を聞き始める。もしも誰かがやって来て、隣の家の奥さんが誰かと駆け落ちした、と言おうものなら、あなたは細心の注意を払う。その瞬間、あなたの注意は一点に集まり、この世の問題を一切忘れて、根掘り葉掘り聞き始める。

「もっと教えてくれ、それでどうなったんだ。そんな短くまとめないで、もう少し詳しく話してくれ。駆け落ちしてどこに行ったんだ？　帰る前に全部話してくれよ。まあ、座ってお茶でも飲め」。そう言って、あなたは大歓迎する。

何らかの非難があることに気づくたび、人はそれを楽しむ。なぜ他人の非難を楽しむのかというと、別の人が小物扱いされていると、別の人が小物になることで「自分の方が大物だ」と内側で思うからだ。だから、通りで乞食がバナナの皮ですべって転んでも、皇帝がバナナの皮ですべって転ぶほど、面白くはない。ハートは喜ぶ――これがムラ・ナスルディンの言う「ハートがガーデンになる」体験だ。これはムラが「ハートがバーグ、バーグになる」を訳したものだ。

ムラが初めてこれを言った時、私は驚いてムラに質問した。

「その『ガーデン・ガーデン』てのは、何なんだい？」

ムラはこう言った。「ああ、『バーグ・バーグ・ホジャーナ――ハートが喜びで花開く』の英訳だよ」

皇帝がすべって転べば、マインドは大喜びする。首相や大統領が、不道徳な行為や違法行為をして捕まったというニュースを聞けば、非難の喜びはあなたに広がる。それを喜んでどうなる？　いったいなぜ、そんなことに関心を持つ人がいるんだろう？　首相が誰かと恋に落ちると、まるで異常な事が起こったかのように話す。多大な関心が広がり、人々は大いに興奮する。これは、あなたの内側にあるものについて語っている。それが示すものはただ一つ、あなたは誰かが捕まるのを、誰かがどこかで倒れるのを、バナナの皮を踏んですべるのを、その人がバタッと倒れるのを、待っていたということだ。これが、あなたが心から望んでいたことだ。

だから人々は、四、五年在職してきた人を、権力の座から降ろそうと躍起になり鼻息を荒げる。四、五年は長過ぎる、今がこの男の潮時だ。すると、些細な物事が大げさに取り上げられ、噂が広がる。人々は噂を信じる用意ができている。


あるおかしなことに、気づいたことはないだろうか？――誰かを褒めても、誰もそれを聞こうとはしないし、同意しようとはしない。「どうだい、誰それは偉大な人になったぞ」と言うと、人々は、「この手の大物や、マハトマは見たことがあるよ！　立派な人なんて、そんなものは今も昔もいないって。みんなインチキさ。何かトリックをしてるんだ。まあ、ちょっと待ってな。捕まればいずれわかるさ。失墜していくやつは、たくさん見ているからな」

しかし誰かが、誰それが盗みをしている、誰それは人を騙している、誰それは賄賂を受け取っていると言っても、人は絶対に否定しない。「いや、それはない。そんなことはあり得ない」とは言わない。とっくに知っていたと言わんばかりに、同意する。人は、自分達以外がみな悪人であることを、受け入れた。悪人だとわかった人がいて、まだわかっていない人がいて、いずれわかる人がいる。あなた以外はみな悪人だ。これが人の先入観だ。私達は先入観をサポートするものなら、何にでもすぐ同意する。

「こういう状態だから、誰かが「おい、誰それはフルートがすごくうまいぞ」と言うと、あなたは「こいつが名フルート奏者だって？　馬鹿言うな！　あいつは泥棒だ、悪党だ、ろくでなしだ」と言う。まるで、ろくでなしで悪党で泥棒であることが、フルートを吹く妨げであるかのように。あなたはこう言って即座に非難する。「なんてひどい演奏なんだ、どうってことない音楽じゃないか。あいつのことはよく知ってるし、親父のことも祖父のことも知っている。あいつにフルートなんか吹けるかよ」

だが、これと逆のことを耳にすることは、決してない――たとえば誰かが「おい、あいつはろくでなしだ、泥棒だ、詐欺師だ」と言ったとする。すると「いや、それはあり得ない。こんなに素晴らしい演奏をするんだよ。そんなことはない、あり得ない。こんな素晴らしい演奏をする人が泥棒なんて、悪党だなんて、そんなバカな」と誰かが言う。

人はこのようには絶対言わない。これはエゴに反する。エゴをふくらませるもの、それが非難だ。人が嫌々、仕方なく人を褒めるのはこの理由からだ――全く嫌々、強要されたかのように人を褒める。人を褒めるのは、褒めて何かがもらえる時だ。これが、人が表面的に人を褒め、裏で復讐をしようとする理由だ。

ある事件が裁判にかけられていた。ある政治指導者が、ある男性を名誉棄損で訴えた。その男はあるレストランで、その政治家をろくでなしと呼んだ。レストランには他に五、六十人の客がいた。当然、その政治家は怒った。「ろくでなしだと！ ただじゃおかないぞ」

男にろくでなしと言われた時、ムラ・ナスルディンは政治家の真横に立っていた。政治家はムラにこう言った。「ムラ、証人になってくれ。この男がお前の前で、ろくでなしと言ったと証言してくれ」

ムラは言った。「必ず証人になろう、私は目撃者だ。あの男は、私がいる真ん前であなたを侮辱し、自分はあなたの隣に立っていたと、証言するよ」

裁判所では目撃者が召喚された。裁判官はムラ・ナスルディンに言った。

「そこには五十人の人がいて、侮辱罪で告訴されている男は『特定の人に言ったのではありません。確かに『ろくでなし』という言葉は使いましたが、そこには五、六十人の人がいました。自分は政治家を指して言ったのではありません』と言っているが、ナスルディン、何を持ってこの男が政治家を指して『ろくでなし』と言ったと証明するのかね？」

ナスルディンは言った。「五、六十人の人がいたことは知っています。しかしその政治家以外に『ろくでなし』はいませんでした」

もうその政治家はどうしようもない。政治家は彼の側の目撃者にすら『ろくでなし』と言われている。人は、権力者や現職の人間やお金を持っている人が、面目を失うことを望んでいる。これはハートに大きな安らぎをもたらす。この世で誰かが失墜するたびに、人々はみな大きな慰めを見出す。荷が一つ下りる。人々は、誰かの身分に汚点が付くのを待っている。人生に品格をもたらすのは難しい。身分を作り上げるのは、とても大変なことだ。人生に品格をもたらすのは難しい。彼らは何かと危うい状態にある。威厳をもたらすのは難しいことだ。だが誰かの威厳が打撃を受ければ、それを誇張してその人の噂を広めるのは簡単だ——誰かのことを悪く言えば言うほど、人は心の中で快く思う。これが非難の心理だ——それはエゴの影であり、エゴにとっての栄養だ。

だからといって私やゴラクが「無分別に生きなさい」と言っている訳ではない。何か間違ったものを見た時は、黙っていなさいという意味ではない。私はそう言っていないし、ゴラクも言っていない。もしゴラクがそうだとしたら、ここでの私の話は不可能になる。これを覚えておきなさい。そうしたらゴラクは、他者に間違ったものを見ていることになる、違うかね？　ゴラクは、魚や肉を食べ、ドラッグを吸うヨギ達を批判している。だから彼らは、地獄に落ちると言う。これを非難と取ってはならない。ゴラクには非難の意は全くない。あるのは全く自然な慈悲だ。そこにあるのは、全く自発的な善意だ。ヨギの評判を落とすことが、目的なのではない。ヨギはもっと精進すべきだ。ヨギは目覚めねばならないという思いは、実際、ゴラクの願いなのだ。

人を目覚めさせようとやって来る者は、時として敵のように見えることがある。時々、こんなことがある。あなたが誰かにこう言ったとする。「なあ、朝起こしてくれないか、四時に電車に乗らなきゃならないんだ。どのみち三時に、ブラフマンの時間に起きるなら、俺のことも起こしてくれよ」

そこで三時に起こしに来ると、その人に向かってあなたは小声で悪態をつく――三時に起こしてくれと頼んだ人に向かって、「失礼なやつが来やがった、畜生め。あれは間違いだ、いくら頼まれたからって、本当にそうすることはないじゃないか！　まったく、どうやってこいつを追っ払えばいいんだ」と。そしてあなたを起こそうとして、引っ張り始めようものなら、喧嘩になりかねない。

エマニュエル・カントは有名なドイツの哲学者だった。カントは朝起きるのが大の苦手だった。そこでカントは召使を雇っていた。召使の務めはただ一つ、たとえ喧嘩になっても、カントを起こすことだった。そしてカントはしばしば召使を殴った。カントはそのためだけに召使を雇った！　召使の多くは「どういう待遇なんだ、これは？」と言って、辞めて去っていった。

しかしカントは「そのために雇ったんだ。心配はいらない。殴られたら殴り返せばいい」と言った。人には様々なタイプがある。西洋では今、目覚ましがセットできる電気毛布が、作られている。毛布には目覚ましが付いていて、朝五時きっかりに電気ショックが……起きられない人のために、何とかしなくてはならなかった。ショックを与えられた人は飛び上がる。普通のアラームでは起きられない。こうした人々は、目覚ましをパチッと止めてしまう。床に目覚ましを放り投げる――自分の目覚ましだというのに！　そして後になって、目覚ましが壊れてしまったと後悔する――五十ルピーの損失だと。彼らは自分で目覚ましをセットし、自分で目覚ましを壊す。そういう人のために、何とかしなければならなかった。

あなたの目を覚ます人は、愛情深くは見えない。なぜならその時、あなたは甘い眠りにひたっている。あなたは甘い夢を見ているかもしれない。まさにその瞬間、あなたはソフィア・ローレンに会うところだったか、マリリン・モンローが来るところだったかもしれない。美女と抱き合う寸前で、この人がやって来た、あるいは目覚ましが鳴ったとなれば、誰もそんな時計は我慢できない。

だからこれまで私達は、大変な思いなしでは、覚者を受け入れられなかった。私達は、覚者を嫌々ながらか、だんだんとしか受け入れられない。あなたの夢を壊す人は、どうしたって優しくは見えない。あなたは怒る。だが、「ヨギは批判的であってはならない」と思わないことだ。批判的になれるのはヨギだけだ。ヨギには批判する権利がある。だが、ヨギは非難したりしない。ヨギの目の中から屈辱を受けることはない。ヨギの声は険しいかもしれない。ヨギの声は非常に鋭いかもしれない。ヨギの言葉はカミソリのようかもしれない――そうあって当然なのだ。

カビールは言った。

燃え盛るたいまつを持って町中に立ち「家を焼き払って、私について来なさい」と。

自分の家に火をつける用意がある者は、私について来なさいと。しかも、カビールはたいまつを持って立っている！　カビールは振り返ることすら許さない。でないとカビールは、あなたの頭をたいまつでかち割るだろう。

ヨギは厳しいこともある。だが、厳しくするのはあなたの欠陥にであり、あなたにではない。ヨギはあなたを深く思いやっている。とても愛している。だから時々、混乱が起こることがある。時々、誤解することがある。だが、その違いをはっきり理解するように。

人を非難するヨギ……

あなたはヨギになったのに、人を非難しているのか？

……肉を食べ　ワインを飲み　ドラッグを吸う……

まだ肉を手放していないのか、まだ酒を手放していないのか？　まだ、マリファナやハシシのような薬物に、溺れているのか？

一つ覚えておきなさい、目覚めている人は、様々な理由でワインや肉、酒に反対する。あなたも目覚めている人に反対かもしれないが、あなたの理由は別だ。あなたはお金の無駄だから、健康を害するから酒を飲むなと言う。妻と子が飢え死にするから、飲むなと言う。

こうした理由では長くはもたない。たとえば豊富な富があり、あなたが肉を食べ酒を飲んでも、妻子が飢え死にしなければ、何の問題もない。これは貧しい人のための教えに違いない。金持ちには――これは、金持ちには障害にならない。となると、これは条件つきの教えということになる。この教えは身体がぼろぼろになるぞ、というものだが、身体はいずれ滅びる。一日、二日早かろうが、一日、二日遅かろうが、どうだというのだ？　八十で死のうが七十で死のうが……誰かのためにその十年を残して、七十で死んだほうがまだましだ。

だが実際は、この世にはごくわずかなスペースしかない。群衆は増え続け、手を振るスペースさえ残っていない。早く死ねば死ぬほど良い。だから十年長く生きようが世界には何の利益にもならないし、それは人類にとっての祝福でもない。十年早く死のうが十年後に死のうが、どんな違いがある？　もう十年いれば、あなたはもう二、三人、人を搾取し、もう少し金を貯め、もう少し金庫を満たす。余計に人を困らせること以外に、何がある？　生きてきて、それ以上のものが何かあったかね？　あなたの人生に調和はなかったし、首尾一貫したものはなかった。音楽もなかった。長生きをして、あなたは何をする？

この手の議論は役には立たない。それにこうした論法は、根拠のあるものですらない。アルコール中毒者も長生きしている人はいる。アルコール中毒者は早死にしない。早く死ぬなり、遅く死ぬことが良し悪しの決め手だというなら、それは大きな問題だ。

シャンカラチャリヤは三十三才で死んだ。これは、人は宗教を敬遠すべきだという意味かね？　ヴィヴェーカナンダは三十四歳で死んだ。これはどういう意味か？　その意味は――「気をつけるんだ！　宗教には関わるな。ヴィヴェーカナンダの運命を見たか？　あんなに若くして死んでいった、かわいそうなシャンカラチャリヤを見たか？」。これは間違っている。寿命はこのように定義されるものではない。

最近のBBCのインタビューで、誰かがモラルジ・デサイにこう尋ねた。「チャーチルについてどう思われますか？　酒豪で、タバコを吸いワインを飲み肉を食べ、ブラフマンの時間に、夜明け前に起きたことは一度もありませんでした――九時、十時前に起きたことは一度もありませんでしたが、長生きしました」と。そこでモラルジ・デサイは、チャーチルは例外だと言った。そしてモラルジ・デサイは、自分の尿を飲んでいるから、長生きしていると思っている。だがチャーチルは例外だと！

こんな話を聞いたことがある、ムラ・ナスルディンは八十才を回ったが、この年ながらも水泳大会で一着になった。そこで、ジャーナリストがムラの家にやって来た。

ムラは、ちょうど八十回目の誕生日を祝っているところだった。ジャーナリスト達は質問した。

「八十才になったばかりのムラさんに質問ですが、秘訣は何ですか？　いまだに水泳で一位になり、若い人でも勝てないのは、なぜなんですか」

ムラは言った。「それはワインを一滴も飲まなかったし、肉も全く食べなかったし、全然女の後を追い掛け回したりしなかったからだ。一度も何かの中毒になったことがない。これが一位になる理由だ」

インタビュアーは感銘を受けた。だがムラはこう言った。「このぐらいのことで、そんなに感銘を受けることはないよ。自分なんてどうってことはない。父親は百才になったが、乗馬じゃ誰も右に出る者はいない。あたしも乗馬じゃ父親にはかなわない、どんなに若いやつでもかなわんよ。それに父親はワインを飲むし、肉を食べる」

ジャーナリストは言った。「お父さんに会いたいものですね。ワインを飲み肉を食べる人が百才で、しかも乗馬では誰も右に出る者がいないとは、全く驚きです。御家族の方は、さぞかしご壮健なんでしょうね。お父さんはどこにいらっしゃるんです、是非お会いしたい」

ムラ・ナスルディンは言った。「父親は、祖父の婚礼行列に行ったから、会うのは無理だ」

「おじいさんの結婚？」

「ああ、結婚しなけりゃならないんだ」と、ムラ。

ジャーナリスト達は言った。「おじいさんが結婚するんですか？」

ムラは言った。「止むに止むなく。女性の方が妊娠してね」

「おじいさんは、おいくつなんです？」

「百二十才だ」

あなたはどんな結論を下すかね？　どう結論を出す？　アルコール中毒者は長生きする。この手の論法を使ったところで、飲んだくれている人は一人も救えない。こうした論法に中身はない。こうした論法に強さはない。だから議論は続き、人はワインを飲み続け、タバコを吸い続け、肉を食べ続ける。今も、あらゆることが続いている。この議論は続き、その他諸々のことが続いていく。いまだ、こうした議論と人の生き方との間に、つながりはない。

覚者やゴラクのような人が酒を飲むなという時には、全く異なる理由がある。それは長生きするからという理由ではない。長生きしたところで、どうする？　長生きに何の価値がある？　また、それは健康になるからという理由ではない。健康にそれほど霊的な価値はない。病人にも神は達成できる。それに、健康な人が神を達成できないことだってある。なぜなら健康な人は元気なために、この世の事に巻き込まれたままだからだ。健康な人は「今、自分は健康だ——神は最後に思い出すとして、今は楽しんで好きなだけ遊ばないと。今生はとても短い、だから今は楽しまなくては」と考える。

こういう中身のない主義主張は、何の助けにもならない。では、なぜゴラクのような人は、酒を飲むなと言うのか？　ゴラクが酒を飲むなという理由は、非常に変わっている。その理由を知ったら驚くだろう。私もあなたに、酒から自由になって欲しいと思っている。だがそれは、モラルジ・デサイと同じ理由ではない。あなたに酒を断って欲しいと思うのは、もっとすばらしい酒があるからだ。この酒と関わったままでいたら、もっと高級な酒は絶対飲めない。私はあなたを、本物の酒場に連れて行きたいと思っている。だから、こうした偽物の酒場から、あなたを連れ出したいのだ。

神を敬うことは酒に通じる。こうした酒を飲む者は、永遠にその酒を飲む。するとこのような無私無欲の状態が訪れ、あなたにとどまる。こうした恍惚感は決して壊れない。夜に町で買ってきた酒を飲んでも、朝には酔いはなくなる。するとまた同じ不安、同じ緊張、同じ心配がある……それらを酒で紛らわしている間は、しばし忘れられても、そうしたものを壊すことはできない。心配事が壊れてしまう別な酒がある。この酒を、私はあなたにあげたい。瞑想は酒、祈りの心は酒だ。寺院が賑わっている時、その賑わい方は酒場のものと同じだ。

私も、あなたに酒を飲んで欲しくないと思っている。しかし、私がそう思う理由は非常に逆説的だ。低級な酒に関わり合ったままでは、いつまでたっても高級な酒は飲めない。だから飲んで欲しくないのだ。それでいつ、本物の酒を飲む？　道端の汚れた池から水を飲み続ける者が、意識のマナサロヴァル湖へと巡礼するだろうか、しないだろうか？　その水晶のように澄み切った水を、はたして飲み込むだろうか、それとも飲み込まないだろうか？

私は、自分がモラリストだから、あるいは酒を飲むことが大罪だから、酒を断てと言うのではない。それがいったい、どんな罪だというのだろう。ワインは純粋なベジタリアン――ブドウのエキスから作ったジュースだ。どんな罪があり得る？　ブドウを食べても罪にはならないのに、なぜワインを飲んで罪になるだろう。ワインを飲んだって地獄には落ちない。だが、確かにワインを飲めば、無上のワインはもらえなくなる。いつまでも無上のワインはおあずけだ。

石や屑があなたの手から落ちて欲しいと、私は思っている。なぜならたった今、ダイヤモンド鉱山があるからだ。あなたの持っている袋を、屑や石なんかで満たしてどうする？　モラルジ・デサイと私の言うことには、天と地の差がある。モラルジの敵意は、あなたの屑や石にある。モラルジは、屑や石は悪いものだから落とせと言う。私は『屑や石に敵意はない。だがダイヤモンドや宝石が手に入れられる』と言っている。あなたのバッグが屑や石でいっぱいでは、ダイヤモンドや宝石は、今の場所に転がったままだ。その宝石を得ることは、あなたの生まれながらの権利だ。あなたは獲得すべきだ。それを獲得せずに、自分の運命を全うすることはあり得ない。

その違いに気づきなさい。その違いは根本的なものだ。私も肉を食べるのをやめるように言うが、肉を食べると地獄に落ちるからではない。肉を食べると、暴力となるからではない。私は、こうした些細なことには関心がない。肉を食べる人が誰でも地獄に落ちるのなら、イエスは地獄行きだ。ラーマクリシュナも地獄にいなくてはならない——ベンガル人は、魚なしには存在できない！　魚と炊いた米がなかったら、ベンガル人は存在すらできない。ずっと魚を食べていたラーマクリシュナは、地獄にいなくてはならない……。これは些細なことだ。こうしたものに価値はない。しかし、ラーマクリシュナの感性はもっと深いものになったのに、そこまで至らなかったという確実な証明だ。小さなベールが残った。ラーマクリシュナのハートは、もっと愛でいっぱいになれたのに、そこまで至らなかった。少し、すすが残った。ラーマクリシュナは地獄に落ちたわけではないが、別な美の体験ができたはずだ。その体験を、ラーマクリシュナは奪われたのだ。

イエスが地獄に落ちるからではない。だがイエスの生の理解には、何か小さなものが欠けたままだった。棘が一つ残った。その棘も取ることはできたし、その棘も取らなくてはならなかった。もしイエスが長生きしていたら……イエスは若くして死んだ。殺されたのだ。だが長生きしていたら、おそらく棘は抜けただろうと私は思う。イエスは若かったし、イエスが生まれた土地の人は、みな肉を食べる人達だった。もう少し年を取っていたら、イエスの気づきが深くなっていたら、神の体験がもっと深いものになっていたら、イエスは間違いなく肉食を止めただろう。究極の状態で、至る所に敬虔さが見える時に、こうした人が食物のために、何かの命を奪うとは考えがたい。

だから私は、肉を食べることが罪で、その罪を犯した結果、地獄で苦しむとは言っていない。肉を食べることで感受性が低下するから、そう言うのだ。肉を食べると、感受性の繊細さが奪われる。そのため、内側から生じるはずの純粋な音楽が、生じなくなる。それはヴィーナに、太くて質の悪い弦を張ったようなものだ。それでも音は鳴るし歌は生じる。だが高品質の、繊細で上質な弦があったのに、あなたは太くて粗末な安物の弦を張った。あなたは自分のヴィーナを酷使した。だが、ヴィーナに質の悪い弦を張ったからといって、地獄に落ちることはない。

ただし、肉を食べる時、何かを殺したという幻想に陥らないように。死に得るものは何もない。ゆえに何かを殺したことが罪なのではない。死は単純に存在しない。何も殺せる可能性はない。それは一存在から身体を奪っただけのことだ。いずれその存在は新しい身体を得る。問題は殺すことではなく、その身体を食べるのが問題なのだ。その問題は自分に関するものだ。その存在はやがて新しい身体を得て、新しい子宮を得る。誰も死んだりしない。「魂は死なない、死すべきは肉体だけだ」とクリシュナは言う。

だが、その問題は自分に関するものだ。あなたは自分の無神経さを示している。あなたにはハートで感じるものがない。あなたは少し石のように固く、柔らかくない。柔らかくないと、内側のハスは開花しない。または、咲いても内側のハスは五部咲きのままか、一つか二つ、花びらが開かないままになる。

意識が最も高い状態の時、肉を食べることは不可能だ。そして究極の意識状態を望む人達は、このことに常に気づいていることだ。

ゆえにゴラクは適切にこう言う。

人を非難するヨギ
肉を食べ　ワインを飲み　ドラッグを吸う
何百というヨギは地獄に落ちる

私は、このように地獄に落ちていった無数の人を見てきた。

……シュリ・ゴラク王は明白な真実を語る

私は真実を話しているのであって、誰も非難していない。私は事実を言っているだけだ。真実に耳を傾ける人の生で、革命が始まる。

ラヒームは今　板ばさみにあっている　どちらの務めも困難だ
真実を選べばこの世を失い　虚偽を選べばラーマを失う

革命の瞬間が、真実を耳にした人、真実を理解した人の生に訪れる時、真実を理解する。真実に従えば信心を獲得でき、この世は自然に消滅していくことがわかってくる。世間を落とす必要はない。世間は自然に消える。偽りを通って神が見つかることはない。また、真実を通って、この世が見つかることはない。これを知る人は、明確な選択をすべきだ。この選択をすることが、私の言うサニヤスだ。サニヤスは決定的な出来事だ。

独り存ることを祝う者はシッダ
二として存在するは探求者
四　五を必要とするは世帯主

十　二十は軍隊

シッダとは、自覚した人、自分が独りであることを知っている人のことだ。シッダは、群衆の中にいても独りだ。こう理解するといい。あなたは、たとえ森で座っていても独りではない。どこかに行く人達がいる……どこに行くのだろう？　彼らは山に向かっている。だが、ラジオも一緒に持っている。新聞や雑誌をたくさん持って、妻や子供や友人を連れて行く——誰も独りになりたいと思っていない。大勢引き連れて、市場を丸ごと抱えて山に行く。たまに山で独りになることはあっても、それでも彼らは独りではない。独りで座っているように見えても、心の中では、友人や妻や夫や子供、家族やお金、富、店、マーケットの記憶がぐるぐる回り続けている。

あなたは、たとえ一人でいても群衆の中にいる。シッダは、どこにいても独りでいる人のことだ。群衆の中にいても、シッダは独りだ。シッダとは、自分の本質を理解した人のことだ。私達は独りで来て、独りで行く。私達は独りだ。私達が来たように私達は在り、私達は行く。私達の独存性は永遠だ。私達が作り出した夫婦のゲーム、様々な儀式、確立した家族は、みなごまかしでありゲームだ。お人形さんや人形の家で遊ぶことにもう価値はない。それはまさしく遊びだ。遊びを止めるように言うつもりはないが、覚えておきなさい。ゲームはゲームだ。

独り存ることを祝う者はシッダ……

自分が独りで存在していることを悟った人は、シッダと呼ばれる。人がいる所にいても独りでいる人は、シッダと呼ばれる。

二として存在するは探求者……

二人必要な人、独りになれない人、「自分とあなた」なくしては生きられない人——ゴラクはそういう人をサドゥー、探求者と見なすと言う。そういう人は探求者と呼ばれる——二人だけになる用意があるというのは、大したことだ。マインドには、大勢に満足する用意すらない。一に達し、自分の実存に満足した人、それがシッダだ。もうシッダに何も達成するものはない。シッダはもう依存していない。もう人に依存していない。しかし少なくとも、もう一人必要だと言う人は——それが妻でも夫でも、友人でも師でも弟子でも、もう一人必要だと言う人は、たとえそれが神であっても——献身者が、神が必要だと言う限り、サドゥーを超えられずにいる。二元性は今なお存在する。あなたは新たな方向に二元性を根付かせることができる——夫婦の二元性、師弟の二元性、献身者と神の二元性等々、だが二元性は今なお存在する。非二元的になった時にのみ、人はシッダとなる。今のあなたは探求者だ。だが、二で満足しているというのは大したことだ。ここには、大勢にさえ満足すらしない人達がいる。

アルベール・カミュの小説の、ある登場人物はこう言う。

「通りを歩いている女性に目がいくと、どんな女性でもものにしたいと思う。だから、たとえこの世の女性がみな私のものであっても、自分は満足できない」

このカミュの登場人物の言葉は、あらゆる男性の有様だ。あなたは何人いれば満足するかね？　神があなたの前に立っていて、さあ、何人いれば満足するのかと言われたら、とても困るだろう。何人望んだらいいのか、百万だと思う人のマインドは、機会があれば一億だと言う。一億と思う人は、一億でも少なく思えてくる。百億または一兆、または百億兆と言わずにいられなくなり、それでも不安になる。もっとたくさんいたって、百億兆以上いたっていいじゃないかと考え、百億兆の十倍くれと言う。そんな数は、誰も聞いたことがない！　どれだけ得ても、満足できない。

こうした理由からゴラクは、探求者とは二で満足する人だと言う。探求者は、不満ながらずっと少なくても良しとする。探求者は一のそばに来ている。落さなくてはならないのは、あと一つだけだ。もう一つのものから自由になることだ。

……四　五を必要とするは世帯主……

そして四人、五人以下では満足しない人が家長だ。家長は家族で暮らしている。家長がどういう意味かよく考えてごらん。単に家に住んでいる人、家庭生活を送っている人を家長とは言わない。家長とは多を必要とする人――まだ、二に甘んじられないマインドを持った人のことだ。

私の友達で、避暑に妻を連れて山に行く人がいた。ある時、約十年前のこと、その友人は私にも来るように言った。

私は言った。「何で二人で、夫婦で行くんじゃなくて、私も連れていくんだ？　二人だけで行けよ」

友人は言った。「一緒に来てくれないかな。二人だけだと困るんだよ、何をしたらいいかわからなくて。第三者がいるとちょっと気が楽なんだ。二人だけで行くんなら、行かない方がいいと思う」

二人ではダメで、どんなに少なくとも三人必要だ。

いいかね、最初はみな一人だ。それからじっとしていられなくなり、結婚する。そして結婚すると、また落ち着かなくなってきて、子供を生む。このようにして子供の数は増えていき……際限がない。それでもまだ不充分となると、彼らはロータリークラブに行って会員になる。それでもまだ満たされないと、どこかの政党に入る。どこかの団体か何かが……何かの騒ぎを……。

……十　二十は軍隊

また、十人、二十人いても幸せでない人は、大勢の仲間を必要とする。彼らは大群を必要とする。そういう人は世俗的な人だ。

シッダとは、自らの存在に満足している人のことだ。世俗的な人とは、数千人の群集がいても満足していない人、「よし、クンブメーラ、大きな宗教祭に行こう」といったように、常に群集を捜している人のことだ。

クンブメーラで何をする？　押し合い圧し合いがしたいのかね？　集まりが大きければ大きいほど、人の群れは大きくなる。それは、たくさんの人が群集に関心があるためだ。どこかに大勢の人が立っていると、人は仕事を何もかも放り投げ、群集に混ざりに行く。あなたは本業を忘れる、なぜ出かけていったのかもわからない。もしかすると、妻が病気で医者を呼びに行くところだったかもしれない。だがあまりの人だかりに、あなたは何が起こっているか一目見なくてはと思った。群衆に混じって立ち、興奮して我を忘れた。

群衆には、人を引き付ける独自の磁力がある。群衆が大きければ大きいほど、人々の関心と興奮はさらに高まる。この最も退化したマインドの状態が群集だ。そして群衆といたい人は、群集に合わせなくてはならなくなる。

サニヤスは、群衆から自由になるための手段だ。群衆心理とは永遠に手を切ることだ。群衆の中で暮らしたければ、我々のようにしていろと群集は言う。我々が着ている服と同じ服を着て、我々が切るように髪を切り、何でも我々がする通りにしろと。そうすればメンバーになれる。我々の一員になれると。個性を示そうとする人は、我々の一員にはなれないと群衆は言う。だから群集はみな、個性を奪おうとする。あなたを消し去ろうとする。物の数にしようとする。人間ではなく、数や値に。だからちょっとでも変わった人を、群衆は決して許せない。ほんの些細なことでも容赦できない。


ある紳士が、私のところに来てこう言った。

「息子があなたの話を聞きに行くようになって、髪を伸ばしているんです」

そこで私は、「髪を伸ばすと、どんな害があるのですか？」と言った。

「いえ、」その紳士は言った。

「私には全く害はありません。しかし、誰も家族で、息子のように髪を長くした者はいないんです」

私はこう言った。「それは彼らの責任です。家族が一度も髪を伸ばしたことがないなら、そのことは忘れなさい。髪を伸ばすことに何の害がありますか？　実際、多少の節約になりますよ。なぜ息子さんの髪が伸びたからって、困るのでしょう」

その紳士は困惑していたが、何が彼を困らせているか、はっきりした答えは言えなかった。だが明らかにその紳士は困っていた。その理由は、その紳士の息子がちょっと変わったから、他の者と少し違ってきたからだ。家族の中でこうしたことが起こったことは、これまでにない。

「髪は、いつものようにちゃんと切らないと」

髪はこう切らなくてはと決めるのは、いったい誰なのだろう。どこの誰が決めるんだね？　私は言った。「クリシュナ神を崇拝しますか?」。彼は言った。「もちろん、崇拝します」
「じゃあ、クリシュナを信仰していますか?」「ええ」
「クリシュナの髪はどうなのです。クリシュナがあなたの家に生まれたら、あなたはヒッピーだと言うでしょう。それでクジャクの羽の付いた冠をかぶったら、どうしますか? あなたの息子のことをちょっと考えて下さい。髪をのばし、黄色いシルクの服を着て、飾りやら何やらをつけたあなたの息子が、笛を手に取り足でリズムを取り、クジャクの羽付きの冠をかぶって立っていたら、どうしますか。息子を崇拝しますか、どうしますか。礼拝《プジャ》をして崇拝するか――それとも、別な意味で礼拝し、息子に罰を与えますか」

群衆は、ほんの些細な違いを許せない。群衆はあなたに服従を求める。村ではどうするか知っているかね? 群衆はあなたを仲間はずれにする――食物や水はもらえなくなる。社会的接触は一切なくなる。あらゆる接触から切り離された人は――誰も、タバコをどうかと言う人も、食事に誘う人もいない――仲間はずれになった人は死んでしまう。生存自体が難しくなる。

村には絶対になく、絶対に不可能だった類の自由が、都市には生まれた。

村は人をがんじがらめにする。村が廃れていったために、こうした自由が世界では増えた。村のことで非常に危険なことがある。最も危険なのは、村がいつでも、否応なしに人を追放できることだ。どんな些細なことでもあなたは締め出され、生きることが不可能になる。誰とも関わりがなく、全く話し相手がいない。社交が断たれる。生きることが不可能になる。誰もあなたに話しかけないし、誰もあなたと話をしない。村はとても小さいから、誰かがあなたと話そうものなら、その人も村八分にされてしまう。村人はあなたを避けるようになる。

人々は何もわからなくても、村の生活を高く評価する。村は大きな束縛だ。完全な監獄だ。今でも村は監獄だ。今でも村には自由がない。村に自由はあり得ない。自由があるのは、村八分が不可能なくらい大勢が住む大きな町だけだ。大きな町なら、誰かに無視されたとしても、一緒に座ったり話せる人が他にいる。村はとても小さいから、村人への支配が簡単に維持できる。

だからインドのような国では、不可触賤民《スードラ》に触れてはならないというしきたりの廃絶は、村が存在する限り不可能だ。それにおかしなことに、マハトマ・ガンジーからガンジーの従者まで、誰もが、村はこのままであるべきだと考えている――と同時に、彼らは不可触性を、撤廃したいと思っている。不可触性は、村では廃止できない。それを廃止することは不可能だ。村では絶対に無理だ。不可触賤民は、村の井戸から水を飲むことさえできない。村の寺院に行くことさえできない。都市では、そうした慣行は自然と無視される。都市では、不可触賤民が寺院に入っても、誰にもわからない。誰の顔にも、そうした印が付けられたことはなかった。

世界で、仏陀やマハヴィーラが果たせなかった仕事を、鉄道のようなものが成し遂げた。仏陀やマハヴィーラに、電車のしたことはできなかった。不可触賤民が楽しげにあなたの側に座っていても、あなたには何もできない――その不可触賤民もチケットを買っている。たとえ何かをしたくても、何もできない。それに彼が不可触賤民かどうかは、確かではない。その人の方が、もっといい服を着ている可能性もある。あなたがビディーを吸っていて、その人がタバコを吸っている可能性もある。あなたにはどうしようもない。電車に乗っていて、いずれあなたも腹が減り、食事をする必要に駆られる。隣には不可触賤民が座っている！　彼は席を詰めてくるかもしれない。ぐいっと押されても、どうすることもできない。

あなた方に言っておこう。仏陀やマハヴィーラに、電車がしたことはできなかった。仏陀やマハヴィーラは、カーストの最下層民へのしきたりを廃絶しようと、懸命に努力したが成し遂げられなかった。哀れな電車がその慣行をなくし、しきたりの廃止を成し遂げたのだ。電車は革命をもたらした。寺院にできなかった事を、レストランが果たした。巡礼地ができなかった事を、映画館が果たした。生には独自の動き方がある。

都市は、ある種の自由を人にもたらした。村では大きな問題がある。村では、あなたの行動が逐一知られ、人柄がすっかり知られている。とても小さい場所だから、誰もが、他人が逐一何をしているかを知っている。一人一人が知っている。あなたが彼らをよく知っているのと全く同じように、彼らもあなたをよく知っている。都市では非常に都合がいい。町ではある女性に恋をしても、相手方が町の反対側に住んでいれば、近所の人は、あなたが女性と恋に落ちたとはわからない。隣の人は、あなたが毎日朝早く寺院にサットサングに行くんだと、熱心な帰依者になったのだと思う。こういうことは村ではあり得ない。村で自由はあり得ない。村は束縛だ。村では群衆が支配している。

個人の誕生は、都市で起こったことだ。村には個人は存在しない。群衆しか存在しない。魂は群集を超える人の中に生まれる。群衆の中に魂は生まれない。

ヒンドゥー教徒やイスラム教徒には魂がないと私が言うのは、こうした理由からだ。彼らは群衆の一部だ。彼らは群衆政治によって抑えられている。

個人になりなさい。自分をあらゆる監獄から解放しなさい。形容詞を全部捨てなさい、そうすれば、魂が自分の中で輝き始めるのがわかるだろう。独りであり始めなさい。

独りでいることの困難はある。しかし、この困難を経た者は浄化され、洗練される。

偉大さは　偉大さが消えた時にある
この真実の言葉に熟考しなさい
師は謙虚な者を捜し出し　頭から重荷を下ろす

素晴らしいスートラだ。
真の偉大さは、偉大さを完全に消し去った時に初めて生じると、ゴラクは言っている。

偉大さは　偉大さが消えた時にある……

生に偉大さが生じるのは、あなたがエゴを完全に消し去り、破壊した時だ。「私」という感覚が完全に消えた時だ。では、いつ「私」という感覚が消えるのか――それは「汝」の必要がなくなった時だ。他者を必要とする限り「私」も残る。私と汝は共存する。

きっと、これを知ったら驚くだろう。心理学者が言うには、子供は最初に他者を知り、それから自分を知るという。幼児が自分を見ることはあり得ない。子供は自分のことを何も知らない。子供はまず母親を知る。子供には、時々近づいてきたり、離れていく母親が見える。揺りかごの中で横たわって、子供はずっと見ている。「空腹な時に泣くと母親は側に来て、困っていないと母親は去っていく」。徐々に、母親が自分とは別々であることが、子供にはっきりわかってくる。母親は他者だ。母親が自分と異なることが明らかになるにつれ、徐々に影のように、自分も母親と異なることがはっきりする。

「別の人」という感覚が最初に起こり、それから「私」という感覚が起こる。そして他者と自分は同じ様にして消える。最初に他者の感覚が消え、「私」が消える。最初に自分をなくしたいと思っている人々は、決して自分を排除しないように。他者への依存を断ちなさい。「他者の必要はない、自分独りで充分だ――充分満足だ、満ち足りている！」というようになりなさい。徐々に他者がなくなるにつれ、「私」もその後を追うようになる。

「自分と他人」は表裏一体だ――その一方には「私」、もう一方には「汝」と書いてある。他者を落とすことは簡単だ。なぜなら他者は他者だ、他者は離れている。だが、自分を落とすことは難しい。そして他者を落とす過程で「私」はひとりでに落ちる。

偉大さは　偉大さが消えた時にある……

……すると、生に偉大さが入ってくる。これは異例の発言だ。自分のエゴ、「私」という感覚――自分の方が上だ、自分は偉大だ、自分は優れている、特別、非凡だ、ずば抜けていると――こうした「重要だ」という感覚を消し去った人は、重要なものが内側に現れる。それが内側に現れた人は、比類なき人になる。あなたは自分がずば抜けていると思っているだけで、実はそうではない。そうした人は、確実に比類なき人になる。ゴラクは、この真実の言葉について考えなさいと言う。

師は謙虚な者を捜し出し……

こうして自分がなくなった者は、謙虚になる。自我がまだない、小さな子供のようにシンプルになる。それが起こった時、師は自ら謙虚な人を探しに来る。

師は謙虚な者を捜し出し　頭から重荷を下ろす

もし子供の頭の上に塊が乗っていたら、それを降ろそうと思うのが自然だ。あなたが謙虚になり小さくなり、子供同然となって師の前に現れて初めて、塊を降ろせるようになる。その時初めて、慈悲を注ぐことが可能となる。いったん頭の上の塊が取れれば、いったん荷が取り除かれれば——思考の、欲望の荷が取り去られれば、その根は断たれる！

一枚一枚　葉に水をやり
一個一個　豆菓子に塩味をつける
ラヒームよ　これは知的ではない！　誰もそれを受け入れる者はいない！

村で女達が豆のスナックを作る時は、一個一個に塩味をつけたりしない。塩は生地自体に混ぜなくてはならない。庭師が水やりをする時は、一枚一枚葉に水をやったりしない。庭師は根に水をやる。

一枚一枚　葉に水をやり……

庭師が、一枚一枚葉に水をやるとしたら、それは完全に狂気の沙汰だ。

……一個一個　豆菓子に塩味をつける……

もし一個一個、個別に塩味をつける者がいたとしたら、それは狂気の沙汰だ。

ラヒームよ　これは知的ではない！　誰もそれを受け入れる者はいない！

誰も、それが知性の表れだと言う人はいない。庭師はただ、根に水をやる。豆のスナックを作る女性は、塩を生地に入れる。根に向かいなさい。あらゆる幻想の根源はエゴだ。エゴを切りなさい。
このスートラ以外にも、ゴラクは次のように言っている。

ナス曰く　アヴァドゥーよ聞け
マインドを永遠に安定させなさい
エゴ　セックス　怒りを取り除きなさい
されば　全聖地の巡礼の旅は終わっている

巡礼に行ってはならない。どこにも行く必要はない。あらゆる方向に向けた、あらゆる旅は完結している。一つのことさえできれば、全巡礼の旅は終わっている。

……エゴ　セックス　怒りを取り除きなさい

その根源はエゴだ。セックス、怒り、強欲――こうした葉はすべてエゴの中に生える。エゴは根だ。これさえ取り除けば、これに、自分にさよならを言えば、もう生の根本的変化は訪れている。すでに大きな変化が起こっている。あなたは闇から光へ入っている。

希望は苦悩　疑いは悲しみ……

そして望みを失わないように生きる者は、欲にしがみついて生きる者は、常に苦悩ずくめになる。欲が大きいほど苦悩も大きい。この世で満たされる欲望は一つもない。欲望は単純に満たすことができない。欲望は元々、満たされるようにはなっていない。欲望を満たすことはできない。仏陀が言ったように、渇望は満たせない。渇望は満たし得ない。

一人の男が、スーフィーの僧侶《ファキール》のところへやって来た。男は言った。

「どうすれば、欲望を叶えられるのでしょうか?」

ファキールは言った。「では一緒に来い。これから井戸に水を汲みに行くから、その時教えよう。おそらく何も話す必要はない。見ればわかる」

質問した男は少し驚き、こう思った。「井戸で答えが得られるなんて、どういう教えなんだろう。この男は正気なのだろうか、狂っているのだろうか」

このファキールはのんきな人で、とても恍惚としていた。目は、まるでワインを飲んだかのように赤かった。ファキールは恍惚としていて、歩くと浮かれた酔っ払いが歩くようによろめいた。まさか突き落とされはしないかと、質問した男は井戸に行くことが少し怖くなってきた。何をされるかわからない。飛び込んだ後に、捕まるかもしれないと考えた。が、それでも、ファキールがこれから与える答えに興味があった。男は言った。「わかりました、行きましょう。私はちょっと下がって見ています」

男が目にしたものは、さらに驚くべきことだった。この男は、完全に気が狂っていると男は思った。ファキールは、底なしのバケツを井戸に落とした。ファキールは井戸の中で、バケツをゆらゆらと揺らし、大きな音を立てて水の中に沈めた。バケツには底がなかったため、バケツがいっぱいになるのに時間はかからなかった。それからファキールはバケツを引き上げたが、水はなかった。引き上げたバケツは空だった。そしてファキールは、再び底なしのバケツを投げた。

男はその光景を二度、三度、見ていた。男は言った。「ちょっと、気は確かですか？　答えを教えてもらおうとやって来たのに、教えてもらう必要があるのは、あなたじゃありませんか？　何をしているんです？　大丈夫ですか？　このバケツは、絶対いっぱいになんかなりませんよ」

ファキールは言った。「何かを掴んだか？　このバケツを井戸に落としているのは、お前のためだ。欲望のバケツは底なしだ。欲望のバケツを死ぬまで満たし続けても、一杯にはならん。誰もこのバケツを満たせた者はいない。なにしろ底がないからな。私もお手上げだ。誰にもどうすることもできない。だから悲しみがあるのだ」

「井戸に辿り着くのに汗水たらし、大変な思いをして、井戸の縁まで何とか辿り着く。井戸までは長い列があり群集がいる。そしてまた、さらに大変な思いをして、人は何とかバケツを入れる機会を得る。そしてバケツを落とし、バケツはいっぱいになる。井戸を覗き込むと、バケツがいっぱいになっている。バケツが水中に沈んでいる。得意気にロープを引き始める。ワクワクして引き上げると、手に届く頃には一滴の水もない！」

「今までいったいどれだけの欲望があって、これで満足だと、感じたことが何度あるのだろうか。それで満足したことがあるか？　遠くから、バケツがいっぱいになったと感じたことがあるかもしれない。だが手に届く頃には、バケツは空だ。何度も、同じことがあっても、お前はまだ目を覚ましていない。

ハッとして目を覚ますことがなかった」

希望は苦悩　疑いは悲しみ……

このように、希望を頼りに生きる者は、ずっと苦しむことになる。

……疑いは悲しみ……

疑いを持つ人、まだ信頼の糸を掴めずにいる人の生には、苦しみしか生じない。疑いは、決して幸せをもたらさない。疑いとはジレンマだ。揺れ動く、途切れ途切れのマインドだ。信頼の中で、マインドはまとまり一つになり、分裂がなくなる。その分裂のなくなったマインドの本質こそが至福だ。

このニつの大病は　師なくして去ることなし

この希望と疑いの二重の苦悩は、師があなたをハッとさせ、目を覚まさせるまで去っては行かない。

……師なくして去ることなし

でなければ、この大病は立ち去らない。師があなたを光に招き入れない限り、師のオーラの輝きの中にあなたを連れて行き、師自身を垣間見る機会を与えない限りだ。すると人は、まばゆいばかりの光と降り注ぐ至福を目にする。あなたは甘露の味わいを知る。その時初めて、人はすべてを理解する。それがどうして起こったのか？　それは信頼を通じて起こった。どのようにして起こったかと言うと、欲望から自由になることで起こったのだ。

さっき言ったように、「私」と「汝」は表裏一体だ。これと同じように、欲望と疑いは表裏一体であり、信頼と至福は表裏一体だ。これらは二つで一つだ。だが、信頼と至福が表裏一体であることが、どうすれば体験できるか？　それは、すでにそれが起こった人の側に座れば、体験できる。

師と共に座ることで　あらゆる瞑想の自制力と愛が生まれる

若くして愛欲を燃やし灰にした者
そのようなヨギをこの世で探しなさい
他のヨギはみな　腹しか満たしていない

すべての祈り、瞑想、自己鍛錬の本質はサットサング、師といることだ。サットサングなしでは、何も起こらない。サットサングなしでは何をしようと、盲人の手探りとなる。それは矢を射る盲人のようなものだ。盲人には矢も見えなければ、的も見えない。当てずっぽうに矢を射っても、決して的には当たらない。万一、的に当たっても何の価値もない。

師と共に座ることで　あらゆる瞑想の自制力と愛が生まれる

師の前で静かに座ることによってのみ、このサンヤマ、五感を制する力は現れる。これはあらゆる祈りや瞑想の本質だ。

このサンヤマという言葉を理解しなさい。サンヤマという言葉は、人々のマインドの中でひどく歪められている。普通は世捨て人をサンヤミ――サンヤマを習得した人と言うが、これは間違いだ。世俗的な人も世捨て人も、サンヤミではない。どちらもアサンヤミ――五感と感情のしつけができていない。一方は、この世の楽しみの方向に傾いてバランスを崩し、もう一方はそれを放棄する方向に傾いて、バランスを崩す。サンヤミは真ん中で生きている。サンヤマという言葉は、真ん中にある、バランスが取れている、落ち着きがあるという意味だ。

ある人は食べ過ぎている――食べ過ぎの人は極端に走っている。また別な人は過度に断食をする――その人も極端に走っている。断食の人は別な極端にいる。だが食事を適量を食べる人、必要な分だけ食べ、少なくも多くも食べない人はサンヤミ、釣り合いが取れている。

サンヤマという言葉は、生の音楽を表す。サンヤマは生のヴィーナの音楽だ。その弦はきつすぎても、ゆるすぎてもダメだ。

……そのようなヨギを　この世で探しなさい……

どこかでこのような、放埒でも世捨て人でもないヨギに、サンヤミに出会ったら――出会う価値があるのはそういうヨギだけだ。

私は、世捨て人になるようにとは言わない。このことが、私や私のサニヤシンの問題かのように、人の目には映る。何世紀もの間、人は世捨て人がサンヤミだと思ってきた。だから人は、私が私のサニヤシンに、サンヤマを教えていないと思っている。私はサンヤマしか、真ん中にいる為の訓練法しか教えていない。耽溺から少し離れ、欲を捨てる方にも傾くなと、私は言う。耽溺は左にあり、放棄は右にある。真実はその二つの間に、ちょうど真ん中にあり中道にある。真ん中で生きる。これが黄金の道だ。世間で生きていても、自分の中に世間が全くないかのように生きている。町で座りながら、瞑想の中にいる。

……そのようなヨギを　この世で探しなさい……

もし何かを見たいと思うなら、この世で見る価値のある素晴らしいものがあるとしたら、タージマハールでも、エジプトのピラミッドでも、万里の長城でもない。この世で見る価値のある驚異的な人がいるとしたら、それは中心に至った人、均衡に到達した人だ。なぜなら中心に至った人からは、ある香りと音なき音が生まれるからだ。それを理解した人は変わり始める——鼻孔にその香りが届けば、その音が耳に伝われば、それがハートを貫けば……。生における新しい旅が始まる。


「闇から光に導いてください」

あなたは闇から光へ動き始める。

「死から不死に導いてください」

あなたは死から不死へ動き始める。

「虚偽から真実に導いてください」

あなたは虚偽から真実へ動き始める。

だがこれはサンヤミ、中心点を見つけた人の近くでしか生じないことだ。

……この二つの大病は　師なくして去ることなし
……そのようなヨギを　この世で探しなさい
他のヨギはみな　腹しか満たしていない

ヨガの名の下で続けられていることは、このヨガという職業はすべて、この入り組んだ迷路はすべて、腹を満たすための単なる手段だ。それ以外の何でもない。あなたのアカンダナンダや、パカンダナンダやその他の人を見てみたらいい。彼らのすべきことはただ一つ、腹を大きくすることだ。腹が大きければ大きいほど、ヨギは偉くなる。これが偉大なヨギの定義のようだ。そしてあらゆるヨギのトップに立つのが、ガナシュペリのババ・ムクタナンダの導師であるニチャナンダだ。ニチャナンダの写真を見たことがあるだろうか。ニチャナンダの写真を見てから、もう一度、このゴラクの言葉を読みなさい。

……他のヨギはみな　腹しか満たしていない

色々な腹を見たことがあるかもしれないが、ニチャナンダの腹に並ぶものはない――ニチャナンダの腹はとにかく大きい！　写真を見たことはあるかね？　見たことがないなら、絶対に見ておきなさい。人々は、ただ腹を満たし続ける……そういう人を、サニヤシンと、宗教指導者と呼ぶのかね？
自制力〝*self-discipline*〟は音楽だ。自制力は稀なアートだ。自制力は強制に関わることではない。それは自然なものだ。

学者よ　神がどこにいるかは説明しようがない
我自身の内側に目を向ければ　我もなし汝もなし

学者よ、学識ある人よ、どこに神がいるかは説明仕様がない。神はいたる所にいるからだ。神への崇敬の念だけが在り、他には何もない！
学者よ、神がどこにいるかは説明仕様がない。神がいない場所がどこにあるだろうか？

我自身の内側に目を向ければ　我もなし汝もなし

一つ言えることは、自分自身の内側を見ても、自分も人も見つからない。もう自分はない、もう汝はない。その瞬間に残るもの、それが神だ。それ以外のところで、神を見つけることはできない。

ゴラクの言った言葉に、このようなものがある。

見ていることを目に隠しなさい
聞いていることを耳に隠しなさい
鼻先に呼吸を隠しなさい
ニルヴァーナだけが残る

目の光の中に隠れなさい。視覚の中に隠れなさい。外側を見てはならない。外を見ることで人は混乱する。

見ていることを目に隠しなさい……

見る力の中に隠れなさい。見ることに費やされているエネルギーが、全部内側に集まるように、目を瞑りなさい。そうすれば自分自身を見ることができる。

……聞いていることを耳に隠しなさい……

そして耳で外側のものを聞かないように。
今こそ、外側のものから耳を自由にし、内側に耳を傾けなさい。

……聞いていることを耳に隠しなさい
鼻先に呼吸を隠しなさい……

この外側の呼吸はもういい。外的な呼吸が止まり、心が穏やかになる、呼吸の出入りのない瞬間を捜しなさい。その瞬間を見つけた人は、新たな生を、新たな呼吸を体験する。

ニルヴァーナだけが残る

そうしたら残るものは何もない。ニルヴァーナの状態だけが残る。この体験は神の体験、この体験は解放、これはニルヴァーナだ。違うのは名前だけだ。

ニルヴァーナだけが残る
学者よ　神がどこにいるかは説明しようがない

学者よ、どう説明の使用がある？　あなたは経典を調べている――あなたは気が狂っている。神を捜しに聖地詣でに行こうというのか？　あなたは狂っている。偶像の中に探し求めようというのか？　あなたは狂っている。そういう場所を探しても、神はいない。

我自身の内側に目を向ければ……
見なさい！……自分自身に目を向けなさい！
……我もなし汝もなし

私も残らないし、あなたも残らない。私も汝も――あとに残るのは敬虔さだ。

ニルヴァーナだけが残る
神のための石造りの家……

偶像もまた石でできている。
……石の神……
寺院は石でできている。偶像は石でできている……
……石を崇拝して　どうして愛が突然現れる？

石を果てしなく崇拝すれば、自分のハートに愛の泉が湧き出ると思うかね？　この言葉を心の奥にしまっておきなさい。この不幸が、この国で起こったことは明らかだ、それは証明するまでもないくらい、はっきりしている。インド人の心は、石のように冷たくなってしまった。原因は、すべて石を崇拝していることにある。石を崇拝する人は石になる。少しこのことを理解して崇拝しなさい。なぜなら、崇拝するものは、生の目的地となるからだ。

崇拝するものはその人にとっての理想となり、崇拝するものに人は似てくる。崇拝する前に、考えなさい。

神のための石造りの家　石の神
石を崇拝して　どうして愛が突然現れる？

それで、祈りが内側に起こるわけがない。あなたの中に、愛が目覚めるわけがない。あなたの中に愛のように、あなたの神は石であり、あなたの寺院は石の寺院だ。あなたもまた、石のようになっている。石の神に仕える帰依者は、長く人間のままではいられない。そういう帰依者は石のようになる。

この国にいると、非常に驚くべき光景を目にする。礼拝する人々、祈る人々――みな全く石のようだ。思いやりや慈悲や、愛はない。思いやりや慈悲や愛が、全く消えている。誰も、他人への関心がまるでない。誰が死にかけていようと、生きていようと、誰もお構いなしだ。

そして人々は、ある大原則を発見した。みな、自分のカルマの結果に苦しんでいるのだから、私達にはどうしようもない――自分達は、寺院に礼拝に行く途中だと。人は、みな自分のカルマの結果に苦しんでいる――人は行ないに応じた苦しみを受ける。自分が蒔いた種を刈り取ることになる。家に火がついていたら、それはいつか誰かの家に、火をつけたからに違いない。今度はあなたが苦しむ番だ――誰も火を消す人はいない。腹が減って死にそうだったら死になさい――それはきっと過去生で、誰かを飢えさせたのだから、今度は自分がそのカルマの結果に苦しむ番だということだ。

こうした考えはトリックだ。これらはカルマの原則のくもの巣、罠だ。いいかね、これはハエを捕えようと巣をかけているクモと全く同じだ。クモは巣に座って、「さあ来い、捕まれ、食べてやる」とは言わない。これではハエは捕まらない。クモが巣をかける時は、ハエにこう言う。「おいでよ、お茶でも飲んで、朝食を食べてってくれ。たまには顔を出して、みんなで集まろうよ。膝を交えて話をしよう、ちょっと話をしようよ」と。するとハエは捕まる。ハエがやって来て捕まる。

大きな宗教教義のクモの巣は、あなたの周り中に張り巡らされている。あなたはすでに罠にかかっている。あなたはもだえ苦しみ、クモはあなたの血を吸い取る。こうしたクモが、宗教指導者――学者や僧侶としてそこに座っている。あなたにしてみれば、彼らは生の預言者となった人だ。彼らはあなたの道案内をして道を示している――道の「み」の字も知らぬ者が、自分の体験が全くない者が、魂について語り、神について語っている――空言、虚言を。彼らの言葉には息づくものもなければ、脈打つものもない。

神のための石造りの家　石の神
石を崇拝して　どうして愛が突然現れる？
命のないものを崇拝して　生を無駄にする……

人がどのように花を摘むか、生きた花を摘むかを見てごらん。咲いたばかりの花は風の中で踊り、空に香りを広め、ちょうど日の光と対話をしているところだった。花はとても幸せだった。喜びに酔いしれていた――その時、花は摘まれてしまった。人は朝、花を摘みに出かける。摘まれた花は、寺院で神に捧げられる。生きている花が殺され、石に捧げられるとは、信じがたいことだ。すでに存在に捧げられているものを盗んで石に捧げるなど、信じがたいことだ。
ゴラクの言うとおりだ。

命のないものを崇拝して　生を無駄にする……

全く狂っている！　花に石の偶像を持っていって、捧げるならいい、だが花を折ってはならない。すると人々は「私達は花が大好きなんだ。憎くて摘むわけじゃないんだから」と言う。

ジョージ・バーナード・ショーに、花を摘んであげたいと思っている一人の友人がいた。二人が一緒に庭を、その友人の庭を歩いていた時のことだ。そこにあった花を……その友人は、花の側に立って心を奪われ、夢中になっているバーナード・ショーを見て花を摘み始めた。

バーナード・ショーは言った。「待て、待て！　花を摘むんじゃない」

友人は言った。「この花は嫌いなのか？」

バーナード・ショーは言った。「大好きだ、とても素敵な花だ」

友人は言った。「だから取ってるのに」

バーナード・ショーは言った。「なんてひどいことを！　子供がかわいければ、子供の首を折って花束を作るのか、君は？　かわいいと言うなら、どうして花を摘めるだろうか。どうして花を摘めるんだ？　花束の飾りに子供の頭を切ったりしないだろう。テーブルの上に子供の頭を置いて『息子だ、かわいいだろう！』とは言わないだろう。だったら、なぜ花を摘むのだろうか」

ゴラクの言うとおりだ。

命のないものを崇拝して　生を無駄にする……

私は長年ジャバルプールに住んでいて、美しい庭の手入れをしていた。庭にはたくさんの花が咲いていたために、朝、花を摘みに人が来るようになった。彼らは額にティラクとビャクダンのペーストを塗り、ラーマ、ラーマ、ラーマ、ラーマ、と唱えてやって来る。

そこで私はこう言った。「花を取らないでくれ」

彼らは言った。「でも礼拝用の花を摘んでるんだ。誰にだって礼拝用の花を摘む権利はあるだろう」

私は言った。「他の理由で花を取っているならどうぞと言うかもしれないが、礼拝用ならダメだ」

彼らは言った。「どういうことだ？」

私は言った。「礼拝用なら絶対にやらないよ。花はすでに礼拝している。礼拝の邪魔をするんじゃない。すでに花は、神に捧げられているんだ。誰かに恋をして、彼女に花を捧げたいと言うのならいい。いいよ持っていっても。持っていったら、せめて生きたものに花を捧げてくれ」

「そんなんじゃない」。彼らは言った。「女神の寺院に行くんだ」

「生きている女神に花を捧げるというなら、取ってもいい。だが寺院やら何やらにというのはダメだ」

その後、私はこう書いた看板を立てた。

「礼拝以外の目的で花が欲しい方は、お取りください。ただし礼拝用に花を取ることは禁止します」

この庭にも花は咲き、花は咲いた場所で枯れることを許されている。花は今あるその場で、存在に捧げられている。それをなぜ摘む必要があるのだろう。

命のないものを崇拝して　生を無駄にする
そんなに無意識でいて
この世の海を　どうやって渡ることができよう？

こういう中身のないことをして、こういう無益なことをして、こういう無意識なことをして、この多難な海をどうやって泳いで渡るというのか？

聖地を変えて沐浴を重ね……
どれだけの聖地で、どれだけの聖なる沐浴場で沐浴してきたのだろうか。
……外側を洗い清めても　内側には染み込みようがない

外側で身体は洗ったが、それがどのように、あなたの内側に染み込むというのだろうか。内側はいつ洗うのか。内側は特定の聖地でしか洗えない。それが可能なのはサットサングの――師の側で座る――聖なる沐浴を見つけた時だ。サットサングの中に、内なる沐浴が起こる聖なる湖がある。

孫アディナータ　息子マチンドラナータ
ゴラク・アヴァドゥは子孫を見守る

ゴラクは、非常に驚くべきことを言っている。これを聞いたら驚くだろう。ゴラクが言っているのは……アディナータはインドの歴史における、唯一の神話上の名前だ。私から言わせれば、アディナータは神話上のもので、歴史上のものではない。歴史では、そういったものは説明がつかない。だがアディナータは、ガンジス川の水源のようなものだ。ジャイナ教徒はアディナータを最初の師と、最初のティルタンカラだと考えている。彼にはリッシャブデバとアディナータの、二つの名前がある。アディナータは最初のティルタンカラだ、だから〝*Adi-natha*〟、最初のマスター、初代、創始者というわけだ。ジャイナ教徒の伝統は、アディナータから生まれた。

アディナータは、リグベーダでは大きな尊敬をもって述べられ、とても丁寧な言葉で記されている。ゆえにアディナータは、ヒンドゥー教の伝統上でも全面的に尊敬されている。マハヴィーラは、ヒンドゥー教の伝統上では何の敬意も払われていない。名前さえ述べられていない。もしジャイナ教徒がいなくて仏典がなかったら、ヒンドゥー教の経典だけでマハヴィーラの存在を知るのは不可能だろう。だが、アディナータはとても尊敬されてきた。ジャイナの伝統とヒンドゥーの伝統は、その後初めて別々になったのではないかと思う。アディナータの時点では一つだったに違いない。違いがなかったことは明らかだ。だからリグベーダの記述には尊敬が、多大な尊敬が示されている。それにジャイナ教徒に関する限り、アディナータは最初のティルタンカラだ。アディナータは、全ジャイナ教の基盤そのものだ。

タントラの信者も、タントラはアディナータから始まったと主張し、シッダ・ヨギ達も、アディナータは最初の導師だと主張する。こうした理由から、アディナータは原点であるかのように思われる。まるでこの国の伝統のすべてが、この一個人から浮上し、流れ出たかのようだ。

だが、ゴラクは非常に驚くべきことを言っている。

ゴラク曰く「孫アディナータ……」。アディナータは自分の孫だ。

「……息子マチンドラナータ……」

私の師は息子だ。ゴラクの師はマチンドラナータだった。

「……ゴラク・アヴァドゥは子孫を見守る」

息子、娘に会えて、息子や孫に会えて自分はとても幸せだと、ゴラクは言っている。

カビールの時代になるまでに、このような発言はワトゥバンギ、逆さのフルートと呼ばれるようになった。だが、これはとても愉快な発言だ！

イエスにも、このような言葉がある。

誰かがイエスにこう尋ねた。「どういう根拠で話しているんです？」

イエスは言った。「何を拠り所に？　私はアブラハムが生まれる前に在る者だ」。

アブラハムは、ジャイナやヒンドゥーや、仏教の伝統におけるアディナータのように、ユダヤ教や、キリスト教、イスラム教の伝統で、同じ地位にある。アブラハムは、ユダヤの伝統の創始者で、キリスト教はその後アブラハムから生じたものだ。その後アブラハムから生じたものが、イスラム教だ。イエスの発言は、実に驚くべきものだ。

イエス曰く「何を拠り所に？　私はアブラハム以前に在る者だ」

質問者は言った。「ご冗談を。理にかなってませんよ。アブラハムがいた時代から、何千年も経ってるんですよ」

イエスは言った。「わかっている。だが、私の方がアブラハムより先だ」

イエスの言葉を、どう受け取ったらいいのか？　イエスは、自分達の中心の中心にあるもの、私達の生の中の生は、様々なことが起こる前に存在していると語っている。存在が始まる前からそれは存在している。存在の夜明け前から存在していると。誰かがこのことを知ると、きまって他のものはすべてその後にある。自分の本質を知った人は信心を知り、存在の根を知っている。その根は確かに、あらゆるものの前にある。アディナータはその後ろにいる。アブラハムはその後ろにいる。

ゴラクは同じことを言っている。それは深遠な、味な冗談だ。自分を知って以来、それ以外のことは、すべて自分の後で起こったのだと知ったと、ゴラクは言う。

いいかね、この「自分の」というのはゴラクのことではない。この「自分」には、クリシュナがギータで意味しているものと、同じ意味がある。

「アルジュナ、あらゆる宗教を捨て、自分だけに帰依しなさい」

この「自分に帰依しなさい」とは、クリシュナに帰依しなさいという意味ではない。

「自分だけに」とは誰のことか？　それはクリシュナではない。それはクリシュナの中に現れる人、同じ人がアルジュナの中にも現れる。その人はいつも現れているし、常にこれからも消えることはない。それと同じものが自分の中に現れ、同じものがあなたの中に現れた。それを発見した者は覚者となる。だが、それを発見しない人は眠ったままだ。覚者と非覚者の違いはこれしかない。それ以外の違いはない。一方は目覚め、もう一方は眠っている。だが眠っている人にも、目覚めた人の中にいる神と同じだけの神がいる。一片の違いもない。質的な違いはない。

ゴラクは、この驚くべき事実を、このように明らかにしている。

孫アディナータ……

……自分のことはどう言ったらいいだろう？　自分を知って以来、自分を見て以来、何が起こったのだろうか。私にはアディナータでさえ、私の後に起こったように思える。

孫アディナータ　息子マチンドラナータ……

人はおそらくアディナータを、もう忘れているだろう。人はアディナータを覚えてさえいない。しかし自分の師であるマチンドラナータは、つい最近まで生きていた師は、私の息子だ。

……ゴラク・アヴァドゥは子孫を見守る

……この全存在が自分の子孫だ。これを見て、ゴラク・アヴァドゥは喜んでいる。もう一つ、ゴラクが言ったことがある。昨日ちょうど、そのことについて質問があったばかりだ。ここでもゴラクは素晴らしいことを言っている。

アヴァドゥよ　神は自分の弟子
マチンドラナータは孫
この世に大きな混乱が生じないよう
私は情けをもって順序を逆にする

アヴァドゥよ、シヴァは私の弟子——神は紛れもない私の弟子だ。アヴァドゥよ、神は私の弟子、マチンドラナータは私の孫、すなわち弟子の弟子だ。私は師に付く必要はなかった。なぜなら明らかに私は神だからだ。だが私の真似をする無知な人々が、一度も師に付かずに自らを覚者と名乗るかもしれない。こうした恐れから、私はマチンドラナータを師としたが、実際の順序は逆になっている。なぜならマチンドラナータは、紛れもない私の弟子だからだ。

この世に大きな混乱が生じないよう……

師に付かない人々が、自ら光明を得たと言い始めないように、虚栄心に満ちた人が嘘の宣言をし始めないように、ゴラクは逆にした。

この世に大きな混乱が生じないよう……

この世が全滅しないように……

……私は情けをもって順序を逆にする

……だから私は逆にした。私は、自分の息子を父にし、自分の弟子を師にした。そうすれば光明を得ていない人々のために、師なくして光明はないと示唆するものが残る。

だが光明を得た人は、誰でもこのような体験をする。

アヴァドゥよ　神は自分の弟子
マチンドラナータは孫……

光明を得た人は、誰もが神となる。自分を知る者は神となる。神を知り、神となる。すると他のすべてのものは覚者に続く。覚者は時間を越え、時間と空間の外に出た。覚者は最初であり最後だ。覚者は一番最初であり、また一番最後でもある。実際には一つのものがあるだけで、二つはない。すると誰が師で誰が弟子か、誰が帰依者で誰が神かといった区別さえ、残っていない。そういう区別は残ってはいけないものだ。至福はこの一体性の中だけに降り注ぐ。不死の体験はこの中にしかない。
だが、その前にあなたは消えなくてはならない。今のあなたはエゴの影響を受けている。この状態に将来あなたは、別れを言わなくてはならない。

死ね　ヨギよ死ね！　死ね　死は極楽だ
ゴラクが受け入れ　覚醒した死に方で　死ね

今日はこのぐらいにしておこう。

第8章

存在のエッセンス

The Essence of Existence

最初の質問

OSHO、なぜ、神は言葉では言い表せないと、言われているのですか？

生のあらゆるものは、言葉では言い表せない。神とは生全体だ。生のあらゆるものが言葉で表現できなくなると、全体も完全に言葉で表現できなくなる。

誰かに「愛とは何か？」と訊かれたら、愛を言葉で表現できるだろうか。表現できないのは、愛を知らないからではない。土砂降りの愛が降ったことがなくても、小雨ぐらいは、シトシトとぐらいは、間違いなく降ったことがあるに違いない。何らかの形で、何らかの扉を通じて、何らかの愛の体験があったはずだ。友人の愛や、夫の愛や妻の愛、息子の愛、母親の愛や父親の愛は、知っているはずだ。どこからか、一条の愛の光が降ったことがあるに違いない。なぜなら人は、愛の光がなければ誰も生きられないからだ。きっと面識があるはずだ。窓が開いたことがあるに違いない。だが「愛とは何か？」と訊かれても、依然、全く何も答えられない。何も言いようがない。

また「美とは何か？」と訊かれると……美を目にしたことがないからではない。時に満月が煌々と照る夜を見たこともあれば、時にはきらめく星でいっぱいの空を見たこともあるだろう。花が咲いているのも見ただろうし、カッコーがクークーと鳴くのを聞いたことも、ヴィーナの調べを聴いたこともあるだろう。実にたくさんの形で美は現れている。極度に鈍感な人も、何らかの形の美を知っている。時には人の顔に、動作に、人の行動や命に、声に――何がしかの美の体験があるはずだ。美の体験が一度もないという極端に不運な人はいない。だが「美とは何か」と訊かれたら、どうにも定義しようがない。どんな定義も与えようがない。あなたは唖然としてしまうだろう。

美の定義がなければ、愛の定義がなければ、とうてい神の定義などあり得ない。神は最高の美であり、神は最高の愛だ。

もしかするとあなたは、美や愛を非常に高尚なものだと思うかもしれない。だから、もっと小さなことに降りていこう。あなたは何かを味わったことがあるはずだ――だがもし「味とは何か」と訊かれたら、どう思うかね？　ものの甘さを知ってはいても、甘味を定義するようにと言われたら、困ってしまうだろう。人は甘味のような、些細なものでさえ定義できない。それだけでも完全に黙り込み、沈黙してしまう。甘さを一度も味わったことのない人に、甘味について訊かれたら、言葉にするのはさらに困難だ。甘味でさえ定義は不可能だ。

西洋の非常に著名な思想家であるジョージ・エドワード・ムーアは、「善」の定義に関する驚くべき本を書いた。「善」とは何かを定義しようと、二百五十ページあまりにわたる努力の末、「善」は定義できないという結論に、ムーアは達した。ムーアは他にも、黄色をどう定義するかといった例もあげた。黄色……といった些細なもの、黄色は至る所に散在している――花を咲かせたマリーゴールド、花咲く黄色いオレアンダー、太陽から降り注ぐ明るい黄色……誰もが黄色を体験するにも関わらず「黄色とは何か」と訊かれると、「黄色は黄色だ」としか言いようがない。

ものの甘さとは何か？　甘味は甘味だ。愛とは何か？　愛は愛だ。こうした些細な現象が言葉で表現できないのだから、広大なものも言葉で表現できるはずがない。どんなに広大なものをイメージしても、それは誤りとなる。それでは小さすぎる。どんな学説を作ろうと、そうしたものに関する学説は、つまらないもののように思えてくるだろう。これが、神は言葉では表現できないと言われる理由だ。悟りを得た者は、神は言葉では言い表せないと言う。

神を知らない人は、神を言葉で表現する。神の説明を作り出す。神を知らない人だけが、神を言葉で言い表す。神を定義する人だけが、神の像を彫る人だけが、神に関する学説を作り出す人だけが、経典を作り出す。神を知る人は、神は言葉で表現できないと言う。彼らは沈黙を保ち、神について話さずにきた。確かに、どうすれば神に到達できるかについては語ってきたが……。

水を飲んだ人は、それが甘いかしょっぱいか、冷たいか冷たくないかがわかる。それは飲めばわかる。知っている人は、どこを探せば新鮮な水が見つかるかを指し示す。その湖を指し示す。水の味については一言も語らない。「小さな池があって、そこで私は飲んだ。あなたも来るといい。連れて行ってあげよう、さあ、私の手につかまりなさい」と彼らは言う。

神を知る人は、どうすれば神を知ることができるか、その方法を話す。神を知らない人は、神の存在を証明しようとする。「さあ、これが証拠だ。神はこのように存在している。神には千本の手、ないし四つの手、ないし三つの頭がある」と言って証拠を提示する。

こうしたものは、みな愚か者の発言だ。たとえ手が千本あっても、神の力量は尽きることはない。頭は三つあっても足りないだろう。なぜなら全部の頭は神のものであり、全部の手は神の手だからだ。今日存在している手だけでなく、これまでにあった手もすべて神のものだ。今日存在しているこの手は神のもの、これまで存在した手は神のもの、無窮の将来に存在する手も神のものだ。手千本で底を付くはずがない。それに人間の手だけが神の手ではない。鳥の手や動物の手も神の手だし、木の枝だって――

こうした木の手も神の手だ。全部が神のものだ。その膨大なものを、どうやって言葉で包もうかと考えても、それは難しい。

あなたの中にあるものは　イメージの中にあるのではない！

今までに、誰かを愛したことがあるだろうか。
あなたの恋人を、言葉で表現した人が誰かいたかね？　その違いを感じただろうか。

あなたの中にあるものは　イメージの中にあるのではない！

人の姿は色で捕らえられても　人は捕らえられない
息の温かさも　体の香りも　捕らえられない
あなたのの柔軟さは　私の説明書にはない
……それはイメージの中にあるのではない！

このぐったりとした美のどこに　優雅な動きがあろうか？
愛はノーの駆け引きでも　イエスの駆け引きでもない
たなびく髪を振り払うことではない
……それはイメージの中にあるのではない！

この世であなたに勝るものはない
もう一度私の前に来なさい
一瞥はわが運命となるものではなかろうか？
……それはイメージの中にあるのではない！

あなたはイメージにあるものではない！

自分の恋人のイメージは紙には描けないと、人を普通に愛する中でそう思った経験が、あなたもあるはずだ。どんなにたくさんの色で塗っても、恋人の色は生まれない。どんなにイメージを磨いても輝きは生じない。何かが抜け落ちてしまう。生きたものが抜け落ちてしまう。リアルなものが抜け落ちてしまい、絵には表面しか現れない。魂は描けず、身体しか描けない。

神は純粋な存在だ。ゆえに神は言葉では言い表せない。神はこの存在の純粋なエッセンスだ。花のイメージは作れても、香りのイメージは作りようがない。花には魂と肉体がある。香りに残っているのは魂だけだ。体はなくなっている。

神はこの存在の香りだ。確かにヴィーナの絵は描ける。だがヴィーナの弦を弾き、音楽が生じたら……この音楽を、どうやって絵に描くというのかね？　音楽のイメージを絵に描いた人が、これまでにいただろうか。音楽を体験することはできる。感じることはできる。楽しむことはできる。

だから、神の定義に深入りするのはやめなさい。自分自身を神で覆いなさい。神を着、神を飲み、神を食べ、消化しなさい。神を自分の肉に、髄にしなさい。神の定義を求めないように。言葉の罠にはまってはならない。

さあ　月明かりで寝台を作りましょう
神で覆い　神を着ましょう

月明かりのことを口にしてはならない。口にすれば本物が消え入りかねない。言葉にはまって動けなくなるかもしれない。

さあ　月明かりで寝台を作りましょう
神で覆い　神を着ましょう
月明かりを浴び　月明かりに溺れ　浮かび……
さあ　月明かりで寝台を作りましょう

冷たい　冷たい月明かり
傷を癒す月明かり――
化膿した傷は癒える
目から流れる水
二の足を踏み　凍りつく
さあ　まだ撒いていない夢の水稲を育てましょう
さあ　月明かりで寝台を作りましょう

やわらかくほのかな光の　笛の曲
神の庭に香る　白檀のような笛の曲
あなたの声のように耳に心地よい声
この　献身的な音の学習
愛にそぼ濡れたハートの　鼓動のような器楽曲
さあ　体を揺らせば　緩やかな波に我らは夢中になる
さあ　月明かりで寝台を作りましょう

神の定義を忘れなさい。神の証拠や、無意味に神について考え込むのはやめなさい。神は考えられるものではない。さあ、無心でいよう。神を生きよう。神を敬うことを体験しよう。

ここで私は、神の定義をしているのではない。ハートに切望が目覚めた人なら、手を取って聖なる地に連れて行ってあげられる。しかし研究者として私のところに来てはならない。研究者の熱意は、知識をわずかに増やすものでしかない。探求者として来なさい。探求者の乾きは別なもののためにある。それは研究者の渇きとは全く違う。探求者はその体験の仕方を問い、研究者はどうすればもう少し知識が増やせるかと問う。研究者は自分の記憶に付ける飾りを求め、探求者は自らの生を照らす光を求める。

さあ　月明かりで寝台を作りましょう
神で覆い　神を着ましょう

……愛にそぼ濡れたハートの　鼓動のような器楽曲

やわらかくほのかな光の　笛の曲
神の庭に香る　白檀のような笛の曲
あなたの声のように耳に心地よい声
この　献身的な音の学習……

……神の庭に香る　白檀のような笛の曲
……さあ　体を揺らせば　緩やかな波に我らは夢中になる
さあ　月明かりで寝台を作りましょう

その体験は起こる。この体験こそが、究極の現実を表す。それがわかる時、まさしくそれがわかった瞬間、あらゆる経典の証拠が見つかる。あなたはヴェーダの証人となり、ウパニシャッドの証人となり、コーランの証人となる。その証人になりなさい。その証拠となりなさい。神が存在する証拠を求めてはならない――自分自身が証拠となることは可能だ。そうなったら、あなたがいるだけで充分だ。いまだかつて言葉にされたことのないもの、啓示によってのみ明かされるもの、そういうものがいくつかある。

ラーマクリシュナが神の証拠を求められた。ラーマクリシュナは「私だ、私が神の証拠だ！」と言った。これは哲学者や思想家の言葉ではない。「私が証拠だ！」――これは体験した人の言葉だ。

ヴィヴェーカナンダがラーマクリシュナに「神は存在するのか？　私に、神がいることを証明できるか？」と訊くと、ラーマクリシュナはこう言った。「くだらないことを言うな。神に会いたいのか？　それなら会いたいと神に言うがいい。いる、いないを訊くんじゃない。神を知りたいか？　私が見せてやる。今すぐ知りたいか？」

ヴィヴェーカナンダは、そのように考えたことが一度もなかった。ヴィヴェーカナンダはたくさんの賢者を訪ねに行った。賢者がいると聞けば、どこにいようと、その人のところに行った。だが誰からも収穫はなかった。どんなに理論的な検討を重ねても、言葉だけで満足した人は一人もいない。飢えた人に食べ物の話をしても、食べ物の話をするだけで満足できる人はいない。ヴィヴェーカナンダは飢えていた。ヴィヴェーカナンダの関心は研究者の関心ではなく、探求者の関心だった。だがどこに足を運んでも、収穫はいつもなかった。ラーマクリシュナのところへも、こうした同じ気持ちを抱いて行った。しかし心の中では「ここにいるのは、無学で教養のない人だ」という思いもあった。卓越した知識と教養があり、立派な教育を受けた人にさえ、これまで何もなかったとなると……。

ある時ヴィヴェーカナンダは、マハリシ・デヴェンドラナート、ラビンドラナート・タゴールの祖父のところに行った。デヴェンドラナートはとても名高い、偉大な預言者として有名な人だった。彼は屋形船に住んでいた。そこでヴィヴェーカナンダは真夜中、川に飛び込んで泳いで渡り、川の真ん中にあった屋形船に上がってきた。暗い夜、月のない夜……船が大きく揺れた。デヴェンドラナートは静まり返った夜の中で、瞑想していた。デヴェンドラナートが目を開けると、目の前にはずぶぬれの若者がいた。船の上では明かりがチラチラと瞬いていた。デヴェンドラナートは言った。「何の用だ？」

ヴィヴェーカナンダは言った。「神は存在するのか？」

デヴェンドラナートはギョッとした。そんなことを訊く時間か？　そんなことを問う時間ではあるまい——ずぶぬれで、真夜中に他人の屋形船に上がって暗がりの中に立ち、「神は存在するのか」とは。デヴェンドラナートは一瞬躊躇した。その若者は、気が狂っているように見えた。デヴェンドラナートがためらっているのを見て、ヴィヴェーカナンダは飛び込んで川へと戻った。デヴェンドラナートは言った。「おい、帰るのか？　なぜだ？」

ヴィヴェーカナンダは言った。「あなたのためらいがすべてを語った――自分にもわからないと。なぜためらったんです？　知っている人は知っています――たとえ真夜中に訊かれようと。たとえ寝ているところを起こされようと、そのことを知っています。知っている人は知っています。あなたのためらいがすべてを語った。あなたに訊くことは何もない」

マハリシ・デヴェンドラナートのような、世界的に有名な賢者ですら、何も答えられなかったとなれば当然、この教養のない村人であるラーマクリシュナに、何も答えられるわけがない。ヴィヴェーカナンダは、この考えでいっぱいになった……だが状況は覆《くつがえ》った。ヴィヴェーカナンダは、ラーマクリシュナを驚かそうとしたが、ヴィヴェーカナンダ自身が驚かされてしまった。

ラーマクリシュナは言った。「知りたいか？　今知りたいか？　今、たった今、教えてやろうか？」

ヴィヴェーカナンダは、今知ろうと思っては来なかった。そのための準備をしていなかった。こうした質問をできる人がいるとは、思ってもいなかった。あっと言う間もなく、ラーマクリシュナは飛び上がると、ヴィヴェーカナンダの胸に足を押し付けた。

これは賢者達のやり方ではない。歓喜の人のやり方だ。だが、知っているのは歓喜の人達だけだ。知っているがゆえのエクスタシーだ。

ヴィヴェーカナンダは意識を失った。三時間後、意識が戻ったヴィヴェーカナンダに、ラーマクリシュナはこう言った。「問うがいい！　他に質問はないか？」

まるで、別世界から戻って来たかのようだった。ヴィヴェーカナンダは味わった。ヴィヴェーカナンダはこの教養のない僧に夢中になり、後を追いかけるようになった。ラーマクリシュナには経典も知識も、教義も高い学歴もなかった。世界的に名前が知られてもいなかった。ラーマクリシュナには小さな仕事があり、ダクシネーシュワル寺院で礼拝の儀式を、一ヶ月十八ルピーで行なっていた。彼は貧しく、読み書きのできない村人だった。教育は二学年までしかなかった。サンスクリット語は知らなかった。誰もラーマクリシュナ以外に、ヴィヴェーカナンダを惹き付けられなかった。が、ヴィヴェーカナンダはラーマクリシュナに夢中になった。

神の体験があるところには、生きた魔法がある。私は神の定義を与えることはできない。それを定義した者は、いまだかつていない。だがあなたに用意があるなら、私は体験を与えることができる。その体験はわかり易いが、教典は非常にわかりづらい。体験がなぜわかり易いかというと、たとえ体験を忘れることがあっても、それでもあなたは神の中にいる――それは、海の中で生きていることを知らない魚のようなものだ。魚は海の中で生まれ、海の中で生きる……だから、海の中にいることがわかりようがない。同じように、人は神の中で生きている。あなたは神を呼吸している。一瞬一瞬、神を生きている。だが、ずっとこうしたことをし続けてきたために、どこに神がいるか思い出せない。人は「神はどこにいるのか」と尋ねるが、いるのは神だけだ！　神はあなたを取り巻いている。あなたは神の、生の海の中で生きている。

だから体験することは難しくない。ちょっと気がつけば、ほんのちょっと意識すれば……ほんの小さな、チラチラと瞬く意識の炎が内側に目覚めれば、神しかいないことが、他には何もないことがわかる。定義や説明に引き込まれてはならない。その体験ができる時に、定義について考えるのは狂った人だけだ。神は言葉で言い表せないが、体験することは可能だ。

二番目の質問

OSHO、私は極度に思考に悩まされていて、ヒンドゥー僧に、著名なサドゥーに瞑想法を訊くという間違いをしました。そのサドゥーは「ラーマ、ラーマ」というマントラを、絶えず心に留めておくようにと言いました。このメソッドで思考は全くなくなりましたが、今度はラーマ、ラーマが止まりません。今はこのマントラをずっと唱え続けていて、止めたくても止められず、マントラが絶えず私の中で流れ続けています。このマントラのせいで気が狂いそうです。どうか導いてください、このマントラから解放してください。

こうしたことはよく起こる。人は病気から解放されると、薬に縛られる。これが中毒と呼ばれるものだ。だから医者は、病気が治ったらすぐに薬物を止めることが、もっとも重要だと考える。でないと薬物依存が始まるからだ。

マントラは、続けて繰り返し唱えるものではない。一、二時間使う分には害はない。薬は規定量を飲まなくてはならない。このマントラを与えた人は、マントラの科学について何も知らない。だがこれは、あなたにだけ起こったことではない、多くの人がこうした問題で、ここにやって来る。

一人のシーク教徒が、私のところに連れて来られた。その人は陸軍の高官だった。彼は、ある人にジャプジ・マントラをひたすら唱え続けるよう、内側でマントラを連続的に繰り返すよう言われたことが原因で、混乱状態になっていた。人々は徐々に不思議に思い始めた。彼は方向感覚を失っているかのように見えた――内側で何かを繰り返し言い続けると、外側の世界との接触がなくなり始める。道を歩いていて、道をあけるよう車がホーンを鳴らしても、そのシーク教徒は気づかなかった――彼はマントラの復唱に関わっていて、注意はそこにあった。奥さんに何を言われても聞こえず、奥さんにマーケットで何かを買ってくるよう言われても、別なものを買ってきた。また軍の事務所でもミスをした。マインドが完全に内側に関わっている時は、外側に気づかなくなる。あなたの生はごちゃごちゃになる。

まさにマントラは入浴のようなものだ――だが、誰も入浴に丸一日かけるものはいない。短時間、マントラを唱えてリフレッシュすれば、その爽やかさは循環し続ける。この爽快感をむやみに求めてはならない。もっとやれば、もっとと考え……マインドはとても欲張りだ。マインドは、気持ちがいいからもう一回やろう、もう一度、もう一度と言う。これはマントラにのみ生じることではない。何にでも起こる。

ある友人がやって来て、体中が痛かったと言った。頭が痛かった、腰が痛かったと言って、これも全部、私の瞑想のせいだと言った。

私は言った。「どうしたのかね？」

友人は言った。「私はこの瞑想を一日に五回やっています」

私は言った。「一日にダイナミック瞑想を五回もやって、それでも生きているなんて奇跡だ」

友人は言った。「何もかもめちゃくちゃです」

「だが、ダイナミック瞑想を一日に五回もやって、誰が店を見るんだね？　誰が子供を育てるのだろう。誰が留守番をするのだろうか」

「いえ、そういうことじゃなくて」。友人は言った。「日に一回やると、すごい至福を感じたんで、一日に二度やろうと思ったんです。一日に二度やると、もっと至福を感じたんで、一日に三度やろうと思ったんです。今はいつも、マインドの中で大変な至福が生じていて……」

「確かに至福は訪れるが、それでは身体がバラバラになるぞ！」

身体は寺院だ。身体の敬い方を学びなさい、それは存在からのプレゼントだ。単なる無駄遣いは止めなさい。それは存在への侮辱だ。欲張ることはマインドの病気だ。強欲は何でも掴める。

「一万あったら、一千万なくてはならない」――これは強欲だ。「一度の瞑想ですごい至福が生じたから十回やろう」――これも強欲だ。全く差はない、同じ欲深いマインドだ……強欲に注意しなさい。

こうしたことは、よくあることだ。

一人の男が私のところに連れて来られた……この男は自分の家に帰るために、墓地を横切って行かなければならず、それが大問題だった。男は霊やお化けを恐れていた。家が墓地の反対側にあったために、男はその墓地を、毎日横切ざるを得なかった。男はある人から魔よけをもらった。

「この魔よけを付ければ心配ない。このお守りを持っていれば、幽霊の影響はなくなるよ」

魔よけの効果はあった。魔よけを付けた男は、真夜中でも墓地を恐れることなく、横切って行くようになった。だが、今度はお守りを失くすことを恐れるようになり、夜でも失くさないようにと、お守りを手に持って眠った。だが男はまた、お守りで脅かして追い払った墓地の幽霊は、当然怒っているはずだとも考えた。もし今幽霊が来て、胸の上に座られたらどうしよう？　男は大いに怯えた。お守りが盗まれるかもしれない、どこかに置き忘れるかもしれない、失くすかもしれないし、誰かに持っていかれるかもしれない……そのことに男は大いに怯え、幽霊への恐れを克服しても、今度はそれと全く同じくらい、お守りを失うことを恐れるようになった。

昨日、こんな話を読んだ。チャンドゥラル家には大変な問題があった。三歳の、孫のムンナは挨拶に〝*Rama Rama*〟を言う代わりに、〝*Lama Lama*〟と言っていた――ムンナは〝*r*〟を発音できなかった。チャンドゥラルの近所に住む友人のダブジは、これをチャレンジだと考え、これは言語心理学に関係する問題だとして、ムンナに〝*r*〟を言わせるための言語学的練習法を考案した。

まずは〝*r*〟を発音できるよう、「ディルルル」と言うよう、ダブジは教えた。ムンナは〝*Rama*〟を〝*Lama*〟と言っていた。ダブジが練習を積ませた結果、突然ある時、何度もディルルル、ディルルルと言えるようになり、ムンナは「ディルルル、ラーマ、ラーマ」と、両方を一緒に言いはじめた。ダブジは練習がうまくいったと大喜びだった。が、今度はムンナに挨拶の時、〝*Rama Rama*〟と言うと、ムンナは「ディルルル、ラーマ、ラーマ」と言うようになり、それが問題となった。今度はどうやって「ディルルル」を止めさせるかが問題となった。〝*r*〟は完全に身に付いた……今度は何と言われても、ムンナは〝*Rama Rama*〟を言う時、必ず最初に「ディルルル」と言うようになった。

あなたが身に付けたマントラは、この「ディルルル、ラーマ、ラーマ」のようだ。今度は「ディルルル」に囚われている。

実際、無理に思考から逃れようとしてする努力は、決してうまくいかない。思考はあなたの中で無意味に動いている。そうした思考のエネルギーをあなたは全部、ラーマラーマ、ラーマラーマ、ラーマラーマに集中させた。これは思考の変容ではない、単に思考の形が変わっただけだ。あなたの中で動いているエネルギーは、昔と変わっていない。以前は別なことを考えていた――どうしたら宝くじが当たるか、どうしたら大統領になれるかといった考えが、他にもたくさんあった——だがそれも言葉だ。ラーマも言葉だ。以前は言葉に投入していたエネルギーを全部、今度はこの「ラーマラーマ」に注いだ。これが俗に言うマントラの科学だ。ラーマラーマと繰り返し言うと、速く、激しくラーマラーマを繰り返すと、時間もエネルギーも隙間も、全くマインドにはなくなる。このラーマラーマ、ラーマラーマの鎖で、あなたは満たされる、どうしたら宝くじが当たるかという考えは、入り込めない。本当に、その間に思考が入り込んだら、ラーマラーマは壊れる。あなたは代用品を発見しただけだ。これは変容ではない。

そしてこれが、一日二十四時間、ラーマラーマを繰り返し言い始めた理由だ。もしラーマラーマを止めたら、宝くじが待っている……マントラの背後で宝くじが「いつかこのラーマラーマは終わる。終わったらどうなるか楽しみだ！」と言いながら、列に並んで待っている。幽霊は「いつかお守りを手放すはずだ。そうしたら楽しく遊んでやるぜ」と考えながら、墓場で座っている。これが、一日二十四時間、徐々にマントラを繰り返すようになった理由だ。マントラを唱えることで押しやった様々なものが、何らかの形でまた入ってくるかもしれないと、あなたは恐れている。だが、ラーマラーマ自体が病気となっている。病気はそう簡単に治るものではない。治すにはもう少し知性が必要だ。

無理に思考を排除しようとしても、何の解決にもならない。このラーマラーマも思考だ。それは思考がない状態ではない。違いはない、いつもと同じだ。何かを別のものと置き換えたからといって、もつれたものを別のものと置き換えたからと言って、それで光明を得る人はいない。このやり方で、こうしたもつれから解放される人はいない。思考を無理に追い出す必要はない。思考の観照者になりなさい。

私は次のことをするように言いたい。今度は、このラーマラーマの観照者になりなさい。ラーマラーマをサポートするのはやめなさい。でないと、あなたは気が狂うだろう——宗教のせいで、たくさんの人々が実際に発狂する。誰もがやたら宗教を勧め、提案やら助言をしてくるだろう――助言を与える人は、探さなくても見つかる。一人探せば千人見つかる。たとえ探しに行かなくても、彼らの方があなたを探し出そうとやって来る。彼らは助言をするのが好きだ。助言することは大きな喜びだ。エゴは多くの満足感を得る。「自分は助言を与え、お前は助言を受けている。自分は賢者だ、お前は無知だ」。それは大きな喜びをもたらす。これが、自分の知らないことを問われても、助言をする理由だ。他の人の状態もあなたと同じであることを、覚えておきなさい。このマントラを勧めた僧侶は、何もわかっていない。

思考から自由になりたければ、自分の思考の観照者でありなさい。でないと、最初の思考を別な思考で置き換え、その思考をまた別な思考で置き換え、さらにそれを別な思考で置き換えることになる。これでは何も変わらない。足に棘が刺さったら、最初に刺さった棘を別な棘で抜けばいい。だがあなたは、別な棘をその場所に刺しっぱなしにしている。これでは何の違いもない。あなたは棘を、次から次へと変え続ける。

人々がしているのは、こうしたことだ。ビンロウの実を噛む習慣のある人は、ビンロウの実を噛むのを止めるために、タバコを吸いはじめる。タバコを止めるためにガムを噛む。口がずっと動きたがっている、だから何かしら必要となる。何もかも止めたいと思う人は、ラーマラーマ、ラーマラーマ、ラーマラーマと……これはチューインガムでしかない。口が静止していられないのだ。

思考の仕組みを理解しなさい。自分の思考に気づきなさい。思考の観照者になりなさい。思考の流れがマインドの中を動いている。それをただ、じっと見ていなさい。ことの良し悪しを判断しないように。通過させなさい、人の行き来のように通過させなさい。あなたは道端に立って、ただ見ている――良い人が通り過ぎて行き、悪い人が通り過ぎて行き、不正直な人が通り過ぎて行く。正直な人も道徳的な人も、不道徳な人もあなたに何の関係がある？　あなたは道端に立って、じっと見ている。あなたはただの目撃者、ただの観照者だ。すると驚くことに、思考の流れの脇に立つ人は……思考の動きは単なる流れだ。あなたは思考とは別だ。あなたは思考ではなく思考を見る人だ。要は目を覚まし、自分を観照者だと覚えていることだ。

　思考の動きを止めずにいなさい。ラーマラーマがやって来ようと、コカコーラがやって来ようと、そのまま通過させなさい。距離を置いて立ち、穏やかな気持ちで見続けなさい。あなたは賛成も反対もしない。「やった、良い思考が来た！」などと言わないように。そのように言う人が思考に捕まるのだ。良いと思った思考をギュッとつかみ、あなたはその思考への執着を作り出す。その思考が繰り返し来るのを待つようになる。あなたはその思考と友達になり、結婚する。またはある思考が来て、「これは良くない、見たくない」と言って顔を背けても、その思考もあなたについて来る。あなたに馬鹿にされたために、その思考は怒る。あなたは否定し、否認した。その思考は何度もドアを叩き「自分を見てくれ！」と言うだろう。

　どんなものも、否定されたものは繰り返し戻って来る。それを観察してごらん。どんな思考でもいいから、否定して観察してごらん――それは繰り返しやって来る。二十四時間あなたを苦しめる。何にしがみついても、あなたは捕まる。放棄しても捕まる。存分に楽しんでもあなたは捕まり、放棄しても捕まる。観照者だけが自由だ――無節制にも放棄にも自由はない。「とても素晴らしい」と言ってはならない。「とても悪い」と言ってはならない。何も言ってはならない――何も言う必要はない。ただ観察しなさい。

　鏡が見るように、ただ見ることはできないだろうか。仮に美しい女性が鏡の前に来ても、鏡は「ちょっと待ってくれ、もうちょっといてくれ」とは言わないし、会話を始めたりもしない。

容姿の醜い女性がやって来ても「さっさと歩け、立ち止まるな、どこかへ行け。拷問なら他の鏡の所に行ってしてくれ」とは言わない。

鏡は、ただ見る。同じように、鏡のような観照者になると、あらゆる思考がひとりでに静かになる。思考の通りはひっそりとし、誰も来ない瞬間が訪れる。その静寂の中で、初めてあなたは存在の声を耳にする。存在が呼ぶ声を耳にする。その虚空の中で初めて、あなたは光明の調べを耳にする。その虚空の中で初めて、全体の、一条の光があなたへ入る。


このラーマラーマを繰り返して自分は敬虔になった、などと考えてはならない。何か偉業を達成したと思ってはならない。何かを獲得したと思ったら、それを手放すことは不可能だ。獲得したものを手放したいとは、人は思わない。内側で変容が起こったとは、思わないことだ。何も起こってなどいない。それは、病気を別なものに代えようとして借りてきたものだ。それも元の病気と同じくらい悪い病気だ。二つの病気に違いはない。これからはマントラをサポートするのを止めなさい。たとえ二、三日は大変でも……なぜかと言うと、長期間マントラを習慣的に唱えていると、今はこの流れに勢いがあるために、仮に力を注がなくても、何日かはそのまま動き続ける。それは自転車に乗っている人が、ペダルをこぐのを止めるようなものだ。たとえそれ以上ペダルをこがなくても、勢いで自転車はしばらく走り続ける。同じように、このラーマラーマも数日は動き続ける。

だがこれからは、マントラを支援するのを止めなさい。援助はもう充分だ。もうあなたの方から手を貸すのは止めなさい。エネルギーを断ち、これからは観照者となりなさい。勢いで、この流れに動きがあるのも長くて三ヶ月だ。だが、流れは日々弱まっていく。今は洪水のようだ。雨季の洪水のようでも、すぐに暑い夏に干上がった川のようになる――ちょろちょろとした流れが、小さな水溜りがぽつぽつある程度になる。三ヶ月間、川はゆっくりゆっくり、見えなくなるまで次第に減っていく。そして覚えておきなさい、何もかも流れた後は、残った思考が、それまで抑えてきたもの、脇へ押しやったもの、ラーマラーマの復唱で抑圧したものが、全部浮かび上がってくる。そうしたものを浮上させなさい。恐れてはならない。探求者は勇敢でなくてはならない。

そこに恐れるような何があるだろう。思考から何が出てくるというのだろう。思考に何がある？　それはただの、宙にある波動だ。それは水の泡ですらない——ただの気泡だ。思考に実体はない。それは根のない、空に咲く花だ。思考に形はなく、思考に色はない。思考は欲望以外の何ものでもない。ただ静かに見続けなさい。ずっと見続けていれば、やがてあなたはそれを越えるだろう。

観照とは超越のプロセスだ。そして思考を超越する人は——抑圧せず、戦わず争わず、自然に楽に達成する。

次のゴラクの言葉を覚えておきなさい。

笑うこと　陽気でいること　瞑想のこつ

それは大変なことではない。瞑想は、笑いと陽気さがあって初めて起こる——それは笑いと陽気さと一緒に起こるものであるはずだ。もしあなたの宗教があなたを暗くさせるのなら、どこかが間違っている。それに気づきなさい。もしあなたの宗教が笑いを奪い去るのなら、間違いが起こっているのだと気づきなさい。もしあなたの宗教が人生を悲しくするのなら、人生を重く悩めるものにし、傲慢さを生み出すのなら、何かが欠けているということだ。そのことに気づきなさい。

笑うこと　陽気でいること　瞑想のこつ

瞑想は、笑いと陽気さの中に起こるべきものだ。瞑想は観照という意味だ。すると必ず、生は素晴らしい祝祭となる。

三番目の質問

殺してください、神よ、殺してください！　殺してください、私は死を渇望しています。ＯＳＨＯが目覚めた死で殺してください。自分は石のようにガチガチで、完全に溶けることができません。不安です、どうすればいいのでしょうか？

あなたが書いた質問は美しいが、この文章は誤解だらけだ。あなたはゴラクの言葉を作り変えたが、ゴラクの言葉は作り変えられない。それは全く完全なもの、変えられないものだ。
もう一度、ゴラクの言葉を理解しなさい。

死ね　ヨギよ死ね！　死ね　死は極楽だ
ゴラクが受け入れ　覚醒した死に方で　死ね

あなたは、ゴラクの言葉をとても大きく変えている。

「殺してください、神よ、殺してください！」と言っているが、誰にもあなたを殺せない。それは不可能だ。身体を殺すことはできても、誰もエゴを殺すことはできない。それができるのはあなただけだ。神ですらエゴは殺せない。もしそれができるなら、神はとっくに殺している。人は神を全能だと言うが、それでも力の限界はある。たとえば、神はエゴを殺すことはできない。本当にエゴが存在していたら殺せるが、エゴは存在しない。それはただの錯覚だ。その幻想はあなたのものだ、あなたの幻想はあなたにしか落とせない。どうすれば私にあなたの幻想が落とせるというのかね？　あなたは二足す二が五だと思っている。それがわからない限りは、何も起こらない。二足す二が五だと頑固に主張する人は、この間違いを犯し続ける。

こんな話を聞いたことがある。自分は死んだと、馬鹿げた妄想を抱いている男がいた。男はしっかり生きていたが、この「自分は死んだ」という馬鹿げた妄想が生じたために、男はしきりに「なあ、俺が死んでるって聞いてないかい？」と人々に訊いた。すると人々はこう返した。

「そんなわけないだろ！　そんなことを言う死人なんて聞いたことがない！　お前は奇跡だよ。それどころか調子は良さそうだし、何も問題はなさそうじゃないか」

最初は冗談だと思っていた人々も、だんだん真顔になってきた。その男の店に客が来て、何かをくれと言うと男は「俺は死んでるんだ。どこの店の話をしてるんだ、どういう意味だ？」と言い、妻に何か野菜を持ってきたかと訊かれると「死人が野菜を買いに行くわけないだろ？　俺は死んでるんだぞ！聞いてないのか？」と言った。

人々は本気で心配しはじめた。もうこの冗談は冗談に見える域を越え、深刻な問題となった。しばらくは我慢していた人々も治療が必要だと考え、サイコセラピストのところに「死人」を連れて行くことにした。サイコセラピストは男を観察し、セラピストも驚いた。そのセラピストは、ありとあらゆる患者を見てきた。しかし、自分で自分を死んだと言う患者は初めてだった。そこでセラピストは、男をだます方法を考えた。セラピストは言った。

「ちょっと教えてほしいんだが、死人の身体を切ったら血は出るのかい、それとも出ないのかい？」

死人は言った。「死人が血を流すなんてことがあるのか？　死んだ人間の血は水に変わるから、血は出ないよ。血が出るのは生きている人だけだ」

サイコセラピストは喜んだ。彼は言った。「それなら実験してみよう。私と一緒に来て、その鏡の前に立ってくれないか」。セラピストはナイフを手に取り、男の手に小さな傷をつけた。血が勢いよく流れ出た——やはり、男に命はあった。男は生きていた。サイコセラピストは男に言った。

「さあ、どうだい」

男は言った。

「自分が最初に言ったことは間違いだ。これで、死人も切られれば血を流すことがわかったわけだ」

これではどうしようもない。男が二足す二が五だと思っている以上は、どうにも……今度は、最初に言ったことは誤りだと、あれは誤解だったと言っている。サイコセラピストはこう思った。男は、自分は生きていると信じなければならないところを、今度は死人も血を流すと思っている。

私にはあなたのエゴは粉砕できない。それは誰にもできない。あなたのエゴはあなたの幻想だ。あなたが目覚めない限り、壊れない。それは外側からは壊せない。外側の光では、あなたの内面を明るくすることはできない。あなたの内なる明かりをどうしたら灯せるか、その方法を教えることはできる。だが、あなたに明かりをつけてあげることはできない。それは自分でせざるを得ない。だから仏陀は「覚者は道を示すだけだ。道は自分で歩かなくてはならない」と言ったのだ。どんな覚者にも、あなたの代わりに道を歩いて、目的地に着くことはできない。たとえ到達できるとしても、目的地に到達するのは覚者だけで、あなたのいる場所は同じままだろう。真実は借りてこられない。

ゴラクの対句を変えてはならない。「殺してください、神よ、殺してください！　殺してください、私は死を渇望しています」。これはうまい表現だ。

だが、これは間違いだ。ゴラクの言うことは適切だ。

死ね　ヨギよ死ね！　死ね　死は極楽だ

ゴラクは、自分自身でこのように死ななくてはならないと言っている。もし私が、エゴを破壊する鍵を握っているのであれば、それは簡単なことだ。それなら私のところに来ればいい。そうしたら魔法の杖の一振りでエゴを破壊できる。あなたは敬虔さを手に入れ、家に戻る。だがそんなに簡単にエゴを破壊できるとしたら、それは危険だ。途中で誰か、魔法のように望みを叶えられる人に出会うかもしれない。だがそうすると逆に、あなたはもとの場所に戻ってしまうだろう。

ある男が、ラーマクリシュナのところに来てこう言った。

「ガンジスに沐浴に行く途中です。巡礼に旅立つところですが、何か忠告はありますか？」

ラーマクリシュナは言った。「行くのは結構なことだが、一つ覚えておきなさい。ガンジスの岸辺にある立派な、大きな木を見たことはあるか？」

男は言った。「ええ知っています。その木なら川岸にあります」

「なぜその木はそこにある？」

「さあ――またおかしな質問を！　それらは木で、ただ生えているだけです。なぜそこにと言われても困ります」

「その秘密を教えてやろう」。ラーマクリシュナは言った。

「それはこういうことだ。罪の束を背負ってそこに行き、ガンジスで沐浴し、川に身を沈めると、母なるガンジスの栄誉により、罪は洗い流される。だが罪の方が、そう簡単にあなたを手放してくれない。罪は木の上に座っている。『息子が戻ってきたら……そういつまでも水の中にはいられまい』と独り言を言いながら、お前がガンジスから出て来ると、木の上の罪は飛び降り、またあなたにまたがってくる。だから、沐浴はやってもやらなくても同じだ。その木のことを頭に入れて沐浴しなさい。だが、ガンジス川から出て戻って来てはだめだ」

男は言った。「何ですって？　自殺しろって言うんですか？　川の中に入って出てこなかったら、死んでしまう。それなら行っても無駄だ」

ラーマクリシュナは言った。「それは自分次第だ。だがそれが、木が川岸にある理由だ。罪を犯すことはできる――罪を犯しても、ガンジスが人の罪を清めてくれる。こんなにたやすいことなら、これほど楽な生はない。だが、そういう生に価値はない」

ラーマクリシュナの言うとおりだ。ガンジスでの沐浴が、罪をどう洗い流すというのかね？　確かに身体の汚れや垢は洗い落とされる――とはいえ、出てきても埃はすぐ巻き起こり、あなたに身を落ち着ける。どうやって、ガンジスにあなたの内側の掃除ができるだろう。外側のガンジスが外側の汚れを取り除けても、内なるガンジスが内なる意識に目覚めなくては、話にならない。その水を自分の源から得ようと、努力しなくてはならない。

あなたは、自分でこのように死ななくてはならない。私が代わりに死ぬことはできない。もし私にあなたを殺せるなら、誰でもあなたを再び目覚めさせることができる。もし自分でこのような死に方ができれば、誰もその死を覆《ひるがえ》すことはできない。いったん、意識的に内側で覚醒し、エゴを追い払ったら、その人をエゴの罠に陥れる力は、この世のどこにもない。

だから「殺してください。神よ、殺してください！　殺してください。私は死を渇望しています」と言ってはならない。

死を渇望して死に至った人は誰もいない。死ななくてはならないのは、死を渇望している人だ。死を渇望しているのは誰なのか？

私の言葉を聞いている時、エゴはこう感じる。「自分もゴラクのような偉大なヨギになれたら」と。だが、ゴラクが言うことはエゴを不安にさせる。「死ね、死んだ時こそ、存在することが可能となる」とゴラクは言っている。

「よし、なら死のうじゃないか。だが偉大なヨギになれなければ、死ぬ甲斐はない。自分も悟った人になりたい」。こう思うのは、あなたのエゴだ。このエゴこそが死ぬべきだ。そこでエゴはこう言う。「よし、なら死のうじゃないか。もしそれが自己実現の道だと言うなら、仕方がない。死んだってかまわない。だが、悟った人になれなければイヤだ」。この自己実現への渇望が、覚者になるのを妨げている。これがエゴの生きがいだ。

エゴは、どこからエネルギーを得ているのだろう？　エゴは何かになるために、欲望を糧にしている。貧しい人は金持ちになりたがる——エゴがエネルギーを吸収している——エゴの生きがいを。無知な人は賢くなりたがる——エゴがエネルギーを取り込んでいる。不幸で取るに足りない人は、強い人になりたがる——エゴがエネルギーを取り込んでいる。

エゴの仕組みを理解しなさい。エゴがどうやって生きているか？　エゴは今の自分と、なりたい自分の間に生じる緊張の中で生きている。AがBになりたい——まさにこの緊張から、エゴが作り出される。

エゴはどのように死ぬか？　エゴは今の自分を受け入れることで死ぬ。それは「自分は自分でいい、今の自分で申し分ない。自分は存在が創造した自分でい続ける。存在の意志は自分の意志だ」ということだ。将来の緊張をすべて落とした時——「自分はこうなるべきだ、ああなるべきだ」を落とせば、エゴは消滅する。エゴは過去と未来を基に生きている。少しだけ、このことを理解しなさい。エゴが主張するものは過去でできている。自分はこれをした、あれをした——これは全部、過去のものだ。そしてエゴはこう言う。「自分は必ずこれを成し遂げる、必ずあれを成し遂げてみせます」。それは、すべて未来にあるものだ。エゴは現在に全く存在していない。あなたが現在に在れば、エゴは消滅する。これがエゴにとっての死だ。現在に在ることがエゴの死だ。

なくなったものは、なくなったものだ。いつまでもしがみつかないことだ。過去から手を放しなさい。まだ起こっていないものを、求めてはならない。なぜならエゴは、この望みの中で生き延びているからだ。今あるもので完全に満足しなさい。そうすれば今この瞬間、あなたはエゴがないことに気づくだろう。あるものは、あるがままで全く申し分ない。これは技法《アート》のひとつだ。満足、これがこの技法の名前だ。エゴは不満の中で生き、満足の中で死ぬ。ゆえに人間は不満が増せば増すほど、利己的になる。利己的になればなるほど、不満が大きくなる。この二つは一緒に、並んで動いている。

悟った人になりたいと渇望していたら、「神に到達した」と言える域に達したいと思っていたら、エゴは死なない。期待や憧れ、欲望や渇望はすべて、火に油を注ぐ役目を果たす。同様に、神に到達したいという欲望は、エゴの火に油を注ぐ。ゆえに、俗に言うヒンドゥー教のサニヤシンは普通の人よりも、もっと利己的だ。偉大な聖者《マハトマ》には、あなた方の「偉大な魂」には、正真正銘のエゴが見つかる——全く混じりけのない、普通の人には見られない純粋な毒が見つかる。一般の世界では、あらゆるものが不純物でいっぱいだ。

ムラ・ナスルディンは、死にたくて毒を飲んで寝た。三、四時間後、目を開けたムラは、辺りを見回してこう言った。「自分はまだ死んでいない」。ムラは周りにあるものに触れ、自分の身体をつねって「自分はまだ生きている。まだ毒が効いていない」と思った。ムラはごろごろと寝返りを打ち続け、結局朝になり、目を開けて辺りを見回した。ムラの妻はすでに起きていた。「あいつはあいつで忙しいし、子供は学校へ行く準備をしている……これはいったい、どういう死なんだ？……牛乳屋がドアをノックしているし、隣の家の音も聞こえる……これはいったい、どういう死なんだ？」

充分な毒は飲んだ。致死量の四倍を飲んだ。人間なら、その四分の一の量で死ぬはずだ。ムラは起き上がって部屋に行き、鏡を見ながらこう思った。「これはいったい、どういう死なんだ？　誰も知らないようだし、棺も用意されていないし、誰も騒いでいない。妻も泣いていない。子供は学校に行く準備をしている」。そしてムラは、はっきり気づいた。「これは死じゃない！」。ムラは毒を買った店に走って行きこう言った。「どうなってるんだ！」

店の主人は言った。「しようがないじゃないですか。今日びはみんな混ぜ物が入ってますからね。最近じゃどこに行っても、純粋な毒なんて手に入りませんよ。そういう時代はもう終わりです。お客さんが言っているのはサトゥユガ、黄金時代のことです。純粋な毒が欲しいんですか？　今はカリユガ、暗黒の時代ですからね、純粋な毒もなければ、純粋なものは何一つありませんよ」

この世のものにはすべて、混ぜ物が入っている。人間は平凡な存在だ。だから人の中にあるものもみな、ゴチャ混ぜになっている。だが、神を得ようとして旅をするエゴは、きわめて純粋になる。そうしたエゴにある毒は、黄金時代にあるもののようになっていく。だから俗に言うマハトマには、他のどこを探してもないような、虚栄心の強い微妙なエゴがあるのだ。だから学者や聖職者やマハトマは人と争い、かつ争いの原因となる。寺院、モスク、教会、グルドゥワラは、エゴの聖域になっている。こうした場所からは、愛は生まれない。生まれるのは憎しみだけだ。こうした場所から世界中に毒が広がることがあっても、甘露は広がらない。もし人がこうした宗教から自由になれば、もしかすると平和が訪れるかもしれない。どの宗教も、平和をもたらしたいと言うが、実際は騒ぎをもたらしている。彼らは基本的なプロセスを忘れてしまっている。

欲望は人間の中にエゴを作り出す。欲望は大きくなればなるほど、それだけ大きなエゴをもたらす。神を求める以上に大きな欲望はあり得ない、これは確かだ。だから、神が欲しいという気持ちでいっぱいの人は、最も利己的になる。

つまりどういうことかと言うと、神を手に入れたければ、神を望んではだめだ。神を手に入れたいなら、欲望の本質を理解すれば、欲望はあなたの手を離れる。その欲望がなくなった瞬間が、神が降臨する瞬間だ。神を手に入れることは可能だが、神は望んで得られる代物ではない。神は見つかるが、神に出会う人はこの重要な条件を満たす人だ。

だから仏陀のような全知の人は、決して神という言葉を使わなかった。知らないうちに何かの形で神を求めはじめないよう、仏陀は「神」と言ったことすらなかった。それは単に、欲望をすり替える人達がいたからだ。そういう人は、金銭が要らなくなると天国を望み、重要な地位に用がなくなると、神を望むようになった。世間体に用がなくなると、光明を望むようになった。だがいずれにしても、何かを望むようになる。欲望があるところにはエゴがある。だから仏陀は「神はいない、魂はない、解放はない」と言った。だが仏陀が、神などいないと言っていると、思ってはならない。魂はない、解放はないと言っていると思ってはならない。仏陀を信奉した人も反対した人も、どちらも仏陀を誤解した。仏陀を理解するのは、とても大変だ――それは難しい。

仏陀の言葉は非常にとらえにくい。仏陀曰く「私が『神は存在する』と言えば、神はすぐに欲望の対象となる。欲望がある限り神は得られない。だから、神の話は単にしない方がいい――神は断じて存在しないと」

「竹がないところに、笛の音はあり得ない」。神が存在しなければ、神を求めようがない。天国がなければ、天国に行きたいとは思いようがない。魂すらなかったら、光明などなおさらだ。

この仏陀の工夫は見事だ。あなたが欲望を作り出す可能性は全部、取り除かれている。となると後は、金持ちになるか政権を取るか総理大臣になるといった、小さな望みしか持てない。こうした小さな欲望を、理解しようとしてごらん。すると一つ一つの欲望が、苦しみをもたらすことに気づくだろう。どの欲望も、あなたをさらに暗い地獄へと連れて行く。それを何度も何度も見、何度も何度も気がつけば、いつか欲望は苦しみなのだとわかってくる。まさにその瞬間、欲望は落ちる。また神がいなければ、欲望が神に向かう可能性はない。世俗的な欲は剥がれ落ちる。また仏陀は、人が来世を夢見る可能性を残さなかった。無欲に入る瞬間、それが敬虔さを得る瞬間だ。

神を、欲のない状態を表す名前として理解しなさい。光明を、欲望がすべてなくなった時に、人の中に残っているものとして理解しなさい。それは、渇望を通じて起こることではない。

またあなたは「……その死で殺してください」と言っているが、死にまで条件が付いている！　またあなたは「わかった、一思いに殺してくれ、ただしその死は——私が達成した、私が見た、そのきっかけとなった死と同じでなくてはならない。それ以外の死ではだめだ」とも言う。死に方にも、あなたは条件を付けた。その死のプロセスの最中で、あなたは不適当な死が起こっていないかどうかと、時々目を開けるだろう。

ある禅師が「片手で鳴らす音とは？」という瞑想の公案を解くようにと、弟子の一人に言った。はたして片手で音が鳴るのだろうか？　弟子は長い間、熱心に考えた。この弟子は、とことん考える人だった。彼はたくさんの答えを師に持って行った。たとえば「片手で鳴らす音は、雲が雷をもたらすようなものです」という答えを持って行くと、師はピシャリと弟子を叩き、こう言った。

「馬鹿者、それが片手で鳴る音か？　片方の手がそのどこにある？　空に雷があったら、雲が互いにぶつかっている、つまり手が二つあるということだ。衝突がなくても音が出る答えを、持って来い」

弟子は懸命に考えた、その可能性を持った答えはいくつも出てきたが、みな正解とは認められなかった。月日が過ぎ、その弟子はあらゆる希望を失いつつあった。一日中、公案に取り組み、師のところに行くと、全く同じことが再び起こり、師はその弟子を追い払った。彼は別な弟子にこう尋ねた。

「どうやって公案を解いたんだ？」

もう一人の弟子は言った。

「どうやって解いたかというと……自分も散々苦しめられたよ。たった三ヶ月？——自分は三年も振り回されてたよ！　それである時くたくたになって、こうしたこと全部にうんざりした……片手で音を鳴らす……そんな音が鳴るもんか！　こいつは絶対きちがいだ、自分もそうだ。ここに座って師の忠告に従って、この隻手の音は何かと散々考え、瞑想する自分も……。これは、明らかに不可能だ。自分はそれを知ってるし、師もそれを知っている。誰もがそのことを知っている。だが自分はこの人に惹かれ、師と恋に落ちたから、公案を解けと言うなら解こうと思って、了解したんだ。いつか片手の音が鳴るんだろう、何かが起こるんだろうと思って」

「それで三年後、くたくたになって師のところに行き、隻手の音について聞かれた時に自分は倒れた。全く希望がなくなって倒れたんだ。その日、師は喜んで自分の頭に手を置いた——その日は棒で叩かれなくて、『さあ、起きろ。隻手の音が起こったぞ!』と言ったんだ」

この転倒の瞬間、エゴは剥がれ落ちた。この転倒の瞬間、マインドは全部剥がれ落ちた。失望につぐ失望……敗北につぐ敗北にも限界がある。そしてこの敗北は、究極の敗北が起こる地点に達した。その弟子の敗北は完全なものだった。その時、何も起こらないことがはっきりした——隻手の音も見つけられなければ、光明も起こらなかった。エゴの死が起こる域まで、弟子は落胆した。小さな勝利や成功が起こり続けているうちは、エゴに栄養が行き続ける。エゴが食べ物を見つけられないように——だから「片手で鳴らす音」なのだ。これはエゴを粉々にするための手段だ。だから師は弟子の頭に手を置き、「片手の音が鳴ったぞ! これが隻手の音だ。さあ、起き上がるがいい。今こそ、あらゆる悩みから自由になれるぞ」と言ったのだ。

年下の弟子はこう言った。「おい、なぜそういうことを、もっと早く教えてくれないんだ? そうしたら、この隻手の音を初日にやってのけたのに、そうしたら俺も倒れたのに。俺は今日やるぞ、たった今、行ってくる」

年下の弟子は師のところに行き、隻手の音について聞かれたと同時に、倒れて大の字になった……だがまず絶対に怪我をしないよう、気を配ってから倒れた。万事が安全かどうか確認するために、ひそかに横目でチラッと見た。その弟子は、すでに枕が置かれてあった場所にバタンと倒れた。目をつむり大の字になり、死人のような格好で横たわった。彼のマインドは大満足だった。

「今日で問題は解決する。これから師が来て、頭の上に手を置くぞ」

だが師は、代わりにその弟子を棒でピシャリと叩いた。彼は何が起こっているかを見るために、片目を開けた。その弟子は全く別のことを想像していた。

師は言った。「馬鹿者！　死人が目を開けて覗き見をするか？　まず、倒れる前に枕がどこにあるかなどと見るか？　お前のは、ただの物真似だ――誰の物真似かはわかっておる――だがあいつは隻手の音を体験した。お前のはただの物真似だ、何かが起こることを望んでいる。だがこの体験は、そんなに安くは手に入らん。あの男は三年悩み、三年間粘り強く取り組み、血の汗を流した。昼も夜も寝ずに、寝食忘れてすべてを賭けた。そして敗北の時が訪れ、あいつは壊れ、倒れたのだ。頭が石に当たるか、枕に当たるかを気にして、周囲を見回したりはしなかった。何が起ころうとしているか、全くわからなかった」

「お前が倒れた時は、師の手が伸びてきて頭に触れるのを、横たわって待っていた。あいつが倒れた時は本当に倒れ、倒れた瞬間エゴも倒れた。お前のは、単にエゴが計画したものだ。エゴの策略以外の何物でもない。お前は光明を得たぞと、私に言われたいのだろうが、光明はそんなに安く手に入るものではない」

あなたは「……その死で殺してください」と言う。

少なくとも、あなたは完全に自分を解き放たねばならない。少なくとも私に「自由に殺してください」

付いている。明け渡しに条件が付けられるのだろうか。明け渡しですら、あなたのは条件が付いている。明け渡しに条件が付けられるのだろうか。

と言うべきだった。あなたはそれすら手放さず、条件を付けた——明け渡しですら、あなたのは条件が付いている。明け渡しに条件が付けられるのだろうか。明け渡しとは、あらゆる条件を手放すという意味だ。師の足元にひざまづくという意味だ。「過ぎ行くものは過ぎて行く。通り過ぎないものは通り過ぎない」。だが明け渡す人は、それにも準備ができている。マインドの片隅に小さな欲望が隠れていても、道を眺め続けながらこう言う。「今度はこれが起こり、続いてあれが起こる……だが、ゴラクを目覚めさせた死はまだ起こっていない。自分は前の自分と全く同じだ。光明はまだ起こっていない。神の足はまだどこにも見えない」

こういうことを欲したり、考えているうちは、その死は絶対に起こらない。

そして覚えておきなさい。師に弟子を殺すことはできない。師は弟子に、死に方しか教えられない。その死を実践することだ。

何かを食べれば腹は満たされる。水を飲めば渇きは満たされる。私が食べ物を食べたところで、あなたの飢えは満たされない。私が呼吸をしても、あなたの心臓は動かない。こうしたものは全部、表面的なものであり、最も奥が深いのはエゴの死だ——それが最も深いものだ。それは外側からは為し得ない。あなたが目覚めて体験するしかない。苦痛を知りエゴの地獄を知り、どれだけエゴの毒牙に噛まれたかを知るしか……。

それは渇望に関わる問題ではなく、理解に関わる問題だ。だが、それは良いことだ——少なくとも死にたいという思考が生じたのだから。このように思考を生じさせれば、技は身に付く。死をもたらす技法——それが私の教えていることだ。それは生をもたらす技法と言っても、死をもたらす技法と言ってもいい。それは同一のものだ。死ねば神が現れる。あなたの死はその始まりだ。

四番目の質問

ＯＳＨＯ、あなたの話を聞いていると、祈りの気持ちがハートに込み上げてきます。でもどのように祈ればいいのでしょうか？　どのように祈ったらいいか、自分にはわかりません。

祈りを「する」ことはできない。祈りは「起こる」ものだ。このハートに込み上げてくる気持ちこそが祈りだ。何かをしたいと思えば、それは偽物になる。何かをしたいと思ったら、形式的なものになる。何かをすれば借り物になる。人の物真似にしかならない。

祈りを真似ることはできない。祈りが地球から消えたのは模倣のせいだ。人々がそれぞれの寺院に行く――たとえ隣にモスク（イスラム教の礼拝所）があっても、人々はそこへ祈りに行かず、三キロ離れた彼らの寺院に祈りに行く。三キロ歩くのに浪費した時間は、祈りに使うこともできた……モスクは隣にある――なのにどこへ行く？　だがそれは、モスクで祈る人も同じだ。寺院が隣にあっても気づきさえしない。彼は寺院に背を向け、モスクに入って行く。

ジャイナ教とヒンドゥー教の経典には、ある警告が書かれている。どちらにも同じ警告が出てくる。なぜなら人の愚かさはみな共通だからだ。ジャイナ教の経典には、ヒンドゥー教寺院の前を通った人は、狂った象に追いかけられるという警告がある。そしてヒンドゥー寺院に避難するより、象に踏みつけられて殺される方がいいとある。ヒンドゥー教の経典にも全く同じ警告があり、狂った象に追いかけられたら、ジャイナ教の寺院に避難するより、象に踏まれて死になさいとある。

宗教の名の下に、こんなくだらない考えが広まっている。だがヒンドゥー教とジャイナ教は、少なくとも別々の宗教だ。ヒンドゥー教徒の中には、ラーマしか信じない人がいる。ラーマ信者はクリシュナ寺院には入らないし、クリシュナしか信じない人もいる。クリシュナ信者は、ラーマの寺院には入らない。ジャイナ教のディガンバラ派とシュベタンバラ派に関しては、もっとおかしなことが起こっている――どちらもマハヴィーラを信じているのに、彼らは同じ寺院を使えない。

人間は宗教の名を借りながらも、権力闘争に巻き込まれる。こうした一切の災難の原因は、こうした儀式の模倣にある。祈りは自然な、純真な気持ちだ。木を見ている人が、内側に至福が湧き上がってきて頭を垂れる。祈りが起こっている。木のそばで頭を垂れ、木の根に頭を付ければ、祈りは神まで届いている。木は神と一体になっているからだ。

寺院の像は、全く神と一体になっていない。その像は、人が作ったものだからだ。木は生きている。木の中には命が流れている。木の中には命の樹液が流れている。でないと木は青くならないし、新しい芽も出てこないし、花も咲かない。木は神とつながっている。木は頭を垂れる。

神の御足は、寺院の像の中で得るよりも、木の根の中で得る方がもっと簡単だ。そういう像は全部、偽物、形だけのものだ。どうやって、人の作った像の中に、神聖なものを探すのだろう。どうやって、人が作った物の中に人を作った神を探すのだろう。あなたは誤解している。この自然は、あなたの回り中に広がっている――神の川は流れている。神の海は高波で満ち、神の月は昇り、神の太陽が昇っている。木はその一部だ。植物や動物も――あなたもその一部だ。

あなたが愛である時は、自分の子供の足元で頭を垂れても祈りは届く。愛情がある時は、自分の妻の足元に頭を垂れても、祈りは届く。祈りは形式的なものではない。祈りを儀礼にしてはならない。だが祈りはとても堅苦しいものになってしまった。そのせいで人は、祈りが自発的で自然なものであることを忘れている。

あなたは「あなたの話を聞いていると、祈りの気持ちがハートに込み上げてきます」と言っているが、それが祈りだ。それ以上、何を望むのだろうか。

「でも、どのように祈ったらいいのでしょうか?」という質問だが、祈りは今、起こっている。サットサングで私と座る時、祈りは起こっている。祈りで満たされた私のところに来て、無垢な気持ちで座ったら、あなたの内側に議論が起こっていなければ……私の一言一言を裁判官としてではなく、良し悪しを判断しようと聞いているのでなければ……音楽を聞くように、良し悪しを思い悩むことなく、私の言葉に耳を傾けるなら、私の側にいることを楽しんでいるのであれば、祈りはその結果となり、祈りが起こる。祈りが起こるまでに、あなたの中の何かが、頭を垂れているだろう。内側にある何かが落ち、内側で新しい何かが誘発されているだろう。するとあなたが溺れるものの中に、波が生じる。それが祈りだ。

だが、あなたの問題はわかる。あなたは、この気持ちが稀にしか起こらないと思っている。どうしたら体系的に、毎日、祈れるのかと。だが祈りを体系的にすると、必ず偽物になる。祈りは、起こる時は起こる。祈りの時間を決めることはできない。それは、毎朝起きてできるようなことではない。祈りが起こる時は……真夜中にも起こるし、朝にも起こるし、昼に起こることもある——祈りにとって決まった時間はない。すべての時間が神の時間だからだ。祈りをするのに縁起の良い時間など、あり得ない。適切な時などない。

規則を作る代わりに、儀式にする代わりに、自分の自発性からやり始めなさい。自発性が起こったら、目を閉じて少しの間、消えなさい。あなたは、祈りがいつどのように起こるかを知って驚くだろう。おそらくあなたが思ったこともないような場所で、起こり始める。たとえば誰かが笛を吹いている……すると祈りが生じる。のどかな午後、風が止み、木の揺れが止まっている……すると祈りが生じる。夜、せみの声が……すると祈りが生じる。手を取り合って友人と座っていると……そこに祈りが生じる。規定の時間というのはない。また毎回、どのように祈りが生じるかを、予測することは不可能だ。祈りに繰り返しはない。それは存在の状態の一つだ。祈りは思考の産物ではない。

祈りはレコードのように、いつもいつも同じではない。祈りは常に新しい色で、新しい形で現れる。常に新しい現れ方をする。

私の奥底にある欲望の敬礼《サラーム》を受け入れてください
我が愛を受け入れてください
私の悲しげな目はもだえ苦しんでいます
あなたの輝きを探し求めて　夢のように消え去った
あの美しい時を求めて
もし不快でなければ　私の不満を受け入れてください
私の奥底にある欲望の敬礼《サラーム》を受け入れてください
あなたは我が目が探し求めるもの
あなたは我が思考の対象

私にとっての恋人　私にとっての神
我が献身の名誉を守り　我が祈りを受け入れてください
私の奥底にある欲望の敬礼《サラーム》を受け入れてください

あなたの物憂げな目から　何の知らせも届かない限り
我が魂が安らぐことも　ハートが安らぐこともありません
別離の苦痛は命取りとなるでしょう
この現実を受け入れてください
私の奥底にある欲望の敬礼《サラーム》を受け入れてください

サラームはどこからでも送れる。花に頭を垂れれば、そこに祈りはある——祈りを捧げなさい。

カッコーの鳴き声を聞きながら、踊りが起こるのを許せば、そこに祈りはある——祈りを捧げなさい。

屋根に雨が落ちる音、雨だれが音楽を奏でている。するとそこには祈りがある——祈りを捧げなさい。


私の奥底にある欲望の敬礼《サラーム》を受け入れてください

祈りを言葉に変える必要はない。無言のサラームを送りなさい。神はあなたの言葉を知らない。だが感覚ならわかる。言葉はたくさんありすぎて、もしあなたの言葉を理解することになったら、神は気が狂ってしまうだろう。世界には約三百もの言語がある。それも主要な言語だけでだ。言語と方言を全部数えたら、それこそ大変なことになる。神の問題がわかるだろう？　しかも地球一つだけではなく——

少なくとも五万個の惑星に生命体があると、科学者は言う！　さらにたくさんの生命体があるかもしれない。こんなに果てしない大宇宙だ。しかもこれは人間だけの問題ではない。敬虔な鳥だって動物だっているのだ。

一匹の雌牛が、ラマナ・マハリシのアシュラムで死んだ。

ラマナは光明を得た人を祝うのと同じように、その雌牛の旅立ちを祝った。アシュラムの人々は驚いた。しかし、その牛は普通の雌牛ではなかった──その雌牛はサットサングが好きだった。マスターの側にいるのが好きだった。ラマナのサットサングに来る他の人は、たまにしか来なかったが、その雌牛は欠かさずサットサングに来た。彼女が、ラマナのダルシャンを受けずに一日が終わることはなかった。ダルシャンに来ると、その雌牛は窓に顔を入れ──外に立っていたが、窓から頭を入れて、そこに何時間も立っていた。時に目からは涙が流れ落ち、他の者が座っている間、雌牛はずっと立っていた。サットサングが解散するまで、雌牛は決して帰らなかった。ある時、その雌牛が病気でサットサングに来なかったことがあり、ラマナはその雌牛に会いに行った。ラマナが来るのを見たとたん、雌牛の目からは涙が流れ出した。その雌牛が死んだ時、ラマナの手は彼女の頭の上にあった。ラマナはその雌牛に、光明を得た人に払う敬意と同じ敬意を払い、彼女のためのサマーディーを作らせた。

人々はラマナに言った。「マハリシ、本気でこの雌牛を、そんなに大事に思っているんですか？」

ラマナは言った。「これが彼女の最後の誕生だったんだ。もう戻ってくることはない。彼女の祈りは聞き届けられた。祈りは届いたのだ」

だから人間だけではない──敬虔な木や動物はいるし、敬虔な植物もある。近年の科学者は、植物に関するたくさんの調査をしている。その調査でひとつ、はっきりと決定的にわかったことは、植物は人間と同じくらい、おそらく人間以上に、人間に劣らず非常に敏感だということだ。

ラビ・シャンカールの弾くシタールを聞く植物は、とても敏感になるという実験結果がある。植物はうっとりとしてくる。心拍を測定する心電図検査をするような装置が発明された。その機械は木の脈を測る装置で、木の上に置くと木の感情の状態を示した。悲しいか幸せか、怒っているか思いやりがあるかを——。ラビ・シャンカールの音楽を聞いている植物は、演奏されているシタールの方に傾き、曲が始めた。また、ジャズやそういう類の近代音楽を聞いている時は、音楽の方からそれて行き「頼む、止めてくれ。何なんだこの騒音は」と言いたがっているように、逆方向に傾いていった。拡声器をあちこちにセットして、インドの映画音楽を大音量で鳴らし、彼らが音楽と呼ぶ騒音をかけたら、木はきっと苦しむに違いない。おそらく人間は、神経の細やかさを失っている。だが、木の感度は一向に変わらない。こうした実験をした科学者達は、まだこうした結果が出始めた頃は、それが信じられずに驚いた。

誰かが木を切ろうとして、斧を持ってやって来ると——まだ切り始めていなくても、斧を持ったきこりが来るのが見えるだけで、木は震えだす。その測定器はすぐに、木が心配していることを、非常に緊張していることを示す。誰の番が回ってきたか誰も知らない。もっと驚くことに、木を一本切ると、すぐ近くの木も皆、苦しみもだえる。木が切られている、その苦痛に苦しむだけでなく、鳥が殺されても木はその苦痛を表す——鳥が殺されてもだ！　木と鳥と何の関係があるんだと思うかもしれないが、鳥も木の仲間だ。かつては木に巣を作り、木に尊厳や祝福を与え、木のすぐそばでダンスをし、歌を歌い、楽しく話をしていた。鳥がいたところには命があった。どんな生命体が危害を被っていても、木は敏感に反応する。

庭師が水を撒くホースを持って来るのに気づくと、木は大喜びする。まだ水がかかっていなくても、渇きは鋭くなる。用意はできている。木は喜んでいる。感謝の気持ちが生じ始める。こうしたことも、今日では科学的な真理だが、詩人達は何千年も前からそう言っていた。科学はこの感受性を捉えるのに今までかかった。

明らかに、マハヴィーラは木に敏感だったに違いない。きっと知っていたに違いない。だから、木から熟していない実も取ってはならないと言ったのだ。実は熟せばひとりでに落ちる。そうしたら受け取りなさい。これが木の生態なら、鳥や動物の生態は、どういう結果になるだろう？　いまだに鳥や動物を食べ続けている人は、とんでもない無神経だ！　普通の人はさておき、こうした行ないは、思いもよらない人からも生じる。

ごく最近、インドの首相サンジーヴァ・レッディが、マドラス州知事の公邸で肉料理がでなかったと言って、激怒してマドラスから戻ってきた。レッディはガンジーを信奉する非暴力主義者だ！　だが、ガンジー帽をかぶっただけで、非暴力主義者に変わる人などいない。いったいどういうガンジー主義だ？　ガンジー主義者が肉を食べているとは、どういうことだ？　なぜ非暴力のことで、あれこれ意味のない話を持ち出すのか。そんなくだらない話は一切やめたらいい。ガンジーなど忘れればいいし、名前も忘れればいい。なぜ偽りの言葉を繰り返す？　あなたが騙しているのは誰だ？　だが、政治指導者のほとんどは肉食だ。政治家のほとんどは酒を飲む――こうした政治家は、みなガンジー主義者だ。そして十月の二日、彼らはデリーのラージガートにあるガンジーの墓の前に座り、糸車を回すショーを催す。依然として肉を食べながらも、自分は非暴力だと断言できるなら、この世にそれ以上の虚偽はあり得ない！　だが、そうした裏にある目標はただ一つ、どうやって票を集めるかだ。

あるインドの政治指導者の、こんな昔話を聞いたことがある。周りに大勢の人を集め、その政治指導者は大声でこう話し始めた。

「みなさん、これからあるものをお見せします。それは語る価値があっても語れないもの、聞く価値があっても聞こえないもの、考える価値があっても思いもよらないものです。皆様方は、多くの奇跡を見たこととは思いますが、どうか、どうか最後までお立会いください、このショーを全部見ていってください。さあ、では第一幕です……」

「たくさんのマジック・ショーをご覧になったことと思いますが、今は胸に手を置き、頭はどこかに置いて下さい。さあ、みなさん！　たとえショーの途中で帰りたくても、途中ではもう本当に帰れませんよ。でないと、この二十七歳の私の娘は二つに切られて、ここに横たわることになります。ではこれは誰の娘ですか？」

「私達の娘だ！」。群集は一丸となって答えた。

「娘の名前は？」「自由だ！」

「どうしましょう、頭を切り落しますか？」「切り落せ！」

「わかりました、切りましょう。あなたにとっては他人であっても、彼女は私の娘です。『頭を切り落して、また元に戻せ』と言っていただきたい」

「頭を切り落して、また元に戻せ！」

「わかりました、では正しくご理解いただけたので、始めます」

彼はシーツを娘にかぶせ、自由の首を切り、身体から頭を切り離した。

群集は言った。「娘を見せてくれ、シーツを取れ！」

「いえ、それはだめです！」

たくさんの悲鳴が聞こえたが、依然、その指導者の声は一番大きかった。

「ここからこっそり帰りたいと思っても、帰れませんよ。でないと本当に真実は、自由は、二つに切られてここに横たわることになりますよ。さあ皆さん、票を投じてください、一票でも二票でもできる限り、そして娘を救ってください」

そう言って、その指導者は片側に座った。集会に集まった人々は皆、慌てふためき、切り落とされた頭を見ながら、恐る恐る票を投票箱に入れた。

あなた方の指導者は、手品師と全く違いはない。彼らのすべての行為の背後には、票への欲望がある。だから彼らは糸車を回し、手織りのカディーを着て、ガンジーババの名を語るのだ。彼らは寺院に行き、モスクに行く。「アラーとイシュワールはどちらも汝の名前なり。神よ、皆に純粋な思考を与えたまえ」――彼らはこうした歌を神に向けて歌いもする。だがこの国の首相は、肉が食べられないと怒る――インドのような国の首相がだ！　一日、肉がないことが、レッディには問題らしい。だがその時、もし肉を食べていたら、インドの首相が肉を食べることに、誰も気づくことすらなかっただろう。

マハヴィーラは、無神経で石のような時にしか、木を傷つけられないと知っていたに違いない。ハートが死んでいないと、魂が完全に粗野にならないと、食用に動物を殺すことは絶対にできない。

これはまさに昨日、ゴラクが言っていたことだ――覚えているかね？　あなたは石を崇拝し、石になった。あなたの寺院は石でできている、神の像は石でできている。あなたの内部も石でできている。あなたの内側からは、生が消えてしまっている。

万物はみな繊細だ。万物はみな、各々が各自のやり方で祈っている。崇拝が続いている。奉納が続いている。それは言葉の問題ではなく、気持ちの問題だ。言葉を捨てなさい。内側にこの気持ちが込み上げてきたら、この気持ちで自分のハートがいっぱいになったら、その中に溺れなさい。そうだ、泣きたかったら泣きなさい。笑いたかったら笑いなさい。踊りたかったら踊りなさい。これらは感覚の道だ。

涙は人を存在に近づける。経典よりも、もっと近くに連れて行くことができる。あなたの涙はあなた自身のもの、涙はハートの奥底からやって来る。涙は、あなた自身のささやかな要求だ。

私の奥底にある欲望の敬礼《サラーム》を受け入れてください
我が愛を受け入れてください

時に人は、喜びのあまり踊る。存在は、かくも素晴らしい世界を与えてくれた。こんなに貴重な生を与えてくれた。どれもこれも、かけがえのないものだ。個々に、喜びで溢れんばかりになっている。こんなにも万物の調和は取れている――なのに人は感謝すらしない。

感謝は祈りだ。もちろん、神の記憶が度々思い浮かんでも――それはいいことだ。その記憶が内側でハートを激しく揺り動かしても、それはいいことだ。だが、この記憶を形式的なものにしないことだ。でないとそれは偽物になる。形式的な行為は役に立たない。

ある家に客で来ていた時のことだ。その家の娘が、学校の討論コンテストに出ることになっていた。彼女は私にこう言った。

「あなたは、たくさんお話をしているでしょう。スピーチの時間は三分しかありません。スピーチの準備を手伝ってもらえないでしょうか？　もし準備を手伝ってくれたら、優勝は間違いなしです」

私はあまりにもしつこく準備を頼まれ、彼女に手を貸した。私は何度もスピーチを繰り返させ、充分に準備をさせた。「みなさん、もし間違えましたら、ご容赦ください」と最初に言うようにと、彼女に言った。彼女の両親はスピーチを聞きに出かけ、私にも来るように言った。彼女はスピーチを始め、私の方を見た。万全の準備のおかげで、彼女はとても喜んでいた。彼女は言った。

「みなさん、もし容赦しましたら、お間違い下さい」

これではどうしようもない。オウムのように誰かに何かを繰り返させても、それは人をあまり遠くへは連れて行かない。同じように、あなたの祈りは言葉に詰まり、完全に失敗する。あなたはオウムと全く同じように祈りの言葉を覚えた。礼拝の歌を歌っても、みな他人から教わったものだ。それは演技であって本物ではない。それは本物であるべきだ。

だから、どう祈ったらいいかと質問しないように。感情の高まりが起こるのを許し、その中を自由に動きなさい。その動きを止めようとしないように。波にさらわれたら、止まってはならない。だが私達は、とてもケチになってしまった。泣くのを恐れ、笑うのを恐れ、踊るのを恐れ、感情に圧倒されるのを恐れる。私達は完全に干からびている。人間は皆、欺瞞的で虚栄心に満ち、偽善的になっている。

あなたの思い出が　頭から離れない
だからいっそう　傷がズキズキとうずく

カッコーが　マンゴーの木の上で鳴いている
萌えいずる芽が　私の中の痛みを呼び覚ます
あなたはこの眼に映る光景の果てにいる
見えない恋人が　一人で切なる思いを歌う
あなたの思い出が　頭から離れない

どこかで心を酔わせるヴィーナの音が鳴り
私の目から眠りを奪う——
私は弱々しい魚　熱い砂の上で身をよじる
東風が吹き　あなたに触れる
だからいっそう　傷がズキズキとうずく

それでは少し言わせてください……
貴重な口づけを下さい
ですが私のハートはあなたのハートと共に　月日が経つ
だからいっそう　傷がズキズキとうずく
あなたの思い出が頭から離れない

何か神聖な思い出を、絶えず思い浮かべなさい。震えを大きくしなさい。内なる傷を深くしなさい。この傷が祈りだ。祈りは言葉でするものではない。祈りとは、他でもない自分という存在の反響だ。言葉にしようと慌ててはならない。マインドは非常に賢い。マインドは、あらゆるものを偽物にする様々な方法を知っている。

たとえば誰かに路上で会うと、あなたは急にニコニコし始める。その笑顔は偽物だ。内側から生じるのではなく、ジミー・カーターの笑顔のように、唇に浮かんだぎこちない笑いでしかない。ジミー・カーターの奥さんは夜、夫の口を閉じているという話だ。でないと一晩中、口が開きっぱなしになるらしい――ヘラヘラと一日中、口を開けているのがカーターの癖だった。カーターの妻が夫の口を閉じているのは、ねずみか何かが口に入ったら大変だからだ。

あなたの笑顔は偽物だ。あなたが笑うのはそれが義務だから、あなたが泣くのはそれが義務だからだ。誰かが死ぬと泣くのは……。

ある家に客で来ていた時のこと、近年、その家で一人の紳士が亡くなった。その人が死んでも、誰もうろたえるどころか、むしろ喜んでいた。皆、長い間この男に苦しめられてきたからだ――その男は長年の病気だった。もし、家族皆の心の中に祈りがあったら、どうにか天国にいけますように、神が天に召しますようにと祈っただろう。その男は家族全員を苛立たせた。だから、やっとその男が死んで皆は幸せだったが、その幸せを表現はできなかった。そういう時、人は幸せをあらわにして、太鼓を鳴らし始めるわけにはいかない。泣かなくてはならない。男が亡くなったのは冬で、私は外に座っていた。その家の女が私にこう言った。「もし死を悼みに来た人がいたら、この鐘を鳴らしてください」

「どうしてです？」と私が訊くと、彼女はこう言った。「あたし達が泣かなきゃ変でしょう？　突然誰か来て、誰も泣いていなかったら……社会的な地位を、守らなきゃなりませんからね」

一人の男が来たので、私はベルを鳴らした。その男は家の中に入り、その後に私が家に入った。私は、その人がサリーをベール代わりに顔にかけ、ワンワンと大声で泣き出すのを見てびっくりした。ベールをかぶったのは、涙が出てこないからだ――涙など出るわけがない。その人は顔にベールをかけ、大声で泣き始めた。男が帰るとすぐにベールを片付け、また会話を始めた。全然問題はなかった。どこにも問題はなかった。

あなたは偽りの涙を流している。あなたの笑いは偽物だ。あなたの人格は全くの偽物だ。同じくこの偽りの人格も、あなたの祈りの一部にしてはならない。だからサトゥヤ・ナラヤンの話があるのだ。聖職者がその話を朗読する。パンディットを雇って遺族がこう言う。「さあ、例の話を朗読してくれ——ほら十ルピーだ。神に一緒にいてもらえるように、サトゥヤ・ナラヤンの物語を読んでくれ。そうしたら神に会った時に、『祈りを唱えてもらいました』と言える」

チベット人はマニ車を作る。それは小さな荷馬車の車輪のような形だ。糸車の車輪のようであり、百八つのスポークが付いている。マラの数珠玉の数と同じ百八だ。そのスポークの一つ一つにマントラが書かれている。チベット人はその車を回す。すると何度でも、車が回った数と同じだけのご利益が受けられる。マントラを何度も唱えたのと同じように——それだけの徳が手に入る。

ある時、ボーダガヤにいた時のことだ。チベットのラマ僧がそばに座っていた。そのラマ僧は本を読みながら、時折マニ車をくるっと回した。私は一日そのラマ僧を見ていた。二日間そのラマ僧を見ていた私は、彼にこう言った。「何か新しいことをしてみたらどうかね？　何でこんな昔のやり方でやってるんだ？　電線を付ければいいのに。電源につなげばいいのに。そうすれば、他にもやりたいことが何でもできるし、マニ車も回り続ける。そうしたら夜も、眠ってる間も、マニ車は回り続ける。そうしたら、徳が尽きることはない。徳が雨あられと振ってくる」

誰を騙そうとしているのかね？　だが人々は、あれこれ間に合わせの祈りを考え出してきた。こうしたトリックも、祈りを偽物にする。人々は不誠実だ。だからやること為すこと、みな偽物になる。祈りの仕方を訊ねてはならない。感情の波が生じたら、感情が生じたら、一切その感情に口出ししてはならない。感情の邪魔をしてはならない。その波があなたを連れて行きたいと思うところに、一緒に行きたなさい。最初はちょっと恐いと思うかもしれない。「この波はどこに連れて行くんだろう？　自分はもしかしたら、マーケットの真ん中で泣き出すかもしれない。人々が真面目にしていたら、笑い出すかもしれない。人々に気が狂っていると思われてしまう」と思うかもしれない。覚えておきなさい。祈ることができるのは気が狂っている人々だけだ。祈りの道を旅することができるのは、気狂いになる勇気がある人達だけだ。

この我が魂の痛みに触れ　私の愛になってください
ほどけたものを　今日もつれさせてください
もつれたものを　今日解きほぐしてください

今日　モンスーンのような私の涙の雨をやませてください
今日　私の中に傷を負わせてほしいのです
ああ　我が瞳の恋人よ　愛の理想となってください
この我が魂の痛みに触れ　私の愛になってください

伝説的なスブーティの雨垂れのように
あなたは一生　私をじらし苦しめるかもしれない
私のハートのこの鳥に　あなたは姿を見せないかもしれない
でも私の唇から微笑を盗めるなら　私は感謝します
そうしてもらえるだけで　私は幸せです

私の今に対し　永遠の過去になってください
この我が魂の痛みに触れ　私の愛になってください

偽りの情熱の生み出す幻想はなく
夢のような希望を支えるものもない
我がヴィーナのもつれた弦を調え
ジェスチャーで　今日しばしそれを奏でる
我が歌を歌い　私の愛しき友となってください
この我が魂の痛みに触れ　私の愛になってください

本物の祈りはあなたのものではない。それは、存在による存在のためのものだ。あなたはただの媒体、中空の竹だ。あなたを通して歌を歌っているのは神だ。本物の祈りがあるのは、その時だけだ。祈りが自由をもたらすのは、その時だけだ。

最後の質問

ＯＳＨＯ、私は自分の妻以外の女性に、興味を持っています。でも妻が他の男に興味を示すと、自分はひどい焼きもちを焼き、大やけどを負うのです。

男はいつも自由に自由を作り出してきたが、その反面、女性を妨害してきた。男は四つの壁で囲まれた家に女性を監禁しながら、自分には自由を許してきた。

そういう時代は終わりだ。今や女性は、あなたと同じくらい自由だ。嫉妬でやけどをしたくなかったら、道は二つしかない。その一つは、自分自身が欲望から自由になることだ。嫉妬は、欲望のない所にはとどまれない。もう一つは、欲望から自由になりたくなかったら、最低でも相手に自分と同等の権利を与えることだ。それくらいの勇気は出しなさい。私はあなたに、欲望から自由になってほしい。

一人の女性を知った人は、すべての女性を知ったことになる。一人の男性を知った人は、すべての男性を知ったことになる。違いは単に外見にしかない。一人の女性を知っても、すべての女性がわからないでいる人がいたら、その人は無意識に生きているのだと理解しなさい。そういう人は、たとえ無数の女性を知っても女性を理解できない。女性が全くわからない。真の認識は気づきを通じて起こる。だがそういう人は無意識だ。そういう人は女性を追いかけ続け、分かれてはまた、別の女性を追いかける。

間違いなく、あなたはやけどをするだろう。それは男性のエゴを傷つける。あなたは、自分が他の女性に興味を持つのは全く良いと、問題はないと思っている。

私達は、男はどこまでも男 *"Boys will be boys"* だと言う。男がこういう諺を作り出したのは、男は一人の女性では満足しないと思っているためだ。男はたくさんの女を求める。だが、女は男一人だけでも満足すると。こうした考えは男性の策略以外の何物でもない。女性は一人の男性で満足すべきだ——その一人があなただ！　だがあなたはどうだろう。一人で満足するのは無理だ。あなたは男だ！　男には、もっと自由があってしかるべきだと思っている。

こんな話を聞いたことがある。

最近、マルホトラ夫妻がムラ・ナスルディンの近所に越してきた。マルホトラの奥さんは非常に美人で、彼らの隣に住むことになった。ある日のこと、ムラは朝起きるなり、嫌がらせをしようとして妻にこう言った。「なあ、怒らないで欲しいんだが、ここ何日か、マルホトラの奥さんが夢に出てくるんだ」

ムラの妻は言った。「一人で出てくるんでしょ?」

ムラは言った。「ああ、だが何でわかったんだ?」

ムラの妻は言った。「日那さんが私の夢の中にいたからよ」

この妻との会話で、ムラはすっかりがっかりした。妻に嫌がらせをしようとしたのに、ムラの方が嫌がらせをされてしまった。

あなたの妻には、あなたと同じだけの自由を得る権利がある。だが「いや、妻が他の男に興味を持つのは間違っている」と思うなら、あなたが他の女性に興味を持つことも間違っている。あなたは、妻に期待する夫にならなくてはならない。同じように行動しなくてはならない。そうでない限り、あなたには何の権利もない。

欲望を追いかけるのは止めなさい。あなたに言っておくが、女性は確かに、男性のように欲望まみれではない。女性にはある種の、明け渡しの気持ちがある。女性にはある種の、誠意と信仰と信頼がある。男性の愛は浅く、深くない――表面上でしかない。男性の生において愛はすべてではなく、他にもたくさんのものがある。女性の生にあるのは愛だけ、それがすべてだ。そしてあらゆるものが、この愛の中に含まれている。男性の生には、他にもたくさんすることがあり、愛はその中の一つに過ぎない。しかし女性の生には、単純に他の活動がない。他の活動は全部、愛に含まれている。

男性は勝手気ままだ。男性は不安定だ。こうした性質は、とても小さい子を見てもわかる。小さな男の子はおとなしく座れない。物をひっくり返し、時計を開けたり、ハエを捕まえたりと色々なことをする。しかも中途半端にはしない。小さな女の子は胸に人形を抱いて、部屋の片隅におとなしく座る。そして、これを覚えておきなさい。母親は子供が子宮にいる時でも、男の子か女の子かがわかる。ちょっと敏感な女性なら、それがわかる。なぜかというと、男の子は最初から騒ぎを起こすからだ。時には蹴ったり、時には頭を左右に振ったりする。女の子は静かだ。経験のある母親なら、それが男の子なのか女の子なのかがわかる。どれだけ騒いでいるかでわかる。

これには科学的理由がある。生物学によると、女性の性格はバランスが取れていると言う。男性の性格はバランスが取れていない。女性の遺伝子の数は偶数だ。人は二つの細胞——男性と女性の二つの生殖細胞が出会って生まれる。男性には二十四の遺伝子を含む染色体と、二十三の遺伝子を含む染色体があり、二種類の染色体がある。女性は二十四の遺伝子を含む染色体しかない。男性の二十四の染色体が、女性の二十四の染色体と結合すると、女の子が生まれる。結合した染色体の数は四十八——バランスがとれている、ちょうど、天秤の二つの皿に乗ったようになる。男性の二十三の染色体が、女性の二十四の染色体と結合すると、男の子が生まれる。その場合の染色体の数は四十七だ。まるで秤りの片方が下がっていて、片方が上がっているかのように不安定だ。

女性には両側に四十八ある——これが女性の方がより美しく、よりバランスが取れ、より穏やかな理由だ。ある種の落ち着きがあり、ある種の安定がある。女性の性格にはある種の丸みがある。男性には少し角があり、四角にカットされている。これが、性格の違いの科学的な理由だ。

ダブジは夫婦で巡礼に旅立った。ダブジは大の本好きで、ダブジのそばにはいつも本があった。二人はある寺院に行った——行ったのはカーシーのヴィシュワナート寺院だったに違いない——ダブジは、妻が寺院で祈っている間、寺の中で立っている時でさえ本を読んでいた。皆も、彼女の悩みがわかるだろう。ダブジの妻は大声で言った。「ああ、ヴィシュワナートの神様！　どうか、小さな願いが一つあります。私が死んだら来生は女ではなく、せめてダブジといつも一緒にいられるように、本にしてください」

これを聞いたダブジは、やにわにひざまずいて頭を下げ、手を合わせて祈った。

「ああ、神様！　妻の祈りを受け入れるのでしたら、妻を毎年交換できる電話帳にしてください」

男性のマインドは単純に不安定だ。この不安定さを手放し、安定を見つけ出しなさい。すこし穏やかに、静かになりなさい。少し生の中で成長しなさい。何生も何生も、もう散々あなたは走ってきた。それで何を手に入れたというのだろう。あとどれだけ走り続けるというのだろうか。

今こそ止まりなさい！「足を止めれば、目的地は現れる」。止まれば、安息の地は見つかる。その時、あなたが探し求めてきたものは手に入る。

このように止まることが瞑想だ。

進み続けることが、世界と称されるもの、止まることが、神への崇敬の念と称されるものだ。

今日はここまでにしよう。

第9章

内なる革命

The Inner Revolution

皇帝よ　この純粋な知性の声に耳を傾けよ
この夢の世界は　五つの元素から生じる
まずは始まり　次いで器　認識　そして成果
シュリ・ゴラク曰く　これを為す者　自分が皇帝であることを知る

まずセックス　怒り　エゴを落としなさい
マインドの夢と道楽の不純物を
世俗的な渇望を放棄し　強欲を捨てなさい
そうしたものは白鳥を捕らえて殺す

二元性を捨て　非二元的でい続けなさい
他人を抱擁するのをやめ　無限のままでいなさい
自然さがそのテクニック　するとアーサナが起こり
身体とマインドと呼吸は定まる

サンヤマを呼び覚ませ　必要な食べ物だけを摂り
眠りを　生の死を捨てよ
タントラ　マントラ　ヤントラを

古代の医薬　魔よけや石を落としなさい

こうした手段を用いても　それは人を
王の扉　政治にしか導かない
魔法やまじないを使うのを　一切やめなさい
ヨギよ聞け　ヨガの道の始まりを

その他の状態からは一切離れ
すべてを尽くし神を覚えていなさい
ありとあらゆる芝居を止め
情欲　怒り　エゴを燃やせ

強欲に満ちた目で　ふらふらと巡礼に出てはならない
大きく束になったもつれた髪　その荷を担ぐ必要はない
木を植え　庭を造る徳は一切いらない
井戸や貯水池を掘りながら死んではならない

呼吸は弱まり　肉体は衰える
王よ　座りながらも中心を定めよ
巡礼や誓いにこだわり　山登りに生を無駄にしてはならない

数珠を爪繰り経を唱える　こうした礼拝や儀式を全部落としなさい
うわべだけのヨガはもう充分だ
こうした商売や知識の売買を　一切やめなさい
学ぶこと　思案すること　世間のしきたりを

弟子集めをやめなさい
肩書きを墓地のように　討論を毒のように避けなさい
ゆえに我曰く
死に気づけ　王よ　独りであり続けなさい

人の集まりを見て　知識をひけらかしてはならない
ただ口の利けない人　無知な人のようにしていなさい
王と庶民の　両方の希望を捨てよ
食べ物を乞い　全く無関心でいなさい

妙薬　魔法の飲み物　錬金術をすべて手放しなさい
リッディーを放棄し　シッディーを受け入れなさい
酒を飲んだり麻薬をやめなさい
こうしたことは　ありとあらゆる夢や想像を作り出す

ナリ　サリ　キングリ　師は三つを全部落とせと言う
開始　器　認識　成果
シュリ・ゴラク曰く
これらを為し　自分が皇帝であることを知れ

部分も結局は　全体の座に達する
大洋とならぬ滴を　私はこれまで見たことがない

存在している滴で、いつまでも海にならない滴は一つもない。部分は全体となり、分裂したものは一つとなり、有限なるものは無限となる。海になる運命を逃す滴は一つもない。よって神となる機会を奪われたままの人間は、一人としてあり得ない。

神聖でいることは人間生来の性分だ。滴が海になるのと全く同じように、制限から解放された人は神になれる。人は神性だ。単にそれは、限界を落とすかどうかの問題だ。それ以外に、人間が神になるのを妨げるものはない。私達は周りにぐるりと、マジック・サークルを描いた。それは自分で描いた線だ。私達はその円から決して表に出ず、壁を作る。この安全体制を作り、私達は既知なるものの捕われとなった。未知なるものが呼んでいても、私達は恐れから旅に出られない。

ヨガの旅、融合の旅は未知への旅だ。しかし未知へ向かって旅に出るのは、既知に疲れた者だけだ。あなたが知っているものが、ハートを満たしたことがあるだろうか。

ハートに充実感があれば、神に向かっていくべきかという迷いは、絶対に生じない。そういう人は既に神を敬うということを達成している。ハートが満たされるというのは、紛れもなく神と一体になることだ。だが、あなたのハートに充実感はない――あなたのハートには全く充実感はない。それは相変わらず空虚なままだ。

あなたには、明日満たされる、あさって満たされると言って、絡み続ける希望しかない。絶対に叶えられない偽りの約束しかない。そうした約束が、これまで満たされたことはない。

昨日、あるポピュラーソングを聴いていた。

自分の愛で愛を見つけた人　それがどんな人だったかは誰も知らない

自分の愛で愛を見つけた人が　どんな人だったかは誰も知らない
ほころびかけた花を求め　受け取ったのは棘の花輪
幸せのゴールを探し求め　受け取ったのは悲しみの塵
愛の歌を望めば　受け取ったのは冷たいため息
慰めに来た者達はみな　心の重さを倍にしただけ

自分の愛で愛を見つけた人は、今まで一人もいなかった。この世で満足を得た人は誰もいなかった。

友達はみな　少し付き合っては離れていった
誰も　狂った人の手を握る時間などない

自分の影はよく　そわそわしていた
それが生なら　それを生きよう
苦悩を見せたりせず　私は唇を固く結び　涙を飲もう
もう悲しみなんか恐くない
何度も私は悲しんできた

自分の愛で愛を見つけた人が　どんな人だったかは誰も知らない
ほころびかけた花を求め　受け取ったのは棘の花輪

そういう人々は、これまでいたためしがない。この世でほころびかけた花を求めた人は皆、棘を受け取った。この世には棘しかない。確かに、遠くからは花に見えても、近づけば棘であることがわかる。自分にないものは美しく見える。あなたにあるものは価値がなくなる。あなたに欠けているものには、引き付ける力がある。遠くから聞こえる太鼓の音には、催眠効果がある。

ここで幸福をつかむことは不可能だと、完全にはっきりわかった人だけがヨガの旅を、融合の旅を始めるようになる。この世に幸せはあり得ない。この世が意味するものは、外へ向かう旅だ――それは自己から出ることだ。自己から出ていく人は、決して幸せをつかめない。なぜかというと、人は自分から離れて行けば行くほど、自分の本質と逆方向に離れていくからだ。幸せとは自分の本質へ溶けていくこと、自分自身の中に没すること、それが幸せだ。幸せとは自己の本質であり、不幸とはそれに逆らうことだ。

だから、自己から離れて行けば行くほど、富や権力や名声へと離れて行けば行くほど、もっともっと不幸な状態は続いていく。「この世」とは、こうした木や星や月のことではない。外へ向かうマインドのレースのことだ。外側に向かう旅が「この世」であり、内側に向かう旅が宗教だ。

もう少し注意して自分の生に目を向け、それを直視してみなさい。その時初めて、ゴラクの時代を超えた言葉を理解できる。自分の生を観察したことがなければ、ゴラクに限らず、どんな覚者の言葉も役に立たない。あなたの希望はまだ生きている。あなたの希望は、まだ破壊されていない。

この世の海は真っ赤な偽物
見るがいい　唇すら濡れていない

その水はさざ波が立っているように見えても、遠くからそう見えるだけだ。それは蜃気楼だ。近づいてみると唇を潤せもしない。水が喉に届くのはあり得ない。唇すら濡れていない。

この地には緑すらない
なぜお前は欲望の種を　ハートに蒔くのか

今まで、この地に緑があったことはない。人は無駄に、欲望の種をハートに撒いている。あなたは後で大いに後悔する。その種から決して芽は出てこない。

この地には緑すらない
なぜお前は欲望の種を　ハートに蒔くのか

新しい欲望の種を蒔き続けてどうする？　古い種から芽は出なかった。なのに人は、新しい種を撒き続ける。あなたは何生も、欲望の種を撒いてきた。

近づいても手の内には一滴の水も落ちて来ない
遠くからは水が蜃気楼として見える
シャンカラは言う　それは水に色がないことの証明だ
だが　青い空は青い色を含んでいるように見える
私達はあるものに対してなく　ないものに対してある
真実が何かを言える者はいない
それを知った者は　一人もいない

この世は非常に難しいパズルだ！　あるものに対し、存在していないものがある。存在するものは忘れられている。存在するものは目に見えない……「私達はあるものに対してなく　ないものに対してある」……そして私達の感情は、ないものに巻き込まれたままで、自分にないものに釘付けにされている。これから言うことを知ったら、あなたは驚くだろう。

人は、自分にあるものに縛られていると思っているが、それは違う。人は自分にあるものになど、これっぽっちも縛られていない。人が縛られているのは、自分にないものだ。一万ルピーある人は一万ルピーに縛られているのではなく、自分にない百万ルピーに縛られている。たとえ一万ルピーを捨てたところで、何の助けにもならない。自分にない百万ルピーを捨てない限りは、どうにもならない。

ないものに縛られているというのは、実に矛盾しているように見える。あなたは自分の妻に縛られているのではない。あなたはずっと、奥さんから自由だった。あなたは、自分の妻を見ようと、立ち止まったことすらなかった。奥さんを見ても、わからないかもしれない。自分の奥さんを間近に見て以来、まだ何日も何年も経っていないというのに……。誰も自分の妻を見る者はいない。人は他人の細君を見る。

人は自分にないものに縛られている。ないものに巻き込まれる。だからこそ、師の仕事はとても大変なのだ。あなたから、あなたにないものを取り上げなくてはならない。そして師は、既にあなたにあるものを与える。海の波が打ち寄せているように見える場所に近づいても、そこには一滴の水さえない。

こうした錯覚は、空が青く見えることに似ている。ただ青く見えるというだけで、空に色はない。空は青く塗れるものではない。空は空《くう》だ。空《くう》には色など付けられない。空は単に青く見えるだけだ。

　シャンカラは言う　それは水に色がないことの証明だ
　だが　青い空は青い色を含んでいるように見える

空に色がないことは、はっきり科学的に証明されている。にも関わらず、空は青く見える。砂漠に放り出されて喉がからからになると、渇きが蜃気楼を作り出す。普通の人だけではなく、非凡な人も蜃気楼を信じてしまう。ラーマでさえ、金の鹿を追いかけていった。金の鹿など存在しないし、これまでもいた試しがない。

金の鹿の話はいい話だ。ラーマがシーターを見失ったのは、ラーバナのせいではない。それはラーマが金の鹿を追いかけ始めたからだ。その原因はと問うなら、ラーバナがシーターを誘拐したのは、二次的な理由でしかない。重要なのは、ラーマがシーターを見失ったことだ。ちょっと考えてごらん、あなたがラーマだったら、金の鹿が本当に存在するのかどうか、疑問に思っただろう。そんな鹿はいるはずがないと。だが、金の鹿が現れてラーマはその跡を追いかけ、弓と矢を手にしてシーターから離れた。ラーマはないもののために、あるものから離れた。存在したこともない、あり得ないもののために——。ラーマは金の鹿を追いかけた。それは全く知性に反し、理性に反し、理解に反している。

だが、これは美しい話だ。私達は皆、全く同じように金の鹿を探しに行き、皆シーターを、愛する人を見失った。シーターとはあなたの魂、自分にあるものだ。それを人は忘れている。それに背を向けている。あなたは金の鹿を探しに行った——地位や名声、富や尊敬や名誉を。こういうものはみな、金の鹿だ。それは、これまでに存在したことも、これから存在することもない。

　私達の存在は泡のよう
　このショーはみな蜃気楼
　別世界にもハートの目を開きなさい
　この世の地位はどれも夢のよう

少し別の世界にもハートを開いてごらん。ここにあるものは、みな夢のようにはかない。

　別世界にもハートの目を開きなさい……

その実際にあるものにハートの目を開き、その覆いを脇に置きなさい。その幕を上げなさい。

この世の地位はどれも夢のよう
ここ、この世にある力は夢以外の何ものでもない。
私達の存在は泡のよう……

私達の存在はまさに泡、水の中の泡のようなものだ。それは一瞬ここにあり、次の瞬間には消えてしまう。

このショーはみな蜃気楼

まるで蜃気楼のような、ありとあらゆるショーが続いている。それが存在するのはひとえに、私達が信じているからだ。

本当に、何でも信じてしまうから驚きだ！　私たちのこの全世界は、私達が信じるものからできている。私達は単に信じ……すべては私達の信念に基づいている。私達は信じた。だから私達は、それを永続させているのだ。一緒にこうしたことを信じていない者は、ただ笑うだろう……。

お金を追い求める人にとっての真実はお金だが、お金を追い求めない人はこう言う。「ハハハ、お前は狂ってるよ」と。「お金に何ができる？　お金で何ができるのか。死ぬ時はお金を置いていくんだぜ」。同じ信念がない人は、お金を追い求めていることを非常に驚くだろう。だが、こうした信念がある人の目は酔っている。そういう人は正気ではない。

この世界は私達が望み、欲し、追い求めた結果、野心の結果だ。この野心の熱から直ちに目覚めない人は、決して自分を知ることはない。自分を知らずして幸せはない。自分を知らなければ音楽はない。自分を知らなければ、永遠の甘露を味わうことはない。このスートラは、この永遠の甘露の探求について語っている。

皇帝よ　この純粋な知性の声に耳を傾けよ

「皇帝よ……」とゴラクは言う。覚えておきなさい。ゴラクはあなたを、皇帝と呼ぶ。なぜなら、あなたは皇帝だからだ。自分を乞食だと思っているのは、あなただけだ。あなたはマスターなのに、自分を奴隷だと思っている。奴隷だと信じたから、奴隷になったのだ。

皇帝よ　この純粋な知性の声に耳を傾けよ

短い理解の言葉に、覚醒の言葉に耳を傾けなさい。それとも、これからもあなたは走り続けるかね、逃げ続けるのだろうか。今後止まることがあるのだろうか。散々走って来て、どこに辿り着いたか、止まってちょっと考えてみてはどうかね？　自分の人生をもう一度、振り返ってみなさい。

この夢の世界は　五つの元素から生じる

人が追いかけているこうした諸々のものは……そこには何もない。それは、五元素の遊びに過ぎない――土、水、空気、火、エーテル――すべては、五元素から作り出された遊びだ。この遊びには何の実体もない。そしてあなたが探しているものは、現にあなたの内側にある。五元素を越えたものは、現にあなたの中にある。この五元素は現れては消え、浮き沈みする――それは波だ。五元素では、決して幸せは獲得できない。なぜかというと、五元素は作り出される前から、もうなくなっているからだ。このように人生を生きることは不可能だ。五元素は束の間しかない。瞬間的存在には不幸しか与えられない。ちょっとだけ、永遠なるものを探してごらん――あなたの中に座っているもの、それが永遠なるものだ。

この世を注意深く見る人は、自分がこの世を見ていることを、思い出すようになる。だが、無意識にこの世を見ている場合、それを見ている人は全く忘れられている。あなたは、見ているものに巻き込まれている。見ているものに巻き込まれる人は、道に迷う。見ている人に気づいている人は、到達している。

まずは始まり　次いで器　認識　そして成果
シュリ・ゴラク曰く　これを為す者　自分が皇帝であることを知る

「皇帝よ、あなたに言うことが四つある」と、ゴラクは言う。この四つの状態にゴラクは丸々、自分の人生観を注ぐ。

まずは始まり　次いで器　認識　そして成果

四つの状態の一番目は、始まりだ。始まりとは、今までのあなたは外へ向かって走っていたという意味だ。あなたは、内なる旅を始めてさえいない。まだ、視線を後ろに向けたことすらない。

あなたは、振り返って目を向けたことすらない――これがマハヴィーラの言うプラティクラマナ、内側に向きを変えることだ。

マインドには二つの状態がある。アクラマナ、外に出ること、暴力。プラティクラマナは内側に向かうこと、受け入れることだ。これは、パタンジャリの言うプラティヤハール、内側に入ることだ。

戻りなさい、自分に帰りなさい。これがイエスが改宗と呼んだものだ。改宗とは、ヒンドゥー教徒がキリスト教徒になることでも、キリスト教徒がヒンドゥー教徒になることでもない。それが改宗だと思ったら大間違いだ。外側の旅が内なる旅に変わること、それが改宗だ。外に寺院を探すのではなく、内側を探すことだ。沐浴のために外の寺院に行くのではなく、内なる沐浴をすることだ。瞑想を一浴びすれば、生の変容は始まる。この変容が、ゴラクの言う「始まり」だ。その時初めて、人は人間になり始める。ゆえにゴラクは、内側に入ることを始まりと言う。動物は外向きに生きている、植物もそうだ。だが、人間はこの地上で唯一、内なる生も生きることができる。内なる存在を実感できる可能性があるのは、人間だけだ。

誰もが、外側に向かって走っている。それに特別なものは何もないが、内側に向きを変え始めないかぎり、生に尊厳は生じてこない。あなたは輝かしく、威厳のある人になる。あなたは人間になる。魂が内側で生き生きとしている。神の探求が内側で始まっている。これが最高の革命だ。これほどすごい革命は他にはない。これが内なる革命だ。これがゴラクの言う開始だ。

皇帝よ、耳を傾けよ！　とゴラクは言う。あなたは自分の帝国を作り始めてさえいない。自分の所有する富の宝庫を掘り始めるために、つるはしを一振りも降ろしてさえいない。

二番目は「器」だ。器が意味するのは素焼きの壷だ。これは肉体のこと、素焼きの器のことだ。この器は寺院だ。その中に師が隠されている。この壷の中に空《そら》が隠されている。壷の外側に巻き込まれないように。内側に向きを変えれば、身体はこれまで考えていたような、小さなものではないとわかる。身体はとても神秘的だ。身体そのものが宇宙だ。

個々の身体には何十億という細胞があると、科学者達は言う。だから私達は実存を市の主と言う。なぜかと言うと身体は都市、大勢の人が住む町だからだ。肉体は都市だからだ。人口の密集地だ。ボンベイは肉体よりも小さく、カルカッタも肉体より小さい。カルカッタの人口は一千万、肉体の人口は何十億だ。肉体は、共生する何十億もの細胞でできている。

これは大変なことだ。肉体のちっぽけな境界を見て、騙されてはならない。現代人は科学者が原子から原子力を発見したことを知っている。それは目には見えない。だがもし原子が爆発すれば、九十秒で人口十万の広島は灰と化す。それだけ巨大なエネルギーが、肉眼では見えないものの中に、隠れている可能性がある。原子に比べれば、肉体はとても大きい。肉体には、莫大なエネルギーが隠されている。肉体には大いなる謎がある。

内側へ向かってまず気づくのは肉体だ。肉体は寺院だ。この寺院に入っていく人は、まずその寺院の階段を登り、寺院の壁を抜けて、内なる社《やしろ》へと通じる扉をくぐる。だからまずは内なる旅を始め、この器についてよく理解しなさい。でないと、内なる師に出会うことは不可能だ。当然、この肉体を虐待してはだめだ。拷問を始めてはならない。でないと肉体は理解できない。肉体は、存在の愛のたくさんこもった贈り物だ。身体を抑圧したりしないように。苦痛を与えたり、いじめないようにしなさい。抑圧したり苦痛を与えたり、攻撃することは神を否定することだ。それは無心論者のすることだ。

神を信じる者は「こんなに素晴らしい肉体をくれて、こんなに美しいものを、こんな身体に取り込んでくれてありがとう」と言って神に感謝する。これは、この五元素のみを使った驚異的なマジックだ。神は魔術師だ。神のマジックのすごさを、何か証明できるものがあるとしたら、それはあなたの肉体だ。

科学者曰く、身体の中では数え切れない作業が行なわれていて、同じことを工場で行なえば、その騒音は四マイル先でも聞こえるだろうと言う。そのしくみは、まだわかっていない。科学は大いに進歩した――人を月に着陸させ、原子爆弾を爆発させた――そして現代では無数の原爆が、この全地球を一回だけではなく、何千回も灰にできる量の原爆が、作り出されている。科学の大きな進歩にも関わらず、科学はまだ、一切れのパンを血に変えることすらできない。いまだ、パンを血に変えるのは不可能だ。だが、この奇跡が身体の中で起こる――しかもパンから血を作るだけでなく、肉も作る。パンは脳も作る。パンは思考も作る。また、ある知られざる扉を通じて、パンは人の意識を燃やし続けもする。

インドでは「飢えている時、神を褒め称える歌はない」と人は言う。飢えている人は祈れない。飢えた人には、神への賛歌を歌うだけのエネルギーがない。それには腹を満たす必要がある。だから、貧しく飢えた国の敬虔さは、消えるか偽物となる。一時この国でも、本物の敬虔さがあった。それは国が裕福だったからだ。最低でも人々は、日々の糧をもらっていたために、飢えて死ぬ人はいなかった。それは仏陀やマハヴィーラ、ゴラク、パタンジャリやクリシュナが生きていた時代だった。私達は最高頂に達した。少なくとも、人々は飢えていなかった。彼らが裕福だったとは言わないが、大金持ちだったとは言わないが、飢えてはいなかった。肉体が満たされていたから、神への賛歌が起こった。

国が貧しい時は、宗教ではなく共産主義が起こる。そして人は、殺し殺されることを覚悟する。すると暴力があり、人々は支配者に要求を突きつける。ストや暴動や殺人がある。すると神への賛歌は起こらない。飢える人は暴力を振るえても、愛することはできない。飢えた人には怒りがある。飢えた人は慈悲深くはなれない。

言っておくが、もしこの国がこのままずっと貧しかったら――この国の指導者達の決定のように、この先も貧しいままだったら――もしこの国が長期間貧しいままだったら、共産主義になる以外に道はない。気づいている、いないに関わらず、この国は共産化の道を歩んでいる。おそらくこの方向に進んでいる人達は、このことを知らない。おそらく気づいていない。おそらく彼らは、この国が共産主義にならないよう何らかの努力をしているのだろうが、それは誰かの努力で解決できる問題ではない。この国が貧しいままだったら、共産主義になる以外に道はない。敬虔さが生まれる可能性はない。

すぐに取り組まなくてはならない！　この国の飢餓、この国の貧困を破壊することだ。でないと、どうしようもない泥沼にはまって、抜け出すことが難しくなる。イギリスの支配から自由になるのは、難しくなかった。だが万一、この国が共産主義になったら、この新たな束縛の鎖を断ち切るのは不可能だ――不可能に近い。ロシアのような国がこの鎖を壊せないなら、我々にそれを壊せる可能性はない。

私達は昔、いとも簡単に奴隷となり、何千年もこの奴隷状態を受け入れてきた。共産主義は大変な束縛だ。確かにパンは手に入るかもしれないが、魂は取り上げられてしまう。だが、こうした高い値段でパンを手に入れるのは実に悲しいことだ。

パンを作ることは可能だ。多少知性が必要なだけで、パンを作るのは難しいことではない。だが私達の愚かさは、大昔からのものだ。だから私達は、貧困の原因そのものをサポートし続け、この慣習に変わるものに対し敵意を持っている。たとえ、その変化によって貧困を撲滅できてもだ。

インディラの敗北の背景には、こうした訳がある。インディラはどうにかしてこの国の、人口増加のレベルをコントロールしようと、大変な努力をした。これこそが敗北の理由だ。でなければ、国は絶対豊かにならない。それどころか、実際は豊かになるなど程遠く、人々の腹を満たすことすらできない。これがインディラ敗北の原因となった。インディラの敗北は基本的に、家族計画を様々な方法でこの国に強制しようとしたのが原因だ——この国を貧困から救うには、家族計画を強制するしかない。

現在の国の人口は六億だ。今世紀末には、人口は十億になるだろう。私達に、十億人の腹を満たせるキャパシティーはない。よって人々は日々一層飢えていき、飢えれば飢えるほど怒りがつのり、怒りが大きくなればなるほど、さらに共産化が進む。ひとりでに共産主義になっていく！　これは避けられないプロセスだ。

インディラの敗北は、意義あることをしようと、真剣に取り組んだからだ。それは大変な政策だ。無理やり実施しなければ、永遠に実施できない。国民の自由意志に任せたら、政策を受け入れる気にはならないだろう。人はそういうことに無頓着だし、気づいてもいない。

「子供は神からの授かりものだ、自分達にそれを止める権利はない」。こう言って彼らは、子供を作り続ける。兎のように子供を作り続け、国は日増しに貧しくなっていく。彼らには、自分達のしていることがわからない。強制的に子作りを止めさせない限り、止まる可能性はない。ひとりでには止まらない。子作りは、強制的に止めさせなくてはならない。

国民は腹を立てるだろう。それは古来習慣になっていることに、干渉しているためだ。「できるだけたくさんの子供をもうけることが、唯一の喜びだ」と言う者が、「待った、子供は二人か三人までだ」と言われたら、怒るのも無理はない。その人の父親は十二人の子供を持った。なのにその人は、子供を二、三人までだと制限されている。その人の家の習慣で、そんなことをしたことはなかった。

ヒンドゥー教の聖職者や学者は怒った。イスラム教聖職者、イスラム学者も怒った。なぜかと言うと信者の数が減るかもしれないからだ。イスラム教徒は、イスラム教徒の人口が減ってはならないと考え、ヒンドゥー教徒も、ヒンドゥー教徒の人口が減少してはならないと考えた。ジャイナ教徒も、ジャイナ教徒の人口が減ってはならないと考えていた。信者数が減ると、彼らの力も低下するからだ。だが、イスラム教徒とヒンドゥー教徒とジャイナ教徒の全人口が増えたら、この国の人々はみな死んでしまうとは、誰も考えなかった。

こうした聖職者と学者連が一丸となり、インディラ打倒を支援した。これは偶然ではない。インディラは、この国の因習に囚われた考え方に沿わないことを、試みようとした。もしインディラが間違いを犯したとしたら、これしかない。インディラは落選し、年老いてもうろくした年寄り達が就任した――希望もなく能力もない人々だ。こうした政治家がいる国に、未来はない。だが全員が一丸となった。反動主義者や後退主義者が、みな結束した。この国の愚かさがすべて結集した。

それがどんなにすごいことだったか――共通点がなく、共通の主義やイデオロギーがない政党が、みな一致団結した。こんな日和見主義者は、世界中のどこを探してもいない。彼らは政治権力のために、主義や哲学、崇高な理念を全部、即座に捨てた。社会党と会議党と人民党が連合したのは、驚くべきことだが、イスラム教やヒンドゥー教の保守派、伝統主義者達は皆、不快に思っていたわけだから、それほど驚くべきことでもない。まるで、この国は貧しいままで行くと、決定したかのようだった。もし貧しいままでいることが国の行く末だと言うなら、敬虔さが生じる可能性はない。

個人にとっての真実は、社会にとっても真実だ。国にとっても真実だし、全人類にとっても真実だ。肉体は喜びに満ちていなくてはならない。喜びを感じていなくては、健康でなくてはならない。

よってヨギの務めの二つ目は、身体を快活で健康に、活発にしておくことだ。身体は微笑み、喜びに満ちた花のようでなくてはならない。この寺院は神のものだ。寺院は、花輪やリースで飾らなくてはならない。

だが、いわゆるサドゥーやサニヤシン達は、その逆のことをするよう教え続ける。彼らはあなたに毒を盛り、身体は敵だと教えた。神を敬うことを叶えたければ、肉体を破壊しなくてはならないと。肉体を痛めつけて衰弱させ、針のベッドの上に乗せ、身体を壊せと教える。壊せば壊した分、神に近づくと。

これは嘘だ。百パーセント間違いだ。身体を破壊すればするほど、寺院は崩壊していく。寺院が崩壊していく過程で、神も壊れる恐れがある。この身体は寺院だ。寺院は尊ばなくてはならない。ゴラクのハートには、身体への多大な敬意がある。ゴラクが「まずは内なる旅を始め、次いで寺院を大事にするように」と言うのはそのためだ。

だから二番目は身体、器だ。まずは始まり、そうしたら器だ。この寺院を大切にしなさい。その器のどこかに神への崇敬の念が隠されている。宝物が隠されている。ヨガの技法はみな、この寺院を保護するためのものだ。自己鍛錬、様々な規則、呼吸法、感覚からの離脱……こうしたものは、身体を破壊するためのものではない。それは身体を強化するためのもの、身体の美や健康、エネルギーのためのものだ。こうした技法によって身体は育くまれ、内側に花が咲く。こうした技法によって肉体の根が、大地に深く入っていく。

そして三番めに起こるのが認識だ。身体が美しくなり、音楽に溢れリズミカルになると、詩的なリズムや、狂おしいほどの喜びが身体に生まれる。すると人は意識を認識する。その時初めて、この身体の中に潜む人がちらりと見える——あなたは寺院に入っている。不幸な人、泣いている人、飢えている人は寺院には入れない。健康の波に乗らない限り、この認識は起こらない。

まずは始まり　次いで器　認識　そして成果

認識が起こると、人は結論に、光明に達する。達成する前から、神がいるとかいないとか、言ってはならない。達成する前から、ニルヴァーナがあるとかないとか、言ってはならない。達成する前はいかなる結論も出してはならない。肯定も否定もしてはならない——有神論者でも無心論者でもいけない。達成以前に出した結論は、自分自身の体験に基づくものではない。それは借り物だ。古いもらい物だ。正しいか間違っているかは、誰にもわからない。誰かに騙されているかどうかも、誰にもわからない。仮に彼らが騙そうとしていなくても、彼ら自身が騙されているかもしれない。本当のことは誰にもわからない。

次のことを肝に銘じておきなさい。自分は、自分の知識だけを信頼する。自分の源となるのは自分で、自分の明かりとなるのは自分だと言うことを。決断するのはそれからだ。

これは非常にいいアイディアだ。まずは内なる旅をし、身体を正しくケアする。そして意識を、瞑想を理解して、光明がその結びとなる。

……シュリ・ゴラク曰く　これを為す者　自分が皇帝であることを知る

これをするだけで、人は自分が皇帝だと気づくようになると、ゴラクは言う。

師の中の師が内側に座っている。主の中の主が内側に座っているというのに、あなたは走り続けている。あなたはあちこち、ありとあらゆる場所を走る。この一箇所を除いた、あらゆる場所を走っている。

こんな話を聞いたことがある。最初にこの世が作られた時、神はここ、MGロードにあるマーケットの中心地に住んでいた。この世を創造したという理由で、当然ながらこの世に住んでいた。だが朝晩問わず、人々が神を困らせるようになり、神は文句を言われっぱなしだった。これはひどい、あれはひどいと、文句はどれも完全にばらばらで、望みを叶えようにも叶えられなかった。今、服の染色をやっていて、乾かさないといけないから、明日は雨を降らさないでくれと言う者もいれば、ある者は種まきをしたので乾かないよう雨を降らせてくれと言う。明日は晴れにしてくれと言う者もいれば、旅行をすることになっていて日陰がある方がいいから、明日は曇りにしてくれと言う者もいた。

きっと、神もおかしくなりはじめたに違いない。誰の願いを叶えたらいいのかわからない。一つ願いを叶えれば、他の多くの願いは叶えられない。一方を取れば他方を断ることになる。きっと神は参っていたに違いない。昼も夜も、人々は神を眠らせようとしなかった。真夜中にやって来ては、ドンドンとドアを叩き、こうしろ、ああしろと人々は言った。明日の朝は絶対に曇りにしろだの、明日は畑仕事があって暗いと働きづらいから、早く太陽を出せだのと言った。

神は他の神を、高官達を呼んで解決策を求めた。「何か解決策を教えてくれ、これでは気が狂ってしまう。どこに逃げたらいいんだ？　彼らから守ってくれ。彼らを作ったのは自分だが、その彼らに私は苦しめられている。彼らを作ったのは間違いだった」

これが、人間を作った後、それ以上神が何も作らなかった理由だ。間違いに気づき、神は賢くなった。人間を作る前は、たくさんのものを作った。植物、鳥、獣、山、川、月、星、それから人間を作った。そして人間を作ってからは、何も作らなかった。それ以来、何百万年も経つが、神はずっと座ったまま手をぴくりとも動かさず、何も作っていない。大失敗をして、気が萎えてしまったからだ。神は言った。「もう何も作らない。だが、作ってしまったものはしようがないとして、どこかに身を隠せないだろうか?」

そこで誰かが、ヒマラヤに、エベレストに隠れろと言った。

すると神はこう言った。「気づいていないかもしれないが、もうすぐ、後ちょっとしたら、ヒラリーとテンジンがエベレストを登りにくる。登頂したら最後、バスが走るようになり、ホテルができて……またマハトマ・ガンジー・ロードにいた時の二の舞だ。ヘリコプターで来るようにもなるだろう。短期間でそうなる。あそこに行っても解決にはならない」

そこで誰かが月なら……と言うと、「月もだめだ。月にはもうじきアームストロングが到着する。その次はロシア人が到着する……そうしたら、ごたごたが始まる」

すると年長の神がやって来て、耳元で何かを言うと神は喜んだ。「それはいい、いい考えだ」年長の神曰く「これならどうだ、人の内側に隠れるのだ。人間は、月や星に出かけて行っても、自分の内側には行かない。いずれは完全に忘れられるだろう」

それ以来、神は人の内側に隠れている。神はそこにいて、とても満足している。ごく稀にゴラクのような人が、そこに着くまでには文句は全部消えているから、神はそういう人に会えることを、手放しで喜ぶ。そういう人に会うと、神は大いに喜ぶ。

猫も杓子も、そこに辿り着くことがある。だが、そこに辿り着けるわけではない——みなデリーに行くのに忙しい。ゴラクやゴータマ・仏陀やヴァーダマン・マハヴィーラのような人が……だが、神はこうした人達とは喜んで座る。一緒にいることを嬉しく思う。彼らは集まって酒盛りをするに違いない。きっと、この上なく奥深い話が語られるに違いない。歌や踊りがあり、太鼓が鳴り、ヴィーナの弦を爪弾く者がいて……。

だが、神はあなたの中にいる。あなたは神だ。

……シュリ・ゴラク曰く　これを為す者　自分が皇帝であることを知る

ゆえに内側に入り、ちょっと意識的になり、この四つを成し遂げた人はその成果を得る。その人は達成する。

まずセックス　怒り　エゴを落としなさい……

この旅を始めたい人は、セックスを落とさなくてはならない。自分は他者なしにいられない、自分には他者が絶対必要だというのが、セックスの意味だ。女性なら男性が、男性なら女性が必要だ。他者の必要が、異性の必要がある。そして異性は外にいる。だから男は女を追いかけ、女は男を追いかける。

セックスから自由になることの意味、それはまず自分が誰なのか、現実に他者が必要なのかどうかを問うことだ。今はまだ、自分が誰なのかわからない――自分は他者を求めている！

自分の自己、実存と親しくなった人は、他者の必要が全くないことを知って驚く。自分の実存で充分だと――。

……セックス　怒り　エゴを落としなさい……

……そしてセックスを捨てた人、他者の必要のない人からは、怒りはひとりでに落ちる。怒りはセックスの影だ。腹を立てられるのは性的な人だけだ。それはなぜか？　性的な人と欲望の間に妨げが作り出されると、怒りが生じる。欲望のない人は、どうにも怒らせようがない。その人の前にどんな障害物を置いても、欲望がなければ影響されない。障害が障害のようにさえ見えない。

イエスは、右の頬をぶたれたら左の頬を出しなさいと、コートを取られたらシャツもあげなさいと、一マイル荷物を運ぶよう言われたら、二マイル持っていってあげなさいと言った。

欲望のない人には何の問題も生じない。すでに他者を必要としない人は、他者に振り回される可能性もない。これは理解を要する重要なことだ。他者を必要とする限り、他者に悩まされる可能性がある。だから大きなもつれが生じるのだ。夫は妻を必要とする。ゆえに、妻には夫の心を乱す可能性がある。妻は夫を必要とするから、夫には妻の心を乱す可能性がある。だからカップルも愛し合うと同時に、互いに怒りを抱えたまま、けんかや口論を続ける。なぜかと言うと、誰かに依存している時、あなたはその依存によって傷つく。それはあなたの幸せの鍵が、他者の手の内にあるからだ。あなたはもはや、自分の主ではない。

だから恋人達は喧嘩し続ける。偉いのはどっちだ、俺かお前かと。結婚した後の夫婦は、どっちが本当に偉いかを巡っての喧嘩しかしない。夫も妻も、それをはっきりとは言わない……はっきりとは言えない。これは政治的戦略だ。それを言葉で言う必要はない。妻が駒を動かし夫が駒を動かす。どちらも自分の駒を戦略を立てながら、盤の上に置いていく、偉いのはどちらだと――。実験を握るのは誰か、それを証明する理由は何でもいい。妻が何か言うと、夫は反駁することがあってもなくても、反論する。夫が何か言うと、妻は反対しなくてはならない。どの映画を見に行くかという些細なことでも、議論は起こる。

ムラ・ナスルディンとその妻がある日、大口論をした。二人は一時間、一時間半の間、激しい口論をした。その後ムラはその場を離れ、表に出た。口論が取っ組み合いになりそうになったため、ムラは家を脱け出した。心が少し落ち着くまで、ムラは冷たい空気の中をしばらく歩いた。

それは、どの映画を見に行くかという些細な事だった。ムラはこう思った。「どっちだっていいじゃないか、些細なことじゃないか。まあいい――妻のやりたいようにさせてやろう」。ムラは少し気づいた。「口論してもしようがない。この口論は高くつく。腹も減ってきたし、これじゃ飯も作ってもらえない。今晩は寝たくなっても寝かせてもらえなくなる。枕を投げたり、あの手この手で俺をいらいらさせようと……ラジオのボリュームを目一杯上げるだろう」。喧嘩はそんなに簡単ではない。そう簡単に仲直りできない。いったん生じた問題は、繰り返し起こり続ける。

ムラは考えに考え、全てを理解して慎重に予想を立て、妻がいいと言う映画を二人で見に行ったほうがいいと考えた。ムラは家に入って妻にこう言った。「機嫌を直してくれ。お前の好みに合わせる。お前の見たいものでいい。お前が見に行きたい映画を見に行こう」

ムラの妻は夫を見て言った。「でも、もう気が変わったの。いいって言われても興味がないの。もうその映画は見たくないわ」

喧嘩が目的なら、何の喧嘩であっても変わりはない。「何の」はただの言い訳だ。心理学者は恋人同士の喧嘩の根本的な理由は、恋をするとすぐ、自分の幸せが他人に依存していることを、理解するようになるためだと言う。他人は、与えたいと思う時しか与えてくれない。止めてしまえばそれまでだ。もうあなたは自分の主ではない。あなたは奴隷だ。この奴隷の状態があなたを苦しめる。その苦しみから怒りが生じ、怒りから戦いが生じる。

セックスと怒りは共存している。そしてエゴは、セックスと怒りの真ん中、間に生じる。他者に勝ったエゴは強くなり、他者に負けたエゴは見えなくなり、地表の下に潜っていく。するとエゴは、他者から勝利を得るべく別な方法を探す。
欲も怒りもない人のエゴは、ひとりでに消滅する。セックスと怒りは二つの翼だ。この二つの翼でエゴの鳥は飛ぶ。

まずセックス　怒り　エゴを落としなさい
マインドの夢と道楽の不純物を

外側から何かを得られるという考えは、捨てなさい。何かを獲得した人は今までにいないし、これからもいない。求めれば求めるほど問題は増え、もっと苦しくなる。

月と星をしきりに求め
見つけたものは　真っ暗な夜の闇だけだった
私は　恋する観客と　縁のなかった　あの愛の歌
目的地の見つからなかったあの旅人
私は春を待ち焦がれ　月と星をしきりに求め
受け取ったものは傷だけだった

巻き毛も愛情も親しい関係も　私を慰めはしない
消えかかる星との出会いすらなかった
目は素晴らしい光景に憧れ
私は月と星をしきりに求めた

ハートの中に見つけたものは　満たされない希望だけ
光に向けて出かけたが　見つけたものは暗闇だけ
降り注ぐ光と色に憧れ　月と星をしきりに求め
見つけたものは　真っ暗な夜の闇だけだった

それ以外のものを受け取った人はいない――受け取ったものは夜の闇だけだ。月や星を求めるのはあなたの自由だが、あなたの要望に応えて起こることは何もない。人は求めることで乞食となる。結果、自分の目で見た自分の価値を失う。あなたは神を敬うことから遠く離れてしまう。師になりなさい。師に会いたいなら、自分の師になりなさい。師に出会えるのは師だけだ。出会えるのは同様の質だけだ。乞食として存在している人は、神には出会えない。師として存在しない限り、出会えない。神のようになる過程でのみ、神に出会えるようになる。

師になるとはどういうことか？　それは求めるものが残っていないことだ。富やセックス、地位の要求が残っていないということだ。「あなたがお作りになった通りの、自分を受け入れます。ありのままの自分を受け入れます。自分を完全に受け入れます」と言える状態だ。

こうした状態のあなたの中に、皇帝が生まれる。そうすれば、たとえ乞食でもあなたは皇帝だ。今のあなたはたとえ皇帝であっても、名ばかりの皇帝だ。内側ではただの乞食だ。

……マインドの夢と道楽の不純物を
……そうしたものは白鳥を捕らえて殺す

そうしたものがこぞってあなたを襲い、魂を捕らえて殺した。
渇望や強欲が、あなたの中の白鳥を絞め殺した。

世俗的な渇望を放棄し　強欲を捨てなさい
そうしたものは白鳥を捕らえて殺す

この渇望を捨てなさい。この強欲を捨てなさい。あなたは、こうしたものに殺されている。そうしたものの毒で、あなたは殺されかけている。

二元性を捨て　非二元的でい続けなさい

二元性の言葉を捨てなさい。「自分」と「他人」という言葉を落としなさい。非二元的になりなさい。「他人」が消え、「他人」を求める欲が消えれば「自分」もなくなる。すると静寂だけが残る——嵐の後の静寂、もしくは嵐の前の静寂でもある。それは、理解すれば嵐の中心でもある。覚醒した人なら、市場の中にも静寂がある。内側にはいつも静寂があるからだ。そこには永遠の安らぎがある。内側でひと浴びすることを学んだ人は、外側の騒ぎに静寂を台無しにされたりしない。どんな外的障害も、この体験を妨げるものにはならない。

二元性を捨て　非二元的でい続けなさい
他人を抱擁するのをやめ　無限のままでいなさい……

この、他人への執着を捨てなさい。この執着はあなたを縛る。あなたの生は、他者のせいで監獄と化している。他者の必要性によって、生は縛られている。他者という壁に囲まれ、捕らわれている。

……他人を抱擁するのをやめ　無限のままでいなさい……

解放されたい人、自由になりたい人、空の広大さと自由が欲しい人は、非二元的でいることを学ばなくてはならない。

自然さがそのテクニック　するとアーサナが起こり……

自然さ "nauralness" を学びなさい。自然さがそのテクニックだ！　これが本物のテクニックだ。自然さの実践とは何か？　ありのままの自分以外の、何かになりたいと思わないことだ。違うものになりたい、何かになりたいという欲望から、人は不自然になる。何かになりたいと考えると、なりたいものの理想が作り出される。

たとえばあなたが仏陀になりたいとして、どうするつもりだろうか。仏陀になりたい人は、仏陀の真似を始める。すると自分が誰であるかを忘れ、仏陀のように振舞い始める。マハヴィーラになりたい人は、マハヴィーラのように裸で立つ。それはあなたの個性ではない。何かになりたいと思うと何らかの理想があって、それがあなたの生に入ってくると、あなたは偽物になる。

理想と一緒に偽善も生じる。理想があるというのはつまり、遠くにある星を、高々と輝く、将来なりたいと思うイメージを抱いているということだ——たとえばマハヴィーラやクリシュナ、仏陀のような人だ。仏陀が二度と生まれていないことを、知らないのだろうか？　仏陀のようになれる人は他にはいないし、またそうなる必要は一切ない。また、これまで第二のマハヴィーラもいない。あなたは自分になるためだけに生まれたのであり、自分以外の人になる為に生まれたのではない。仏陀が仏陀にしかなれなかったのは、クリシュナやラーマになろうとしなかったからだ。仏陀が仏陀になれたのは、自分の自然さに飛び込んだからだ。

あなただって、あなたにしかなれない。あなたは唯一無二の存在だ。あなたのような人は、これまでにいなかったし、これからもいない。存在に繰り返しはない。壊れたレコードのように、同じ曲を何度も……何度も繰り返したりはしない。存在は永遠に新しく、淀みなくダイナミックだ。存在は、腐って汚れ、よどんだ水たまりではない。存在は流れであり、ガンジスだ。存在は流れている。

理想は不自然さを生む。人間は理想のせいで、偽善者になり不自然で複雑になった。人々は互いに教え合っている。両親は子供に「こういう風になりなさい——仏陀のようにならなくてはだめだ。アレクサンダーのように、あれこれになりなさい」と教えている。

どの両親も、子供にこうは言わない。「なるべき人は自分だ。仏陀やマハヴィーラになるのは避けなさい。仏陀やマハヴィーラは過去だ。彼らは素晴らしい偉大な人達だった。しかし、彼らから学ぶべき事はただ一つ、彼らが自分の個性を生きたことだ。お前が生きるべきものは、自分の個性だ。どんな行ないも真似ないように、人の真似をしないように」

他人の行ないの真似や模倣は、人を偽物にする。二元性が生まれるためだ。何かでありながら、それ以外の振りをすると人は分裂する。あなたはあるものでありながら、それとは別な事をする。あるものでありながら他の事を言う。見かけと内なる存在の言うことが違う。あなたの外側と内側の色には、違いがある。あなたの内面は分裂している。分裂は不自然だ。

このことを少し考えてみなさい。これはとても重要だ。ただ、あるがままの自分を生きなさい。悪いなら悪いように、良いなら良いようにだ。自分が誰かを、全世界に知らせなさい。自分をむき出しにして、こう言いなさい。「これが自分の在り方だ。これが自分の運命だ。神は自分をこのように作った。これは神が選んだことだ。世間が受け入れればそれも良し、受け入れないのも良しだ」と。

世間に受け入れられたいと思う時、この問題は始まる。すると人は、世間が望むようにならねばならない。世間からの尊敬を望むと問題が生じる。世間は、世間の条件に応じた尊敬しかしないからだ。世間の条件を満たした人は尊敬されるが、条件を満たさない人は尊敬されない。

自分以外になることを望む人は、怯えるようになる。怯える人は弱い人だ。怯えている人は、魂を失っている。何かになりたいと望んではならない――そのままで充分だ。あなたは、神の目にかなっている。でなければ、ここにはいない。神はあなたを受け入れている。

一つ、ジュナイドの生にあった話をしよう――ジュナイドはスーフィーのファキールだ。彼は偉大なファキールだった。ジュナイドが初めて来て、泊まった村での事だ。ジュナイドの隣の家にはもめごとを起こす悪人がいた。ジュナイドは三日、四日我慢の限界まで、この男を見ていた。

ある晩、夕暮れ時、ジュナイドは礼拝用の敷物に頭を付けて祈っていた。ジュナイドは、祈りの後でこう言った。「神よ、この男を天に召してください。いったい、このような男に何の用があるというんです？　この私の隣人は、迷惑以外の何ものでもありません。人間達を苦しめ困らせています。彼は悪人です」

ジュナイドは、神から祈りの答えをもらったことがなかった。しかし、その日は答えが来た。

神はこう言った。「ジュナイド、お前はここに来て四日だが、私は六十年、この男と一緒にいる。あの男はずっと私の隣人だ――すべての人が私の隣人だ。私は六十年、あの男に耐えてきた。なのにお前は四日も耐えられないのか？　私が六十年、この男を大目に見てきたのは、この男に何かがあるに違いない、何か秘密があるに違いないということだ。せめてこの頼みごとをする前に、神が受け入れたこの人に、どんな文句が言えるのかを、考えてみなさい」

これは美しい話だ。ジュナイドはその日から、誰のことも変えてくれとは祈らなくなった。

「神が望んだままにしておこう。あの男はあの男でいいんだ。自分が偉そうに言えることではない」

イエスのところに、ある女を連れてきた人々がいた。

彼らはこう言った。「この女は姦淫を犯しました。昔の経典には、石で打ち殺すよう書いてあります。主はどう思われますか？」

イエスは川のほとりに座っていた。イエスはきっと、深く考えたに違いない。「石で打ち殺すように言ったら暴力だ。これでは愛の原理に反する。だがやめろと言えば、女を許せば彼らは怒ってこう言うだろう、私の言うことは、古来からの自分達の宗教に反すると。それは古来からの経典の否定だ」と。

これが、本当は彼らのしたかったことだ。女を許すと言ったら、彼らはイエスに石を投げつけようとしてやって来た。イエスは聖典に反することを言っている、と。「石を投げるように言ったら、この女を殺してイエスに言ってやる。愛はどうした、慈悲はどうした、慈悲はどこに行った、愛はどこに行った？　お前の言っていることは、みんなでまかせだ」

だが、イエスが何と答えるか、彼らはわからなかった。イエスはこう言った。

「昔の聖典が言うことは正しい、きっと正しい。石を取ってこの女を殺すがいい。だが、石を投げてもいいのは、一度も姦淫を犯したことのない者、一度も姦淫を考えたことのない者だけだ」

村人達の前に、五人の村のリーダーが立っていた。おそらく皆、村長や市の委員会のメンバーだったのだろうが、皆そそくさと人ごみの中に引き下がって行った。揉め事はごめんだと。村人達はお互いにあらゆることを知っていた、皆のした悪事を知っていた。まだ姦淫をしたことがなくても、明らかに皆、考えたことはある。姦淫を考えたことのない者——女の色香に迷ったことのない者、魅力を感じなかった者を見つけるのは難しい。皆、静かに後ろに下がって行った。徐々に、手に石を持って来た人々は、立っていたその場で石を落とした。徐々に人はいなくなった。

夕暮れとなり日没となった。日が沈むにつれ辺りは暗くなり、人々はそこから立ち去った。女は一人取り残され、イエスの足に頭を付けてこう言った。

「私を罰したいように罰してください。私は姦淫を犯しました。私は罪人で罰を受けます。あなたの慈悲で私の胸は一杯です。何なりと罰したいように……」

イエスは言った。「自分は罪を与えられるような者ではないし、汝と神の間に立てるような者ではない。何をするかはお前次第、神次第だ。このことに関する裁きは一切しない。悪いことをしたと思っているなら、もう二度としないようにしなさい。それが自分に良いと思うなら続けなさい。決断するのは神だ。

最終的な決断はあなたと神の間に下る。仲介人はいない。さあ、行きなさい」

イエスが何と言っているか、よく考えてごらん。イエスの有名な言葉は「悪を咎めるなかれ」だ。悪であってもだ！　それはなぜか？　神が、それが起こることを良しとしているのなら、何らかの理由があるはずだ。自分の内側で目を覚まし、生きなさい。だがその生の基盤は、自分の内側から出てこなくてはならない。

……自然さがそのテクニック　するとアーサナが起こり……

自然なものとなった生には、静けさがある。アーサナ、正しい姿勢が起こっている。これが本物のヨガのポーズ、真のアーサナだ。足を組んでシッダアーサナの姿勢で座ることが、本当のヨガのポーズではない。それなら誰にでもできる。それはただのエクササイズ、体操だ。体操はいいことだ。体操をしても結構だ。身体は健康になる。だが、こうした方法では魂は見つからない。あなたが自分の自然さに、自分の個性に根付いた時、魂の体験が始まる。

……身体とマインドと呼吸は定まる

するとひとりでに、身体とマインドと呼吸は、穏やかになって安定してくる。自然に生きなさい。

嘘を言うと、呼吸が波打つのに気づいたことはないかね？　観察してごらん。嘘を言うと、呼吸はその度に震える。その自然さやリズムやハーモニーは壊れる。真実を言う時は、呼吸のハーモニーは崩れない。

これに基づいて西洋の科学者達は、嘘発見器と呼ばれる機械を作った。この証拠は、裁判所で採用されている。心電図に似たそのグラフは、裁判官の前に提出される。容疑者はテストで、時計は今、何時を示しているかといった質問を受ける。容疑者が九時十五分と答える。嘘を言ってもしようがない。壁には時計がかかっている。グラフがむらなく動き続ける。次に「ここには何人いるか」と聞かれ、容疑者は数を数え、十五人と答える。嘘をついてもしようがないし、嘘のつき様もない。グラフはむらなく動き続ける。こうした嘘のつきようのない質問が二、三あり、その後、盗みをしたかという質問をする。ハートはしたと言いたい。盗みをしたのであれば、ハートではそれがわかっている。だからハートはしたと言うが、容疑者はこのYESを抑圧し、頭《ヘッド》から「していない！」と言う。その間、息は乱れ、グラフは乱れている。容疑者の嘘はばれる。

誰も、息を揺らさずに嘘は言えない。だから正直に生きている人、自然に生きている人の息は、さらに安定していく。驚くことには、瞑想ではこうした自然さが生じる瞬間、息は完全に止まる。完全にだ！

瞑想している人の前に鏡を近づけても、鏡に蒸気の跡が付かない。鏡に息の跡が付かない。普通は鼻の近くに鏡を持っていくと、吐く息の蒸気が鏡に付く。こうした理由から、時々瞑想中、もしかしたら自分は死ぬんじゃないかと恐怖に駆られる人がいるが、恐がる必要はない。死ぬことはない。あなたは初めて、生に触れている、究極の生に触れている。全部が止まり、呼吸さえも止まる。あらゆる動きが止まる、非常に深い平安がある。

サンヤマを呼び覚ませ　必要な食べ物だけを摂り……

サンヤマとは真ん中にいること、どちらの極端にも行かないことを意味する。多すぎる食事でも、少な過ぎる食事でもない。多すぎる睡眠でも、少な過ぎる睡眠でもない。真ん中で生きることだ。

サンヤマを呼び覚ませ……

サンヤマに落ち着いた、中心に至ったマインドがある人は、すべてが変容されている。

……必要な食べ物だけを摂り……

そして意識して選んだアーハールを、食事をとりなさい。ごみを食べないように。

アーハールは広い意味を持つ言葉だ。それは、単に食べ物を意味するだけではない。アーハールはあなたが取り入れるもの、すべてを意味する。たとえば誰かがやって来て、噂話をはじめる。中心にあることを達成した人はこう言う。「そういうアーハールを吹き込まないでくれ。そういう無駄なゴシップを耳に入れないでくれ。いったい何の役に立つんだ？　ゴシップに興味はない」。これは耳の食べ物だ。注意して食べ物を選ぶ人は、ナンセンスなものも読まなくなる。無用なものを読まなくなる。なぜかというと、そういうものも食べ物だからだ。注意して食べ物を選ぶ人は、無駄なものにも目を向けなくなる。テレビの前に座って、喧嘩や暴力ものを見なくなる。映画に行って、よくある話を何度も何度も見なくなる――同じ恋愛ものや三角関係ものを、同じものを何度も何度も見に行かなくなる。注意して食べ物を選ぶ人は、こうしたゴミを内側に取り入れない――なぜなら人は絶えず、自分が内側に取り入れたあらゆるものから、形成されているからだ。食べ物だけがアーハールではない。あなたが取り込むあらゆるものがアーハールだ。

眠りを　生の死を捨てよ

こういう個人は無意識を解き放つ。「眠りを捨てなさい」を「決して眠らない人」と取り違えないように。眠りを捨てた人は、眠っても覚醒を持って眠る。これは重視すべき事柄だ。そういう人は起きる時でも覚醒がある。あなたは起きている時でさえ、眠っている。あなたが道の上を歩く時は、マインドの中で無数の思考が動き、それに巻き込まれている。道も見えていなければ、人も見えていない。あなたはただ歩き続ける。不意に誰かが「今、道端にあった木の脇を通ったけど、花は咲いていたか」と言ったら、あなたは花など見なかったと言うだろう。その前を毎日通っていてもだ。そのようにあなたは、毎日仕事に行き、そのように毎日家に帰る。「花が咲いているのを見なかったなんて！」。あなたには見えるはずがない。あなたは、自分の思考に包まれて歩いている。

人は考え事にふけりながら歩いている。人は歩きながら眠っている。これが眠りだ。考え事をせずに存在するようになると、覚醒が生じる。すると人は、この世界が途方もなく美しいことに気づき、驚く。思考のゴミが払いのけられると、世界がはっきり映る。内側で思考の波が止まると、湖は波立たなくなる。波のない湖に満月が降りると、世界は独特の色彩で埋め尽くされる。だが、このマインドのゴミがある限り、世界は古く退屈なものにしか見えない。すべてのものが、全く同じであるかのように見える。

ここに全く同じものは何もない。毎日はひとりでに新しくなる。あなたがさよならを言った昨日の太陽は、あなたがさよならを言う今日の太陽と同じではない。今日の夕べは新たな色で染められる。今日は新しい雲が空に現れ、新しい色を帯びる。今日の沈む太陽の輝きは、違うものになる。今日の日の出も何かが違っていた。あらゆるものが一瞬一瞬変化している。これが生の意味だ。でなければ、あらゆるものは死んでしまっている。存在は死んでいない。存在は生きた流れだ。

だがあなたは眠り込んでいて、何にも気づかない。あなたは動き続ける、どういうわけか動き続ける。今のあなたの覚醒は、それも眠りだが、眠っていても覚醒の瞬間が訪れる可能性はある。身体は眠っていても、内側では小さな覚醒の明かりが燃え続けている。たまにそれは、通常の日常生活においても起こる。たとえば、母親が生まれたばかりの赤ん坊と寝ている。外は雨が降っていて、ゴロゴロと大きな音が鳴り、雷が落ちても母親には全く聞こえない。だがちょっとでも子供がぐずると、それは聞こえる。それはなぜか？ 雷が鳴り、空に稲妻が光っても、母親にはそれすらわからない。母親はぐうぐういびきをかいて、ぐっすり眠っている。赤ん坊がかすかに泣き声を上げると、その瞬間母親は目を覚ます。内側で誰かが目を覚ましている。わずかに目覚めている部分があって、子供が何か問題があった時に示すサインを見ている。母性は目覚めている。

ここでみんなが眠っていたとする。そこに誰かが来て大声で「ラーマ」と言っても、それはラーマという名前の人以外には聞こえない。「おい、なぜ邪魔をするんだ？ 寝かせてくれよ」とラーマという名の人は言う。ラーマ以外の人には聞こえない。「ラーマ」と耳に聞こえたのは皆、知っている。眠っていても「これは自分の名前じゃない。これは別な人を呼んでるんだ」とわかる。朝、誰かにそのことを聞かれても、誰もラーマと言う声を聞いたとは言えないだろう。あなたは、自分は何も知らないと言うかもしれない。だが、ラーマという名前は聞こえていたのだ。

こんな話を聞いたことがある……ある村で、けちな男が死んだ。だが男の妻は遺体の真横に座っても泣かなかった。人が集まった。人々は、男の妻がショックで狂ってしまったのではないかと思った。ちょうどその時、乞食がやって来て人々の前に立ち、男の遺体の前でブリキの箱を大きく、カン、カン、カンと鳴らした。乞食が箱を叩き始めるなり、女は泣き出した。不思議に思った近所の人達はこう言った。「どうしたんだい?」

女はこう言った。「今はっきり、夫が死んだとわかりました。乞食を見ても、起き上がって家の中に入って来なかったら、夫は死んでいます――夫は確かに死んでいます。さっきまでは疑っていました、気絶しただけなのかもしれないと。でも、もう間違いありません。どんなに無意識でも、夫は乞食を見たら家に入って来ます。魂は身体を離れました、これはもう間違いありません」

普通の暮らしの中で、めったにないある瞬間に、内側で意識を保っている何かに、気づいたことがあるかもしれない。たとえば試験中の学生が、夜でも少し目が覚めていて、時間を見ようと何度か目を開けることがある。朝はまだか、と。学生は試験で頭がいっぱいになっている。一つの考えが内側で目を覚ましている。こうした例はこの覚醒の小体験だ。

ヨギの中では、絶えず覚醒の明かりが灯っている。だからクリシュナは「全世界が眠っている時、サンヤミ、中心の座った人は目覚めている」と言ったのだ。皆にとっての眠り、深い眠りも、サンヤミにとってはそれも覚醒だ。それは、クリシュナが眠らなかったという意味ではない。クリシュナが夜通し起きていたという意味ではない――もしそうだったら、クリシュナは狂っている。クリシュナは聞いている者がいてもいなくても一晩中、笛を吹いたという意味ではない――そんなことをしていたら、クリシュナは狂ってしまうし、近所の人も狂ってしまう。サンヤミは眠る、だが眠るのは身体だけだ。意識は目覚めたままだ。

眠りを　生の死を捨てよ……

この無意識はあなたから究極の生を奪った。これが本当の死だ。
眠りを手放した人は、究極の生を体験する。

タントラ　マントラ　ヤントラを……落としなさい

ゴラクはヨギに、弟子に、サニヤシン達に語っている、こうしたタントラやマントラやヤントラの面倒に、一切巻き込まれないようにしなさいと。魔よけを結んだり、マントラを人に与えたり、根や薬草を薦めたり、魔法の薬を調合したりといったことに――。

タントラ　マントラ　ヤントラを
古代の医薬　魔よけや石を落としなさい

こうした偽りをすべて捨てなさい。こうしたものに、一切はまらないようにしなさい。この国のサドゥー達は、こうしたことに延々うつつを抜かしてきた。サドゥー達はありとあらゆることをする。病人に薬を与え、奇跡を行なう――どこからともなく手の中に聖なる灰が出てきて、それを人に分け与える。お守りやら腕時計が出てくる。こうしたものは全部まやかし、ただの奇術だ。全部手品だ。
大道芸人がこうしたことをしても、誰も足元にひれ伏さない。声を上げて「サイババ様、ああ、やっと見つかった。探していたんです」とは誰も言わない。あなたはそれをマジックと知っている。マジックと知っていれば、これは何かのトリックだとわかる。だが誰かが、サドゥーが着る黄土色のローブを着てこうしたことをはじめると、人は足元にひれ伏す。それはマジックと全く同じだ。変わりはなく違いはない。

タントラ　マントラ　ヤントラを
古代の医薬　魔よけや石を落としなさい
こうした手段を用いても　それは人を
王の扉　政治にしか導かない

この手のビジネスに手を染める人は、聖なる灰の入った袋を売るナンセンスに関わる人は、いつか政治に巻き込まれる。そういう人は王宮の扉に行き着く。
政治とはつまり、地位や名声、権力欲のことだ。この手の商売に手を染める人は、権力を強く欲するようになる。でなければそんなことは無用だ。こうした欲望はすべて、人に重要だと、立派だと思われたいがためのものだ。探求者は単純でなくては、自然でなくてはならない——無、空であることだ。何も主張すべきではない。敬虔な探求者が、奇跡の真似事をするなどあり得ない。偽りの奇跡を行なうのは敬虔でない人だけだ。こういう奇跡の裏には、崇拝されたいと願うエゴがある。

魔法やまじないを使うのを　一切やめなさい

マインドの動きを静める魔術、恋を叶える呪文、催眠術のトリック、人を混乱させ方向感覚を失わせるトリックを用いたもの、こうした黒魔術を一切やめなさい。

「……まじないを使うのを一切やめなさい」

幽霊や悪魔とじゃれつき、誰かを混乱させようとして、黒魔術を使うのをやめなさい。こういう役に立たないナンセンスを一切止めなさい。

ヨギよ聞け　ヨガの道の始まりを

ゴラクは言う、ヨギよ聞け！　私が本物のヨギの道を教えよう。

……ヨガの道の始まりを

ヨガの道における真の始まりを――その扉を開こう。

その他の状態からは一切離れ……

他のものは一切捨て、神だけを覚えていなさい。

毎朝起きて　あなただけを求める　あなたを請い求める
あなた以外に生の意味はない

神以外のものは全部捨てなさい。神以外のものは、時間とエネルギーの無駄でしかない。そしてこのエネルギーを、完全に祈りと合わせて一つにしなさい。神を求め、他のものを求めないようにしなさい。

毎朝起きて　あなただけを求める　あなたを請い求める
あなた以外に生の意味はない

あなたは、神以外に望むものはないと思うだろう。それはあなたがその願いの中に、消えてしまうほどの願いでなくてはならない。

神を探し求め　ミアは言う　私は消えた
さあ　この探求を見なさい！

この自己の探求に目を向けなさい、とミアは言う。自分は危険を承知で神を探しに出掛け、代わりに自分を失った、と。

神を探し求め　ミアは言う　私は消えた
さあ　この探求を見なさい！

この自己の探求に目を向けなさい。自分は危険を承知でこの探求に出掛け、そして消えた。

探し探して　友よ　カビールは消えた……

神だけを残して、自分を失わないかぎり、神は見つからない。

散々探せど　神は見つからなかった
もし神が見つかれば　その時自分はいない

私は散々探していたが、神には出会わなかった。自分が消えるまで、神には会えないからだ。出会って振り返ると、自分は跡形も残っていなかった。

散々探せど　神は見つからなかった
もし神が見つかれば　その時自分はいない

一つの欲望しか残らなくなるくらい、一つの切望しか残らなくなるくらい、深く溺れなさい。その切望に、他の切望を明け渡しなさい。旅先が無数にある人は、どこにも辿り着かない。

一を極めれば　すべてを制する
すべてを試みれば　すべてを失う

その他の状態からは一切離れ
すべてを尽くし神を覚えていなさい

ありとあらゆる芝居を止め
情欲　怒り　エゴを燃やせ

演技や取り繕いを全部落としなさい。そうしたものは、欲望や怒りの新たな形に過ぎない。新たな策略に過ぎない。そうしたものに気をつけなさい。

強欲に満ちた目で　ふらふらと巡礼に出てはならない

目が欲望でまみれているのに、あなたは崇高な巡礼の旅をしている。こういう巡礼は何にもならない。

大きく束になったもつれた髪　その荷を担ぐ必要はない

もつれた髪をどんなに伸ばしても、どんなにその房が大きくても、心は軽くならないし重荷はなくならない。

木を植え　庭を造る徳は一切いらない……

世間の言う徳をどんなに積み続けても——あなたは旅行者の日よけに、気分転換になるようにと、道端に木を植えたかもしれない。あるいは庭を造ったかもしれない……。

井戸や貯水池を掘りながら　死んではならない

……あるいは、人が水を飲めるようにと井戸を掘った。だがゴラクは警告する。「井戸や貯水池を掘りながら死んではならない」と。あなたはこうした同じ井戸に落ちて死ぬ。この手の徳からは、全く何も起こらない。瞑想がなければ、どんな徳にも価値はない。それは単にエゴが拡大したものだからだ。

僧侶達もエゴにしがみつく。「この寺院ができるまで自分は中断しない」とか「この井戸ができるまで自分は中断しない」と彼らは言う。サドゥー達は固く決心をして座る。そして寺院ができるまで、井戸ができるまで座り続ける。最後はこの僧侶のプレッシャーが重荷になり、人々は何かを寄付し、井戸ができる。あるいは「わかったよ。さあ寺院を建てろ」と言う。だが、これはエゴの拡大に過ぎない。

「徳を積まなくては」――これはエゴを満たすものでしかない。これとは別な、行為ではない徳が、瞑想から生まれる徳がある。あなたが瞑想の中に消える時、神の中に消える時、存在があなたを通じて行ないたいと望んだ。どんなことをしても、あなたは行為者ではない。存在が人に井戸を掘るよう望めば、井戸を掘るのもよし。存在が木を植えるよう望むなら、それもよし。学校を運営するよう望むなら、そうするのもよし。病院を開きたいと望むなら、それもよしだ。だがあなたは行為者ではない、今のあなたはただの媒体だ。

まずは瞑想だ。これを誤解して、ゴラクは良い行ないに、悪いところがあると言うのだと考えないように。ゴラクは、エゴがある限りエゴは助長され、強化され大きくなると言う。まずはエゴを手放すこと。そうすれば良い行ないはひとりでに起こる。すると素晴らしい香りが、途方もない美が、素敵な音楽がある。

ラヒームよ　ハートがあなたと共にあれば
身体はどこにも行きようがない
その影は水に映っても　身体は濡れない

一度ハートをつかんだら、過度に身体を気にしなくていい。一度意識をつかんだら、身体の心配はなくなる。

その影は水に映っても……

たとえば、湖のそばを歩いていて湖面に影が映っても、それが身体を濡らすことはない。

その影は水に映っても　身体は濡れない

同じように、マインドがもう主でなくなったら、マインドが瞑想的になったら、何をしようとどんな風に生きようと、どこに行こうと悪いことは全く起こらない。そういう人からは、神を敬うことしか起こらない。悪い事は全く起こりえない。

呼吸は弱まり　肉体は衰える
王よ　座りながらも中心を定めよ

この肉体は崩れ、もうすぐ息は弱まる。「呼吸は弱まり……」。呼吸は弱まり「……肉体は衰える」。この肉体はまもなく老い、死が迫る。そうなる前に、

王よ　座りながらも中心を定めよ

王よ！　皇帝よ！　注意しなさい。こうなる前に気を付けなさい。こうなってからでは後悔する。死が来たら、手に残るものは後悔以外に何もない。それは持って行けないものに、人生を無駄にしてしまったからだ。あなたは瞑想を育くまなかった。死はあらゆるものを持ち去っていく。どんな絢爛豪華さも置き去りにされてしまう。一緒に死に入っていけるのは瞑想だけだ。

瞑想は最高の財産だ。サマーディーを、瞑想の究極の状態を体験した者からは、死は何も持っていけない。サマーディーは武器で突き刺すことも、火で燃やすこともできない。

呼吸は弱まり　肉体は衰える
王よ　座りながらも中心を定めよ

さあ王様、気を付けなさい。あなたは王様だ！　気を付ければ、今すぐ王国は見つかる。今、一瞬の内にそれは起こり得る。

……巡礼や誓いにこだわり……

無駄な巡礼や誓いに、巻き込まれてはならない。時間を無駄にしてはならない。

……山登りに生を無駄にしてはならない……

ギルナールに行ったり、シクラジに行ったり、ヒマラヤに登ったり、山登りをして無用に自分を苦しめてはならない。カイラス、バドリナート、ケダール——なぜ自分を拷問にかける？「山登りに生を無駄にしてはならない……」。いたずらに自分を苦しめてはならない。

数珠を爪繰り経を唱える　こうした礼拝や儀式を全部落としなさい……

すでにどれだけの礼拝や儀式をしてきた？　どれだけ礼拝を、どれだけ経を唱えてきた？　そうしたことを散々してきて、何があっただろうか。

数珠を爪繰り経を唱える　こうした礼拝や儀式を全部落としなさい
うわべだけのヨガはもう充分だ

あなたは充分にヨガをしてきた。逆立ちをする者、身体をゆがめたりねじ曲げたりする者……そんなことをして何の得がある？　自分を痛めつけてはならない。ヨガの真似事はもう充分だ。無駄に自分を苦しめてはならない。

こうした商売や知識の売買を　一切やめなさい……

こうしたことはすべて商売だ。こういう商売に気を付けなさい。

……学ぶこと　思案すること　世間のしきたりを

これは非常に革命的なスートラだ。あなたはたくさん勉強をしてきた。勉強、勉強であなたはオウムになった。勉強ばかりであなたは学者になってしまった。

……学ぶこと　思案すること　世間のしきたりを

そして善行で自分の外面に色を塗り、あなたは徳の高い人となり、社会のしきたりにとても詳しくなった。あなたはマナーの専門家だ。高い教養が身に付いている。だがこうした事からは何も生まれない。こういうものは、すべて置き去りにされる。こうした研究や著作物、うわべに塗った長所、自分を覆っている社会的慣習は、全部置き去りにされる。死んでも意識は変わらない。なぜならあなたは、全く意識に注意を払ったことがないからだ。

弟子集めをやめなさい……

あなたは目覚めてもいないのに、もう弟子を寄せ集めている！　まずは自分を目覚めさせなさい。それから、もし誰かが来たら分かち合いなさい――だがそれには、まずあなたに分かち合うものがなくてはならない！　まずは自分の明かりに火を灯しなさい、そうすれば、まだ点いていない他の明かりに火を灯すことができる。

私のところへ「人々の手助けをしたい」と言ってくる人達がいる。

そういう人に私はこう言う。「何の手助けもしなければ、それこそが親切というものだ。それが最高の親切だが、あなたはまだ、自分の役にも立っていないじゃないか」

彼らはこう言う。「ですが、人を助けないことには、得るものがないと聞いたものですから」

彼らの目は利益に向いている。これが、彼らが奉仕をしたがる理由だ。彼らの目的は人の役に立つことではない……だが、奉仕をすることで天国に行けると彼らは聞いた。現実はその全く逆だ。良い行ないは、天国を達成した結果として生じる。天国の訪れのあった人の生は、人の役に立つようになる。達成に至った人の行為は、すべて人に役立つものだ。それは全く逆だ。

彼らは人に奉仕がしたいと言ってやって来る。私はこう言う。いったいどれだけのおせっかい焼きが、人のために奉仕をしているか見てごらん。それでも人々は死んでしまう。慈善家ぶった人が増えれば増えるほど、そうした人に巻き込まれる人は増える。慈善の名の下に、腕を引っ張っている人もいれば、足を引っ張っている人も、首根っこを押さえる人もいる。そして彼らは皆、人を助けているだけだと言う。しかし誰も、そういう人々の腕や足が折れていることに、喉を詰まらせていることに注意を向けない。そしておせっかい焼き達は「どんな犠牲を払っても奉仕をしなければ」と言う。

あるキリスト教の神父は、学校で少年達にこう説明した。「一週間に最低一つは良い事をして、奉仕をしなければなりません。一週間与えるから、良い事をして報告するように」

次の週、神父は少年達に尋ねた。「さあ、良い事をしましたか？」

三人の少年達が手を上げ、一人がこう言った。「はい、しました」

神父はとても喜んだ。「どんな良い事をしましたか？」

その少年はこう言った、「神父様が、おじいちゃんやおばあちゃんが道を横断していたら、手を貸してあげるようにと言ったので、道を横断しているおばあさんを助けてあげました」

神父は喜んで言った。「よろしい！　このように学び続ければ、天国に行けるぞ」

神父は別の少年に言った。「さて、君はどんな良い行ないをしたのかな？」

少年は言った。「僕も、道を渡っているおばあさんを助けました」

神父は少々変だなと思い始めたが、「年を取った人はいくらでもいるし、きっとこの少年もそういう人に出会ったんだろう」と考えた。

神父は三人目の少年に言った。「じゃあ君は何をしたんだい？」

「僕も、道を渡っているおばあさんを助けました」

神父は少年達に尋ねた。「三人とも、出会ったのは別々のおばあさんかい？」

少年達は言った。「三人じゃなくて一人だけです。三人がかりで横断するのを手伝ったんです」

神父は言った。「横断の手助けをするのに、三人必要だったたっていうのかい？」

少年達は言った。「三人でも大変でした。きっと六人いても大変でしたよ。おばあさんは渡りたくなかったんで、渡らせるのがものすごく大変だったんです。みんなハァハァ言って、おばあさんにぶたれながら、でもめげずにやり抜いたから、良い事ができました。神父様は、道を横断するおばあさんを助けなかったら、何も得られないぞと言ったけど、そのおばあさん、強いの何の！　年寄りだと思ったのは間違いで、それどころかめちゃくちゃ強くて、ワーワーわめかれて叩かれたけど、でも渡らせました。反対側に渡らせるまでは、あきらめませんでした。渡り切らせてから逃げました」

これが奉仕だ！　あなたにはまだ、その利益がない。あなたの魂はまだ見つかっていない。奉仕の名目で何をしようとも、それは誤ったことになってしまう。あなたの状況は、医学を勉強しないうちから、患者を治療しているようなものだ——そうしたら患者が死ぬのは必至だ。あなたが治療をしなければ、患者は助かったかもしれない。病人の全員は死ななくても、医療経験のない医者が患者の看護をしに行けば、処方箋や薬をホイホイ与えたら、病人を殺すことになってしまう。病気は克服できるかもしれないが、医者から生き延びるのは難しい。

この世は慈善家ぶった人々に、散々苦しい思いをさせられてきた。彼らはたくさん、問題を起こしてきた。覚えておきなさい。まずは実質的現象が自分に起こらなければ、話にならない。

弟子集めをやめなさい
肩書きを墓地のように　討論を毒のように避けなさい

肩書きや地位の奪い合いに、巻き込まれてはならない。この世にはたくさんの学位がある——文学修士や学士号、理学士号、法学士、医学博士、哲学博士、文学博士を持った人がいる。こうしたものは全部、この世の肩書きだ。だが、サニヤシンの世界にも肩書きはある。マハント、高僧や、マンダラチャリヤ、地域の最高責任者、シャンカラチャリヤなど、あれこれ肩書きを持った人がいる。百五回、シュリの敬称を書く者もいれば、百八回シュリを書く者もいる。カルパトリ・マハラジにかなうものは誰もいない。カルパトリはアナント・シュリを書く。それは無限の、終わりのないシュリという意味だ。誰もカルパトリは超えられない。カルパトリは「私の方が一つ多いぞ。どんな数字を言ったって、私の方がそれよりも一つ上だ」と言う小さな子供のようだ。誰だろうとこう言った者の勝ちだ。誰がどんな数を言おうと、必ずカルパトリの方が一つ上だ。なんせ彼は無限のシュリだ！　肩書きとは……。
あなたは神だ。それ以外の肩書きはいらない。どんな肩書きも神には及ばない。神にどんな肩書きを足す必要がある？　悟りを得たものは、あなたは神だと断言した。あなたを祝福された人だと言った。あなたが究極だ、あなたを上回るものは何もない。それでも神と書いて、その後に文学修士、法学士、哲学博士だ、などと書くかね？　それではまるで馬鹿だ。全存在は祝福で満ちている。
だから、ゴラクは言うのだ。

肩書きを墓地のように……避けなさい

肩書きは墓場だと理解しなさい。

討論を毒のように避けなさい

経典のことで、あれこれと無益な議論を始めないように。毒を退けるように、そうした議論を退けなさい。

ゆえに我曰く　死に気づけ……

これを理解しない人は、これを受け入れない人は、最後に散々苦しむことになる。「ゆえに我曰く……」。だから私は何度でも言う……。

死に気づけ　王よ　独りであり続けなさい

そうすれば、あなたは独りになる、違うかね？　そうしたら弟子はいなくなるし、肩書きは付かなくなる。富も地位もなくなる。あなたは独りになる――今こそ、自分が独りであることを知りなさい。

ゆえに我曰く　死に気づけ……

私はあなたに思い出させるべく、何度も何度も言い続ける。終わりに在るように、今在りなさい。そうすれば、死があなたから持ち去っていけるものは何もない。そうしたら、いつか死に勝つ。死はあなたに勝てない。

……王よ　独りであり続けなさい
人の集まりを見て　知識をひけらかしてはならない

人は知識をひけらかす機会を、熱心に探し求めている。それには、何かを質問する人がいなくてはならない。でないと、知識をひけらかすチャンスはない。これは無知の表れだ。

人の集まりを見て　知識をひけらかしてはならない……

話を聞こうとする者が見つかると、または誰かが質問をし出かすと、不幸にも自分のした質問のせいで、その人は捕えられてしまう。彼らはその人の首根っこを押さえ、知識を並べ始める。真の探求者がやって来ない限り、求めるものがある人が来ない限り、黙っていなさい。

……ただ口の利けない人　無知な人のようにしていなさい

真の探求者が来るまで、完全な馬鹿でいるといい――しゃべれない人のように。狂人になりなさい。狂人に聞いてもしようがないと思えば、何も聞かれることはない。

あるジャーナリストが、グルジェフにインタビューにやって来た。お茶を飲んでいたグルジェフは、ジャーナリストを隣に座らせ、そばに座っていた弟子に、今日は何曜日かと聞いた。

弟子は言った。「今日は日曜日です」

グルジェフはバン！　と拳でテーブルを叩き、こう言った。

「日曜日なわけがないだろう！　昨日は土曜だ」

これを聞いたジャーナリストは、大変なショックを受けた。どういう人なんだと――。グルジェフは激怒して拳でバン！　とテーブルを叩きこう言った。

「日曜なわけがないだろう！　お前は俺を馬鹿にしようっていうのか？　何様だと思ってるんだ！

昨日は何と言おうと土曜日だ。なのに今日が日曜のわけがないだろう！」
ジャーナリストは「さようなら。おいとまします」と言って、席を立った。
ジャーナリストが去ると、グルジェフは笑った。それは一見の価値がある光景だった。
弟子達もとても喜んだ。「お見事です！」と弟子達は言った。
グルジェフはこう言った。「あんな馬鹿と時間を無駄にしても、しようがない」

ただ口の利けない人のように……

ゴラクも同じ事を言う。混乱した人、中身のない人に会ったら……ジャーナリストやｅｔｃ．が来たら、狂人のふりをするだけでいい、と。そうすればジャーナリストは勝手に帰り、二度と戻ってこないだろう。

ただ口の利けない人　無知な人のようにしていなさい

完全に無知でいなさい。悟りに至る者はどのみち無知になる。悟りに至る者達はどのみち気が狂う。悟りに至る者達はどのみち、唖になる。彼らが知ったものを表現する術が、何もないからだ。それをカビールは「甘いものを食べた唖のようだ」と言う。悟りに至る者が完全に気が狂うのは、彼らの知ったものが、この世界の根本的な道理と全く違っているからだ。だから、世界にはそれを受け入れられないのだ。知者が気が狂ったように見えてしまう。悟りに至る者はどのみち無知になる。なぜかというと、知者が知ったものはあまりにも測り知れず、それが実際に人知を超えていることを悟るからだ。それを知ってもなお、知られざるものが残る。体験が起こっても、その体験は理解を素通りして行く。その体験に関する理論が形成されることはない。

この愛のため息――どうやって手がかりを得よう?
これを知った者は皆　無知になった

私があなたのことについて訊きたいと思ったら、誰に訊いたらいい?　知らないながらも話す気のある人達はいるが、彼らは知らない。一方知ってはいても、話すつもりのない人達がいる――彼らは忘我の境地にいる。彼らにそれを表現することは不可能だ。

この愛のため息――どうやって手がかりを得よう?
これを知った者は皆　無知になった

自分を知るに至った者は神で酔っている。覚者は無知だ。ソクラテスは死ぬ時「自分は何も知らない、自分が知っているのはそれだけだ」と言った。これが悟りを得た者の証だ。

王と庶民の　両方の希望を捨てよ……

何かになろうと、あれこれ気を使うのをやめなさい。世の中にはくだらない様々な不安がある。貧しい人は金持ちになりたいと考え、金持ちは貧乏人にはもっと楽しみがあると考える。これは驚くべき発言だ。

王と庶民の　両方の希望を捨てよ……

庶民は王様になりたいと思い、王様は、庶民はもっと楽しく過ごしていると思っている。皇帝はこう考える、「こうしたごたごたから一切おさらばできたら、ギターだけを持って村から村へ放浪したい。さすらいの僧侶はさぞかし嬉々としていることだろう。僧侶にあるのは、ぼろぼろの布団と広々とした空だけ。パンの耳を乞い、何の心配もなく眠り、小川から水を飲み、木の下で眠るなんて、さぞかし楽しいに違いない！」

王様達は、乞食は素晴らしい生活を送っていると考え、乞食たちはこう考える、「もう死にそうだ。いったいいつまで、この木の下で横になってなきゃいけないんだ？　俺には一生寝ぐらはないのか？パンに塗るバターは一生ないのか？　王位はおろか、クッションすら手に入れられないのか？」

この世の人々はみな苦しんでいる。金のある人は、金のない人は幸せだと思っている。金のない人は、金持ちは至福を味わっていると思っている。ゴラクはどちらも手離しなさいと言う。「自分がどこにいても、どんな状態でも、それは幸せなことだ。未来に希望を持ってはならない」と。

……食べ物を乞い　全く無関心でいなさい

あなたが受け取るもの、存在が与えたもの、施しは何でも……。

存在が与えたものは何でも、穏やかに受け止め、あらゆる希望を捨てなさい。だが「無関心」の意味を、絶望したり憂鬱になることだと取ってはならない。飛び回るハエと一緒に、泣きながら座っていること、ハエを殺して時間を無駄にすることだと、取ってはならない。ゴラクにそんなことは言えない。ゴラクはこう言う。

笑うこと　陽気でいること　瞑想のこつ
笑い　遊び　陽気に騒ぐ……

ゴラクが「無関心でいること」に、そんな意味付けをするはずがない。ゴラク以外の人なら、そう意味付けするかもしれないが、ゴラクの「無関心」には別な意味がある——それは希望を手放す、希望を超えるという意味だ。未来を夢見ず「これこれしかじかが起これば、明日楽しめる」と言わないことだ。

無関心な人とは、今を楽しんでいる人のことだ。無関心な人はこう言う。「明日なんかどうだっていい。明日が来るか来ないかはわからない。明日なんか来た試しがない。自分は今、この瞬間を楽しんでいる」と。「笑い　遊び　陽気に騒ぐ」。これは今を、喜びと楽しみに浸っている人のことだ。その人の、色の祭典は今だ。その人の、光の祭りは今だ。それは、光の祭りを祝うまたの機会を、待たずにいる人のことだ。無関心でいるとは、あらゆる将来の希望を手放したということだ。

王と庶民の　両方の希望を捨てよ
食べ物を乞い　全く無関心でいなさい

妙薬　魔法の飲み物　錬金術をすべて手放しなさい……

錬金術の万能薬を捨てなさい。人々はこういう商売を何百年もやってきた。ある僧侶は賢者の万能薬を作って、これがあれば鉄が金に変わると言い、またある者は、「私の万能薬作りが成功しさえすれば、死すべき人がこれを飲めば、死ななくなる」と言う。こうしたものを全部捨てなさい。

妙薬　魔法の飲み物　錬金術をすべて手放しなさい

リッディーを放棄し　シッディーを受け入れなさい

こうしたリッディーを、奇跡を作り出す力を手放してはじめて、人はシッディーに、充足に到る。この力と充足の間には、美しい違いがある。力とは、自分は奇跡をしたがっている、不老不死の薬を見つけたがっている、卑金属を金に変えたがっていることを意味する。自分は空を飛べるはずだ、壁を通り抜けられるはずだという意味だ。こうしたものがリッディー、力だ。こうしたものへの欲を捨てる人は、シッディー、充足を味わう。

充足は一つだけだ。すでに内側にあるものの中に、完全に浸ることだ。空を飛ぶ必要も、壁を通り抜ける必要もない、扉があれば充分だ。空には鳥が飛んでいるが、一匹も光明を得た鳥はいない。このすでに内側にあるものにしっかり心を注げば、飛行機がある。それに乗りなさい。

一人の男が、ラーマクリシュナのところに来てこう言った。

「自分は水の上を歩けます。あなたは何ができますか?」。ラーマクリシュナは言った。

「本当に水の上を歩けるのか？　その技を身に付けるのにどれだけかかった？」
男は言った。「十八年かかりました」
ラーマクリシュナは笑い出した。「お前は馬鹿の中の馬鹿だ！　私は船乗りに二パイサを払って川を渡れるが、お前は水の上を歩く術を学ぶのに、十八年かかったのか？　それが何になる？　さあ、川に行って歩いてみろ。二パイサ払いさえすれば、船に乗って川を渡れるのに。そのためにお前は十八年も無駄にしたのか？」

ゴラクは、こういうことを落としなさいと言う。こういうものは全部、非常に巧妙なエゴの手段だ。

酒を飲んだり麻薬をやるのを　やめなさい……

あらゆる麻薬をやめなさい。麻薬が与えるものは偽りの瞑想だ。何世紀にも渡って、僧侶や聖人達はドラッグをやってきた。ヴェーダでソーマのことが述べられた時代から現代に至るまで、バングジュースを作ったり、マリファナを吸ってきた。ＬＳＤが今、アメリカで流行している。ＬＳＤはソーマのニュー・バージョン、科学版だ。ヴェーダの予言者からティモシー・リアリーやオルダス・ハクスリーに至るまで、ドラッグをやってサマーディー、光明が起こるかもしれないという期待は続いている。ドラッグをやってもサマーディーは起こらない――偽のサマーディーしか起こらない。サマーディーがそんな安物なら――ドラッグをやるだけで起こる代物なら……確かにマリファナを吸ったり、バングを飲んだり、酒を飲めば少しは陶酔する。それはこの世の心配事を、束の間忘れ去るからだ。だが、心配事は出番を待っている。あなたが落ちてくれれば、心配事は二倍になって戻ってくる。

酒を飲んだり麻薬をやるのを　やめなさい
こうしたことは　ありとあらゆる夢や想像を作り出す

こうしたものの影響を受けて、多様な幻想や夢が内側に生まれる。

ナリ　サリ　キングリ……

性欲を手放しなさい。男性は、女性から何かをもらうという考えを、捨てなさい。女性は、男性から何かをもらうという考えを捨てなさい。

「ナリ　サリ……」。九官鳥はサリと呼ばれる。多くの探求者や僧侶が、九官鳥を仕込んでカードを選ばせ、そのカードで運命を予測したり、未来を予言し手相を読み、占星図を分析する。こういう無益なナンセンスは全部やめなさい。

キングリとはサーランギのことだ。中にはサーランギ、インドのヴァイオリンを弾く仕事をしている人がいる。彼らはそれで充分だと思っている。サーランギを弾いて全部を弾いたと、すべてをマスターしたと考える。だが内なる音楽は、内なるサーランギはいつになったら弾くのだろう？　あなたは外側のサーランギを、ただ弾き続けていくだけかね？　外側の太鼓しか演奏しないのだろうか。内側のダンスはいつ始まる？　ゴラクが、こうしたあなたの気を散らす外側にあるものを、全部捨てなさいと言うのはそのためだ。

……師は三つを全部落とせと言う

真の師《マスター》は、この三つを全部手放せと言う。

開始　器　認識　成果……

次いで為すべきことは何か？
始まり――内なる旅を始めなさい。
器――肉体の寺院と親しくなりなさい。寺院を飾り、きれいにし、浄化しなさい。
認識――あなたの実存を認識しなさい。自分の内側で王座に就いているのは誰か？　この意識は誰か？　自分は誰か？　心の奥底で自分は誰かと、疑問の声を上げなさい。その疑問だけが本物の疑問だ。
そしてこの認識が起こる日こそが、成果を得る日だ。その結果が出る時、それがあなたの解放だ。

シュリ・ゴラク曰く
これらを為し　自分が皇帝であることを知れ

ゴラクは言う。「皇帝よ、あなたに送りたい覚醒のメッセージが一つある。覚えていて欲しいことが一つある。目を覚ましなさい！　この覚醒はあなたに潜在する力だ。それはあなたの可能性だ。木が種に隠されているのと全く同じように、神への崇敬の念はあなたの中に隠されている」

部分も結局は　全体の座に達する
大洋とならぬ滴を　私はこれまで見たことがない

あなたはただの滴だ。あなたは海になれる。海は滴に隠されている。海になるまであきらめてはならない。休んではならない。この切望は、燃え上がる炎のごとく、あなたを捕えるかもしれない。その炎はあらゆるものを灰に変え、あらゆるものを焼き、破壊する。すると究極の生があらわになる。

死ね　ヨギよ死ね！　死ね　死は極楽だ
ゴラクが受け入れ　覚醒した死に方で　死ね

今日はこのぐらいにしておこう。

第10章

愛——炎の試練

The Fire Test of Love

最初の質問

OSHO、なぜ弟子は師を裏切るのでしょうか？　ヴィジャヤナンダとマヘーシュは、あなたを非難しています。また他のあなたのサニヤシンは『カレント』に「政治を非難する自分の師は、堕落した宗教家だ」と書いています。またそのサニヤシンは「自分は血の通った弟子だ、だから自分の師を非難できるんだ」と言っています。

イエスは弟子ユダのせいで磔になった。岩が仏陀に向かって山から転がり落ちたのは、仏陀の弟子のデーヴァダッタのせいだった。マハヴィーラは数々の侮辱、激しい非難に耐えねばならなかった。弟子ゴーシャラのせいで、数々の叱責に耐えなくてはならなかった。それは自然なことだ。そして前に起こったことは、また起こる。このドラマは同じだ。変わるのは俳優だけだ。舞台も同じだし、芝居も同じ、変わるのは演じる人だけだ。過去に起こったこと、今日再び起こっていること、明日も起こり続けることと、これらの心理を理解することは、確かにいいことだ。

弟子は四つの部類に分けられる。その一つは研究者で、好奇心から来た人々だ。そういう弟子は、入門しても瞑想への渇望はない。精神的な渇望、神に達しようとする渇きはない。

「行って見てみようぜ。大勢の人が行ってるから、何かあるんじゃないか」と考える。通りで大勢の人が突っ立っていたら、あなたも止まって「どうしたんだ？」と質問を始めるだろう。

あなたは、自分も人混みに入りたい、自分も見てみたい、きっと何かが起こっているに違いないと思う。目的が何かあるからではない。あなたは私事で行こうとしていた。

ここには偶然来る人達がいる。ここに来ようとしている人がいて、あなたがその人に会う。彼がこう言う。「こんなところで座っているのか。一緒に来いよ、サットサングをしに行けるぜ」。その時あなたには用事がなかった。何もすることがなかった。そこであなたは、その人について行った。奥さんがここに来ようとして夫がついて来る。夫が来ようとして奥さんも来る。父親が来ようとして息子も来る。

多くの人がこうして、ただ偶然来る。こうした人達の精神状態は、研究者と同じだ。彼らは私の話を聞いて、わずかな情報を集める。すると少し知識が増える。記憶装置が前よりもちょっと充実する。このような人は百人いたら十人しか残らず、九十人は去る。仮に十人残っただけでも奇跡だ。なぜなら彼らは、何か意識的な決断があって来たのではない。意識的動機から来たのではない。彼らはいつものように無意識に、誰かに押されてやって来た。水に浮かぶ流木が川岸に当たるように、彼らは偶然、岸を見つけた。いったいどれだけの間、流木が岸にひっかかっていると思うかね？　突風が吹くことだってある。流木は再びぷかぷかと流れて行く。とどまるのも、流れて行くのも同じだ。だがこうした人の中にも、十パーセントはとどまる人がいる。こうしてとどまる十パーセントの人達は、次のステージに入る。

次の段階は、探求者の段階だ。最初の段階には知的好奇心しかなかった。一種のむず痒さしかなかった。掻いて何の恩恵はなくても、かさぶたを掻いている時のように気持ちがいい、だがそれは、害になりかねない。同様に、知的好奇心から恩恵を受けることはなくても、それは害になり得る。利益はなくても気持ちはいい、心地いい。あれこれ質問をし、あれこれ学んで——エゴは満足する、「自分は無知じゃない」と。生きた知恵がない人には、自分は「知者」だという幻想が生じる。こうした人々の十パーセントがとどまり、この十パーセントが探求者になる。

探求者とは、単に聞きたい、単に頭で理解したいとは、もう思わなくなった人だ。探求者は実験をも望む。実験は探求者にとっての土台だ。探求者になった人は、何かをしたいし見たい。探求者となった人の熱意は新たな形を取り、実践する。瞑想の話をするだけではなく、瞑想をし始める。なぜなら、話からは何も起こらない。さらに話が持ち上がるだけだ。話は話でしかない。まるでシャボン玉のように……空っぽ、戯言だ。何かしようじゃないか！　この生を一変させよう、体験を起こらせよう。

この二番目のクラスからは、五十パーセントの人がとどまり、五十パーセントの人が姿を消す。実践は並大抵ではないからだ。聞くことはとても簡単だ。あなたは何もしなくていい。私が話しあなたが聞く、それで終わりだ。その点、実践は何かをしなくてはならない。それに、成功の保証はない。切迫したものがない限り、激しさがない限り、自分を危険にさらす勇気がない限り、勇敢な気持ちがない限り――成功は容易ではない。生半可な実践では成功できない。実践は百度で沸騰する。

多大な勇気を出せる人はほとんどいない。それだけの勇気を出せない人達は、そんな事は大した事ではないし、実践には中身がないと考え始める。この何もないという考えは、マインドの慰めでしかない。そういう人はまだ実践をしていない。本当に実践に入ったことがない。またやったとしても、岸の側にいただけだ。飛び込める所で、深く入ったのではない。

そういう人は料理をしたことがない。コンロの火を付け続けていただけだ。それすら何となくやっていたから、火は付かなかった。もうもうと煙が出るだけで、一度も火は付かなかった。誰も、煙の中で長い時間は過ごせない。すぐに目に涙をためて、マインドはこう言うだろう。「おいおい、ここで何が得られるんだ？　煙だけで何にもないじゃないか」。だが、煙があれば火がたつ可能性がある。煙があれば火があるはずだ。

それには、もうちょっと努力をする必要があった。もう少し、修行の仕方を変える必要があった。もう少し力を出し、もう少し努力する必要があった。あまり努力しなかった五十パーセントの人々は去り、ここにとどまる五十パーセントの人々は、第三段階へ入っていく。

第三段階は弟子の段階だ。弟子になることは、遂に体験の喜びが生じたことを、師を認識したことを意味する。それは体験を通じてしか起こらない。聞くことを通じては起こらない。聞くことで知ることには限りがある。あなたはこう思うかもしれない。「言うことは正しい気がするが、この人に自分の体験はあるのだろうか、それともないのだろうか？　ただ、経典の文句を繰り返しているだけなのだろうか？　この師が師なのかどうかは、博学なだけなのかは何とも言えない」

それを味わい始めない限り、あなたが近づいた人が学者ではないのか、ただの学者なのかは、はっきりしない。その味わっていく過程で事が明確になる。それを明言できるのは、あなたの体験だけだ。もしその人が師なら、第三の時期は訪れている。第三段階は始まっている。あなたは弟子となった。

弟子になることは、明け渡すということだ。弟子になったらもう疑いはない。古い不確実なものはもう存在していない。正道をそれることはもうない。生に安定が入る。今、弟子は舟に乗り込んだ。

こうして弟子となった人々の九十パーセントはとどまり、弟子の十パーセントは去って行く。精神的探求の深みが増すに連れて、その難易度も増す。弟子は火のテストに耐えねばならない。それは探求者に求められるテストではない。研究者が何かを求められる心配は全くない！　火のテストは弟子だけのものだ。師はここまで来た人にだけ、ここまで厳しくする。

師とは厳しいものだ。師は芯まで届くよう、叩かなくてはならない。石から彫像を作りたければ、のみを取って石を彫っていかねばならない。それは苦痛をもたらす。なぜならあなたを覆っているものは、何世紀にも及ぶものだからだ。あなたを覆っている無知の層は、服のように脱いで、ポイと投げ捨てて裸になれるような代物ではない。無知の層は、あなたの肌のようになっている。師は切開しなくてはならない――それは手術だ。

この第三段階でも、十パーセントの人が退散する。この第三段階にとどまる九十パーセント、火のテストを通過する人は第四段階に入る。これが最終段階、バクタ、帰依者の段階だ。まだわずかながら、弟子と師の間には距離がある。弟子の側からの明け渡しはある。だが、この明け渡しはまだ「弟子」からのものだ。明け渡しには、まだ生存する小さなエゴがある。「私」、「自分は明け渡した」――それは「私の明け渡し」だ。

第四段階では「自分」という感覚は全くない。今度は無私の愛が生まれる。やっと愛が目覚めた。もう師と弟子は別々ではない。この段階から去って行ける人は、誰もいない。ここまで辿り着いた人は、誰も後退できない。

無数の人が来て、無数の人が去って行く。もっとたくさんの人が来れば、もっと去って行く。現時点で私のサニヤシンは、世界中で約七万五千人いる。そのうちの五人、十人がサニヤスを捨て、逃げていっても、それは全く驚くようなことではない。何も心配するようなことではない。ましてや明日この七万五千人が、七千五百万人になったら、もっと消えていく人が出るだろう。このワークが巨大なネットワークと共に大きくなればなるほど、もっとたくさんの人が去るだろう。それは自然なことだ。研究者の九十パーセントは逃げ、探求者の五十パーセントは逃げ、弟子の十パーセントは逃げて行く。この割合は変わらない。去っていかないのは帰依者だけだ。

はるか「帰依者」にまで来ることは、長い巡礼だ。それはヒマラヤに登頂するようなものだ。それは長い登山だ。登山者は汗だくになり、くたくたになり息を切らす。逃げていく人も皆、どうすることもできない。逃げていく人は自分の無力さも理解する。私にはそういう人の無力さがわかる。

たとえばあなたは「ヴィジャヤナンダとマヘーシュが、私を非難している」ことについて質問したが、彼らは言わざるを得ないのだ。逃げ出した人は、自分は弱さから逃げ出したとは言えない。自分は値しなかった、ふさわしくなかった、力が及ばなかった、山が高すぎたとは言えない。逃げ出した人は、ただの小さな丘だと思っていて、登りきれると思っていた。だが、エベレスト山であることがわかり、山を登れなかったのだ。逃げた人で、山を登れなかったと言える人はいない。結局その人は、自分のエゴを守らなくてはならなかった。「自分は負けた、だから去ったんだ」とは誰も言わない。逃げた人はエゴを守る為に、私を非難し始める。だがそれでも、彼らの苦しみは消えない。逃げた人は自分の嘘を見ることになるからだ。

だからヴィジャヤナンダは私にメッセージを送り、敬意を払う反面、私の非難も続けている。二元性が生じている。心の中でヴィジャヤナンダは、自分の弱さを知っている……ヴィジャヤナンダは私と歩いていけない。だから私に挨拶の言葉を送る一方で、私を非難もする。私への非難を言わねばならないのは、なぜ出て行ったのかと聞かれるからだ。出て行ったのなら可能性は二つしかない。師が間違っていたか、弟子が間違っていたかだ。当然、自分が間違っていたと言う勇気があれば、ヴィジャヤナンダは出る必要はなかった。逃げるかどうかという問題は、絶対生じなかったはずだ。だが、ヴィジャヤナンダにはそう言う勇気がなかった、だからこれからは自分を守る必要がある。

この状況を理解しなさい。サニヤスを取る人は、私のことを良く言い始める。良く言うというのは必ずしも本当ではないが、あなたがサニヤスを取った以上、私のことを良く言う必要がある。その可能性は大だ。でないと「気でも狂ったのか？　なぜサニヤスを取ったんだ？」と言われてしまう。自分自身を守るために、あなたは私を良く言うのだ。

だから私のことを良く言うからといって、必ずしも私に関わっているのかどうかは、わからない。むしろ、自分のエゴを守るために言う可能性が高い。

「そうです、私の師は本物です――究極の現実を獲得した人です」

あなたには何もわからない。現時点で、何をわかっているというのだろうか。自分が達成するまで、わかりようがない。だがあなたは、私のことを良く言わねばならない。私を褒めなくてはならない。自分のエゴを守れるのは、私を褒めている時だ。あなたは疑いを全部、抑圧せざるを得ない。疑いを無意識の中に投げ込むことになる。だからといって、疑いが生じないわけでもない。疑問は、そう簡単には消えない。ここに来てサニヤスを取れば、疑いが消える――そんなに簡単なら楽なものだ！　疑いは何年も付きまとうだろう。疑いは何度も何度も戻ってくる。だが、あなたは誰にもそのことを言えない。そんなことを言えば、赤恥をかくことになる。自分の師が本当の師かどうか、疑問に思っていると誰かに言えば、人々は言うだろう。「だったら、なぜ師として受け入れたんだ？　だったら何でオレンジ色の服を着ているんだ？――このマラは何なのだ？　何だってこんな大芝居をしてるんだ？」と。そう言われたら、とても苦しい立場に立つことになる。あなたは窮地に立つ。

自分の疑いを偽りなく表現したら、人に馬鹿だと言われるだろう。こうなるのを避けるために、人は疑問を抑圧し、信頼についての話を多くするようになる。この世に、私のような師がいまだかつていなかったことを証明しようとする――それはいまだかつて、この世にあなたのような弟子がいなかったからだ！　あなたのエゴは、師の崇高な精神の高みによって満たされる。そして自分の師は偉大だと証明すればするほど、あなたは偉大な弟子となる。あなたが選んだ師は偉大であるべきだ——あなたのような人は、自分よりも劣った人を選んだりはしない。

これが入門した時に起こることだ。入門をやめれば逆のことが起こる。それは起こって当然だ。それはすべて、完全に道理にかなった一つのプロセスだ。だから今度は、私を非難せざるを得なくなる。抑圧した一切のものが表出する。自分自身に重ね合わせた信頼は、全部消え失せる。疑いが一斉にどっと現れる。それは避けられない。かつて自分が取り上げたものが、正しいはずだったように、自分の捨てたものが間違いでないと困るからだ。

五年間、ヴィジャヤナンダは私のことを良く言ってきたが、これからは五十年、私を悪く言うだろう。五年間抑圧した疑念が、これから浮かび上がってくる。これからは弁解しなくてはならない。でないと、サニヤスを取るなんて馬鹿だと言った同じ人が、今後こう言ってくる。「だから馬鹿だって言っただろう」と。これからは、彼らに答えていかなくてはならない。

今後は大きな困難が生じることになる。ヴィジャヤナンダは彼らの質問に対し、自己弁護しなくてはならない。ヴィジャヤナンダは、自分は騙されていたと言って弁護するしかない。もしくは「正しいこともあった。それがあったから自分はサニヤシンになった。だがサニヤシンになった後で、だんだん間違ったものがあることに気づいた。徐々に自分の体験が深まるにつれて、全部が間違いであることがわかったんだ。表面上は正しく見えたことも、内側ではすべてが間違っていた」と弁護するかだ。これは自己防衛だ。それは全く自然なことだ。何も心配はない。だが、必ずそのことを理解しなさい。

マヘーシュに関しては、研究者の状態を越える成長はなかった。マヘーシュは興味本位で来た人だ。

マヘーシュはヴィジャヤナンダと一緒に来ただけで、同じく一緒に離れて行った。マヘーシュが来たのは単なる偶然だ。

マヘーシュは、来たのでも去ったのでもない。私に言わせれば、マヘーシュはここに来てもいないし、去ってもいない。私はマヘーシュを全く気に留めなかった。こういう人達は気に留めなくてもいい。こういう人は、川に浮かぶ流木のようなものだ。こういう人達が岸に上がると、岸は、彼らが真実を探求しに来たことは、間違いかもしれないと考え始める。突風が吹くこともあり、突風が吹けば流木はただ漂い流れていくと。マヘーシュは、ヴィジャヤナンダと一緒に来ただけだ。私がマヘーシュにサニヤスを与えた時、ヴィジャヤナンダがいた。マヘーシュにサニヤスを与える前に、私はこう言った。

「ヴィジャヤナンダ、あなたもマヘーシュの隣に座ってやりなさい。そうすれば何かのサポートになる」

私はヴィジャヤナンダをそばに、マヘーシュの真横に座らせた。そしてヴィジャヤナンダは、マヘーシュの背中に手を置いた。それから私はサニヤスを与えた。私はマヘーシュを知らなかった。何か価値があるのかどうか、探求心から来たのかどうかわからなかった。起こったことはすべて、ヴィジャヤナンダがいて起こった。マヘーシュはヴィジャヤナンダの弟子であり、私の弟子ではない。

だからヴィジャヤナンダが出て行けば、自然とマヘーシュも去ることになる。ここにいても意味がない。マヘーシュは、研究者の状態を一度も乗り越えたことはなかった。ヴィジャヤナンダは、確かに何らかの努力はした。彼は探求者のレベルに達した。もう少し勇気を奮い起こせば、弟子の境地が起こっただろう。だがトラブルは起こり、困難は否応なく起こる。人間の苦しみだ――。理解しようとしてごらん、こういう苦しみはあなたに起こっても当然だ。だからこの質問に答えているのだ。こういう苦しみは、みんなに起こり得る。ヴィジャヤナンダは有名な映画監督だ。この国の誰もが知っている――そのエゴが障害物だった。彼は私に、それ相応の待遇を期待した。特別な人、ＶＩＰとして。私はこのエゴを壊さなくてはならなかった。エゴが壊れない限り、探求者が弟子になることは決してない。私はそのエゴを壊し始めた。ヴィジャヤナンダは毎日、叩かれるようになった。以前のヴィジャヤナンダは、私に会いたいと思えば何の問題もなく入ってこれた。それが今では、ヴィジャヤナンダも予約を取らなくてはならない――つまり二日かかることもあれば、三日かかることも七日かかることも……ヴィジャヤナンダは苦しみ出し、不安を抱き始めた。それがヴィジャヤナンダの問題になり始めた。他のサニヤシンと同じ扱いを受けることが、特別扱いされないことが問題になり出した。

私も最初はあれこれ気遣っていたが、それは餌だ。釣り針を覆った小麦粉の団子だ。だが、小麦の団子をやり続けるだけでは、魚は捕らえようがない。団子の中に隠された針は、すぐに明らかになる。この針が目に見えて明らかになると、魚は困難にぶつかる。だから私は、ヴィジャヤナンダを皆と全く同じように扱った。そうする必要があった。もしこのステップを彼が越えていたら――サニヤシンになるには特別扱いは不要で、自分が特別視される理由は何もない。それを受け入れていたら……ここには有名な人もいれば、そうでない人もいる――どうでもいいことではないだろうか。それが生の内なる状態に違いを及ぼすのかね？　あなたのことを知る人がたくさんいるからといって、人よりも実存が多いわけではないし、瞑想や意識が多いわけではない。誰にも知られていない人でも、神が内側に起こっている可能性だってある。有名でも無名でも、瞑想とは何の関係もない。

先ほど話したように、あなたが梯子を登れば登るほど、私は厳しくなっていく。あなたはもっと頻繁に、火に投げ込まれるようになる。そうして人は浄化され、純粋な輝く金のようになっていく。壺を作る人は、粘土を入念に叩いて細心の注意を払う。職人は外側から粘土を叩き、中から手でそれをサポートする。だがエゴイストには、叩いているところしか見えない。サポートの手が、中にあるのが見えない。エゴのない人は、中でサポートしている手が見える。叩いていることは気にしない。エゴのない人はこう言う。「壺を作る人は片手で叩いて、片手でそれをサポートしている。これが壺の作り方だ」と。

そして準備ができると……職人は、まだ窯で焼いていない壺の処理をする。とは言っても、職人はすぐに壺を火の中に入れる。ここで壺は騒ぎ出す。「とても大事にしてくれたのに、壊れないように割れないようにと、とてもやさしく扱ってくれたのに、火の中に入れるなんて……!」。もし壺がヴィジャヤナンダのようだったら、窯焼きされていない壺も歩いて逃げ出すだろう。壺は「自分は出て行く」と言って泣き叫ぶだろう。だが壺は逃げられないから、職人が壺を焼くのは簡単なことだ。私は生きた壺に働きかける。だから時々、彼らは逃げて行ってしまう。火に入れられる時が近づくにつれて、探求者は恐くなる。ヴィジャヤナンダは探求者の段階で逃げ出した。

中には、弟子のレベルに達してから逃げていく人もいる。なぜかというと、とどめは完全なエゴの破壊だからだ。それは滴が海になるように、あなたの個性が完全に溶けて、師になることだ。それだけのものを危険にさらせる人にしか、それはできない。それができない限り問題は始まる。だからここを出て逃げていく滴は、私を非難し責めるようにもなる。全部これは自然なことだ、心配は要らない。弟子の数が何十万にもなれば、こういう人は何千人も出てくる。

それと「また他のあなたのサニヤシンは『カレント』に『政治を非難する自分の師は、堕落した宗教家だ』と書いている」とのことだが、私はその人が誰なのかもわからない。その人は私の弟子ですらない。その人は自分で弟子だと思い込んでいる。その人は私のところに来たことすらない。その人は、ドゥローナにとってのエクラヴィヤのように、自分を弟子だと思っていた。だがエクラヴィヤはドゥローナのもとに行っても、ドゥローナは受け入れなかった——その人は私のところに来たこともない。またその人は、自分で自分の名前を付けた。私が彼のサニヤスを断れば、それでも何らかの利点はあっただろう。そうすれば、少なくともここには来ただろうし、少なくとも私の目を見ただろう。その人は一度も私のところには来なかった。その人はただ、自分を弟子だと思い込んでいるだけだ。しかもそれだけでなく、私への抗議文まで書き出した！

この国には気が狂った人がいる。だからこうした様々なことも起こる。この手の人々は世界中にいる。弟子であることは、一方通行ではない。それは両者が行き来可能なものだ。弟子であることは、あなたが取るだけでは起こらない。それは私が与えない限り起こらない。弟子だと思い込むだけで起こるのなら、厄介なことが……この手のアクシデントが起こることになる。

この人は私を理解していない。私が何を言っているのかも知らないし、ここで何が起こっているのかもわからない。それは単なる彼の憶測だ。この手の事が起こる。私のサニヤス運動が拡大し、最適な環境が作り出されれば、その風の中で、その波の中で多数の人が自分の服を染め、マラを身に付け、名乗りを上げるだろう。人々は日の出をものにしたいと思っている。そこから利益を得たいと思っている。

こういう人には価値のかけらもない。彼の言うことは全く無価値だ。なぜならこの人は、私の生のビジョンを何も知らないからだ。

宗教とは単に別のテーマではない。宗教に境界線はない。宗教とは生全体を指す名称だ。だから宗教には、生に含まれるあらゆるものについて発言する権利がある。政治には境界があるから、政治家は宗教について発言できない。だが、宗教には境界がない。だから宗教的な人は政治に関する発言ができる。宗教は無限だ。空《そら》があらゆるものを包み込んでいるように、宗教は生のすべてを包含する。生から外せるものは何一つない。宗教的な人のビジョンには、すべてが含まれている。

私は詩に関する話もする。宗教には詩的な側面もあるからだ。これが詩人とリシという、詩人を指す二つの名前がインドにある理由だ。詩で真実を語る、信心の体験を語る詩人を、私達はリシと呼んだ。詩を敬虔さで彩る人をリシと呼んだ。

たとえば、ラビンドラナートは詩人ではなく、賢者《リシ》と呼ばれる。タゴールのギタンジャリは、ウパニシャッドと同じく、高く評価されるべきものだ。タゴールはリシだ。タゴールが語ったことには、韻律やリズム、文法、言語知識が含まれているだけでなく、体験の流れがある。その中には甘露が流れている。タゴールのものではない甘露、彼方から生じる甘露がだ。誰かの口元で奏でられる笛のように、タゴールは単なる媒体だ。もし笛が、このメロディーは笛のものだと錯覚したら、その笛は詩人だ。だがこのメロディーは他の人のものだと、笛に口をつけている人のものだとわかっていたら、その笛はリシだ。ラビンドラナートは、自分の歌う歌が口から生じても、その歌は別な人のものだと、自分はただの媒体だと、ただの楽器だと気づいている。

だから私は詩の話をするし、芸術の話もする。芸術にも宗教的な次元があるからだ。アジャンタ、エローラ、カジュラホ、コナラク、ブバネーシュワルの寺院やプーリーの寺院のような芸術についても――。

タージマハールが、スーフィーの原理を基に作られたと知ったら、驚くだろう。これは歴史書の中では話題にされていない。歴史を書く人にはこうした深みがわからないし、また理解しようともしないからだ。歴史家は、どこかの皇帝が愛する人のために建てた記念碑としか、思っていない。それで事を片付けている。だが歴史家は、皇帝が偉大なスーフィー神秘家達の助言を受けたという事実には、一度も目を向けたことがない。タージマハールはこうして作られた。だから満月の夜に一時間、タージマハールを見ながら座れば、その人は瞑想に溺れる。タージマハールは、驚くべき宗教芸術の一例だ。特定の状態で、特定の感覚と見方でタージマハールを見れば、それは墓ではなく寺院だ。それは見方の問題だ。

私達が作った仏陀やマハヴィーラの彫像は、単に彫刻の技術を物語る証拠ではない。彫刻の技術は二の次だ。私達はこうした彫像に、光明を取り込もうとした。仏陀の彫像の前に座り、瞬きもせずに彫像をじっと見ていると、直に自分の内側で何かが止まり、動かなくなることに気づく。思考の変化が止まり、内側に思考のない状態がゆっくりと姿を現す。あなたの中に瞑想を産むためのアレンジが整えられる。それは彫像の形や格好、外見に由来している。彫像は仕掛けだ。彫像には、内側に瞑想を引き起こす力がある。

だから私は彫刻芸術の話もする。私は生のあらゆる側面の話をする。それは私が宗教的だからだ。私にとって、触れてはいけない生の次元はない。私はそれに一つ残らず触れる。私はどんな生の一部も、触れてはならないと受け取ったりしない。私は政治家ではないが、政治の話をする。私は宗教的だ。それが政治の話をする理由だ。政治は政治だけにとどまらず、生の多くの事が政治によって決まる。こうした決定が為される際、宗教も影響を受ける。

たとえば、インドは世俗主義的方針を立てたが、この方針は間違っている。この決定は宗教に影響を及ぼす。どんな政府も、宗教を完全に切り離してはならない。確かに、特定の宗教が支配的でないことは正しい。だがどんな国も、宗教とは絶対無関係になれない。ヒンドゥー政府にならない、イスラム政府にならない、これは正しい。政府はヒンドゥーでもイスラムでも、あってはならない。片やヒンドゥー国家になったり、イスラム国家になるという極端があり、片や自分の国は宗教とは無関係だと主張して、宗教を持たない国になるという極端がある。

人間の生の、こんなに重要な部分を、あなたは無関係だと主張するのだろうか。結果は破滅的になるだろう。政府は宗教のための場所を作るべきだ。政府はヒンドゥー国家やイスラム国家になるという意味で、宗教的になってはならない。だがこの国にもっと瞑想を育て、もっと愛や平和を育てるといった意味で、宗教的になる必要はある。政府が宗教的になれば、人々の生に精神的な規律が加わり、人々の生に内面的な規律意識が生まれ、人々の中に魂が生まれる。

だから私は非宗教国に反対する。庭師が木に水をやれば花が咲く可能性があるように、国は宗教にも同じ状況を作り出すべきだ——そうでないと意識の花は咲かない。国が非宗教的だったら、どんなに人を道徳的にしようと試みても、良い行ないを見せても善良であっても、そうした試みは全て失敗するだろう。こうした花が決して咲くことはない。それはあなたが、一度も根に水をやったことがないからだ。宗教は生における道徳の根だ。もし国が非宗教的だったら、政治が道徳的になることは決してない。それはモラルに反したものとなる。これぞまさしく、今まで起こってきたことだ。

だから私は政治を批判し続ける。覚者達はみな、そうしてきた。これらの発言は、すべての覚者のものだ。イエスは当時の政治に反対しなければ、磔にはならなかっただろう。

政治が存在するのは野心があるからだ。政治は病気だ。世界は、政治から徐々に自由にならねばならない。もし政治に流れていた同じエネルギーが宗教に流れたら、人々の生にこの上ない至福と祝祭が起こる可能性がある。

政治に反することを言ったという理由で、私を堕落した宗教家だと言った人は、宗教も政治もわかっていない。間違いなく、その人は私のことが全くわからないのだ。敬虔さを獲得した人は、決して堕落しない。まだ堕落する余地がある者は到達していない。到達した人は到達している。もはやその人が堕落する可能性はない。たとえ地獄に送られようと、私は同じままだ。堕落する可能性はない。

一人の学者がラマナ・マハリシのところにやって来た。経典について議論し、回答を求めてラマナを困らせ始めた。ラマナは何度も何度も、学者にこう言った。「瞑想しなさい。こんな話をしても何も起こらない。全くの無駄だ。時間を無駄にしないように。すでにあなたは生を見失っている」

だがその学者は、経典の権威でもあった。学者は言った。「こうした議論が無駄だと言うんですか？これはヴェーダから引用した言葉ですよ」。学者はヴェーダの言葉を証明しはじめた。

ラマナは言った。「わかった。それはそれでいいから瞑想しなさい」

学者は言った。「まずは議論です。そうしたら瞑想します」

学者は依然として譲らなかった。だがラマナは、瞑想するように言い続けた。

「瞑想しなさい。それ以外に言うことは何もない」とだけ、言い続けた。

男が耳を貸さずにいると、ラマナは杖を取り……男は仰天した。ラマナが杖を振り上げるとは、思いもしなかった。そしてラマナは、学者を追いかけ始めた――その様子を目に浮かべてごらん、ラマナ・マハリシが棒を持って、パンディットを追いかけているところを！　ラマナの信者は疑問に思い始めた――ラマナが棒を振り上げて怒っているなんて、これは不名誉だ。こんなことが起こるなんて信じられない、と。私達は覚者の概念を作り上げた。悟りの境地に達した人は、棒を手に取ったりできない、と。私達は何も知らない。悟りの境地に達した人は棒を手に取れる。だが覚者が棒を手にすることと、あなたが棒を手にすることの間には、大きな違いがある。

ラマナは学者を追い払うと、中に戻ってきた。ラマナは笑い出し、大笑いした。誰かがラマナにこう言った。「何てことをしたんです？」

ラマナは言った。「他にどうしようもあるまい。あの男は叩かれない限り理解できない」

ラマナは怒っていなかった。ラマナが怒ると思うかね？　それは不可能だ。仮にラマナが怒っていたように見えたとしても、それでもラマナは怒っていない。イエスの神殿での話を聞いたことがあると思うが、イエスは神殿の中で鞭を振り上げ、そこで商売をしていた金貸し達の台をひっくり返した。イエスは彼らを鞭で追い払った。ここでちょっと思い浮かべて欲しい。イエスが鞭を振り上げ、人々を追いかけている……これはイメージに合わない。これのどこが、完全に覚醒しているというんだ？　イエスは怒った。ならばこうした行動を取ったイエスも、堕落した宗教家だ。

言っておくが、堕落しないかと恐れている人は、宗教を全くわかっていない。完全な覚醒からは、誰も堕落できない。それは究極の覚醒、究極の状態だ。ひとたびその境地に辿り着いた人は、もう存在していない。ラマナが棒を手に持ったというのは、間違いだ――手に棒を持ったのは存在だ。ラマナはもう存在していない。イエスが鞭を振り上げたというのは、間違っている。イエスはもう存在していない――イエスの手を用いたのは存在だ。

時々、私が歯に衣着せぬことを言うと、私を理解していない人はこう言う。

「なぜそんな辛辣なことを？　覚者がそんな手厳しいことを言うなんて」――彼らには覚者の観念がある。この国には、現実離れした様々な覚者の観念がある。人はこうした観念を作り出してきた。こうした考えに従う者は、何かにはなれるかもしれないが、覚者にはなれない。人は覚者を鎖でぐるぐる巻きにし、生きにくくさせている。

ちょっと考えてごらん。ラマナがもし策略家だったら、「棒を手にしたら外交上どうだろう」と考えただろう。棒を振り上げたらどう思われるかと、考えただろう。もしこの状況下で棒を振り上げなかったら、私はラマナを覚者とは呼ばない。

だが、ラマナは小さな子供のように、自然に棒を取った。その瞬間、必要だったこと、この状況下でラマナの意識に起こった反応がどんなものでも、ラマナは人がどう思うか、何と言うかを気にせずそれに従って生きた。

人が何を思おうと何を言おうと、私は気にしない。自分にとっての自然に従い、自然に出てくるものに従って私は生きる。何が思い浮かぼうと、私は自発的に言う。何が語られていても、私は言わせておく。何が起こっていても、起こらせておく。自分の考えは自分で対処しなさい。私の話が良いと思うのならそれでいい。悪いと思うのならそれでいい。私の側からは良いも悪いもない。

自分で「スワミ・チンマヤ」と名付けたこの人は、私の弟子ではないし、私が言うことを体験してもいない。だが、こうした類のことは起こる。偽の弟子も現れるし、偽の要求者も出てくる。ここにいるサニヤシンのマラが盗まれている。誰がマラを盗るのか知らないが、全く驚くべきことだ――盗んだマラでどうしようというのか知らないが、私のマラを盗めば、あたかも私のサニヤシンのように見える。たとえ私からサニヤスをもらっていなくてもだ。彼らはオレンジ色の服を作った――問題はマラだけで、それを彼らは盗んだ。そして彼らは村を回って歩き……。

毎日、偽サニヤシンのニュースが届く。「あなたのサニヤシンがこの村に来て、アシュラムが寄付を必要としていると言って、寄付を取っていきました」。こうしたことも起こる。マラをしているから大丈夫だと、村人は思い込む。「きっとアシュラムから来た人だ、彼はサニヤシンだ」と。十人ぐらいの、この手のサニヤシンが、お金を集めているというニュースが届いている。うち一人は何千ルピーものお金を集めて——約四万ルピーものお金を集めて捕まり、私のサニヤシンではないとわかった。

注意しなさい、この手の出来事は自然な事だ。こうした大きなムーブメントが生じるところには、こうした小さな事も生じる。花が咲けば多少、棘もある。そうした棘は受け入れざるを得ない。油断を怠らず注意していなさい。内通者も出てくるし詐欺師も出てくる。彼らはデマを作り出す。そうした人は、人々がただただ驚くような、偽の評判を作り出せる。

現在ドイツの新聞で、私に関する事が大騒ぎになっている。ここ一ヶ月、私はごうごうに非難を受け、ドイツの新聞、ほとんど全部がこの騒ぎに加わっている。良きにつけ悪しきにつけ、私の事で記事を書かなかったドイツの新聞社は、おそらく一つもないだろう。それで激戦が繰り広げられている。その火付け役となった記者の記事を読んで、私は喜んだ。

記事にはこう書かれてあった。「朝の五時半、アシュラムの入り口に着きドアをノックすると、美しい裸の女性がドアを開けてくれた」。朝の五時半時た！　それだけではない、続いて記事にはこう書かれている。「近くにあった木から、その女性はリンゴのような果実を取り『これをOSHOからのプレゼントとして受け取ってください』と言って私にくれた。これをどうするのかと訊くと、その女性は『この実を食べた男の人には、力強いセックスエネルギーが湧き起こります』と言った」

驚きにも、この記事に関する手紙が今、届き始めている。オーストラリアから来た一通の手紙では、ある老人がこう書いている。「私は七十五歳で、妻はずっと年下です。あなたのアシュラムにあるその果実は……お伺いしてもよろしいでしょうか？　どうぞ私に哀れみを」。こうしたあらゆる事が起こる。私はその老人に手紙を書いた。「とにかく来なさい！　果実のことは後で考えよう。どんな理由で来ても構わない」と。もしこの人が来たら、私は何とか説得して瞑想させるだろう。

友人がドイツからこう書いてきている。「気をつけてください、ここにはこの手のデマがたくさん広がっています。この影響で、様々な精神障害者や精神異常者が、徐々にアシュラムに到着するでしょう」

ここにこの手の、一人の男がやって来た。この人は六十歳で、ここに来るなり「自分は同性愛者であることに苦しんでいる」とメッセージを送ってきた。解決策はあるのかと。


この世は非常に奇妙だし、またその習わしも奇妙だ。ここには様々な人がいる。この世には様々な狂気がある。こうした狂った人の中で生きること、意識的に生き、狂気に染まらずに生きることは、とても難しい。狂った人々の中で、覚者として生きることは非常に難しい。狂った人は個人的なことを覚者に投影する。そのために、これまでもこうした困難はあった。それは狂った人々の責任でもない。彼らはそうするより他ない。彼らは自分にあるマインドを投影する。

ここでこの人に、変な新聞記事を読んで、ここに来る気になったあなたは馬鹿だと言っても、受け入れはしないだろう。誰も自分に関心を寄せていないと、この人は思うだろう。「くだらない記事を読んで、ここに来ただけだ。周りを見てみろ」と誰かに言われなかったかと、私は訊いた。ここにいる人は、そうした病気を治すことには全く関心がない。ここはそういう人達のための病院ではない。

そこでこの人は、今度は「サニヤスを取る必要があるなら、サニヤスを取ってもいいが、今は取るつもりはない。何かが起こらない限りは取らない」というメッセージを送ってきた。

こうしたあらゆる事が起こる。私と共にいる人は油断を怠らず、こうした事に眼を光らせていることだ。悩む理由は何もないし、怒る必要もない。人はとんでもないことを言い、虚言を広める、そしてそれを信じる人が出てくる——それを大勢の人が信じる。群集は嘘言を信じる。なぜかというと、私が言うことは、群衆の信じるものに反するからだ。だから私を批判する発言に、何にでもすぐ同意するのだ。私を非難する人の数は、さらに増える。非難することで得るものがあるからだ。人々はそうした話を信じ、聞き、考える……そういう人を、人々はとても賢いと思っている。だが、こうしたドラマがあるのが世の常だ。時にはイエスのような人が存在し、ユダのような人がいる。時には仏陀のような人が存在し、デーヴァダッタのような人がいる。時にはマハヴィーラのような人が存在し、ゴーシャラのような人がいる。私にも誰かしら、ユダのような人がいなくてはならない。

二番目の質問

OSHO、信頼とは何ですか?

信頼とは内側にある目だ。外側にある二つの目が、万物を見るためにあるように、第三の目が内側にある。その名前が信頼だ。この信頼の目があれば、神は見える。信頼の目は、愛の目をも意味する。愛にしかわからないことがある。それを知る術は他にはない。

誰かを愛すると、その人の何かが見えるようになる。その人の中に、他の人には見えない愛しさが見えるようになる。それは他の人には見えない。その愛しさは繊細なものだ。それは愛に触れられることを必要とする。その時初めて、その愛しさは明らかになる。その人の、他の人には聞こえない歌のこだまが聞こえるようになる。それを聞くには、誰よりも近寄らなくてはならない。そこまで近くにいるのはあなただけだ。

これが、愛する人の中に美が現れるようになる理由だ。人は美しいと感じる人と恋をすると、一般には思われているが、それは間違いだ。

あなたの恋人は美しくなっていく——生のあらゆる偉大なものが、そのあらゆる尊厳が、その人の中で明らかになる。それはあなたの思い過ごしではない。

愛の目が開くとすぐ、目に見えないものが見えるようになる。知覚できないものが知覚できるようになる。隠れた存在を体験するようになる。扉を開けなくても、誰かが入り込んでくる。

私のハートはいつも閉じていて　全く開きません
誰もあなたがどうやって入ってくるのか　知りません

いったいどこから、どの未知なる扉から神が入ってくるのかと、信頼する人々は驚く。

目を覚まし扉を見ても　鍵はかかっている
恋人がどの扉から来て出ていくのか　誰もわからない

これはビハールの詩からの引用だ。とてもすばらしい対句だ。扉と窓に全部鍵をかけて眠っていても、愛する人が夢の中に訪ねに来る。後で目が覚めると扉は閉まっていて、鍵も元の位置にある。どうやって愛する人が入って来て、どういう経路で出て行ったか誰もわからない。

目を覚まし扉を見ても　鍵はかかっている
恋人がどの扉から来て出ていくのか　誰もわからない

「どこから入って、どこから出て行くのか？　どの窓から見ているのか？」

この窓が信頼と呼ばれるものだ。

理屈の世界に生きている人が、物質よりも深いものを知ることは決してない。そういう人の生は、無意味なものとなる。金集めは上手かもしれないが、死ぬ時は財産全部を残して死に、瞑想を逃すことになるだろう。そういう人が、究極の富を獲得することはない。死ぬ時、あなたに付き添ってくれるのは瞑想だけだ。究極の富を手にするのは、内側に信頼の目がある人だけだ。

探求者には四つのタイプがあるという話をした。理屈でついて行く研究者、実践でついて行く探求者、愛でついて行く弟子、信頼でついて行く献身者の四つのタイプがある。

信頼は愛の頂点だ。まだ起こらないことが将来起こると信じる、それが信頼だ。信頼はすでに起こっているものからも生じる。この森羅万象にはすばらしい美がある。こんなにも美しい光が、こんなにも美しい音楽が……鳥の喉はみな、歌で満ちあふれている。どの木の葉にも美があり、どの星にも光がある。この森羅万象は、素晴らしいもので満ちあふれている、きっとその背後に、何かのエネルギーか何かがあるに違いない。

信頼とは、こうした色すべてを作り出す、何らかのエネルギーがあるに違いないと信じることだ。信頼とは、美がたくさん降り注いでいるところには、そうした美の源もきっとあるはずだと信じることだ。

これは理屈ではなく、因果の理論ではない——これは経験に基づく。それは、庭に近づき始めると、風に涼しさを感じることと似ている。庭がまだ見えていなくても、空気がひんやりしてくる。だから庭に近づいているのは明らかだ。意識していてもいなくても、足は正しい道を辿っている。距離は縮まっているし庭は近づいている。すると徐々に、風に乗って花の香りも届き始める……このジャスミンの香り、この月下美人の香り、このバラの香り……もう近くだとわかる。庭がさらに近づいているとわかる。庭はまだ見えていない、だが、もう庭があるのは間違いない。庭がなければ、この香りが漂うはずがない。この香りの源がどこかにあるはずだ、どこかで花が咲いているはずだ。そして庭に近づくにつれ、鳥の声が聞こえるようになる。今度は濃い影が、葉の生い茂った木があるとわかる。でなければ、こんなにたくさんの鳥の声が……このカッコーの声、きっとマンゴーの農園があるに違いない……。

信頼とは、あなたが受け取っているこのかすかな、ほのかな印の、その源があると受け入れることだ。師のそばに座っていると、マインドは喜び出す。雨がしとしと降り始め、ハートの中で蓮の花が咲き始める。すると、師のそばに座ってこうしたことが起こるなら、それ以上のことも起こると、こう思う。信頼が増す。

いつかあなたは私に出会うでしょう
まずはあなたの記憶の中に　身を投げさせてください

「いつかあなたは私に出会うでしょう……」
このフィーリングが信頼と呼ばれるものだ。

いつかあなたは私に出会うでしょう
まずはあなたの記憶の中に　身を投げさせてください

いつかこの胸の息苦しさを　あなたは壊してくれるでしょう
まずはあなたの光を　自分のものとさせてください

朝のような笑顔
心を豊かにするビャクダンのような香り
流れる涙は露の滴のように清らか
花に香りを与え　ハナバチに羽音を与える
私は心を躍らせる酒を飲み　自分をだまし続けた
いつか粉々になった私の夢を　あなたは形にしてくれるでしょう
まずはあなたの眠りを　自分のものとさせてください

いつかあなたは私に出会うでしょう
まずはあなたの記憶の中に　身を投げさせてください

私はあたかも無知のごとく岸に立ち
激しさを増す海は試練を与える
寄せては返す波が　私を支えようと押し寄せる
恐れ知らずの岸でさえ　その試練に大声を上げる
いつか愛ある波の上で　あなたに出会うでしょう
まずは動き続ける流れの途中を　自分のものとさせてください

いつかこの胸の息苦しさを　あなたは壊してくれるでしょう
まずはあなたの光を　自分のものとさせてください
夜は長くても　空には満点の星
四方八方に明かりが見える
息は細くとも　広大な希望
いつか夜遅く　あなたは私に出会うでしょう
まずは乱れ髪を　露で飾らせてください
いつかあなたは私に出会うでしょう
まずはあなたの記憶の中に　身を投げさせてください

いつかこの胸の息苦しさを　あなたは壊してくれるでしょう
まずはあなたの光を　自分のものとさせてください

四方八方にこうした印はある。こうした印は四方八方から見える。こうしたヒントを理解すること、それが信頼と呼ばれるものだ。理屈は盲目だ、論理は肉眼で見えるものを求める。たとえばバラが咲いていて、論理家にこう言ったとする。「ほら、何て美しい、完璧だ！」。すると論理家はこう言う。「どこに美があるって？　見せてくれ。美を手に取らせてくれ、触らせてくれ。重さを量らせてくれ。科学的な論理に基づく計量をさせてくれ。数学的な基準で検査をさせてくれ。論理的に分析させてくれ、でないと受け入れられない」と。これではどうしようもない。

こう言うのは、花が美しくないからではない——その花は美しい。だが美は、手にとって「どうぞ計ってください。持って行って検査してください」と言って論理家に渡せるような、肉眼的なものではない。

私はバウルの神秘家が歌った、素晴らしい歌を聞いたことがある。

ある哲学者がバウルのファキールにこう尋ねた。「あなたは神の歌をたくさん歌い、狂ったように踊るが、私には何も見えない。そのエクターラとハンド・ドラムを持って、誰のために踊ってるんだ？その曲は誰のために歌っているんだ？　誰の為のダンスなんだ？　自分にとっては何もかも、全くの空事だ。神性なんかどこにも見えない。涙を流し、恍惚として、気が狂っているのか？」

これが、バウルという名前の付いた由来だ——バウルとは気が狂った、頭がおかしいという意味だ。そのファキールはエクターラを弾き始め、歌を歌った。その曲は素晴らしかった——曲の内容はこんな感じだ。ある時金細工職人が庭に入って来て、庭師にこう言った。

「あんたはとても美しい花を育てるって、大勢の人が話をするのを聞いてな、今日は自分の試金石を持って来たんだ。これで試せば、どの花が本物でどれが偽物かがわかる」

バウルは言った。「この庭師がどんな顔をしたか想像してみなさい！　石に花をこすりつける人を！試金石で花の美しさは判断できない。金は繊細さに欠ける、金は粗野なマインドを持った人にしか影響しない。無神経な人には金が一番高価だが、彼らとは違って深い感性を持つ人がいる——彼らにとっては花が……たとえこの世の金を、あなたが全部持っていようと、一本の花の値段にはかなわない。なぜなら花は、生きた美だからだ」

そこで、バウルのファキールは言った。「この庭師が陥った状況は、お前が追い込んだこの状況と同じだ。『この神性がどこにある？　論理的に証明しろ』だって？　花は試金石では調べられないし、理屈で神を分析することもできない」

生は粗野なものではない。理屈は粗野なものしか把握できない。微細なものをつかむ、それが信頼と呼ばれるものだ。信頼は他に並ぶもののない次元だ。

いつかあなたは私に出会うでしょう……

「いつか覚醒の道上で　あなたに出会うでしょう」——これが、神が存在することへの信頼だ。なぜなら神はいるからだ！　花は、神は存在しているというメッセージを送っているし、この木漏れ日は、神が存在しているというニュースを伝えている。夜、星が踊り始めれば、私は神がいるというメッセージを受け取る。この生には、この存在には、こんなにも素晴らしい色と光の祝祭が、行なわれている。それは神の存在を伝えている。多くの祭りが生じるところには、どこかに見えない源があるに違いない。でなければ、祭りはとっくに終わっているはずだ。多くの踊りがあるところには、こうした踊りのすべての中心に、エネルギーの源があるはずだ。

いつかあなたは私に出会うでしょう
まずはあなたの記憶の中に　身を投げさせてください

信頼は、人生で最も価値あるものだ。生への信頼がある人には、あらゆるものがある。その人の生には神の影が落ちる。信頼がある人は、目に見えないものに強く心を動かされる。ハートには詩が生まれ、その人の存在の中で、笛が奏でられるようになる。その人の中で瞑想が開花し、信頼の人はサマーディに達する。その人の生は全うされる。

信頼のない人の生は、無意味なものとなる。論理を通じてしか機能しない人は、今日か明日、自殺せざるを得なくなる。だから三百年もの間、論理を追求してきた西洋人は、最後は自殺に至った。西洋の偉大な思想家であるアルベール・カミュは、こう書いている。

「私には、自殺は最も重要な哲学的問題のように思われる。なぜ人間は自ら命を絶たないのか。生きていくことにどんな意味があるのか。毎日起きて朝食を食べ、店に行き会社に行き、一日中仕事に励み——そして日が暮れ、またくたくたになる。食事をして寝て、また起きる。もしこれがすべてなら、私はもう充分に見てきた。もうたくさん、限界だ。なぜ同じ事を何度もする？　何が大事だというのだろう。もしこれがすべてなら、意義あるものは何もない」

理屈によれば、これで全部だ。理論から引き出される最終結論は自殺、信頼から引き出される最終結論は永遠の、不滅の生だ。選びなさい……どちらでも好きな方を選びなさい。あなたは思う通りにできる。信頼を捨て、理屈を選ぶ人は、神に反抗する人だと思ってはならない。そういう人は自殺をしているだけだ。

フリードリッヒ・ニーチェは「神が、究極の現実が死んだ」と宣言した日に死んだのではない。逆にニーチェの方が気が狂ったのだ。究極の現実が、誰かの宣言に従って死ぬと思うだろうか。だが、何かが起こったのは確かだ。究極の現実が死んだら、生には何の意味もなくなる。

ちょっと考えてごらん。神を排除することで、人は一緒に美もすべて排除し、愛をすべて排除し、祈りをすべて排除した。もうハートの寺院の鐘は鳴らないし、祈りの際の捧げ物もない。感謝の気持ちも——全部、取り除かれてしまった。生で価値あるものは、神という言葉をたった一つ削除するだけで、全部取り除かれてしまう。その後、何が残るかといったら——ゴミだ。あなたはゴミの山の上に座っている。そうなったら、どこに意味がある？　そうなったら、生はただのアクシデントだ。それなら今死のうと、明日死のうと同じことだ。生きることは臆病な行為となる。そうなったら意味はない。生き続けてどうするのか。不幸に耐えてどうするのか。なぜ、自分の手で命を絶たないのか――。

ニーチェは発狂した。そして今世紀は延々、狂気の道を辿っている。人々がニーチェを信じたからだ。


人の歴史で、信頼という言葉の意味を問い始めたのは、これが初めてだ。もはや信頼の体験がない。これが信頼の意味が問われている理由だ。

人々は、愛は何かと問い始めた。それは愛の体験がもはやないからだ。

人々が、光は何かと問い始めたら、それは間違いなく彼らが盲目だからだ。音楽は何かと問い始めたら、それは間違いなく耳が聞こえないからだ。それ以外の意味はあり得ない。それは私達の信頼が枯渇してしまったからに他ならない。私達は全く、何の信頼もなく生きている。

一言言っておくが、あなた方は寺院に行こうと、モスクに行こうと、グルドゥワラに行こうと、信頼もなく足を運んでいる。寺院に行くことに意味がないのは、信頼がないからだ。寺院に行くことは、決まりきった生活の、様々な活動の一つだ。みんなが行くから、自分も行こうというだけだ。行かなければ不都合が生じかねない。寺院に行けば、それに支えられて、とても敬虔な人だという世間の評判が保たれる。敬虔な人だという面目が保たれれば、それに伴って色々都合のいいことが起こる。もし敬虔な人だという体裁が粉々になったら、人々は怒り出し、困難の原因になりかねない。寺院に行くのはいい、それは演技だ、演じ続けるがいい。だがそれは信頼ではないと、はっきり自覚していなさい。寺院に向かう自分の足を見ても、そこにダンスはない。寺院から戻っても、目に喜びの涙はない。合掌して寺院で頭を垂れても、ハートは頭を垂れていない。

信頼は消えている。信頼が消えてしまったということは、神を見る目がなくなったということだ。だが消えてしまったものは、まだあなたの内側にある。信頼は、閉ざされて横たわっている。だが、信頼が開く可能性はある。信頼が開くところには――信頼が開いた衝撃、それがサットサングと呼ばれるものだ。その人を前にすると信頼のつぼみが開き、花となる、それが師と呼ばれる人だ。

三番目の質問

OSHO、なぜ愛には、炎の試練が与えられるのですか？

それは、愛にしか与えることができない。火の中に投げ入れられるのは、金だけだ。するとくずは燃え、金が残り、それは純粋な金となる。炎の試練が愛に与えられるのは、愛が燃えないからだ。燃えてしまうものは愛ではない。火の中に入れて残ったものが、精製された形の愛だ。その中のゴミは全部……あなたの愛にはたくさんのゴミがある。通常あなた方の愛は名ばかりの愛で、愛よりもゴミの方が多い。あなたの愛には憎しみも混じっている。あなたの愛は、すぐさま憎しみになりかねない。ちょっと前は愛だったものが、今は憎しみになっている。あなたは妻のために死んでもいいと思っていた。だが今は、妻の命を一瞬で奪いかねない。

こう考えてみるといい。さっきまであなたは、自分の妻のために完全に死んでもいいと思っていた。「君なしでは生きられない。君が死んだら僕も死ぬ。君は僕の人生だ」と口にしていた。ところが朝起きて、新聞や手紙に目を通していると、誰かが書いた妻宛の古い手紙があった。そしてそれが浮気だとわかった。あなたは妻への愛などすっかり忘れ、銃を手に取り妻を殺した。命を捧げようとしていた人を、あなたは殺した。愛が憎しみに変わるのに、どれだけかかるだろう？　短い手紙、いくつかの文字、紙に書かれた数行の文章——これだけで充分だ、これだけで愛は消えてしまう。

あなたの愛が嫉妬に変わる速さといったら、あっという間だ。誰かとあなたの妻が、笑って話しているだけで充分だ。火はそれだけで付く。あなたの愛は名ばかりの愛だ。あなたは愛の名を語っておきながら、誰かを自分のものだと証明しようと、躍起になっている。夫は妻を、完全に支配化におきたいと思っている。何世紀にもわたり、夫は自分が神であると証明しようとした。夫は自ら、夫は神だと言う。その愚かさがわかるだろうか。


ムラ・ナスルディンは、ある日町に行って、人前で堂々とこう言った。

「ワシの妻より美しい女は、この世にいない！」

町にいた人々はあっけに取られた。彼らはこう言った。「誰がそう言ったんだ？」

「ワシの妻だよ」


夫が自分で神だと公言することに、何の価値があるだろう。女性は肉体的に男性よりデリケートだ。だから夫は妻に服従を強いた。妻は無理やり服従させられてきた。

インドの女性は夫宛の手紙に「あなたの奴隷」と署名する。とはいえ、妻がこう言うのは手紙の中だけで、後の二十四時間は五分五分だ。実際の状況はこれとは別だ。女性は体力的には男性と戦えない。だから男性よりも巧妙な戦い方をした——それはとても巧妙な方法だ。女性はそのように戦わなくてはならなかった。

男がどのようにして多くの武器を発明したか、知っているだろうか――男は刀を発明し、銃や爆弾や槍を発明した――それはなぜか？　それは男に動物にあるような力がないからだと、科学者等は言う。もし人間がライオンと戦うことになったら、いくら勇敢でもライオンには勝てない。ライオンじゃなくても、シェパードに追いかけられれば、頭は真っ白になり、虚勢をすっかりなくして、人は無力な子供のようになる。

動物に比べれば人間は無力だ。人間にはものを引き裂く爪もなければ、生肉をかむ歯も、骨を噛み砕く歯もない。つまりこの無力さが原因で、人間は武器を発明した。それは爪や牙の代用品に過ぎない。動物には爪がある、それとバランスを取るために、私達は長い槍を、ナイフや刀を発明した。だが、たとえ刀を持っていても、まだ恐れはある。ライオンの前で刀を持って立っても、震えが止まらず刀を落とすかもしれない。


ムラ・ナスルディンはハンティングに出かけた。ムラは木の上の展望台にちゃんと座っていたが、ライオンが来ると、ムラはおじけづいた。ムラは木の上にいたが気絶した。完全に意識を失った。友人が苦労して展望台からムラを下ろし、水をかけ、ブランデーを飲ませると、どうにかムラは意識を取り戻した。友人達は言った。「ナスルディン、何でそんなに恐がるんだよ、銃を持ってるっていうのに」

ムラは言った。「銃に何ができるっていうんだ？　とにかく恐くて、銃が手から落っこっちまって、銃が落ちた時に気絶したんだ」

離れた場所から武器が使えるように、人間は矢を発明した。それから、さらに遠い場所から弾を打てるライフルを発明し、それ以来、獲物に接近する必要がなくなった――人々はそれを娯楽のハンティング、気晴らしの狩猟だと言う。恥ずかしいと思わないのだろうか？　木にしつらえた展望台に座って、武器も持たない無力な動物に向かって、銃を撃つなんて。しかも彼らはそれを娯楽だと、気晴らしのための狩猟だと言う。とはいえ、ライオンが人に飛びかかっても、ライオンは気晴らしで狩りをしたとは言わない。

人間は弱い。だから武器を発明した。そして全く同じ状況が、男と女の間に起こった。男性は女性よりも強い。女性よりも少し背が高いし、女性より筋肉が付いている。男性の方が強い。女性よりも骨が太く、女性を虐げることができる。だから女性は、巧妙な手段を考え出した。男性が反撃できない方法を考え出した――たとえば夫が家に帰る、すると妻が髪の毛をかきむしって、わあわあ泣いている。すると男性は考える。泣いている女を叩くのは良くないと。女性の涙は武器、巧みな手段だ。となると、あなたは頭を下げることになる。妻にアイスクリームを買わざるを得なくなる。もしくは家に着いた時に、すでにアイスクリームと花束を持っている人もいる。彼らはすでに土産を用意して帰宅する。

ある皇帝が一つの声明を出した。最初に皇帝は宮廷人にこう訊いた。「この中に、これから言う条件を満たせるものがいるか――正直に答えるように。妻を恐れている者は片側に、妻を恐れていない者は別な側に立ちなさい」

たった一人の例外を除いて、宮廷人達はみな動かず、立ったままだった。その男は、皇帝が全く思いもしない人だった。その男はしわくちゃで、よぼよぼで、宮廷人の中では最も可能性が低そうな人だった。その男はもう一方の側へ移動した。皇帝は言った。

「これは驚きだ。だがまあいい、少なくとも我が宮廷には、妻を恐れない者が一人はいるわけだ」

その男は言った。

「お言葉ですが、それは誤解です。私が家を出る時、妻に『人込みに紛れないように』って言われたんです。皆さんあちら側に立っているんで、あそこで一緒に立っているのを妻に見られたら、具合が悪いんです。それでこちらに立っている次第です」

皇帝は宮廷人の一人にこう言った。

「となると、他の王国でも状況が同じかどうか、調べなくてはならん。もしうちの宮廷がこうなら、他の王国もみなこうなってしまうのか?」。そして皇帝はこの男に言った。

「町にある家を全部尋ねて回って、妻を恐れない男を見つけるんだ――嘘をついたら厳罰に処すと言え。本当のことを言わなければだめだと。こいつは妻を恐れない、絶対に間違いないと思う者がいたら、この美しい馬を連れて行け――その馬はカブールから連れてきた白馬だ。王様の馬屋から連れてきたとても貴重な、高価な馬だった――そうしたら、この白馬をプレゼントしてやれ。これは私からのプレゼントだ」

その宮廷人は家々を歩いて回ったが、質問された人はみなこう言った。「嘘など言いたくありません、誰も罰を受けたくありませんからね。妻を恐れているのは事実です、でも誰にも言わないで下さい。王様が知りたいと言うなら、包み隠さず言わざるを得ません――私は妻を恐れています」

公使は、探し疲れてくたくたになった。馬を獲得できる者は、一人も見つけられなかった。そしてこの公使もこう思った。「自分だってこの馬はもらえない、なのに他の人が見つかるだろうか?」

公使は、皇帝も馬をもらえないことに気づいた。なぜなら皇帝は、真の支配者である女王を恐れていた。そのことを誰もが知っていたからだ。王様は女王の操り人形に過ぎなかった――王様は女王に、右に倣えだった。妻を恐れない男は一人も見つからないのか? 人間はここまで落ちてしまったのか?

男気のある男は一人もいないのか？

遂に公使はある小屋に来て、まるでモハメッド・アリのような男を見つけた。男はとても筋肉質で、大きな手をし、二メートル以上あり、片や男の妻はガリガリに痩せていた。公使は、「この男ならきっと……」と思った。

公使は言った。「勝利はお前のものだ……お前は妻が恐いか？」

男は筋肉を見せてこう言った。「これを見ろ！」

王様の使いは言った。「すごい筋肉だ、見てるだけで怖気づいてしまう」

男は手を開き、拳を作ってみせてこう言った。「この手で首を絞めたら……一巻の終わりだ」

すると王様の使いは言った。「わかった。このような男に会ったら、馬をプレゼントするようにと、王様に言われている。王様には黒と白の二等の馬がいる。どちらも最上で高価な馬だ。白い馬と黒い馬のどちらがいい？」

すると男は後ろを向いて言った。「ラルーの母さん、どっちにする、白か黒か？」

男の妻は言った。「黒」

それを聞いた王様の公使は、こう言った。「もう、どちらの馬もダメだ」

どちらにするかを決めたのは、男の妻だった。この筋肉も拳も何もかも——全く役には立たない。


女性は男性と戦う巧妙な方法を発見した。男は怒ると女を殴り、女は怒ると自分を傷つける。自分の頭を壁にぶつける。女性の戦い方は、実にガンジーのように非暴力的だ。もしくは、子供を殴りつける——ラルーが叩かれる。すると夫はこう考える。「あんなことをして何になるっていうんだ。憂さ晴らしに子供を叩くなんて。黙っていた方が良かった」と。

あなた方の愛は、戦いの連続だ。女性は男性をコントロールしようとし、男性は女性をコントロールしようとしている。このように小さな愛の園は、決して根を伸ばさない。

愛は炎の試練を経なくてはならない。愛が精製されると信頼になる。師のところに行くと、師は様々な方法で、その人の愛を試す。

さきほど言ったように、多くの人がこのテストから逃げ出す、彼らは試練と向き合う準備ができていない。メラメラと燃える炎を通り抜けようとする勇気を持つ者は、ほんのわずかだ。その火を通っていけない者達が清められる可能性は、浄化される可能性はない。そういう人は、神にふさわしい人にはなれない。

あなたは無情ではない　無慈悲ではない
なぜ運命があり　それから試練があるのか
あなたの笑いと私の涙が　私にはわからない

そこには空にきらめく星があり　ここでは露の滴が地に落ちる
そこでは愛のダンスに雨雲が集まり
ここではチャタック鳥が　神の滴に恋焦がれる
あなたに触れてもらおうとそわそわし　風は林の中で震え　渦巻く
なぜ運命があり　それから試練があるのか
あなたの笑いと私の涙が　私にはわからない

闇の覆いを引き裂き　姿をお見せ下さい　我がハートを奪いし人よ
ご自身の手で　花びらから真珠をお摘み下さい
それをあなたに差し上げます
世間の目は末永く　それを尊ぶでしょう
なぜ運命があり　それから試練があるのか
あなたの笑いと私の涙が　私にはわからない

このこらえたため息がいつ　あなたの耳の穴に届くのかわからない
誰もその日を知らない　ああ愛しき人よ
私が我が道を辿り　あなたの許に至るのはいつなのか

日の光が水平線からこう宣言する
あなたは無情ではない　無慈悲ではないと
なぜ運命があり　それから試練があるのか
あなたの笑いと私の涙が　私にはわからない

信頼し続ければ、信頼の道を前進し続ければ、空からの光はこういい続けるだろう。
「心配せず進み続けなさい。これは愛を清め、浄化するために必要なプロセスだ」と。

あなたは無情ではない　無慈悲ではない

神は冷酷でも無慈悲でもない。だが愛には、炎の試練が与えられなくてはならない。愛はこの炎の試練を経ない限り、信頼にならないからだ。

愛は花のようなもの、そして信頼はこの花の香りだ。その時、花に付いたわずかな土も消えている。それは純粋な香りだ。香りが空中に上るのと全く同じように、お香《こう》の煙が空に上っていくのと全く同じように、その花の香りも上っていく。花が落ちると、花は地に落ちても香りはまだ上っている。線香は地に落ちても、香りを乗せた煙は空中に上っていく。

愛は地に向かって落ち、信頼は空へ向かって昇っていく。世界中の言語で「誰それが恋に落ちた、恋に落ちている」と言われるのは、そのためだ。恋愛している時、私達は地に落ちる。愛の流れは下降して、下に向かっている。愛とはまさに、流れる水のようなものだ。水は凹地から、凹地へ流れる、下へ下へ、下へ下へと……。信頼とは、蒸気となった水のようなものだ。それは上昇していき、空に垂れ込める雲となる。蒸気は水になるとすぐ、再び地上に天下り、水は蒸気になるとすぐ、再び空中に立ち上る。

炎をくぐり抜けた愛は、蒸気と化す。火を経た水が蒸気になるのと全く同じように、愛を火で試すこともこれと全く同じだ。

　私達の愛から始まり　その頂点に至るまで
　私が耐えたものをすべて　あなたは聞いていてきたに違いない

人はたくさんの試練を経験する。

私達の愛から始まり　その頂点に至るまで……
愛の始まりからその実現に至るまで、人はたくさんの試練を経験する。

私達の愛から始まり　その頂点に至るまで
私が耐えたものをすべて　あなたは聞いてきたに違いない

帰依者達の話を読んでみなさい。その帰依者達の物語を読んでみなさい。彼らがどんな苦悩を経験し、どれだけの涙を流し、どれだけ泣き、どんなに待ち望み、どれだけの試練を経験しなければならなかったかがわかるだろう。だが、こうした赤々とした燃えさしの上を歩かない限り、神の寺院に辿り着くことはない。それにはこの条件を満たさなければならない。

覚えておきなさい、存在は無情でも無慈悲でもない。実際、存在がこうした試練を与えるのは、親切心からだ。もっと厳しい試練が与えられたら、それをありがたいと思いなさい。それを喜びなさい。それは信頼されている証拠だ。師は、何かが起こると、固く信頼している弟子しか試さない。信頼のない人は試さない。愛を試される人は幸いだ。

日の光が水平線からこう宣言する
あなたは無情ではない　無慈悲ではないと
なぜ運命があり　それから試練があるのか
あなたの笑いと私の涙が　私にはわからない

いつかは、運命を秤りにかけなくてはならない。愛の涙を秤りにかけざるを得ない。愛の笑いも秤りにかけることだ。愛も秤りにかけざるを得ない。愛の途上には無数の困難があり、無数の岩がある。だがそれを登って行くことで、いつかヒマラヤの頂上に、生の頂に到達する。そこでは生の頂が月や星と話をし、雲と対話をしている。

ウパニシャッドは、紛れもない生の頂で誕生した。その頂の上でゴラクの言葉が生まれ、仏陀の言葉が生まれ、ヴェーダが生まれ、コーランが歌われた。それらは愛の頂に他ならない。その峰々は最も純粋な愛の形だ。その名前が信頼だ。心配せず、恐れず、前進し続けなさい。

私はあなたの愛の祝福を得ようと　決心しました
私を無視しても結構です
でも私のハートが　あなたを忘れた時があったでしょうか?
渇きを恐れ　私は炎を握った
悲しみの中で　ヴィーナを慈悲の音楽で満たすべく
私は悲しげなメロディーを奏でます
私はあなたのメロディーの本質になろうと　決心しました
私はあなたの愛の祝福を得ようと　決心しました

それは口元まで出られず　目から出て行った
川の中ほどで混乱している波は

どんどん押し寄せ　岸を引き裂こうとし
その炎は蛾を焼くよりも　炎そのものを包み込む
私はその呪いを取り除く人になろうと　決心しました
私はあなたの愛の祝福を得ようと　決心しました

それを花だと思ったつるが　恍惚として棘にキスをした
ここには心を疼かせる記憶の棘があり
そこには笑いながら揺れる棘がある
この棘の園のどこに　幸せの花が咲くというのか？
私はあなたの知恵の影になることを　決心しました
私はあなたの愛の祝福を得ようと　決心しました

別離の苦悩の中で　合一は静かに燃え
喜びに満ちた涙の滴は生き永らえ　私のため息に付き添う
過ぎ去った年月の痛みは壊せない

私はこの夢のような瞬間と　一つになる決心をしました
私はあなたの愛の祝福を得ようと　決心しました

炎の試練は訪れる。試練を受け入れなさい。チャレンジは訪れる。チャレンジを受け入れなさい。それを受け入れなさい。嵐が吹くかもしれないが、それに対し心を開きなさい。そして内側に次の言葉をしっかりと鳴り響かせなさい。

私はこの夢のような瞬間と　一つになる決心をしました
私はあなたの愛の祝福を得ようと　決心しました

四番目の質問

ＯＳＨＯ、私はインドの古典音楽が大好きです。でも近所の人は古典音楽が嫌いで、妻も子供も家族の他の者も嫌いです。どうしたらいいでしょうか？

誰もがインドの古典音楽の良さをわかるものではない。それを人に期待することも間違っている。古典音楽には別種の感受性、別種の受容性が必要だ。とてもデリケートで、美しいメロディーのように洗練された、詩的なハートが必要だ。

古典音楽は、あるがままの自分でいても楽しめる、ポピュラー映画音楽のようなものではない。インドの古典音楽はサダーナ、精神修養だ。それは、あるがままの自分でいては理解できない。それには自分を変えなくてはならない。古典音楽はチャレンジだ。それは何年も努力をし、修行を積んで初めて、楽しんで聞けるようになる音楽だ。それは近所の人の落ち度ではないし、家族の落ち度でも、あなたの奥さんの落ち度でもない。あなたが選んだのは実に厄介なものだ。

こんな話を聞いたことがある。ムラ・ナスルディンが友人の音楽家を夕食に招き、こう言った。「一緒にタブラ奏者を連れて来て、楽器を全部持って来いよ。夕食が終わったらコンサートをしよう」友人の演奏家は少々驚いた。友人はムラにインドの古典音楽への鑑識眼があったとは、夢にも思わなかった。ムラはそれまで全く興味を示さなかったのに、突然、古典音楽への愛であふれんばかりになっている！　そこで演奏家は充分練習をして、ムラの家にやって来た。演奏家は楽器を持参し、友人の演奏家を全員連れて来た。夕食の準備ができ、グラスにはワインがつがれ、夜遅くまでおしゃべりが続いた。演奏家達は、コンサートをいつ始めるのだろうと、少々不思議に思っていた。ほとんど夜中になっていたが、ムラはまだあれこれと忙しかった。

演奏家達は「ムラ、音楽は……？」と何度か訊ねたが、ムラは「ちょっと待ってくれ。しかるべき時に始めるよ。何でも時ってものがあるだろ」と言った。

そして真夜中になり、何もかもがシーンとし、近所に住む人も皆、寝静まり、通りの人の往来もなくなるとムラは言った。「さあ、おまちかね。今からコンサートだ。これで心置きなく古典音楽を楽しめるぞ」

演奏家は言った。「だけど、近所の人はもう寝てるぞ。奥さんの子供も、家族の人だって寝てる。古典音楽は迷惑なんじゃないか？」

ムラは言った。「大丈夫だって。どこが迷惑なんだ？　近所の犬が鳴き止まなくたって、ワシは一言も文句を言ったりしない。ワシは犬を飼ってないから君を呼んだんだ。演奏を始めてくれ。心から音楽に没頭してくれ。気兼ねなんか要らない、遠慮はいらない。さあ、生涯学んできたことを……たとえ犬がいなくても、ワシに古典音楽家の友人がいるってことを今夜、皆にもよーく知らせてやるんだ」

と、こんな人々もいる。ムラがある演奏会に行った時のこと、歌手が「アアアアー」と歌い出すと、ムラは泣きだし、ぼろぼろと涙をこぼした。

隣の席に座っていた人がムラに言った。「ナスルディン、お前がそんなにクラシックが好きだなんて知らなかったよ」

涙をぼろぼろとこぼしながら、ムラは言った。「クラシックがどうこうじゃない、うちのヤギが死ぬ前、ちょうどこんな風に鳴いてたんだ。こいつも、ワシのヤギと全く同じように『アアアー……アアアアー……』って言いながら死ぬぞ。あの時ワシも、うちのヤギがクラシックを歌ってると思ったが、朝になったら死んでたよ」

あなたが選んだのは実に厄介なものだ。

そうした以上、可能性は一つしかない。ダイナミック瞑想かクンダリーニ瞑想を始めなさい。そうしたら、近所に住んでいる人は自分からこう言うだろう。「それより古典音楽の方がましだ。あんたのかけた音楽の方がずっとひどい。いったいこいつは、どういう音楽だ?」

あなたの質問への、これが私からの提案だ――これは前に効果があった処方箋だ。これがこの処方箋を与える根拠だ。「フー! フー! ハッ! ハッ!」と声を上げて、熱心にダイナミック瞑想を始めなさい。そうすれば近所の人がやって来て、祈るようにこう言うだろう、「古典音楽の方がましだ……」と。

それ以外の解決策はない。あなたが選んだのは実に厄介なものだ。今が古典音楽の時代かね? 近所付き合いを捨てるか、ひとりでどこか他のところに行きなさい。どこかひとりで座りなさい。そこで古典音楽の勉強をしなさい。また、もし何か捨てる必要があるのなら、近所付き合いを捨てなさい。なぜなら、音楽はとても貴重だからだ。音楽のために何かを犠牲にするなら、是非そうしなさい。家族を犠牲にしなくてはならないなら、犠牲にしなさい、だが音楽を捨ててはならない。本当に音楽を楽しんだら、それは瞑想に、サマーディーになり得る。

音楽は最も簡単な瞑想法だ。音楽と一つになれる人は、他に一つになる方法を探す必要はない。音楽は素晴らしい中毒だ。音楽は究極のワインだ。もっともっと音楽に溶けていけば、思考は去って行きエゴは消える。音楽を瞑想と捉えなさい。

だが、他の人を苦しめてもいけない。他の人があなたの瞑想の犠牲になっているなら、それも良いことではない。譲歩しなさい。妻があなたを愛していたら、子供があなたを愛していたら、徐々にあなたの音楽への愛も生まれるだろう。徐々に、徐々に音楽を教えなさい。一度にではなく、ゆっくりゆっくり彼らの中に、音楽を嗜好する心を目覚めさせなさい。音楽を嗜好する心が眠っている人を見つけるのは、とても大変だ。音楽を嗜好する心は、必ず誰にもある。これが、インドの人が神を言葉、シャブダと呼び、音、スヴァーラと、オンカール、音なき音と呼んだ理由だ。なぜなら人間は、一人一人が音から作り出されるからだ。音は私達の心の奥底で鳴り響いている。鳴らさなくても音が響いている。オームの音が生じている。だから内側のどこにも、音楽の生まれる可能性がない人を見つけるのは難しい。それは極めて難しい。だが徐々に徐々に、その可能性を呼び起こしなさい。焦らずゆっくりと、彼らにその可能性を開く準備をさせなさい。だが音楽を捨ててはならない。

音楽に興味がある人は、音楽は捨てられなくても、それ以外のものは捨てられる。音楽そのものがあなたのサニヤスになるなら、そうしなさい。それぐらいの勇気は必要になる。あらゆるものを賭ける勇気が必要になる、それだけの勇気があって初めて、何かを人生で得ることができる。そうしたら、あらゆるものは二の次になる。もしそれがあなたの実存の声なら、その声に従いなさい。
これが、私があらゆることについて話す理由だ。たとえ演奏家ではなくても、音楽の話もしなくてはならない。ディーパック・ラーガも知らなければ、ラーガ・トーディも、ラーガ・ビラヴァルもヴィランビットも――何も知らないが、私は究極の音楽を聞いたことがある。あらゆる音楽が消え、ナナクがエク・オンカール・サトゥナム、オームの音だけが真実だと語ったその音楽を、私は聞いた。これが音楽の話もしなくてはならない理由だ。音楽好きの人が来たら、私はその愛を通じて究極の現実へと、その人を連れて行かざるを得なくなる。
私はあなたを、自己の本質から切り離したくはない。何も押し付けたくはない。あなたの中にある自発的で自然なものが、開花して欲しい。それが花をつけて欲しいと思っている。

最後の質問

OSHO、私はあらゆることに不満があります。満足感が得られるよう、自分も何か達成できないものでしょうか？

達成という言葉で考える限り、満足感は得られない。不満は他でもないこの「達成」という言葉から生じている。何を成し遂げたらいいかと言う限り、不満な状態が続くだろう。すでに自分にあるものを祝う時、満足がある。不満は欲望の中にある。自分にないものを得ようとする熱意の中にある。しかも、あなたにないものはたくさんある。ないものを見つけようとして探し回る人は、永遠にさまようことになるし、また決して何も達成できないだろう——そういう人が満ち足りることは決してない。人生は変わらず、生きることがつらいという不満が残るだろう。

それは間違っている。あなたにあるものは、小さなものではない。あなたには生が与えられている。この生を与えてくれた存在に、感謝したことがあるだろうか。この生を買いに行くとしたら、いくらなら払ってもいいと思うだろうか。この目、この赤々と燃える灯火を、存在はあなたに与えた。その目であなたは、この世にある多くの美しいものを見てきた。朝日を見、無数の星が瞬く夜を見てきた。こんなにも素晴らしい目を与えてくれた存在に、感謝したことがあるかね？　目があるのは大変な奇跡だ！

なのにあなたは感謝したことがない。

あなたはその耳で音楽を聞いてきた。そのことに感謝して、頭を下げた時があっただろうか。存在はこの感性豊かなハートをあなたに与えた。そのことに感謝して神の足元で、わずかでも涙を流した事があるだろうか——祈りの涙を、崇敬の涙を流したことがあるだろうか。

満足とは、自分にはすでに、もらうに値する以上のものがあるという意味だ。自分はそれにふさわしくもないし値もしない、なのに存在はたくさんのものを与え続けてくれた——こうした理解が、満足と呼ばれるものだ。そして満足のある人は、さらに多くのものを与えられる。

イエスの言った言葉で、非常に素晴らしいものがある。私は何度となくその言葉を思い出すのだが、それは世にも珍しい、比類のない、理屈を遥かに越えた言葉だ。

イエス曰く「すでにある者〝*one who has*〟にはさらに与えられ、ない者〝*one who has not*〟は、仮に僅かなものがあっても取り上げられる」と。

これはとても逆説的な発言、逆転だ。これのどこが筋が通っているのだろう？ある者達にはさらに与えられ、ない者達は持っているものを取り上げられてしまう。これのどこが正義なのだろうか？　これはとても不公平のようだが、違う、これは不公平ではない。これは生の究極の法則だ。つまり、ある人は受け取るキャパシティーが増すということだ。ある人はさらに扉を開ける。さらに熱心になりさらに興味を持つ。ある人には以前よりも強い憧れがある。

ない人は萎縮している。萎縮して縮み上がっているために、その人の内側にあるものさえも、逃げ出そうとして落ち着きをなくし始める。

満足のある人は、もっともっと祝福が与えられる。毎日、さらに多くの祝福が与えられる。そして満足のない人は——不平不満を言い、泣きながら、つらい身の上話を語り続ける人は萎縮し、収縮し、内側にあるものも失われることになる。

「私はあらゆることに不満があります」とあなたは言っているが、それは自然なことだ。誰もが不満を持っている。人間とはそういうものだ。人間のマインドとはそういうものだ——あらゆることに不満がある。

さあ、これから言うことを理解しなさい。つまり、あなたにはずっと不満があった。だが、それで何を得たというのだろうか。あなたは不満を募らせてきた。あなたはこれからも、ずっと不満なままだろう。死がやって来る日まで不満を抱えて生き、不満を抱えて死ぬだろう。これからは別な技法を学びなさい。その技法の名は満足、もしくはサニヤスと呼ばれるものだ。この二つは同義語だ。

サニヤスは満足を意味する——「どんなものも、これだけあれば十二分だ。たくさんは必要ない。自分にある色々なものが、なぜ与えられているのか不思議だ。それは自分で得たものじゃない。自分はとてもそうしたものには値しないし、ふさわしくない。全部あなたがくれたもの、あなたのプレゼントだ！

私は感謝しています、ありがたく思っています」
踊りなさい。足首に鈴を付けて、太鼓を鳴らしなさい。踊るのだ！　感謝の気持ちを込めて踊りなさい。踊れば、もっともっとたくさんのプレゼントが、毎日届けられることがわかる。感謝の気持ちがさらに深まれば、存在の好意はさらにあなたに、降り注ぐようになる。もし今が霧雨だったら、いずれ滝のような至福の雨が降り注ぐだろう。

この大地のベッド　この青空のシェルター
これ以上何が欲しい？　ああ満ち足りたハートよ

黄金の傘さながら頭上にある太陽
月がドレスと　銀のネックレスを着せる
夜明けは歓迎を示して光の壷を持ち
夕暮れは私を星で飾り立てる
太陽と月の宝石　星のブレスレッド
これ以上何が欲しい？　ああ祝福されしハートよ

甘い春はカッコーの歌にあわせハミングをし
夏の午後は恋人達のランデブーとなる
雨の中でパピハ鳥がピア　ピアと鳴き
冬の月明かりは甘い愛を浴びせる

季節の流れ　時のゆりかご
これ以上何が欲しい？　ああ優しきハートよ

新芽はシルクの衣をなびかせ
つぼみは我が生を喜びで満たす
色とりどりの花の雨　ほのかな香りが舞い
このサフランのそよ風が　我がハートに波紋を立てる
春の園に花が咲き　地平線を芳香で満たす
これ以上何が欲しい？　ああ情熱的なハートよ

色鮮やかな羽の鳥が　耳元で秘めごとをささやく
フールスンギの花が　小さな丸い池で生を授け
ジャルクンビの葉が揺れ　さざめく
この鳥の飛行　この風にそよぐジャルクンビ
これ以上何が欲しい？　ああ手に負えないハートよ

この大地のベッド　この青空のシェルター
これ以上何が欲しい？　ああ満ち足りたハートよ

あなたは祝福されている！　それ以上何が欲しい？

太陽と月の宝石　星のブレスレッド
　これ以上何が欲しい？　ああ祝福されしハートよ
あなたはたくさんのものを与えられてきた。だがエゴのせいで見えない。さあ、エゴを放しなさい。
「どうしたらいいか？」と問うなら、エゴを死なせなさい！
死ね　ヨギよ死ね！　死ね　死は極楽だ
ゴラクが受け入れ　覚醒した死に方で　死ね

今日はこの辺にしよう。

探求の詩（うた）

二〇十一年二月十三日　初版第一刷発行

講　話■ＯＳＨＯ
翻　訳■スワミ・プレム・グンジャ
照　校■スワミ・アドヴァイト・パルヴァ
　　　　スワミ・ニキラナンド
装　幀■スワミ・アドヴァイト・タブダール
発行者■マ・ギャン・パトラ
発行所■市民出版社
〒一六八―〇〇七一
東京都杉並区高井戸西二―十二―二〇
電　話〇三―三三三三―九三八四
ＦＡＸ〇三―三三三四―七二八九
郵便振替口座：〇〇一七〇―四―七六三一〇五
e-mail：info@shimin.com
http://www.shimin.com
印刷所■シナノ印刷株式会社
Printed in Japan
ISBN978-4-88178-190-6 C0010 ¥2500E

付　録

●OSHOについて

OSHOの説くことは、個人レベルの探求から、今日の社会が直面している社会的あるいは政治的な最も緊急な問題の全般に及び、分類の域を越えています。彼の本は著述されたものではなく、さまざまな国から訪れた聴き手に向けて、35年間にわたって即興でなされた講話のオーディオやビデオの記録から書き起こされたものです。OSHOはロンドンの「サンデー・タイムス」によって『二十世紀をつくった千人』の一人として、また米国の作家トム・ロビンスによって『イエス・キリスト以来、最も危険な人物』として評されています。

OSHOは自らのワークについて、自分の役割は新しい人類が誕生するための状況をつくることだと語っています。彼はしばしば、この新しい人類を「ゾルバ・ザ・ブッダ」――ギリシャ人ゾルバの世俗的な享楽と、ゴータマ・ブッダの沈黙の静穏さの両方を享受できる存在として描き出します。

OSHOのワークのあらゆる側面を糸のように貫いて流れるものは、東洋の時を越えた英知と、西洋の科学技術の最高の可能性を包含する展望《ヴィジョン》です。

OSHOはまた、内なる変容の科学への革命的な寄与――加速する現代生活を踏まえた瞑想へのアプローチによっても知られています。

その独特《ユニーク》な「活動的瞑想法《アクティブメディテーション》」は、まず心身に溜まった緊張《ストレス》を解放することによって、思考から自由でリラックスした瞑想の境地を、より容易に体験できるよう構成されています。

●瞑想リゾート／ＯＳＨＯメディテーション・リゾート

ＯＳＨＯメディテーション・リゾートは、より油断なく、リラックスして、楽しく生きる方法を、直接、個人的に体験できる場所です。インドのムンバイから南東に約百マイルほどのプネーにあり、毎年世界の百カ国以上から訪れる数千人の人びとに、バラエティーに富んだプログラムを提供しています。

www.osho.com/resort.

●より詳しい情報については：http://www.osho.com

数ヶ国語で閲読できるウェブ・サイトにはメディテーション・リゾートのオンライン・ツアーや、提供されているコースの予定表、書籍やテープのカタログ、世界各地のＯＳＨＯインフォメーション・センターの一覧、ＯＳＨＯの講話の抜粋が含まれています。

Osho International New York E-mail ; oshointernational@oshointernational.com

http://www.osho.com/oshointernational

●「新瞑想法入門」 発売／市民出版社（Meditation: The First and Last Freedom）

もし瞑想についてもっとお知りになりたい場合は、「新瞑想法入門」をご覧下さい。この本の中で、ＯＳＨＯは彼の活動的瞑想法や、人々のタイプに応じた多くの異なった技法について述べています。また彼は、あなたが瞑想を始めるにあたって出会うかもしれない、諸々の経験についての質問にも答えています。

この本は英語圏のどんな書店でもご注文頂けます。（北アメリカの St. Martin's Press や英国とその連邦諸国の Gill & MacMillan から出版されています。また、他の多くの言語にも翻訳されています。

ご注文は http://www.osho.com 又は、日本語版は市民出版社までお問い合わせ下さい。（tel 03-3333-9384）

日本各地の主なOSHO瞑想センター

OSHOに関する情報をさらに知りたい方、実際に瞑想を体験してみたい方は、お近くのOSHO瞑想センターにお問い合わせ下さい。

参考までに、各地の主なOSHO瞑想センターを記載しました。なお、活動内容は各センターによって異なりますので、詳しいことは直接お確かめ下さい。

＜東京＞

OSHOサクシン瞑想センター　Tel & Fax 03-5382-4734
マ・ギャン・パトラ　〒167-0042　東京都杉並区西荻北1-7-19
e-mail osho@sakshin.com　http://www.sakshin.com

OSHOジャパン瞑想センター
マ・デヴァ・アヌパ　Tel 03-3703-0498　Fax 03-3703-6693
〒158-0081　東京都世田谷区深沢5-15-17

＜大阪、兵庫＞

OSHOナンディゴーシャインフォメーションセンター
スワミ・アナンド・ビルー　Tel & Fax 0669-74-6663
〒537-0013　大阪府大阪市東成区大今里南1-2-15 J&Kマンション302

OSHOインスティテュート・フォー・トランスフォーメーション
マ・ジーヴァン・シャンティ、スワミ・サティヤム・アートマラーマ
〒655-0014　兵庫県神戸市垂水区大町2-6-B-143
e-mail j-shanti@titan.ocn.ne.jp　Tel & Fax 078-705-2807

OSHOマイトリー瞑想センター　Tel & Fax 0797-31-5192
スワミ・デヴァ・ヴィジェイ
〒662-0026　兵庫県西宮市獅子ヶ口町1-16 夙川ラムヴィラ104
e-mail ZVQ05763@nifty.ne.jp

OSHOターラ瞑想センター　Tel 090-1226-2461
マ・アトモ・アティモダ
〒662-0018　兵庫県西宮市甲陽園山王町2-46　パインウッド

OSHOインスティテュート・フォー・セイクリッド・ムーヴメンツ・ジャパン
スワミ・アナンド・プラヴァン
〒662-0018　兵庫県西宮市甲陽園山王町2-46　パインウッド
Tel & Fax 0798-73-1143　http://homepage3.nifty.com/MRG/

OSHOオーシャニック・インスティテュート　Tel 0797-71-7630
スワミ・アナンド・ラーマ　〒665-0051　兵庫県宝塚市高司1-8-37-301
e-mail oceanic@pop01.odn.ne.jp

<愛知>

OSHO 庵瞑想センター　Tel & Fax 0565-63-2758
スワミ・サット・プレム　〒 444-2326 愛知県豊田市国谷町柳ヶ入２番
e-mail alto@he.mirai.ne.jp

OSHO 瞑想センター　Tel & Fax 052-702-4128
マ・サンボーディ・ハリマ
〒 465-0058　愛知県名古屋市名東区貴船 2-501 メルローズ 1 号館 301
e-mail: dancingbuddha@majic.odn.ne.jp

OSHO フレグランス瞑想センター　Tel & Fax 052-773-5248
スワミ・ディークシャント、マ・デヴァ・ヨーコ
〒 465-0024　愛知県名古屋市名東区本郷 2-95 南部マンション 301
e-mail: info@osho-fragrance.com http://www.osho-fragrance.com

<その他>

OSHO チャンパインフォメーションセンター　Tel & Fax 011-614-7398
マ・プレム・ウシャ　〒 064-0951　北海道札幌市中央区宮の森一条 7-1-10-703
e-mail ushausha@lapis.plala.or.jp
http:www11.plala.or.jp/premusha/champa/index.html

OSHO インフォメーションセンター　Tel & Fax 0263-46-1403
マ・プレム・ソナ　〒 390-0317　長野県松本市洞 665-1
e-mail sona@mub.biglobe.ne.jp

OSHO インフォメーションセンター　Tel & Fax 0761-43-1523
スワミ・デヴァ・スッコ　〒 923-0000　石川県小松市佐美町申 227

OSHO インフォメーションセンター広島　Tel 082-842-5829
スワミ・ナロパ、マ・ブーティ　〒 739-1733　広島県広島市安佐北区口田南 9-7-31
e-mail prembhuti@blue.ocn.ne.jp http://now.ohah.net/goldenflower

OSHO ウツサヴァ・インフォメーションセンター　Tel 0974-62-3814
マ・ニルグーノ　〒 878-0005　大分県竹田市大字挟田 2025
e-mail: light@jp.bigplanet.com http://homepage1.nifty.com/UTSAVA

<インド・プネー>
OSHO インターナショナル・メディテーション・リゾート
Osho International Meditation Resort
17 Koregaon Park Pune 411001 (MS) INDIA
Tel 91-20-4019999 Fax 91-20-4019990
http://www.osho.com
e-mail : oshointernational@oshointernational.com

＜OSHO 講話 DVD 日本語字幕スーパー付＞

※送料／DVD1 本 ¥250・2 本～3 本 ¥300　4 本～5 本 ¥350　6 本～10 本 ¥450

■ 道元 3 —山なき海・存在の巡礼—

道元の『正法眼蔵』曰く「この世にも天上にも、すべての物事にはあらゆる側面がある。しかし人は実際の体験による理解を経てのみ、それを知り体得できる」自己の仏性と究極の悟り、真実のありさまについての道元の言葉を、今に生きる禅として説き明かす。最後はブッダの境地へと誘う瞑想リードで締めくくる。

●本編 2 枚組 123 分　●￥4,179（税込）● 1988 年プネーでの講話

■ 道元 2 —輪廻転生・薪と灰—

道元の「正法眼蔵」をベースに、惑星的、宇宙的スケールで展開される、輪廻転生の本質。形態から形態へと移り行く中で、隠された形なき実存をいかに見い出すか——又、アインシュタインの相対性原理、日本の俳句、サンサーラとそれを超えたところのニルヴァーナと話は多彩に広がり、ゆったりと力強い OSHO の説法は、ブッダの境地へと誘う瞑想リードで締めくくられる。

●本編 113 分　●￥3,990（税込）● 1988 年プネーでの講話

■ 道元 —自己をならふといふは自己をわするるなり—

日本の禅に多大な影響を及ぼした禅僧・道元。あまりに有名な道元の「正法眼蔵」を、今に生きる禅として説き明かす。「すべての人間は仏性が備わっている。ならば、なぜ修行が必要なのか」——幼くしてこの深い問いに悩まされた道元への共感、道元の求道へのいきさつに触れつつ、OSHO 自ら実際の瞑想リードを通して、禅の醍醐味へと誘う。

●本編 105 分　●￥3,990（税込）● 1988 年プネーでの講話

■ 苦悩に向き合えばそれは至福となる
—痛みはあなたが創り出す—

「苦悩」という万人が抱える内側の闇に、覚者 OSHO がもたらす「理解」という光のメッセージ。盛り沢山のジョークと逸話で、いつしか聴衆を、苦悩なき光の領域へと誘う。「誰も本気では自分の苦悩を払い落としてしまいたくない。少なくとも苦悩、苦痛、惨めさはあなたを特別な何者かにしてくれる」（本編より）

●本編 90 分　●￥3,990（税込）● 1985 年オレゴンでの講話

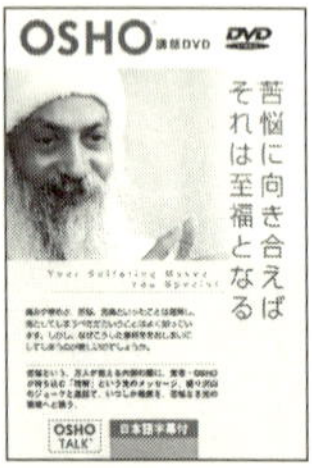

■ 新たなる階梯 —永遠を生きるアート—

これといった問題はないが大きな喜びもない瞑想途上の探求者に OSHO が指し示す新しい次元を生きるアート。変化のない日々が、一瞬一瞬がエクスタシーに満ちる生のアートを、禅の逸話をヒントに語り明かす。「さあ、永遠と生きる新しいアートを学びなさい。変わらないもの、完全にじっとして動かず……時間と空間を超えた何かだ」（本編より）

●本編 86 分　●￥3,990（税込）● 1987 年プネーでの講話

＜OSHO 講話 DVD 日本語字幕スーパー付＞

※送料／DVD1 本¥250・2 本～3 本¥300　4 本～5 本¥350　6 本～10 本¥450

■ 目覚めの機会（仮題） ― ロシアの原発事故を語る―

死者二千人を超える災害となったロシアのチェルノブイリ原発の事故を通して、災害は、実は目覚めるための大いなる機会であることを、興味深い様々な逸話とともに語る。その緊迫した雰囲気と内容の濃さで定評のあるウルグアイでの講話。「危険が差し迫った瞬間には、突然、未来や明日はないかもしれないということに、自分には今この瞬間しかないということに気づく」OSHO

●本編 87 分　●￥3,990（税込）● 1986 年ウルグアイでの講話

■ 禅宣言 ―自分自身からの自由―

禅の真髄をあますところなく説き明かすOSHO 最後の講話シリーズ。古い宗教が崩れ去る中、禅を全く新しい視点で捉え、人類の未来に向けた新しい地平を拓く。

「宗教は皆、エゴを落とせと言う。禅はエゴを超え、自己を超えていく…自己の内側深くに入れば突然、自分は意識の大海に消え去る。ただ、存在のみだ。これこそが自分自身からの自由だ」

●本編 2 枚組 220 分●￥4,599（税込）● 1987 年プネーでの講話

■ 孤高の禅師 ボーディダルマ ―求めないことが至福―

禅宗の開祖・菩提達磨語録を実存的に捉え直し、その真髄をあますところなく説き明かす充実のシリーズ１本目。中国武帝との邂逅、禅問答のような弟子達とのやりとり――奇妙で興味深い逸話が生きた禅話として展開される。「すべての探求があなたを自分自身から遠ざける。だから“求めないこと”がボーディダルマの教えの本質のひとつだ」（本編より）

●本編 2 枚組 134 分　●￥4,599（税込）● 1987 年プネーでの講話

■ からだの神秘 ―ヨガ、タントラの科学を語る―

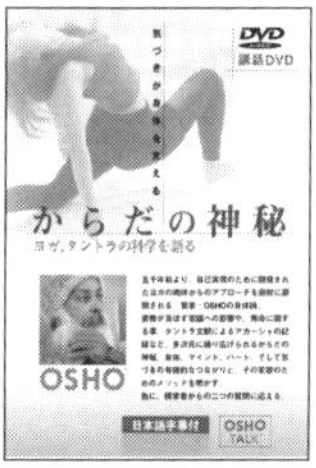

五千年前より、自己実現のために開発されたヨガの肉体からのアプローチを題材に展開される、覚者・OSHO の身体論。

姿勢が及ぼす意識への影響や、寿命に関する事、タントラ文献によるアカーシャの記録など、多次元に繰り広げられるからだの神秘。身体、マインド、ハート、気づきの有機的なつながりと、その変容のための技法を明かす。他に二つの質問に応える。

●本編 95 分　●￥3,990（税込）● 1986 年ウルグアイでの講話

■ 二つの夢の間に ―チベット死者の書・バルドを語る―

バルドと死者の書を、覚醒への大いなる手がかりとして取り上げる。死と生の間、二つの夢の間で起こる覚醒の隙間――「鏡が粉々に砕けるように肉体が自分から離れる、思考が剥がれ落ちる、すべての夢の終わり――それがバルドの基本点だ。死を前にすると、人生を一つの夢として見るのはごく容易になる」（OSHO）

●本編 83 分　●￥3,990（税込）● 1986 年ウルグアイでの講話

＜OSHO 既刊書籍＞

神秘家

ラスト・モーニング・スター
—女性の覚者ダヤに関する講話

世界とは、夜明けの最後の星のよう……
過去と未来の幻想を断ち切り、今、この瞬間から生きること——スピリチュアルな旅への愛と勇気、神聖なるものへの気づき、究極なるものとの最終的な融合を語りながら、時を超え、死をも超える「永遠」への扉を開く。

＜内容＞●全霊を傾けて　●愛は幾生も待機できる　●あなたの魂を受けとめて　他

■四六判並製　568 頁　¥2,940（税込）　送料 ¥380

シャワリング・ウィズアウト・クラウズ
—女性の覚者サハジョに関する講話

光明を得た女性神秘家サハジョの「愛の詩」に関する講話。女性が光明を得る道、女性と男性のエゴの違いや落とし穴に光を当てる。愛の道と努力の道の違い、献身の道と知識の道の違いなどを深い洞察から語る。

＜内容＞●愛と瞑想の道　●意識のふたつの境地　●愛の中を昇る　●師は目をくれた　他

■四六判並製　496 頁　¥2,730（税込）　¥ 送料 380

＜「ラスト・モーニング・スター」姉妹書＞

瞑想

新瞑想法入門 —OSHO の瞑想法集大成

禅、密教、ヨーガ、タントラ、スーフィなどの古来の瞑想法から、現代人のために編み出された OSHO 独自の方法まで、わかりやすく解説。技法の説明の他にも、瞑想の本質や原理が語られ、探求者からの質問にも的確な道を指し示す。真理を求める人々必携の書。（発行／瞑想社、発売／市民出版社）

＜内容＞●瞑想とは何か　●初心者への提案　●自由へのガイドライン
●覚醒のための強烈な技法　●師への質問　●覚醒のための強烈な技法　他

■A５判並製　520 頁　¥3,444（税込）　送料 ¥380

ギフト

朝の目覚めに贈る言葉 —心に耳を澄ます朝の詩

朝、目覚めた時、毎日１節ずつ読むようにと選ばれた 12 ヶ月の珠玉のメッセージ。生きることの根源的な意味と、自己を見つめ、１日の活力を与えられる覚者の言葉を、豊富な写真と共に読みやすく編集。姉妹書の「夜眠る前に贈る言葉」と合わせて読むことで、朝と夜の内容が、より補い合えることでしょう。

＜内容＞●人生はバラの花壇　●愛は鳥—自由であることを愛する
●何をすることもなく静かに座る、春が訪れる…　他

■A 判変型上製　584 頁　¥3,654（税込）　送料 ¥380

夜眠る前に贈る言葉 —魂に語りかける 12 ヶ月

眠る前の最後の思考は、朝目覚める時の最初の思考になる……特別に夜のために選ばれた OSHO の言葉の数々を、１日の終わりに毎日読めるよう、豊富な写真と共に読みやすく編集。日々を振り返り、生きることの意味や自己を見つめるのに、多くの指針がちりばめられています。

＜内容＞●闇から光へのジャンプ　●瞑想は火　●ハートはエデンの園
●あなたは空だ　●生を楽しみなさい　●踊りながら神のもとへ　他

■A 判変型上製　568 頁　¥3,570（税込）　送料 ¥380

＜OSHO 瞑想 CD＞

ダイナミック瞑想

全5ステージ
60分

◆デューター

¥3,059（税込）

生命エネルギーの浄化をもたらすOSHOの瞑想法の中で最も代表的な技法。混沌とした呼吸とカタルシス、フゥッ！というスーフィーの真言《マントラ》を、自分の中にとどこおっているエネルギーが全く残ることのないところまで、行なう。

クンダリーニ瞑想

全4ステージ
60分

◆デューター

¥3,059（税込）

未知なるエネルギーの上昇と内なる静寂、目醒めのメソッド。OSHOによって考案された瞑想の中でも、ダイナミックと並んで多くの人が取り組んでいる活動的瞑想法。通常は夕方、日没時に行なわれる。

ナタラジ瞑想

全3ステージ
65分

◆デューター

¥3,059（税込）

自我としての「あなた」が踊りのなかに溶け去るトータルなダンスの瞑想。第1ステージは目を閉じ、40分間とりつかれたように踊る。第2ステージは目を閉じたまま横たわり動かずにいる。最後の5分間、踊り楽しむ。

ナーダブラーマ瞑想

全3ステージ
60分

◆デューター

¥3,059（税込）

宇宙と調和して脈打つ、ヒーリング効果の高いハミングメディテーション。脳を活性化し、あらゆる神経繊維をきれいにし、癒しの効果をもたらすチベットの古い瞑想法の一つ。

チャクラ サウンド瞑想

全2ステージ
60分

◆カルネッシュ

¥3,059（税込）

7つのチャクラに目覚め、内なる静寂をもたらすサウンドのメソッド。各々のチャクラで音を感じ、チャクラのまさに中心でその音が振動するように声を出すことにより、チャクラにより敏感になっていく。

チャクラ ブリージング瞑想

全2ステージ
60分

◆カマール

¥3,059（税込）

7つのチャクラを活性化させる強力なブリージングメソッド。7つのチャクラに意識的になるためのテクニック。身体全体を使い、1つ1つのチャクラに深く速い呼吸をしていく。

ノー ディメンション瞑想

全3ステージ
60分

◆シルス&シャストロ

¥3,059（税込）

グルジェフとスーフィのムーヴメントを発展させたセンタリングのメソッド。この瞑想は旋回《ワーリング》瞑想の準備となるだけでなく、センタリング《中心を定める》のための踊りでもある。3つのステージからなり、一連の動作と旋回、沈黙へと続く。

グリシャンカール瞑想

全4ステージ
60分

◆デューター

¥3,059（税込）

呼吸を使って第三の目に働きかける、各15分4ステージの瞑想法。第一ステージで正しい呼吸が行われることで、血液の中に増加形成される二酸化炭素がまるでエベレスト山の山頂にいるかのごとく感じられる。

ワーリング瞑想

全2ステージ
60分

◆デューター

¥3,059（税込）

内なる存在が中心で全身が動く車輪になったかのように旋回し、徐々に速度を上げていく。体が自ずと倒れたらうつ伏せになり、大地に溶け込むのを感じる。旋回を通して内なる中心を見出し変容をもたらす瞑想法。

※ＣＤ等購入ご希望の方は市民出版社までお申し込み下さい。
（価格は全て税込です）
郵便振替口座：
市民出版社　00170-4-763105
※送料／ CD・１枚 ¥250
２枚 ¥300
・３枚以上無料